금 융 론

이 필 상 저

傳 英 社

머 리 말

WTO출범 이후 세계 경제는 무한경쟁시대에 접어들었다. 경쟁에서 낙오할 경우 그 나라 경제는 파탄상태가 되고 국민들은 견디기 어려운 고통을 겪는다. 이러한 적자생존 경쟁에서 주요 표적이 된 것이 금융시장이다. 어느 나라가 금융의 주도권을 잡는가에 따라 세계 경제의 판도가 달라진다.

우리나라의 경우 IMF위기를 겪은 이유가 바로 금융의 부실이었다. 금융이 정경유착과 관치금융의 폐쇄적 틀 안에서 부실기업을 양산하는 자금창구 역할만 하다가 결국 개방의 충격을 이겨내지 못하고 무너진 것이다. 이후 우리 경제는 156조원에 이르는 공적자금을 투입하면서 금융시스템을 재건하는 데 노력했다. 그러나 아직 무한경쟁을 헤쳐나갈 금융구조의 선진화와 첨단기법을 구비하지 못했다. 자칫하면 국내 금융시장이 외국자본의 지배체제로 전락하여 국부유출은 물론 경제의 정체성까지 위협을 받을 수 있는 상황이다.

현 상황에서 최선의 방어책은 적극적인 개방과 공격이다. 한시바삐 구조개혁을 끝내고 국제금융시장에서 주도적 역할을 하는 것이 경쟁을 승리로 이끌 수 있는 첩경이다. 이런 견지에서 본서는 금융에 대한 기본개념부터 시작하여 첨단금융기법에 이르기까지 금융전반을 알기 쉽게 체계화하여 금융경쟁력을 높이는 데 일조하고자 했다.

개방경제체제에서 외환은 금융의 핵심적인 분야로 중요성이 커졌다. 본서는 이를 감안하여 금융시장과 외환시장을 연계하여 현실적이고 심도 있는 분석을 시도했다. 해외의존도가 높은 우리 경제에서 국제 투기자금의 외환시장 교란은 국가경제의 마비까지 가져올 수 있다는 것을 외환위기를 통해 경험했다. 따라서 금융시장과 외환시장의 결합을 토대로 하는 금융론에 대한 이해의 필요는 그 어느 나라보다 크다.

한편 금융이 국제적으로 통합화하는 추세에 따라 위험이 확대되고 있다. 금융기관이나 기업들이 충분한 이익을 확보하더라도 위험을 제대로 관리하지 못하면 큰 손실을 보게 되며 극단적인 경우 파산에 이르는 경우도 있다. 이에 따라 본서는 선물, 옵션, 스왑 등 파생금융상품에 대해 강조하였다. 파생금융상품은 위험관리 기능뿐만 아니라 미래가격이나 수익률 예측을 가능하게 하여 각 경제주체들이 계획적인 경제활동을 할 수 있게 한다.

본서는 기초개념을 설명하고 실례를 들어 분석하는 방식으로 서술하여 학생들은 물론 금융기관과 기업의 담당자들에게 이해하기 쉬운 지침서가 될 것으로 믿는다. 본서의 기획, 자료수집, 원고작성, 교정에 이르기까지 많은 도움을 준 고려대학교 박사과정 정호정, 석사과정 권정호, 김민정, 안성학, 김완준 군에게 깊은 고마움을 전한다. 끝으로 본서의 출판을 승낙해 주신 박영사의 안종만 회장님 그리고 편집을 담당하신 우석진 차장께 감사드린다. 앞으로 본서에 대한 독자 여러분의 질책을 기다리며 계속 보완해 나갈 것을 약속드린다.

2002. 8

저 자 올림

차　　　례

제1편 금융제도

제2편 금융시장

제3편 외환시장

제4편 금융기관

제5편 파생금융

제6편 통화이론

제 1 편

금융제도

제 1 장 돈과 거래

화폐는 경제를 유지, 동작케 하는 거래수단이다. 따라서 실제로 화폐가 어떤 기능을 하여 경제활동을 이루는가를 이해하는 것은 중요하다.

화폐는 시중에 너무 많이 풀려 있어도 경제에 어려움을 주지만 반대로 유통되지 않고 정체되어 있어도 경제에 어려움을 준다. 따라서 우리는 화폐가 무엇인지 제대로 이해하고 과연 어떻게 운용되는 것이 올바른가를 알 필요가 있다.

이 장에서는 우선 거래와 관련하여 화폐의 발달과정을 살펴보고 화폐에 대한 정의를 내린 후 현재 많이 사용되고 있는 화폐의 기능 및 화폐가 경제활동과 어떤 연관성이 있는지를 알아 본다.

1. 돈과 거래

우리는 일상적으로 물건을 사고 팔 때 돈을 주고받는다. 이는 바로 화폐가 교환의 매개물로 쓰임을 나타낸다. 이와 같이 재화나 용역간의 교환을 매개해 줌으로써 거래비용을 줄여 거래를 원활히 하는 것이 화폐가 지닌 가장 중요한 기능이다.

원시적인 형태의 자급자족 경제에서는 개인이 필요로 하는 물품은 모두 스스로 생산해야 하기 때문에 타인과의 거래를 통한 재화나 서비스의 교환이 발생하지 않는다. 따라서 전문성과 생산성이 떨어지고 경제발전이 한계상황을 맞는다. 이러한 제약에서 벗어나기 위해 인류는 재화를 교환하는 기술을 발달시켜 왔다.

물물교환경제(barter economy)에서는 거래를 어렵게 만드는 제반 요소가 많아

거래가 원활히 이루어지기가 어려웠다.[1] 그러나 화폐가 등장함으로써 거래가 많아지고 경제규모가 성장하였다. 즉 서로 다른 재화를 개별적으로 맞바꾸는 대신 특정한 하나의 재화를 교환의 매개물(medium of exchange)로 이용하여 거래를 체결하는 방법을 고안해 낸 것이다.

처음에는 교환수단으로 소금이나 곡식 등 다양한 재화들이 이용되었다. 그러나 경제가 차츰 발전해 나가면서 금·은 등의 귀금속이 화폐의 기능을 담당하게 되었다. 화폐가 될 수 있는 재화는 시대나 장소 등 경제적 환경에 따라 달라질 수 있고 누구나 화폐의 공급자가 될 수 있다는 특징이 있다. 이렇듯 다른 용도로 쓰이는 재화가 교환의 매개물로 이용될 때 이를 상품화폐(commodity money)라고 한다. 일반 상품화폐에 비해 금·은 등의 귀금속은 쉽게 변질되지 않아 그 가치가 오랫동안 보존될 수 있어 화폐로서의 기능을 주로 담당하게 되었다.

이어서 주조 기술이 발달하면서 이러한 금·은 등을 가공하여 만든 주화화폐가 나타났다. 이때 금화를 주조하여 전문적으로 공급하는 기관이 나타나게 되었는데 이것이 바로 은행(bank)의 시작이다. 그러나 주화는 금액이 클 경우에 운반하는데 어려움이 있다는 단점이 있었다. 또 국가가 주화의 공급을 독점해 나가면서 주화를 주조할 때 금이나 은의 순도를 떨어뜨려 주조차익을 얻고자 하는 유인이 발생했다. 일반인들도 순도가 높은 화폐는 유통시키지 않고 보유하면서 순도가 낮은 열등한 화폐만을 다른 사람에게 지급하려 하는 문제[2]가 나타났다. 이후 금화는 지폐의 사용으로 대체되었다.

처음 지폐는 금이나 금화로 바꿀 수 있는 증서의 형태였는데 이는 사람들이 금이나 금화를 직접 거래의 지급수단으로 이용하는 것보다 그 보관증서를 거래에 이용하는 것이 더 편리하다는 것을 깨닫게 되면서 나타났다. 이러한 지폐의 출현은 은행에 보관중인 금이나 금화의 보관증서가 금이나 금화와 동일하게 지급수단으로 받아들여지게 된 것을 의미한다. 금이나 금화에 대한 보관증서가 규격화되어 나타난 것이 은행권(bank note)이다. 금이나 금화와의 교환권을 나타내던 지폐는 이후에 은행의 신인도(credibility)가 높아지고 편리성이 높아지면서 금과 같은 준비자산과의 교환을 인정하지 않는 형태로 발전하게 되었다. 이러한 지폐는 발권업무를 중앙은행이 독점하고 국가가 법령에 의해 그 가치와 기능을 보장(legal

1) 이에 대한 자세한 설명은 화폐의 기능에서 다루기로 한다.
2) 그레샴의 법칙(Gresham's law) : "악화가 양화를 구축한다."

tender)하는 중앙은행권의 형태로 정착되었다. 그러나 지폐 역시 금액이 많을 경우 부피가 커져서 운반이 어렵고 분실이 쉽다는 단점이 있기 때문에 이후 수표라는 보다 간편한 대체지급방식이 함께 사용되었다.

수표(check)는 발행인이 수취인이나 소지인에게 일정 표시금액의 지급을 지급인(은행)에게 위탁하는 일종의 채무증서(IOU)라고 할 수 있다. 수표는 거래액이 클 경우에도 부피가 큰 지폐나 동전을 운반할 필요 없이 거래를 가능토록 해 준다는 장점을 지니고 있다. 수표가 없다면 그 지급을 취소해야 할 경우에도 많은 현금이 직접 오고 가야 하는 불편이 따른다. 그러나 수표를 사용하면 지급한 수표에 대해서만 취소를 통보하고 합의하면 되기 때문에 지급결제와 관련된 운송비용(transportation cost)이 줄어들게 되고 경제의 효율성을 높일 수 있다. 또 수표는 자신의 은행계좌에 있는 잔고 한도까지는 얼마든지 자유롭게 발행할 수 있기 때문에 거래액이 클 경우에 더욱 편리하고 분실에 따른 위험도 지폐나 동전보다는 훨씬 낮다. 반면 수표는 현금과 같이 즉각적으로 자금이 이동하는 것이 아니므로 거래의 대가를 신속히 현금화할 필요가 있는 경우에는 불편이 따른다. 수표를 지급받아 자신의 은행 당좌계좌에 예치한 후에도 추심에 필요한 시간이 경과한 후에야 실제로 자금을 이용할 수 있기 때문이다. 또 수표를 이용하는 데 추가적인 비용을 부담해야 하고 발행자의 신용도에 따라 부도위험이 존재하며 통용지역과 범위에 제한이 있다는 단점이 있다. 그러나 수표는 경제규모의 확대와 더불어 현금대용수단으로써 그 이용이 급속히 확대되어 왔다.

근래에 들어서는 컴퓨터 기술의 발달과 더불어 지급결제수단으로 전자화폐(electronic money)가 출현하고 상용화되는 단계에 이르렀다. 전자화폐란 일반적으로 전자매체(컴퓨터, IC카드, 네트워크 장비 등)를 통해 지급결제, 가치 이전 등 화폐의 기능을 수행하는 수단을 말한다. 전자화폐에는 직불카드(debit card), IC카드형 전자화폐인 스마트카드(smart card), 인터넷상에서 물건을 사거나 서비스를 이용할 때 쓰는 전자현금(electronic cash; e-cash) 및 전자수표(electronic checks) 등이 있다.

직불카드(debit card)는 신용카드처럼 자기띠(magnetic stripe)가 부착되어 있어 구매자가 상품이나 서비스를 구입하고 지급을 요청하면 은행의 전산시스템을 통해 구매자의 예금계좌에서 판매자의 예금계좌로 자금이 자동으로 전자이체 되는 것이다. 직불카드는 신용카드와는 달리 거래가 일어나서 지급을 요청함과 동시에 즉시 자금이 결제되어 이체되기 때문에 EFT/POS(electronic funds transfer at the point of sale)카드라고도 한다. 오늘날 대부분의 은행이나 신용카드회사에서 직불카드를 발급하고 관련 서비스를 제공하고 있다.

IC카드형 전자화폐는 영국의 몬덱스(Mondex)사에서 처음 개발에 성공한 스마트카드(smart card)가 대표적이다. 역시 모양은 신용카드나 직불카드와 유사하게 생겼지만 카드 내에 IC칩이 내장되어 그 안에 대용량의 정보를 담을 수 있다는 점에서 차이가 있다. 현재 우리가 버스나 지하철 이용시에 금액을 미리 충전하여 사용하는 선불카드가 초보적인 IC카드에 해당한다. 스마트카드(smart card)같이 발전된 IC카드형 전자화폐는 자신의 은행계좌에서 필요한 만큼의 금액을 카드에 충전하여 소지하고 다니다가 물건구입이나 서비스 이용시 대금결제를 할 수 있다. 뿐만 아니라 은행과 고객간의 자금이체도 가능하고, 현금을 주고받는 것처럼 개인 소유의 카드 사이에서도 직접적인 자금의 이체가 가능하다. 따라서 실제로 현금을 넣고 다니는 지갑과 같다하여 전자지갑(electronic wallet)이라고 부른다.

전자현금과 전자수표는 인터넷 네트워크상에서 거래를 할 때 주로 이용된다. 고객이 인터넷을 통해 자신의 은행계좌에서 본인의 컴퓨터(PC)로 전자현금을 이송받은 후에 인터넷 상거래사이트에서 물건을 구입하거나 서비스를 이용한다. 다음 전자현금을 지불하면 판매자의 컴퓨터로 해당 금액의 전자현금이 이송되고 판매자는 이송받은 전자현금만큼 구매자의 은행계좌에서 자금을 이체받게 된다. 이는 개인대 개인이나 개인대 기업, 기업대 기업의 관계 모두에게 적용될 수 있고 모든 과정은 네트워크상에서 이루어진다.

이러한 여러 가지 형태의 전자화폐들이 기존의 지폐나 동전, 수표 등에 비해 보다 효율적인 지급수단인 것은 사실이다. 그러나 향후 경제가 전자화폐시스템으로 완전히 전환되는 방향으로 나아가게 될지는 아직 판단하기 어렵다. 우선 전자화폐시스템을 도입하는 데 따르는 컴퓨터나 카드판독기, 네트워크 장비 등이 아직은 고가이기 때문에 비용면에서 부담이 크다. 또 기존의 지폐나 수표도 나름대로 장점이 커 사람들이 쉽게 포기하기 힘든 점이 있다. 전자시스템의 한계로 개인의 사적 정보보호나 안정성 측면에서의 취약점도 해결해야 할 문제이다. 따라서 전자화폐가 앞으로 단기간 내에 기존의 지폐나 수표 등 종이 지급수단을 완전히 대체하기는 어려울 것으로 보인다.

이와 같이 화폐가 처음 등장한 이후 편리하고 효율적인 거래의 지급수단을 계속 개발하려는 인간의 욕구로 인해 화폐의 종류는 갈수록 다양화되고 발달해 나가고 있다. 하지만 시장경제의 윤활유로써 거래를 원활하게 하는 화폐의 근본적인 기능에는 변화가 없음을 알아야 할 것이다. 가장 중요한 것은 화폐의 형태가 아니라 거래를 원활하게 도와 주어 경제의 효율성을 증가시키는 화폐의 기능이다.

2. 화 폐 란?

화폐가 경제에 미치는 영향을 제대로 이해하기 위해서는 우선 화폐가 무엇인지 정확히 알아야 할 것이다. 여기서는 화폐의 정의와 그 기능은 무엇인지에 대해 설명한다.

(1) 화폐의 정의

일반적으로 우리는 일상의 대화 속에서 돈(money)이라는 말을 부(wealth)나 소득(income)의 개념과 명확히 구분짓지 않고 거의 동일시하여 사용하는 경우가 많다. 소득이 많다는 말이 곧 돈을 많이 번다는 말로 대신되고 재산이 많아 부유하다는 것도 돈이 많다는 말로 표현한다. 그러나 경제학에서의 화폐(돈)의 의미는 엄밀히 말하면 이 둘과는 명백하게 구분되는 개념이다. 부는 화폐뿐만 아니라 집이나 차 등의 실물자산과 그 외 모든 금융자산들을 포함한 포괄적인 개념이다. 또 화폐는 어느 일정 시점에서 측정되는 저량(stock)개념인 데 반해 소득은 일정 기간을 두고 측정가능한 유량(flow)개념이라는 데에서 분명히 차이가 있다.

화폐는 여러 가지 기능을 수행할 뿐만 아니라 그에 대한 수요동기 또한 다양하기 때문에 구체적이고 정확한 정의를 내리기는 어렵다. 더구나 금융상품의 발달에 다른 화폐유사자산의 출현은 이를 어렵게 하고 있다. 실제로 아직 화폐에 관한 통일된 정의는 이루어지지 않았고 경제학자들 사이에서도 서로 다른 견해를 취하고 있는 실정이다. 그러면 그 동안 사용되어 온 화폐에 관한 여러 정의 가운데 화폐의 기능을 중시하는 전통적 정의, 경제활동과의 연관성을 중시하는 프리드만(Friedman)의 실증적 정의, 그리고 유동성을 기준으로 하는 화폐의 유동성 정의에 대하여 살펴본다.

1) 전통적 정의

화폐에 관한 전통적 정의는 화폐의 기능에 의하여 규정짓고 있다. 즉 경제학 이론에 기초한 접근방법에 의해 화폐의 기본기능인 지불수단으로서의 기능, 계산단위로서의 기능, 가치저장수단으로서의 기능, 이연지불수단으로서의 기능을 동시에 충족시키는 자산 또는 자산들의 집합을 화폐라고 정의하고 있다. 이에 따르면 흔히 두 종류의 자산이 이 정의에 의해 화폐로 간주된다. 즉 중앙은행이 발행하는 현금통화와 일반은행에 예치된 요구불예금의 합계만을 화폐로 간주한다. 그러나 이론적 접근법에 의한 화폐의 전통적 정의는 화폐를 그리 명확하게 구분짓지는 못하고 있다.

현금과 요구불예금만큼 유동성이 높지는 않지만 현실적으로 거래수단으로써 이용되고 있는 다른 자산들이 많이 존재하며 은행 저축성예금의 경우는 유동성 측면에서 그리 큰 비용을 들이지 않고도 쉽게 현금화할 수 있기 때문에 요구불예금과 별 차이가 없는 것도 사실이다. 또한 금융기관을 지배하는 법률 및 규제의 변화와 자동계정이체제도(electronic funds transfer system)의 등장에 따라 오늘날에는 포함 대상이 되는 자산의 범위가 더욱 넓어지는 경향이 있다.

2) 실증적 정의

프리드만(Friedman)과 슈바쯔(Schwartz)는 화폐를 현실적 유용성을 근거로 정의한다. 이들에 따르면 화폐를 판매행위와 구매행위를 시간적으로나 공간적으로 분리시킬 수 있는 '구매력의 일시적 보유수단(temporary adobe of purchasing power)'으로 정의한다. 여기서 문제는 이러한 수단을 제공하는 자산의 집단에는 어떤 것이 포함되는가 하는 것이다. 이를 규명하는 방법으로는 어떤 집단의 자산이 특정의 경제활동과 밀접한 관련이 있는가를 실증적으로 분석해 보는 것인데, 여기에서 분석의 방법으로 흔히 사용되는 것이 상관분석이다. 상관분석은 여러 자산들의 변동과 특정 경제활동(GNP, 인플레이션, 실업 등)의 변동과의 상관관계를 분석함으로써 그 경제활동과 가장 높은 상관관계를 유지하는 자산, 즉 경제변수를 가장 잘 예측하고 통제할 수 있는 자산의 집합을 화폐로 정의하는 것이다. 이와 같은 정의에 따라 우리나라의 경우 화폐의 종류는 다음 [표 1-1]과 같이 크게 M_1, M_2, MCT 및 M_3의 네 가지로 구분된다.

[표 1-1] 우리나라의 통화량(Money stock) 측정 척도

통화지표	통화량의 구성 내역
M_1(통화)	민간보유현금+요구불예금
M_2(총통화)	M_1+저축성예금+거주자외화예금
MCT	M_2+통화금융기관 CD+금전신탁
M_3(총유동성)	MCT+비통화금융기관 예금+금융채+환매체+상업어음매출+표지어음매출

출처 : 한국은행, 2000.

이 중에서 실물경제변수와의 관계, 중앙은행의 통제가능성 등을 고려하여 중심통화지표를 선정하고 그 밖의 통화지표는 보조지표로 활용해 왔다. 우리나라는 M_2가 1979년부터 1997년까지 중심통화지표로 활용되어 오다가 1997년 12월 외환위기 이후 IMF와의 협의를 통해 1998년부터 M_3가 중심통화지표로 활용되고 있다. M_1은 화폐의 지불수단으로써의 기능을 중시하여 유동성 높은 금융자산만을 측정한 자료이다. 따라서 민간이 보유하고 있는 현금과 비록 현금은 아니지만 수표발행 등을 통해 지급결제수단으로 쉽게 이용되면서 원할 경우 즉시 현금화될 수 있는 당좌예금이나 보통예금 등의 은행 요구불예금의 합계로 정의된다. M_2는 M_1에 정기예금이나 정기적금 등 은행의 저축성예금과 거주자외화예금까지 포함하여 화폐의 지불수단으로서의 기능 이외에 가치저장기능까지 고려한 지표라고 할 수 있다.

이렇듯 총통화(M_2)에 저축성예금이 포함된 이유는 비록 저축성예금이 거래적 수단보다는 자산 증식이나 미래 소비를 위한 저축수단으로서 보유되고 있기는 하지만 약간의 이자소득만 포기한다면 그 인출이 자유로운 편이라 요구불예금과 별 차이가 없기 때문이다. 거주자외화예금 역시 언제든지 원화로 바뀌어 거래수단으로서 유통될 수 있기 때문에 포함되었다. M_2는 다른 통화지표보다 실물경제활동과의 상관성이 높다는 실증적 측면에 근거하여 우리나라에서 1997년까지 중심통화지표로 이용되어 왔다. MCT(M_2+CD+Trust)는 80년대 후반 이후 저축성예금의 비중이 낮아지고 양도성예금증서(CD; negotiable certificate of deposit)와 금전신탁의 비중이 높아지는 추세를 반영하여 M_2의 한계성을 보완하고자 1997년에 새로이 편제되어 외환위기 직전까지 M_2와 함께 중심통화지표로 활용되었다. M_3는 통화금융기관뿐만 아니라 비통화금융기관까지 포함하는 금융기관 전체의 유동

성 수준을 파악하는 가장 넓은 의미의 통화지표로서 종금사 · 투신사 · 상호신용금고 · 신용협동조합 · 보험회사 등 비은행 금융기관의 각종 예금 및 은행 및 비은행 금융기관의 금융채, 양도성예금증서, 표지어음 및 상업어음 매출 그리고 환매조건부채권 매출이 모두 포함된다. M_3는 1982년 처음 편제된 이후 보조지표로 계속 활용되어 오다가 1997년 외환위기 이후 IMF와의 협의에 따라 중심통화지표로 이용되고 있다.

그러나 이러한 화폐의 실증적 정의는 적용되는 국가나 시기에 따라 달라질 수 있으며, 자산의 범위가 제한되어 있을 경우에는 서로 다른 정의가 동일한 자산의 집합에 대하여 적용될 수 있다. 또한 이들 각각의 통화지표가 상당히 다르게 변동하고 있어 하나의 지표를 통화정책의 지표로 사용할 경우 상당한 주의를 요한다. 지불수단을 강조하는 전통적 정의에 의하면 M_1이 적절한 화폐의 구성이라고 보는 반면 경제활동과의 상관성을 중시하는 실증적 정의의 경우에는 M_2, M_3가 보다 적절한 화폐의 구성이라고 본다.

3) 유동성 정의

이는 유동성을 화폐로 정의하기 때문에 보다 광범위한 화폐의 개념이다. 화폐로서 유동성 정의를 처음으로 제시한 사람은 걸리(John Gurley)[3]인데, 그는 현금과 요구불예금을 기본적인 유동성 수단으로 간주하였다. 근래에 이르러서는 유동성이 큰 자산의 증가로 그 범위가 점차 확대되고 있다. 여기서 유동성은 어떤 자산을 현금(지불수단)화하는 데 필요한 시간과 비용에 의해 측정되는데 유동성이 높을수록 이러한 시간과 비용이 적게 든다는 것을 의미한다. 이러한 유동성은 두 가지 요인에 의해 결정되는데, 첫째는 그 자산이 얼마나 빨리 전환될 수 있는가 하는 것이고, 둘째는 지불수단으로 전환될 때 그 자산의 원래 가격으로 이루어지는가 하는 점이다. 한편 이러한 유동성 정의는 앞의 두 정의보다 화폐의 양에 있어서 그 규모가 훨씬 크기 때문에 통화공급의 효율적 조정을 위해서는 통화당국의 광범위한 통제가 필요하다.

---

3) John G. Gurley and Edward S. Shaw, *Money in a Theory of Finance*(The Brookings Institution, 1960).

(2) 화폐의 기능

화폐의 종류나 시대를 불문하고 지불수단, 계산단위 및 가치저장수단으로서의 기능은 경제활동을 촉진시키는 화폐의 중요한 기능이라고 할 수 있다. 경우에 따라서는 이러한 기능들이 분리되어 수행될 수도 있지만 효율적인 화폐제도라면 이 세 가지 기능을 한꺼번에 지니고 있어야 한다. 여기서는 화폐가 존재하지 않는 물물교환경제(barter economy)와 비교해 봄으로써 화폐의 기능과 그 중요성을 알아보고자 한다.

1) 지불수단(medium of exchange)

만일 물물교환경제처럼 화폐가 존재하지 않는다고 생각해보자. 하나의 상품이 다른 상품과 직접적인 교환이 가능하려면 자신이 필요로 하는 상품을 가지고 있는 사람이 동시에 자신이 교환하려고 하는 상품을 필요로 해야만 거래가 성립될 수 있는 "욕망의 이중적 일치(double coincidence of wants)" 문제가 발생한다. 따라서 거래 조건이 일치하는 사람을 발견하여 거래를 성사시키기 위해서는 많은 시간과 노력이 들게 되고 이러한 높은 거래비용의 문제는 결국 경제활동을 극도로 위축시켜 막대한 사회손실을 야기할 수 있다. 하지만 화폐가 도입되면 굳이 거래 조건이 딱 맞는 당사자를 직접 찾아 나설 필요가 없이 자신이 팔고자 하는 재화를 화폐로 기능하는 재화와 교환하여 가지고 있다가 필요로 하는 상품을 구입하면 되기 때문에 이런 문제는 쉽게 해소될 수 있어 거래에 따른 제반 비용이 절감되고 경제적 효율성 또한 증대될 수 있다.

역사적으로 보면 금 · 은 · 소 · 담배 · 코코넛 등의 상품들이 다른 상품들과의 교환수단으로 사용된 때가 있었다. 이와 같이 일단 교환목적으로 사용되었다면 어느 물건이던 화폐로 간주될 수 있었는데, 이러한 주관적인 판단기준에도 불구하고 지불수단으로서의 기능은 개념적으로 명백한 정의가 내려진 셈이다.

여기서 화폐로 사용되는 상품은 변할 수 있지만 일단 화폐로 포함된 상품의 집합은 화폐로 사용되지 않는 상품과는 구별되어야 한다. 따라서 어떤 상품이 화폐로 기능하려면 다음의 조건들을 충족시킬 수 있어야 한다. 첫째, 교환의 매개기능을 수행하기 위해서는 화폐는 일반적인 수용가능성이 있어야 하는데 이는 실질적으로 모든 사람들이 재화 · 용역의 지불수단으로서 그것을 기꺼이 받아들이고자

하여야 한다는 것을 의미한다. 둘째, 모든 종류의 거래에 대하여 즉시 받아들여질 수 있고 다른 형태의 재화로 전환되는 과정에서 어려움이나 비용을 발생시키지 않는 것이어야 한다.[4] 이러한 지불수단으로서의 화폐의 기능은 그것이 화폐를 정의하는 유일한 기준이든 아니든 간에 화폐의 가장 중요한 기능임에 틀림없다.

2) 계산단위(unit of account)

일반적으로 경제거래를 측정하는 척도로서 화폐단위가 사용되고 있다. 즉 식료품 · 의복 · 급료계약 등 대부분 상품과 서비스의 가치가 모두 화폐로 표시되고 있다. A, B, C, D, E라는 5개의 상품만 존재하는 물물교환경제를 생각해보자. 이 경우 화폐가 없기 때문에 A상품을 가진 사람이 물물교환을 한다면 B상품, C상품, D상품, E상품을 가진 사람을 각각 찾아가 거래를 해야 한다. 경제 전체로 볼 때 거래가 이루어지기 위해서는 최소 10번의 거래당사자들의 만남이 필요하게 되어[5] 가격형성뿐만 아니라 거래수행을 위해 많은 경제적 비효율이 발생한다. 그러나 화폐경제에서는 A, B, C, D, E상품에 대한 5개의 가격만 필요하며 5번의 거래만 하면 된다. 가격형성이나 거래수행을 위해 직접 거래당사자를 찾을 필요가 없게 되어 거래가 용이할 뿐만 아니라 거래비용을 감소시킨다. 경제규모가 성장하여 상품수가 많아질수록 이런 화폐의 기능을 통한 이득은 커질 것이다. 이와 같이 계산단위로 화폐를 이용할 때 서로 다른 상품이나 서비스를 비교하는 기준으로 사용할 수 있으며, GDP계산의 경우와 같이 가치의 합산이 가능하기도 하다.

3) 가치저장수단(store of value)

화폐의 세 번째 기능은 가치저장(구매력의 저장)의 수단으로 이용되는 것이다. 이것이 기본적으로 화폐가 어떤 한 시점에서 뿐만 아니라 시간이 경과하더라도 교환의 매개기능을 수행할 수 있기 때문이다. 소비자들 입장에서 볼 때 오늘 받게 되는 화폐는 여전히 내일도 화폐가 된다는 것을 알기 때문에 혹시 다른 것이 화폐로 사용되지 않을까 하는 두려움에서 모든 화폐를 즉시 소비에 사용할 필요는 없다. 따라서 사람들은 미래소비를 위해 현재의 소득을 저축할 수 있다. 그렇다면 다이

4) 화폐로 사용될 수 있는 것은 내구성이 있어야 하고 휴대가 간편하며 거래규모에 따라 세분화할 수 있어야 한다. 그리고 무엇보다도 중요한 것은 법률 등에 의하여 그 희소성이 계속 보장되어야 한다.

5) A와 B, A와 C, A와 D, A와 E, B와 C, B와 D, B와 E, C와 D, C와 E, D와 E

아몬드 · 부동산 등과 같은 다른 상품 또한 가치저장수단으로 이용될 수 있는데, 왜 굳이 화폐를 가치저장수단으로 보유하려 하는가 하는 의문이 생길 수 있다. 이것은 화폐의 유동성(liquidity)—한 자산이 거래의 지불수단(화폐)으로 교환하는데 드는 시간과 비용을 의미[6]—이 매우 높기 때문인 것으로 볼 수 있다. 저축의 궁극적 목적이 미래의 소비를 위한 것이라고 할 경우, 이들 다이아몬드 · 부동산의 보유는 궁극적으로 거래를 위한 화폐로 전환을 해야 한다. 화폐는 거래의 지불수단으로 즉시 사용할 수 있으므로 유동성 부족에 따른 시간이나 비용이 거의 들지 않는다. 반면 화폐의 가치저장수단으로서의 기능은 경제 전체의 물가수준에 크게 영향을 받는다. 예를 들어 모든 재화나 서비스의 가격이 두 배가 되어 물가수준이 두 배로 증가한다면 화폐의 가치는 절반으로 떨어지게 된다. 물가가 시간마다 상승하는 초인플레이션(hyperinflation)의 경우 이런 예는 명확해지는데 부(wealth)를 화폐의 형태로 보유할 경우 그 가치가 매우 급속히 하락하기 때문에 사람들은 오히려 화폐보다는 실물자산의 형태로 부를 보유하려 할 것이고 이런 극단적인 경우 사회가 물물교환경제로 퇴화되는 현상까지도 벌어질 수 있다. 따라서 가치저장의 기능은 어떤 상품을 화폐로 부르기 위한 필요조건이며 충분조건은 아니다.

4) 이연지불수단(medium of deferred payment)

일반적으로 부채 등 모든 미래 시점의 지급의무는 화폐로 표시된다. 이는 화폐가 명백하고 표준화된 단위로 표시할 수 있는 일반화된 구매력이기 때문이다. 예로는 어느 사람이든 지급 조건이 같다면 100만원의 돈을 10년 빌려 주는 것이 100만원짜리 소를 10년 동안 빌려 주는 것보다 더 현명한 행동이라 할 것이다. 만일 화폐를 빌려 줄 경우에는 얼마만큼 상환받을 것인가를 알지만 소를 빌려 줄 경우 10년 후 그 소의 상태가 어떻게 될지 모르기 때문이다. 그러므로 부채를 화폐 이외의 물건으로 표시할 수도 있지만 이는 화폐의 경우보다 상당한 불편이 따르게 된다.

---

6) 이러한 시간과 노력이 적게 드는 자산일수록 유동성이 높다고 할 수 있다.

3. 통화와 경제활동

앞에서 살펴보았듯이 통화는 상품 및 서비스를 구입하거나 부채를 상환할 때 일반적으로 통용되는 모든 수단이라고 정의할 수 있다. 이 경우 통화는 여러 경제변수들의 변화와 직접적으로 연관되며 경제의 건전한 발전에 있어 중요한 역할을 담당한다. 통화와 직접 연관이 되는 대표적인 경제변수로 인플레이션 · 이자율 · 경기변동 등을 들 수 있다.

물가의 지속적인 상승을 인플레이션이라고 정의할 경우, 이것은 개인 · 기업 · 정부에 중대한 영향을 준다. 인플레이션은 어느 나라이건 매우 중요한 경제문제로 부각되어 왔으며 이 문제는 정책당국자의 주된 관심사가 되었다. 인플레이션의 문제를 해결하기 위해서는 인플레이션의 발생요인을 살펴보아야 한다. 인플레이션의 주된 발생요인은 [그림 1-1]에서 알 수 있듯이 높은 통화증가율이다. [그림 1-1]은 인플레이션과 통화증가율이 높은 正(+)의 상관관계를 갖고 있음을 보여준

[그림 1-1] 주요국의 통화증가율과 물가상승률의 관계

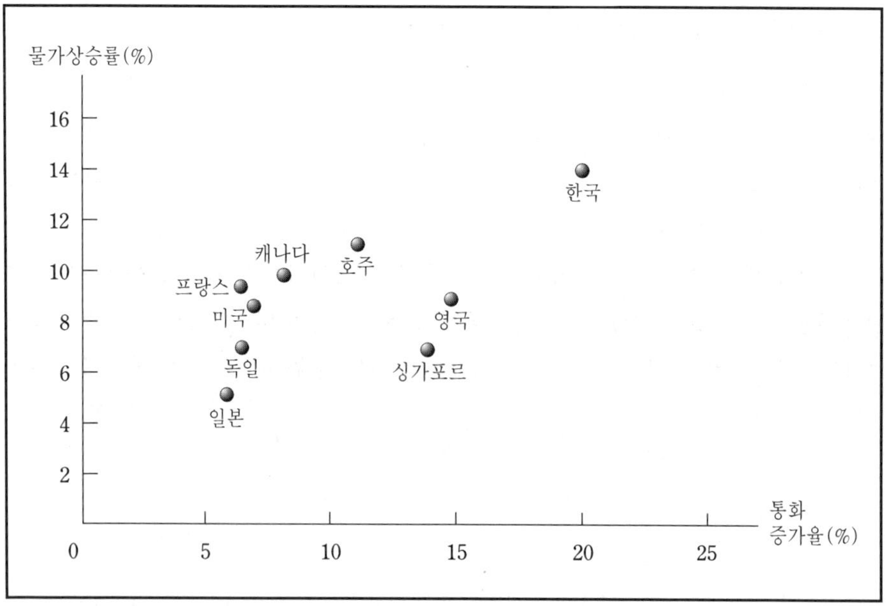

주 : 1980~2000년중 연간 통화증가율 및 소비자 물가상승률의 단순평균임.
출처 : 한국은행, 주요국의 경제지표(International Financial Statistics, IMF), 2001

[그림 1-2] 주요국의 통화증가율과 이자율의 관계

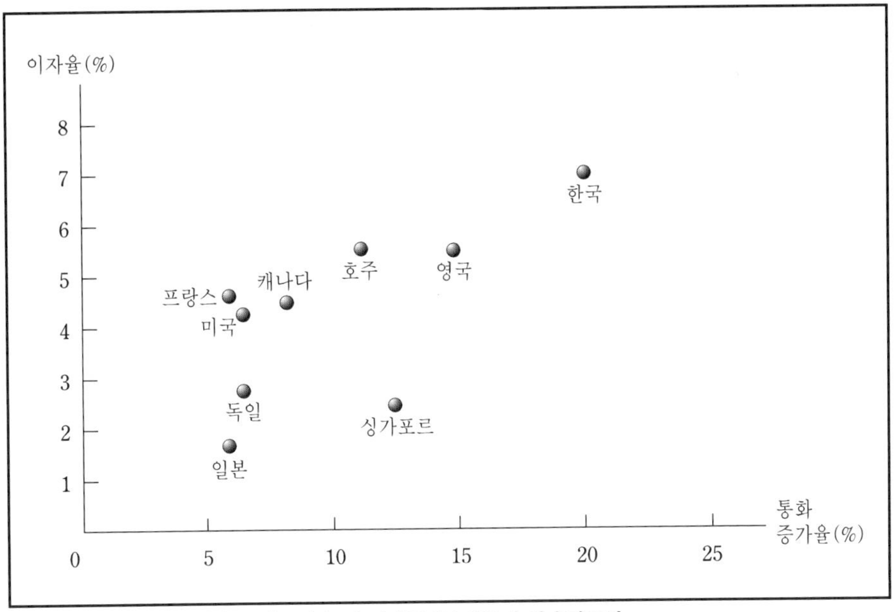

주 : 1980~2000년중 연간 통화증가율 및 장기국채수익률의 단순평균임.
출처 : 한국은행, 주요국의 경제지표(International Financial Statistics, IMF), 2001

다. 즉 인플레이션의 역사적 증거(historical evidence)가 인플레이션의 요인이 외생적으로 발생하는 높은 통화증가율임을 강하게 시사하고 있다. 그래서 프리드만(M. Freidman)은 "인플레이션은 통화현상(money phenomenon)이 있는 곳이면 어디에서든 항상 발생한다"고 말하기도 했다. 통화증가율이 인플레이션의 요인이라는 사실은 통화이론—통화량의 변화와 경제활동의 관계를 연구하는 이론—의 중요성을 입증해 주는 것이다.

이자율은 자금을 차입할 경우 지급해야 하는 가격 또는 차입비용을 말한다. 이자율은 사람들의 의사결정에 많은 영향을 준다는 점에서 중요한 경제변수로 인식되고 있다. 이자율이 높을 때는 차입비용이 높기 때문에 사람들은 자동차나 집을 사기 위한 차입을 줄이거나 연기할 것이다. 반면에 이자율이 높을 때 은행에 저축을 하게 되면 많은 이자수입을 얻게 되므로 사람들은 저축을 더 많이 하려고 할 것이다. 이자율은 소비나 저축에 대한 개인의 의사결정에 영향을 줄 뿐만 아니라 기업의 투자결정에도 영향을 주므로 경제의 총체적인 안정에 중요한 역할을 한다. 예를 들어 이자율이 높을 경우 기업의 신규투자는 위축될 것이며 이것은 실업을 증가시킬 것이다. 따라서 이자율의 변동을 정확히 규명하는 것은 매우 중요한 일이다. 통화는 다른 요인들과 함께 이자율의 변동에 중요한 역할을 한다. [그림 1-2]는 이자율과 통화증가율의 관계를 나타내고 있다. 통화증가율이 높을 경우 명목이자율 역시 높다.

세계 경제는 최근 수십 년 동안 심한 경기변동을 반복해 왔다. 경기변동(economic cycle)—총생산(GDP)의 증가와 감소—은 경제에 막대한 영향을 준다. 예를 들어 경기가 호황일 경우, 즉 GDP의 증가율이 높을 경우 고용은 증가하며 반대로 불황일 경우 실업이 증가할 것이다. 경기변동의 실증적 증거에 따르면 통화는 경기변동을 가져오는 중요한 요인이라고 알려져 있다. 이들 증거에서 일반적으로 발견되는 사실은 통화증가율의 감소가 경기불황에 선행한다는 것이다. 어떻든 통화량의 변동이 경기변동을 가져오는 주된 요인이라는 것은 주지의 사실이다. 그러므로 정책당국자는 통화량과 이자율을 관리하는 통화정책(monetary policy)의 수행에 많은 관심을 기울여야 한다. 이러한 의미에서 중앙은행이 통화량을 결정(통화공급)하는 등 통화정책을 수행할 때 세심한 주의가 요망된다. 한편 정부의 재정적자는 세금수입을 초과한 정부지출을 말하는데 이러한 재정적자는 통화정책에 영향을 주어 높은 통화증가율과 인플레이션을 가져오게 된다. 따라서 정책입안시 재정정책과 통화정책의 상호관련성 또한 고려해야 한다.

제 2 장

금융제도

금융제도(financial system)란 금융시장(financial market)과 금융기관(financial institutions) 및 이를 형성하고 운영하는 법규나 관행 등을 통틀어 지칭하는 말이다. 금융시장과 금융기관의 주된 기능은 여유자금을 가진 사람으로부터 자금이 필요한 사람에게 자금을 이전시킴으로써 두 집단을 연결시켜 주는 역할이다. 이는 경제활동을 원활하게 하고 활성화하는 데 있어 중요한 기반이 된다.

예를 들어 발명가 김 씨가 연료 절감 효과가 매우 크고, 환경오염물질 배출도 거의 없는 혁신적인 신기술의 자동차를 개발했지만 이를 실용화할 수 있을 만큼의 자본이 없다고 하자. 반면 회사원 이씨는 부모로부터 물려받은 유산과 그 동안 저축을 많이 하여 여유자금이 많다고 하자. 이런 경우 두 사람간의 연결 고리가 생겨 이 새로운 자동차가 실용화될 수 있다면 사회 · 경제적으로 편익이 증가한다는 측면에서 바람직한 일일 것이다. 따라서 건전한 금융제도는 경제적 효율성과 복리의 증진 및 건전한 경제 구조의 유지에 중대한 역할을 한다.

우리는 앞장에서 경제활동의 근본이 되는 화폐에 대해 알아보았다. 여기서는 경제활동의 연결 고리가 되는 금융제도, 즉 금융시장과 금융기관의 기능 및 구조, 그 운용에 대해서 알아본다.

1. 금융시장

(1) 금융시장의 기능

금융시장(financial market)은 소득이 소비보다 많아 여유자금을 축적한 사람과 소비가 소득보다 많아 자금이 부족한 사람을 연결해 줌으로써 자금이동의 경로(channel)를 제공해 준다. 금융시장의 이러한 기능을 도시하면 [그림 2-1]과 같다. [그림 2-1]에서 여유자금을 저축하고 빌려주는 사람인 대출자-저축자(lenders-savers)는 왼쪽에, 소비를 위해 자금을 차입하는 사람인 차입자-소비자(borrowers-spenders)는 오른쪽에 표시되어 있다. 주된 대출자-저축자로 가계(households)를, 주된 차입자-소비자로 기업과 정부를 들 수 있다. 대출자-저축자로부터 차입자-소비자로의 자금흐름은 화살표로 표시되어 있다.

자금이 대출자-저축자에서 차입자-소비자로 이어지는 경로는 크게 두 가지로 나눌 수 있다. 첫번째 경로는 차입자가 직접 금융시장을 통하여 증권(securities)—주식이나 채권을 포함한 청구권(claims)을 나타내는 모든 것—을 대출자에 팔아

[그림 2-1] 금융시장을 통한 자금의 흐름

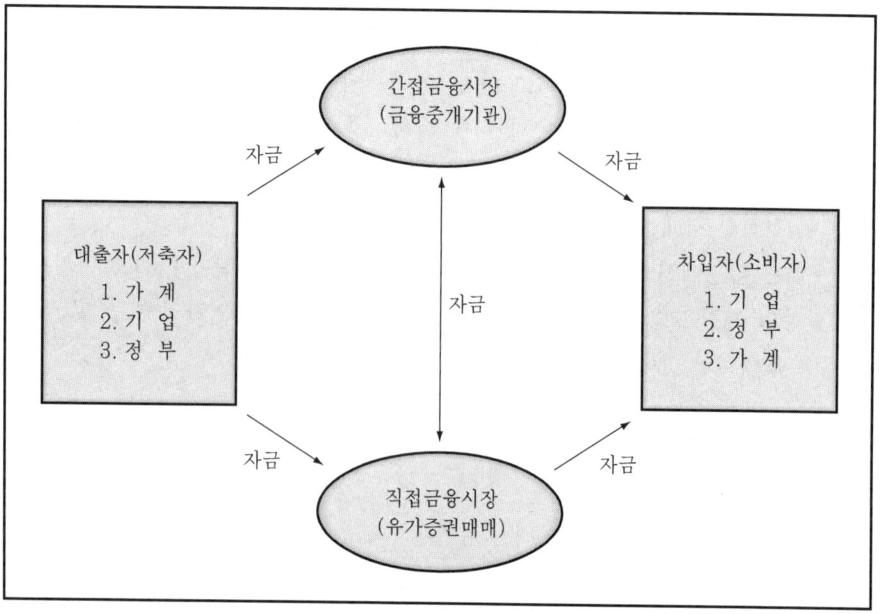

자금을 조달하는 것이다. 이를 직접금융(direct finance)시장이라고 하는데 주식시장이나 채권시장으로 대표되는 자본시장(capital market)이 이에 속한다. 이러한 증권은 그것을 산 사람에게는 자산이 되지만 그것을 판 기업이나 개인에게는 부채(liabilities)가 된다는 양면성을 지니고 있다. 두 번째 경로는 은행 등과 같은 금융중개기관(financial intermediaries)을 통해 자금의 이전이 이루어지는 것을 말하는데 이를 간접금융(indirect finance)시장이라고 한다. 이러한 간접금융시장은 일반 국민들로부터 저축을 동원하여 기업이 필요로 하는 산업자본을 제공하는 데 중추적인 역할을 한다.

이러한 자금흐름의 경로가 왜 경제에 중대한 영향을 주는가? 그것은 일반적으로 여유자금을 갖고 있는 사람과 수익성이 높은 투자기회를 갖고 있는 사람(보통은 기업)이 서로 일치하지 않기 때문이다. 만약 금융시장이 존재하지 않는다면 여유자금을 갖고 있는 사람으로부터 수익성이 높은 투자기회를 갖고 있는 사람에로의 자금의 이전이 이루어지지 않아 양자 모두 저축과 투자의 기회를 잃게 된다. 금융시장이 존재한다면 여유자금은 있으나 생산기회가 없는 사람으로부터 생산기회는 있으나 자금이 부족한 사람에게 자금이 이전될 수 있을 것이다. 그렇게 함으로써 금융시장은 경제 전체의 효율성 제고와 생산성 향상에 큰 기여를 하게 된다.

또한 금융시장의 존재는 투자가 아닌 다른 목적으로 자금을 차입하려는 사람에게도 이익을 가져다 준다. 금융시장은 소비자들에게 가장 적절한 소비시기(spending time)를 선택할 수 있도록 해줌으로써 소비자의 복지를 증진시켜 준다. 예를 들어 이제 갓 대학을 졸업하고 금융기관에 입사한 박 군이 결혼을 했다고 하자. 박 군은 가정을 꾸리기 위해 집이 필요할 것이다. 그러나 박 군은 현재 집을 살만큼 돈을 갖고 있지 않고, 다만 몇 년 후에나 저축을 통해 집을 살 수 있는 돈을 가질 수 있을 것이다. 이 경우 박 군은 집을 살 만한 돈을 마련할 때까지 노숙하는 대신 금융시장 이용을 통해 자금을 차입하여 집을 사서 아내와 함께 살 수 있을 것이다. 이 때 차입한 자금은 나중에 갚으면 된다. 그러므로 효율적으로 운영되는 금융시장은 모든 사람의 경제적 욕구를 증진시키는 데 필수적임을 알 수 있다.

(2) 금융시장의 분류

금융시장은 구분기준에 따라 대략 다음과 같이 4개의 범주로 나뉠 수 있다.

1) 채권시장과 주식시장

금융시장은 자금을 조달하는 수단에 따라 채권시장(debt market)과 주식시장(equity market)으로 나뉜다. 채권은 가장 일반적인 자금조달수단으로 차입자가 특정 만기일까지 일정 금액의 원리금을 지급하겠다는 계약증서이다. 채권은 만기에 따라 단기(1년 이하), 중기(2년~10년), 장기(10년 이상) 채권이 있는데 이러한 채권들이 발행·유통되는 시장을 채권시장이라고 한다. 주식은 기업의 이익과 자산에 대한 일정 비율의 청구권(claims)을 나타내는데, 일반적으로 주식의 소유자에게 정기적인 배당(dividend)이 주어진다. 주식은 이론적으로 만기가 존재하지 않기 때문에 장기증권으로 분류한다.

2) 화폐시장과 자본시장

이는 거래되는 금융상품이나 증권의 만기에 따른 분류이다. 화폐시장(money market)에서는 만기 1년 이하의 단기 채권이나 유동성이 높은 단기성 금융상품(증권)을 취급하고, 자본시장(capital market)에서는 중·장기 채권이나 주식 등 장기성 증권들이 거래된다. 이에 대해서는 금융상품의 종류에서 자세히 언급하기로 한다.

3) 발행시장과 유통시장

발행시장(primary market)은 새로이 발행된 채권이나 주식 등의 증권이 발행한 기업이나 정부(기관)으로부터 최종적으로 투자자에게 구매되기까지의 과정을 말한다. 새로 발행되는 증권은 중개기관을 통하지 않고 발행자로부터 구매자에게 직접 이전되는 경우도 있지만 대부분은 투자은행(investment bank) 등의 중개기관을 통하여 이전된다. 발행시장에서 신규 증권의 발행을 주선하여 유통시키는 대표적인 전문기관이 투자은행이다. 투자은행은 인수(underwriting)업무를 통해 신규 증권의 가격을 결정하고 일반 투자자에게 판매하게 되는데 이는 자체 기관의 투자를 목적으로 하는 것이 아니라 중개기능을 통하여 가격변동이나 발행위험을 감소시키고 공정한 시장을 형성시키기 위한 것이다. 우리나라는 투자은행 업무를 증권회사들이 주로 담당하고 있다.

한편 이미 발행된 증권의 거래가 이루어지는 곳을 유통시장(secondary market)이라고 한다. 미국의 NYSE(New York Stock Exchange)나 ASE(American Stock

Exchange) 등의 증권거래소를 세계적으로 가장 활발하고 잘 알려진 유통시장의 예로 들 수 있다. 유통시장이 제대로 기능하기 위해서는 증권 브로커(broker)와 딜러(dealer)의 역할이 중요하다. 브로커는 증권의 매도자와 매수자를 연결시켜 거래를 가능하게 하는 투자 대리인을 말하며, 딜러는 자기 명의로 증권을 거래하며 이익을 얻으려는 전문 중개인으로써 자신이 보유하고 있는 증권으로 투자자의 매수·매도 요구에 부응함으로써 거래를 성사시키는 역할을 한다. 실제로 대부분의 중개업무를 담당하고 있는 회사들은 이 두 업무를 동시에 담당하는 브로커-딜러(broker-dealer) 형태를 취하고 있다. 유통시장에서는 증권이 거래되면 거래 당사자인 투자가들 사이에서 자금이 이동과 소유의 변동만 있을 뿐 그 증권을 발행한 기업에 새로운 자금이 유입되는 것은 아니다. 그러나 유통시장도 자금조달과정에서 매우 중요한 역할을 수행한다. 우선 유통시장은 저축으로부터 자금흐름을 투자로 전환시키는 데 있어 촉매 역할을 하는데 이는 증권의 유동성(liquidity)을 제고시켜 증권에 대한 수요를 촉진시킴으로써 발행시장에서 기업이 자금을 조달하는 것을 보다 수월히 할 수 있도록 도움을 준다. 또한 유통시장에서의 수요와 공급은 발행시장에서의 수요와 공급에 대한 민감한 척도로써 증권의 발행가격 결정에 지표가 된다. 따라서 증권을 발행하려는 기업에게 유통시장의 상황은 매우 중요하게 받아들여지는 것이다.

4) 거래소시장과 장외시장

거래소시장(exchanges)이란 증권의 매도자, 매수자 및 관련업무 종사자들이 일정한 장소에 모여 거래를 이루는 것을 말한다. 앞서 말한 미국의 NYSE, ASE나 한국의 증권거래소(Korea Stock Exchange)가 모두 거래소시장에 속한다.

장외시장(over-the-counter(OTC) market)은 거래소시장과는 달리 서로 다른 장소에 있는 딜러들이 자신의 계정으로 증권을 구매하여 보유하고 있다가 자신이 설정한 호가(quoted price)에 사거나 팔고자 하는 사람이 나타나면 직접 거래를 하는 형태를 취한다. 장외시장은 증권시장 전체의 효율성을 제고하는 효과를 갖는데 이는 컴퓨터와 통신장비를 이용해 딜러들이 모두 연결되어 있고 서로 다른 딜러들의 호가를 알고 있어 시장이 매우 경쟁적이기 때문이다. 미국의 나스닥(NASDAQ)이나 대부분의 장외채권시장을 그 예로 들 수 있다. 장외시장은 거래소에 상장되지 않은 증권도 취급하며 흔히 상장된 증권의 대규모 거래를 다루고 있는데 미국 재정증권(T-bond)의 경우는 장외시장의 거래량이 거래소에서의 거래량을 초과하고 있다.

제3시장(third market)은 보통 거래소에 상장된 증권(exchange-listed securities)을 장외(over-the-counter)에서 거래하는 것을 말한다. 주로 기관 투자자들이 거래소 회원이 아닌 브로커/딜러를 통해 대규모로 거래하는 것이 일반적이다. 반면 우리나라의 제3시장은 이와는 좀 다른 개념이다. 공식 명칭은 '장외주식호가중개시장' 으로 증권거래소나 코스닥의 등록 조건을 충족시키기 어려운 기업이 발행한 주식이나 거래소에서 상장 폐지된 주식들을 모아 거래할 수 있게 한 시장을 말한다. 증권거래소와 코스닥에 이어 3번째로 시작된[1] 시장이라는 데에서 그 이름이 유래되었다.

제4시장(fourth market)은 기관투자자들이 대규모 거래(block trading)를 할 때 중개수수료 절약을 목적으로 브로커나 딜러를 거치지 않고 직접 거래하는 것을 말한다. 미국의 경우 인스티넷(Instinet)이라는 전산시스템상에서 뮤추얼펀드나 기관투자자들이 컴퓨터 단말기를 통해 연결되어 직거래를 하고 있다. 이런 시스템은 현재 주식시장의 거래시간이 종료된 후 시간외 거래(after-hours trading)에도 이용되고 있다.

2. 금융수단

금융시장이 차입자-소비자와 대출자-저축자 사이에 자금의 경로를 제공하는 중요한 역할을 어떻게 수행하는지 이해하기 위해서는 금융시장에서 거래되는 금융수단(financial market instrument)에 대해 살펴볼 필요가 있다. 금융수단이란 일반적으로 금융청구권을 나타내는 증서를 나타내며 금융자산(financial asset) 또는 금융상품(financial product)이라고도 한다. 보통 금융시장은 거래되는 금융자산의 종류에 따라 화폐시장(money market)과 자본시장(capital market)으로 나뉘는데 여기서는 이 두 시장에서 거래되는 금융수단에 대해 알아보겠다.

1) 2000년 3월 27일.

(1) 화폐시장 금융수단

이용기간이 단기이고 신용도가 높은 금융상품들이 거래되는 시장을 가리켜 화폐시장이라고 한다. 화폐시장의 금융자산들은 통상 1년 이하의 만기를 가지며 그 중 90일 이하의 만기를 가지는 금융자산의 거래가 가장 많다. 단기금융상품은 만기가 짧기 때문에 금리의 변화가 상품의 가격에 큰 변동을 초래하지 않아 가격변동위험이 작고 신용도가 높은 개별 경제주체(기업이나 금융기관, 정부)가 주로 발행자가 되기 때문에 신용위험(credit risk) 역시 작다.

금융기관이나 정부는 단기운영자금이 부족할 때 화폐시장 금융수단을 발행한다. 또 일시적인 현금잉여분이 발생할 때 이를 유동성이 큰 수익자산으로 전환시키기 위해 화폐시장의 금융자산을 매입한다. 화폐시장은 단기성 자금의 거래로 유동성을 신속하게 조절할 수 있는 수단을 제공함으로써 자금운용의 효율성을 높여 준다.

화폐시장의 금융수단들은 서로간의 대체성이 높기 때문에 시장간 연계성이 커져 수익률은 단기이자율과 밀접한 관계를 갖고 자금의 수급상황에 민감하게 반응하는 등 합리적인 금리체계 형성에 도움이 된다. 우리나라의 화폐시장 규모는 1990년 약 42조원의 규모에서 99년 6월말 약 170조원 규모로 연평균 16% 정도로 꾸준히 성장하여 왔다.[2] 대표적인 화폐시장 금융수단으로는 단기국공채 · 양도성예금증서 · 기업어음 · 은행인수어음 · 환매조건부채권 · 콜자금 및 유로달러 등이 있다.

1) 단기국공채

단기국공채란 중앙정부나 지방자치단체가 발행하는 채권으로 만기 1년 이하의 것을 말한다. 단기국공채의 대표적인 것으로는 정부발행의 재정증권(T-bill)이 있다. 우리나라의 경우 재정증권의 발행은 공개시장에서의 모집 · 매출 또는 입찰방식에 의하도록 하고 있으나 재정경제부가 필요하다고 인정하는 경우에는 금융기관 · 보험회사 · 종합금융회사 등에 대한 매각을 통해 이루어지기도 한다. 재정증권은 액면 또는 할인방식으로 발행되며 상환기간은 1년으로 되어 있다. 미국 재무성의 재정증권(Treasury Bill; T-Bill)은 3, 6, 12개월 만기의 할인채로 발행되고 화폐시장에서 가장 활발히 거래되고 있으며 미국 연방정부가 지급을 보증하기 때

2) 한국은행, 통화금융, 1999.

문에 가장 유동성과 안정성이 높은 금융수단으로 인정받고 있다.

엄밀히 국공채의 범주에 들어가는 것은 아니지만 우리나라는 한국은행이 통화량을 조절하기 위해 금융기관이나 일반을 대상으로 발행하는 통화안정증권(monetary stabilization bond)이 단기채권시장에서 차지하는 비중이 매우 크다. 통화안정증권은 관련법규에 따라 발행액 한도가 통화량의 일정 비율로 정해져 있고 만기는 14일부터 최장 2년까지 다양하다. 만기 2년의 증권만 액면방식으로 발행되어 3개월마다 이자가 지급되며 나머지 만기의 증권들은 할인방식에 의하여 발행된다.

2) 양도성예금증서

양도성예금증서(CD: negotiable certificate of deposit)는 정기예금증서를 타인에게 양도할 수 있게 함으로써 정기예금에 유동성을 부여한 것이다. 보통 은행에 일정금액 이상을 정기예금하면 은행은 예탁자에게 정기예금증서를 교부하게 되는데, 예금증서를 보유한 자는 일정기간 후에 원금과 이자를 상환받게 된다. 이와 같은 예금증서가 양도가 가능한 경우 양도성예금증서라고 하며 최단 만기 30일에서 최장 만기에 대한 제한은 없으나 보통 1년까지가 대부분이다. 양도성예금증서는 은행의 주된 자금조달원의 하나인데 97년 이후 양도성예금증서에 대해 지급준비의무가 부과되면서 여타 단기금융상품에 비해 경쟁력이 저하되고 외환 위기 이후 은행이 단기 고금리상품을 통한 자금조달에 소극적으로 대처하면서 발행규모가 위축되기도 하였다.

3) 기업어음

기업어음(CP: commercial paper)이란 신용이 좋은 대기업이 자금을 조달하기 위해 발행하는 만기 1년 이내의 약속어음이다. 기업이 자기 신용을 바탕으로 비교적 간편한 절차에 의해 단기자금을 조달할 수 있는 수단이 된다. 기업어음은 종합금융회사 · 증권회사 · 은행 · 투자신탁 · 보험회사 및 여신전문기관 등에서 취급한다. 거래는 기업이 발행한 기업어음을 금융기관이 할인하여 보유하거나 투자자에게 매출하는 방식으로 이루어지고 재유통되는 경우는 거의 없다.

4) 은행인수어음

은행인수어음(BA: banker's acceptance)은 은행에 의해 인수된 기한부환어음

(time draft)이다. 기환부환어음이란 발행인이 지급인으로 하여금 일정한 기일에 그 소지인에게 지급하여 줄 것은 지시하는 증서이다. 대표적인 기한부환어음은 수출업자와 수입업자간의 국제무역거래에서 발생하는 무역어음이다. 이러한 무역어음은 어음을 인수한 은행에서 지급을 보증하고 물품 인도와 동시에 대금을 지급한다. 수입업자가 부도가 날 경우에도 수출업자는 수출대금을 보장받을 수 있고 수입업자는 대금 지급을 연장할 수 있는 이점이 있기 때문에 국제무역거래에 자주 이용된다. 은행인수어음은 종종 유통시장에서 할인되어 재유통되기도 한다.

5) 환매조건부채권

환매조건부채권(repurchase agreement; repos)은 매각자가 일정 기간 후에 일정한 가격으로 동일 채권을 다시 매수할 것을 조건으로 채권을 매각하는 것이며 이러한 거래가 일어나는 시장을 RP시장이라고 한다. 환매조건부채권의 거래를 통해 채권보유자는 보유채권을 담보로 하여 비교적 손쉽게 단기자금을 조달할 수 있고 투자자도 채권투자에 따른 위험부담 없이 높은 금리로 자금운용이 가능해진다.

6) 콜 자 금

콜자금(call loan)은 금융기관 상호간에 일시적인 자금의 과부족을 조절하기 위한 수단으로 처음에는 은행이 지불준비금 요건을 충족시키거나 대출 및 투자자금을 조달하는 용도로 한정되어 있었으나 점차 비은행금융기관을 포함하는 단기자금시장으로 발전하여 나갔다. 콜자금의 만기는 30일 이내로 제한되어 있는데 대부분 하루 정도의 초단기물(overnight loan)이 주종을 이루고 있다. 은행간의 콜거래는 대부분 직거래 방식으로 이루어지고 비은행권은 우리나라의 경우 한국자금중개라는 콜거래 전문중개기관에 의해 콜자금을 공급하는 콜론(call loan)기관과 콜자금을 차입하는 콜머니(call money)기관이 연결되는 중개거래의 형태로 이루어진다. 콜론기관은 주로 은행신탁이나 투자신탁의 신탁계정 및 보험회사 등이며 콜머니기관은 증권회사나 종합금융회사가 많다. 은행은 자금사정에 따라 콜론기관 또는 콜머니기관이 된다.

7) 표지어음

표지어음(cover bill)은 금융기관이 보유하고 있는 상업어음이나 무역어음 등을 분할 · 통합하여 새롭게 발행한 약속어음이다. 따라서 발행기관은 금융기관이 된다. 일반적으로 만기가 1년 이내인 보유어음의 잔여 만기에 기초하여 발행하고 표지어음에 대한 지급의무는 원래의 기초어음과 관계없이 표지어음을 발행한 금융기관이 갖는다. 표지어음을 발행한 금융기관으로서는 원어음의 할인에 따른 자금부담이 줄어듬과 동시에 원어음 할인금리와 표지어음 발행금리간의 금리차익을 얻을 수 있고 표지어음 매입자에게는 또 다른 단기자금 운용수단이 된다.

8) 유로달러

유로달러(Eurodollar)[3]는 미국영외의 은행이나 미국은행의 해외지점에 예치된 달러표시예금을 말한다. 미국의 은행들은 자금이 필요할 경우 자사의 해외지점이나 외국의 은행에 예치된 유로달러예금을 차입할 수 있다. 유로달러의 비중은 점점 커지고 있는데 이것은 유로달러시장은 금융규제를 적게 받아 미국 내 은행들보다 자유롭게 예금과 대출업무를 수행할 수 있는데 기인한다. 이 때문에 금리차나 환차익을 좇아 부동(floating)하는 핫머니(hot money)의 성격도 띤다. 같은 원리로 유로마르크(Euromark), 유로스털링(Eurosterling), 유로엔(Euroyen), 유로원(Eurowon) 등도 있다. 일반적으로 통화소재국 밖의 은행에 예치된 통화들을 유로통화(Eurocurrency)라 한다.

(2) 자본시장 금융수단

화폐시장의 금융자산이 만기는 1년 미만으로 매우 짧으며 높은 안정성을 지닌 반면 자본시장에서는 일반적으로 장기성유가증권(long-term securities), 즉 장기채권과 주식 등이 거래된다. 유동성조절을 목적으로 하는 화폐시장에 비해 자본시장에서는 영구적 또는 반영구적인 산업자금을 조달한다. 일반적으로 기업 · 정부 및 공공기관들은 그들의 부족한 장기자금의 대부분을 자본시장을 통해 조달하고 하고 있다.

자본시장에 있어 가장 중요한 요소는 위험(risk)이다. 화폐시장의 금융수단들

3) 유로(Euro)라는 명칭은 50년대 말 런던에 최초로 유로달러시장이 형성되면서 동 시장이 형성되는 유럽지역만을 지칭하였으나 현재는 해당 통화의 소재국 이외의 지역을 모두 통칭하는 용어로 사용된다.

은 신용도가 높은 기관들이 발행하고 단기라는 특성상 채무불이행위험(default risk)과 가격변화가 적다. 하지만 국채를 제외한 대부분의 자본시장 금융수단들은 채무불이행위험을 지니고 있으며, 채무불이행위험이 없는 경우에도 만기가 길기 때문에 상당 수준의 가격 변동의 위험(시장위험)을 갖고 있다. 예를 들어 액면이 10,000원이고 연간 8%의 이자를 지급하는 20년 만기 채권이 현재 10,000원에 매매되고 있다고 하자.[4] 만약 시장이자율이 10%로 상승하게 되면 채권의 시장가치(가격)는 8,300원[5]이 된다. 반면 이 채권의 만기가 1년이라면 시장이자율이 10%로 상승하면 가격은 9,820원[6]으로 변화가 적다. 이는 장기증권의 경우 시장위험이 얼마나 큰지를 보여준다. 따라서 자본시장의 금융상품들은 화폐시장의 금융상품과 비교하여 가격변동성이 커서 위험이 높은 것이 보통이며 이에 따라 수익률도 높은 수준으로 형성된다.

1) 주　식

주식(stock)은 주식회사에서 출자한 증표로서 회사 설립시나 추가적으로 자기자본이 필요할 때 발행한다. 주식은 기업의 순이익과 자산에 대한 청구권(equity claim)으로 주주는 기업의 이익을 배당받고, 회사를 청산할 경우에는 잔여재산을 분배받을 수 있다. 주주는 회사정관에 따라 의결권을 행사할 수 있으며, 주권을 타인에게 양도할 수도 있다. 또한 기업이 추가적인 자금의 조달을 위해 신주를 발행할 경우 신주를 우선적으로 인수할 수 있는 신주인수권(preemptive right)을 갖는다. 주식은 기업이 가장 안전하고 장기적으로 이용할 수 있는 자금조달원이다.

2) 채　권

채권(bond)은 채권의 발행자가 자금을 차입하는 대신 일정 기간 후에 일정한 조건으로 원리금을 상환하겠다는 계약증서이다. 채권은 발행 주체에 따라 국공채와 금융채, 회사채로 나뉜다. 국공채에는 국가가 발행하는 국채,[7] 지방자치단체가

4) 현재 시장이자율이 8%라 가정.

5) 채권의 시장가치 $= \frac{800}{(1+0.1)} + \frac{800}{(1+0.1)^2} + \cdots + \frac{800}{(1+0.1)^{20}} + \frac{10,000}{(1+0.1)^{20}} = 8,300$

6) $\frac{800}{(1.1)} + \frac{10,000}{(1.1)} = 9,820$

7) 우리나라의 경우 국고채권, 국민주택채권, 양곡기금채권, 외국환평형기금채권 등이 있다.

발행하는 지방채, 특별법인이 발행하는 특수채[8]가 있다. 금융채의 경우 금융기관이 발행주체가 되는데 한국은행이 발행하는 통화안정증권이나 중소기업금융채권 및 산업금융채권이 있다.

장기국공채는 정부의 재정정책의 일환으로 발행되고 있는데 자본시장에서 채무불이행의 위험이 거의 없는 유일한 증권이라는 점에서 특색이 있다. 이는 정부가 조세권(taxing power)과 통화발행능력을 갖고 있어 언제든지 채무이행의 의무에 응할 수 있기 때문이다. 이러한 국공채는 정부나 정부대행기관에 의하여 경제안정정책의 한 수단으로 사용되는 것이 보통이다.

회사채(corporate bonds)는 기업이 발행하는 지불의무증서로서 자본시장의 발달과 더불어 그 규모가 점점 커지고 있다. 회사채를 보유한 채권자는 일정기간 후 기업으로부터 원금과 이자를 받게 된다. 채권자는 주주들의 배당에 우선하여 이자를 지급받게 되며, 기업이 도산하거나 청산할 경우 주주들에 우선하여 기업자산에 대한 청구권을 갖게 된다.

회사채는 발행가격 · 담보유무 · 이자지급방법 · 만기 · 특수한 권리의 부수 여부 등에 따라 여러 형태로 나뉜다. 먼저 이자지급방법에 따라 순할인채(discount bond)와 이표채(coupon bond)로 나뉜다. 순할인채는 채권을 발행할 때 발행가격을 채권에 표시된 액면가격보다 낮게 할인(discount)하여 발행한 후 중간에는 이자를 지급하지 않다가 만기일에 액면가격으로 상환함으로써 투자자들에게 액면가와 발행가의 차이만큼을 이자보상으로 돌려주는 방식이다. 반면에 이표채(쿠폰채)의 경우는 만기일에 액면가격으로 상환하는 것은 물론이고 중간에도 정기적으로 약정 쿠폰이자율에 따라 이자(coupon)를 지급하는 방식의 채권이다.

담보의 유무에 따라서는 토지와 건물 같은 고정자산을 담보로 하는 담보부사채(mortgage bond), 담보와 관계없이 기업의 신용도를 가지고 바탕으로 발행하는 무보증사채(debenture), 제3자의 보증으로 발행되는 보증사채(guaranteed bond)가 있다. 담보부사채는 채권이 채무불이행 상태에 이르렀을 때 담보로 제공된 특정자산에 대해 다른 채권자들보다 우선적인 청구권을 갖게 되는데 일반적으로 담보가 되는 고정자산은 부채액보다 많은 것이 보통이기 때문에 투자자 입장에서 위험이 적다고 할 수 있다. 무보증(무담보)사채는 산업의 특성상 담보가 될 고정자산

8) 한국전력공사채권, 토지개발채권, 기술개발금융채권, 예금보험기금채권, 부실채권정리기금채권 등.

이 없는 서비스업이나 금융기관 등과 같은 경우에 발행할 수 있다. 보증사채는 기업이 채무상환능력을 상실하였을 경우 보증기관이 대신 채무를 변제할 의무를 갖는다. 우리나라의 경우 대부분이 보증사채이다.

채권자에게 주어지는 특수한 권리를 기준으로 하는 경우에는 일반사채, 전환사채(CB: convertible bond), 신주인수권부사채(BW: bond with warrant), 이익참가부사채(participating bond) 등으로 분류할 수 있다. 전환사채란 채권자에게 해당 채권을 정해진 전환기간 내에 일정 비율로 주식으로 전환할 수 있는 권리가 부여된 회사채를 말한다. 신주인수권부사채의 경우는 채권자에게 채권을 발행하고 일정 기간이 경과한 후에 일정 수의 발행회사 신주를 미리 정해진 가격에 인수할 수 있는 권리가 주어진 사채이다. 이익참가부사채는 기업에 높은 이익이 발생했을 경우 채권자가 발행 당시의 약정이자율 이상으로 이익의 배당에 참가할 수 있는 권리가 주어진 것을 말한다.

3. 금융기관

금융시장은 거래가 금융중개기관(financial intermediaries)을 통해 이루어지는가의 여부에 따라 직접금융시장과 간접금융시장으로 구분짓는다. 여기서 직접금융이든 간접금융이든 자금거래를 성립시키거나 유통시키는 기관을 통틀어 금융기관(financial institution)이라고 한다. 국제통화기금(IMF)의 정의에 따르자면 금융기관이란 다른 부문을 위하여 금융수단을 창조하고 또한 이들에게 필요한 자금을 빌려주는 역할을 하는 경제단위를 말한다. 특히 금융기관을 통한 간접금융의 과정을 가리켜 금융중개라고 부르며 이는 자금이동에 있어 기본적인 경로가 된다.

(1) 금융중개

금융기관의 가장 중요한 역할은 다수의 저축자와 차입자에게 금융기회를 만들어 주어서 그들의 저축 및 투자수요를 충족시키는 금융중개라고 할 수 있다. 금융기관은 수많은 자금의 공급 · 수요자와 계속해서 대량으로 거래하기 때문에 규모의 경제(economics of scale)가 가능하다. 금융기관은 다양한 만기와 금액의 자금을 한

데 모아 자금수요자가 필요로 하는 여러 형태로 일정 기간 안정적으로 공급해 줄 수 있다. 금융기관이 없다면 자금규모나 만기 등에 있어서 수요 · 공급자간의 조건을 일치시키기 힘들어 거래가 성사되는데 많은 노력과 시간이 필요할 것이다.

금융기관은 자산가치에 대한 정보를 생산(information production)한다. 금융기관은 금융거래와 관련된 법규 · 절차나 신용정보 등의 자료를 수집 · 처리 · 분석하는 전문적인 인력과 조직을 보유하고 있다. 따라서 다른 정보의 원천에 비해 효율적으로 정보를 제공할 수 있다. 이 때문에 금융기관은 자금의 공급자와 수요자가 일대일로 거래할 경우에 비해 훨씬 효율적으로 금융거래를 성립시킬 수 있다.

건전하고 효율적인 금융시장의 형성에 방해가 되는 요인으로 문제가 되는 것이 금융거래자간에 존재하는 정보의 비대칭성(information asymmetry)이다. 금융시장에서 불균형한 정보의 존재는 상대방에 대한 정확한 정보를 알지 못하여 제대로 된 금융의사결정을 하지 못하게 하고 선의의 투자자에세 해를 입히기도 한다. 투자자와 차입자 간의 정보의 비대칭성으로 인해 발생하는 대표적 문제로 역선택(adverse selection)과 도덕적 해이(moral hazard)를 들 수 있다. 역선택은 거래가 이루어지기 전에 불균형한 정보에 의해 일어나는 문제이다. 역선택의 예로 증권시장의 문제를 들어보자. 증권시장의 잠재적인 투자자들은 기업에 대한 정확한 정보를 갖고 있지 않기 때문에 어떤 주식이 좋고 나쁜지를 판단하기가 어렵다. 따라서 그들은 증권을 발행하는 기업들의 평균을 반영하는 가격—나쁜 회사와 좋은 회사의 증권가치의 중간—을 지불하려고 한다. 이러한 경우에는 좋은 회사의 경영자는 자사 증권이 저평가되는 시장에서 더 이상 자신들의 증권을 팔려고 하지 않을 것이고 반대로 나쁜 회사의 경우는 적극적으로 팔려고 할 것이다. 잠재적인 투자자들 역시 투자할 만한 가치가 충분히 있는 좋은 기업들이 존재함에도 더 이상 시장에 투자하려고 하지 않게 된다. 이렇게 되면 증권시장은 제기능을 발휘하지 못하고 사양화된다. 이러한 현상을 역선택이라고 한다. 반면 도덕적 해이는 거래가 발생한 후에 불균형한 정보로 인해 발생하는 문제이다. 예를 들어 갑이라는 사람이 을에게 동네 아이스크림 가게를 동업하자고 했지만 을은 확신이 서지 않아 대신 10%의 이자를 보장받고 100만원의 돈을 1년간 빌려주었다고 하자. 만일 갑이 처음 의도한 대로 아이스크림 가게를 연다면 위의 대출은 을에게 있어 확실한 투자가 될 수 있다. 하지만 갑은 돈을 받은 후 다른 목적으로 그 자금을 사용할 수도 있다. 즉 성공하면 큰 부자가 될 수 있지만 실패할 가능성도 매우 큰 새로운 사업

개발에 투자할 수 있는 것이다. 이런 경우 을은 갑이 실패하면 100만원의 원금마저 모두 잃게 된다. 새로운 사업이 성공한다 하더라도 10만원의 이자 외에 다른 이익은 없게 된다. 따라서 을은 이와 같은 갑의 잠재적인 도덕적 해이 때문에 갑에게 대출을 기피하게 된다.

투자자와 차입자간의 정보의 비대칭성으로 인한 역선택과 도덕적 해이의 문제는 금융시장이 제 기능을 발휘하는 데 있어 커다란 걸림돌이 된다. 하지만 금융중개기관이 둘 사이에 중개역할을 하게 되면 차입자의 신용도에 대한 사전적인 검증을 할 수 있는 능력이 개인보다 뛰어나기 때문에 역선택으로 인한 손해를 줄일 수 있고, 거래가 일어난 후에도 차입자의 행위에 대한 감독(monitoring)체제가 잘 갖추어져 있어서 도덕적 해이에 따른 위험도 작아지게 된다.

이 밖에도 금융기관은 다양한 지급결제수단을 발달시킴으로써 현금 보유의 불이익을 제거하여 원활한 거래를 촉진시키고, 금융거래에 따른 위험을 전가(risk shifting)하여 보험서비스를 제공하는 등 금융시장에서 중요한 역할을 담당하고 있다. 궁극적인 금융시장의 기능은 자금을 투자 및 소비에 효율적으로 배분하는 것이다. 이를 위해서 금융기관은 금융중개 행위를 통해 비용(cost)과 불편(inconvenience)을 가능한 한 최소화할 수 있어야 한다.

이러한 금융기관의 중개행위는 [그림 2-2]와 같이 나타낼 수 있다.

금융시장에서 자금의 주 공급원은 일반적으로 가계나 기업들의 저축이다. 이러한 저축은 주로 금융기관을 통하여 자금의 차입자들이 발행하는 여러 형태의 금융상품을 매입함으로써 이루어지게 된다. 금융기관은 우선 가계나 기업들의 저축, 즉 자금의 공급에 대하여 수요자로서 역할을 하는데 은행이 일반예금을 받는다거나 증권회사가 신주에 대한 증권저축을 받는 것이 이러한 행위에 해당된다. 이렇게 축적된 자금을 이용하여 금융기관은 차입시장에서 차입금의 공급자 역할을 하게 된다.

이렇게 하여 결국 자금은 저축자들의 손에서 금융기관을 거쳐 자금의 수요자에게 전해지는데, 금융기관은 중간에서 중개행위를 통해 자금의 저축과 차입을 분리시킴으로써 저축자들 및 차입자들로 하여금 원하는 거래를 할 수 있게 하는 것이다.

한편 금융기관은 시장 조성을 통하여 경쟁적으로 이자율이 결정되게 함으로써 자금에 대하여 공정한 가격을 형성하는 역할을 한다. [그림 2-2]에서 보면, 저축시장에서 수요와 공급에 의해 결정되는 이자율은 저축자들이 받게 되는 이자율

[그림 2-2] 금융기관과 자금의 흐름

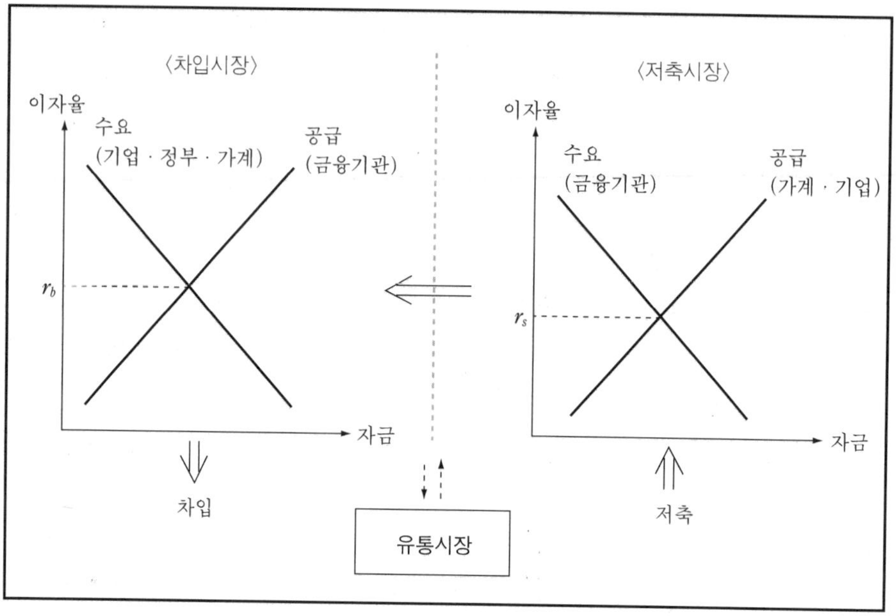

(r_s)이며, 차입시장에서 수요와 공급에 따라 결정되는 이자율은 차입자들이 지불하는 이자율(r_b)인데, 두 이자율간에는 차이가 있는 것이 보통($r_s < r_b$)이며 이 차이가 금융기관들의 중개수수료가 된다.

또한 이미 발행된 금융수단의 재매매가 투자자들간에 이루어지는 경우가 있는데 앞의 금융시장의 분류에서 말했듯이 이를 유통시장(secondary market)이라고 한다. 이때 역시 중간에서 금융기관이 중개행위를 하는 것이 보통이다.

(2) 우리나라의 금융기관

우리나라의 금융기관은 통화지표 편제상 통화금융기관과 비통화금융기관으로 나뉜다. 현금통화와 예금통화를 창출하는 기관을 통화금융기관으로 분류하고 나머지 금융기관들은 비통화금융기관으로 분류한다. 최근에는 금융혁신과 금융자율화가 급격히 진행됨에 따라 기존의 통화금융기관과 비통화금융기관간의 구분이 모호해졌다. 따라서 1999년부터 국제통화기금(IMF)의 통화금융통계 작성기준을 바탕으로 하여 우리나라의 금융기관은 취급하는 서비스의 성격을 기준으로 은행,

[그림 2-3] 우리나라의 금융기관(2001년 기준)

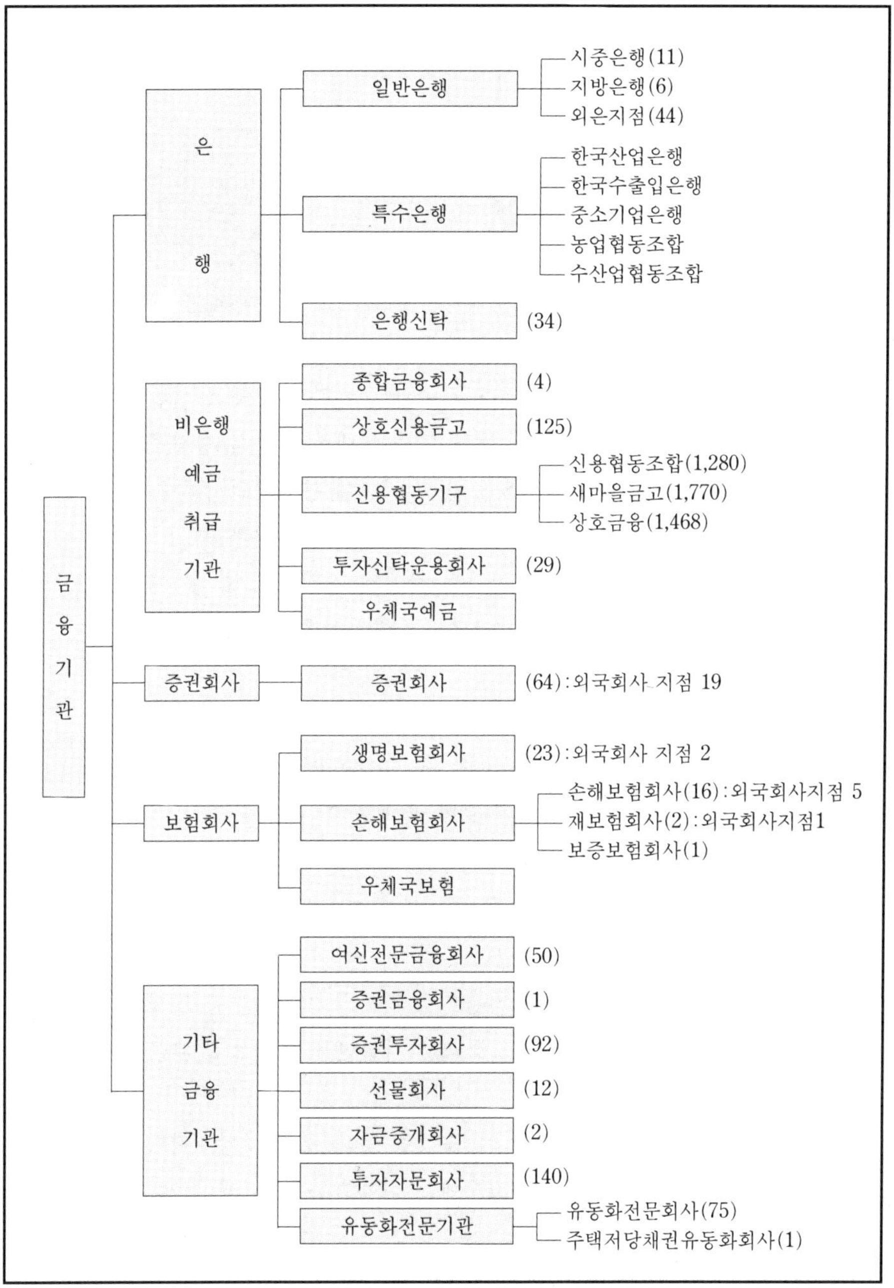

주 : ( ) 내는 금융기관 수.
출처 : 한국은행, 2001.

비은행예금취급기관, 증권회사, 보험회사, 기타금융기관으로 분류하고 있다.

이를 정리하면 [그림 2-3]과 같다. 총 자산규모[9]로 볼 때 은행이 전체 금융기관의 60% 정도로 가장 크고, 이어 투자신탁, 신용협동기구 순인데 은행의 비중은 점차 줄어들고 있는 추세이다.

1) 은 행

은행은 일반은행과 특수은행, 은행신탁계정으로 구성된다.

일반은행은 예금 · 대출업무 및 지급결제업무를 고유 업무로 하는 상업은행(commercial bank)들을 말한다. 특수은행은 일반은행의 업무상 제약으로 자금 공급이 충분치 못한 특정 부문에 자금을 원활히 공급하기 위해 설립된 기관으로 일반 상업은행에 대한 보완적 성격과 특정 부문에 대한 전문적 성격을 두루 갖추고 있다. 현재는 농협중앙회와 축협중앙회가 2000년에 통합되면서 5개의 특수은행이 있고, 업무의 특성상 농·수협을 제외하고는 모두 정부계 은행이다.

은행신탁계정은 은행의 고유계정과는 분리된 계정으로 고객의 금전을 신탁받아 유가증권 투자와 대출 등으로 운용하여 그 수익금을 배분하는 것이다.

2) 비은행예금취급기관

비은행예금취급기관(non-bank depositary institution)에는 종합금융회사, 투자신탁회사, 상호신용금고, 신용협동기구 및 우체국 등이 있다.

종합금융회사는 증권중개와 보험업무를 제외한 대부분의 기업금융업무를 취급하는데 1997년 말에는 30여개 사에 달하다가 외환위기 이후 부실사 퇴출 및 합병 등으로 현재는 4개 사만이 존재한다.

상호신용금고는 지역 서민금융기관으로 정부의 사(私)금융 양성화 정책에 의해 등장하여 일정 지역 내의 서민과 소규모 기업만을 대상으로 예금 · 대출업무를 행한다.

신용협동기구는 조합원에 대한 여·수신을 통해 조합원 상호간의 공동이익 추구를 목적으로 운영된다. 신용협동기구에는 신용협동조합, 새마을금고 및 상호금융(농·수·축협 단위조합)이 있다.

투자신탁회사는 여러 투자자에게 수탁받은 자금을 유가증권에 투자하여 그 운

9) 2001년 기준.

용수익을 분배하는 업무를 한다. 투자신탁업은 투자신탁을 운용하는 위탁회사와 신탁재산을 보관하는 수탁회사, 그리고 자금조달을 위해 수익증권을 판매하는 판매회사로 구분되는데 이중 판매회사의 업무를 겸하는 위탁회사를 투자신탁회사라 하고 투자신탁 운용업무만을 하는 위탁회사는 투자신탁운용회사라고 한다. 현재는 투자신탁회사의 운용 · 판매 조직을 분리하는 증권산업 개편방안에 따라 기존 투자신탁회사가 증권회사로 전환되고 9개의 투자신탁운용회사가 영업중이다.

우체국예금은 전국의 우체국을 금융창구로 활용하여 농어촌 주민 및 도시의 소액가계저축 수신업무를 주로 하며 국가(정보통신부)가 경영하므로 원리금의 지급을 국가가 보장하는 국영금융기관이라 할 수 있다.

3) 증권회사

증권회사는 자본시장에서 인수업무를 통해 주식 · 채권 등 유가증권 발행을 주선한다. 또 발행된 증권을 자기매매(dealing) 및 위탁매매(brokerage)를 통해 유통시장에서 매매를 중개한다. 이에 따라 투자가들에게 재산증식의 기회를 주고 기업에게 자금을 조달해 주는 기능을 한다.

4) 보험회사

보험회사는 다수의 보험계약자로부터 일정한 보험료를 받아 유가증권 투자나 대출 등으로 자금을 운용하여 보험계약자의 사망, 질병, 노후, 사고, 재해시에 보험금을 지급하는 업무를 수행한다. 보험회사에는 생명보험회사와 손해보험회사가 있고 우체국도 보험을 취급한다. 생명보험은 장기저축의 기능과 보장성 기능이 혼합된 성격을 띄지만 손해보험은 재해나 사고 발생에 따른 재산상의 손실 위험에 대처하기 위한 보장적 기능이 강하다.

5) 기타금융기관

여신전문금융회사는 이름 그대로 수신기능은 없고 여신업무만을 전문으로 취급하는 금융기관을 말한다. 자금은 채권을 발행하거나 타금융기관에서 차입하여 조달한다. 신용카드회사, 리스회사, 할부금융회사 및 신기술사업금융회사(벤처캐피탈; venture capital) 등이 여신전문금융기관에 속한다.

증권금융회사는 증권회사나 일반 투자가에게 증권 취득, 인수 및 매매에 따르는 자금을 대출하여 주는 회사이다. 신용거래에 의해 증권을 매도할 경우 이에 필요한 증권을 대여하여 주는 대주(貸株)업무도 취급한다. 현재 우리나라에는 한국증권금융(주)가 유일한 증권금융회사이다.

증권투자회사는 흔히 뮤추얼펀드(mutual fund)라고 부르며 자산을 유가증권 등에 투자하여 그 수익금을 주주에게 배분하는 업무를 한다. 우리나라는 현재 중도에 환매가 불가능한 폐쇄형 증권투자회사(closed fund)의 설립만 가능하며 주식이 거래소에 상장되거나 코스닥시장에서 거래되고 있다. 증권투자회사는 서류상 회사(paper company)이기 때문에 자산운용회사에서 증권투자회사의 설립 및 주식 모집을 실질적으로 주관한다.

선물회사는 일반실물상품, 금융상품 및 지수(index)를 대상으로 선물거래 영업을 하는 회사이다. 선물회사는 국내 선물거래와 해외선물거래의 자기 및 위탁거래, 위탁의 중개업무 등을 한다. 우리나라는 1996년 선물거래법이 시행에 따라 35개 회사가 설립 허가를 받았으나 외환위기 이후 금융기관 구조조정이 이루어지면서 12개의 회사가 남아 영업을 하고 있다.

자금중개회사는 금융기관간의 자금거래의 중개를 전문으로 하는 회사이다. 우리나라는 한국자금중개(주)가 대부분의 콜자금거래의 중개를 주도 하고 있으며, 양도성예금증서, 환매조건부채권, 어음 및 외환거래의 중개업무도 하고 있다. 자금중개회사의 자금중개는 일정 수수료만 받고 대여자와 차입자간의 거래를 연결하는 단순중개를 원칙으로 하나 콜거래의 경우는 자기계정으로 거래에 직접 참여하는 매매중개도 허용하여 거래의 원활화를 꾀하고 있다.

투자자문회사는 유가증권의 가치나 투자에 대해 고객에게 조언을 해주는 투자자문업무와 고객으로부터 증권분석에 기초한 투자판단의 전부 혹은 일부를 위임받아 대행하는 투자일임업무를 한다.

유동화전문기관은 자산을 보유자로부터 양도받아 이를 기초로 유동화증권을 발행하고 해당 유동화자산의 운용 · 처분에 따른 수익으로 유동화증권의 원리금이나 배당금을 지급하는 업무를 하는 기관을 말한다. 우리나라에는 유동화전문회사와 주택저당채권유동화회사가 있다. 97년 외환위기 이후 금융기관과 기업의 구조조정을 촉진하기 위해 보유자산을 원활히 매각할 수 있는 제도적 장치를 마련코자 도입되었다. 유동화회사는 서류상의 회사인 반면 주택저당채권유동화회사는 실체가 있는 주식회사의 형태이다.

제 3 장 금융환경

오늘날 세계적으로 금융시장은 많은 구조적 변화를 겪고 있다. 80년대 이후 국제간 자본이동 규모는 큰 폭으로 증가하였고, 첨단 정보통신기술의 발달과 더불어 전세계의 금융시장이 하나로 연결되어 금융시장의 세계화(globalization)와 통합화(integration)가 빠르게 진행되고 있다. 금융시장의 세계화 · 통합화 현상은 금융거래와 관련된 각종 규제를 철폐하거나 완화시키는 금융 및 자본자유화와 개방화에 기인한다. 이는 금융시장 참가자들이 정부의 규제나 세금 등의 제약조건을 벗어나 보다 많은 이익을 올리고자 하는 노력과 이에 대한 규제 당국의 대응으로 나타난 결과로 볼 수 있다. 또 금융자유화 및 개방화로 금융산업의 경쟁이 심화되어 감에 따라 금융업무의 효율성 제고가 요구되고 서로 다른 금융기관간 업무영역으로의 확대도 보편화되었다.

여기에 이자율과 환율변동의 심화와 같은 시장 여건의 변화에 대처하고 다양한 금융수요를 충족시키고자 금융혁신이 급속히 진행되어 왔다. 금융혁신은 정보처리 및 통신기술의 비약적인 발전을 배경으로 새로운 금융상품이나 거래기법을 창조하고 기존의 상품이나 절차를 보완 · 발전시켜 나가는 형태로 나타났다. 이는 금융산업의 효율성을 높이고 기존에는 얻을 수 없었던 편익을 누릴 수 있게 해준다.

금융혁신과 관련된 현대 금융의 대표적 추세로 증권화(securitization)를 들 수 있다. 증권화란 자금조달과 운용방식이 간접금융에서 직접금융방식으로 탈중개화(disintermediation)되는 것을 의미한다. 동시에 은행의 주택담보대출이나 신용카드대출, 부실채권과 같은 비유동적 금융자산을 주택저당증권 등과 같이 시장성 있는 자산유동화증권으로 변형시켜 유통시키는 과정을 의미한다.

이 장에서는 이러한 일련의 최근 금융환경 변화에 대해 알아본다.

1. 세 계 화

(1) 세계화의 요인과 현황

세계화(globalization)란 일반적으로 분리되어 있던 각국의 경제가 점차 하나로 통합되어 가는 현상을 일컫는다. 따라서 여기에는 재화나 서비스 교역의 증대, 첨단기술의 급속한 전파, 그리고 국가간 자본이동의 증대가 모두 포함되어 있다고 할 수 있다. 글로벌화라는 세계적인 화두 속에서 서로 분리되어 있던 각국의 금융시장들도 개방되어 하나로 통합화 되어 가는 과정이 급속히 진행되고 있다.

금융시장의 개방화는 국가간의 자본이동에 장애가 되는 요인이 제거되어 차입자가 국경을 넘어 자금을 조달하거나 대출자가 국경을 넘어 투자하는 것을 말한다. 다양한 형태의 규제로 인하여 각국의 금융시장이 분리된 상태에서는 국제적인 자본이동이 제약을 받아 금리가 독립적으로 결정되지만 금융개방화로 국가간의 자본이동이 자유로운 상태에서는 각국의 금융시장이 통합되어 하나의 금리가 결정되게 된다. 금융시장이 완전하게는 아니지만 부분적으로 통합된 현 상태에서는 각 시장의 금리는 독립적으로 결정되지만 국제적인 차익거래에 의해 금리가 상이한 시장간에 자본이동이 이루어지고 있는 상태이다.

80년대 이후 국제간에 자본이동이 급증하게 된 요인으로는 무엇보다 각국의 규제당국에서 개방화 정책을 기조로 금융과 자본자유화를 확대한 것에 있다. 우리나라의 경우도 이러한 추세는 예외가 아니어서 90년대 들어서 자본시장은 해외투자자들에게 거의 개방된 상태이며 자본의 자유로운 이동을 막는 규제들도 점점 없어져 가고 있다. 은행업의 경우 사무소 전치주의[1)]나 총자산이 세계 50대 이내여야 한다는 국내지점 설치제약조건도 폐지되었고, 외국인에 대한 국내은행 주식 보유한도도 확대하는 등 외국은행의 국내시장 진입규제는 꾸준히 완화되어 왔다. 이어 외국계 증권회사와 투자자문회사는 1998년부터 국내에 현지법인 설립이 가능하게

1) 국내에 지점을 설치하려는 외국은행은 먼저 사무소를 설치하여 운영해야 한다는 조건.

되었고, 1999년에는 가장 개방이 늦었던 손해보험업에서도 국내 합작회사나 현지 법인 등의 형태로 국내 진출이 가능해졌다. 또 주식이나 채권에 대한 외국인의 투자한도가 사실상 폐지된 데 이어 1998년에는 단기금융상품에 대한 외국인 투자도 허용된 바 있다.

1986년 영국에서 발생한 '빅뱅'(Big Bang) 또한 이러한 자본시장 자유화의 한 형태라고 볼 수 있다. 또 이미 유럽의 여러 국가들은 시장경제의 통합을 선언하며 그 동안 유지되고 있던 국가간 규제를 철폐하고 통화를 단일화하여 '유로'(Euro)라는 새로운 단일 통화까지 만들어 내는 등 금융의 개방과 통합을 넘어서 전체 경제적인 통합을 이루어 경제블록(bloc)화하는 현상까지 벌어지고 있다. 미국, 멕시코, 캐나다 3국도 북미자유무역협정(NAFTA : North American Free Trade Agreement)을 실행하여 경제규모면에서 유럽권을 능가하는 경제블록을 이루었고 2007년까지 금융부분에서도 모든 투자장벽을 철폐하기로 하였다.

또 첨단통신 및 정보처리기술의 발달은 대규모의 금융정보를 보다 신속하고 정확하게 처리, 전달할 수 있게 하여 거래비용을 크게 절감시킴으로써 금융시장의 국제화와 통합화를 가속시킨 중요한 요인이 되었다. 이는 스위프트(SWIFT : Society for Worldwide Interbank Financial Telecommunication)[2]와 같은 국제적인 금융거래정보 네트워크와 칩스(CHIPS : Clearing House Interbank Payment System),[3] 시델(CEDEL : Center for the Delivery of Securities),[4] 유로클리어(Euroclear)[5] 등의 국제적인 결제제도의 예에서 쉽게 찾아볼 수 있다. 전자거래시스템과 같은 전산 및 통신기술의 비약적 발전이 금융시장에 갖는 의미는 매우 중요하며 그 영향력 또한 매우 크다. 전자거래시스템의 출현은 기존의 정적인 시장구조를 보다 동적으로 전환시켜 주고 각국의 금융시장이 지리적으로 밀접해 있을 필요가 없게끔 해주기 때문에 금융시장을 새로운 경쟁국면에 돌입하게 만들었다. 이를 바탕으로 개별 시장 참가자들은 지리적인 한계를 넘어서 경쟁우위에 입각하여 자신에게 유리한 금융시장으로 옮겨 다닐 가능성이 커진 것이다.

---

2) 1973년 벨기에 브뤼셀에 설치된 비영리 국제금융통신기구로 각국의 금융시장과 외환시장 그리고 유로시장에서의 거래를 실제로 연계시키는 역할을 한다.

3) 뉴욕의 유로달러나 외환을 결제하는 은행간 자금이체제도로서 SWIFT의 기능과 연계되어 국제자금의 신속한 결제를 가능케 하고 있다.

4) 주로 유로본드와 관련하여 증권의 안전한 관리, 인도 및 청산을 위하여 설치된 계정이체방식의 컴퓨터 처리시스템.

5) CEDEL과 함께 2대 유로본드 결제기관.

이러한 요인들로 인해 과거 20여년 간의 세계금융시장은 급속한 성장을 거듭하였고, 기업의 입장에서는 자금조달비용이 낮아지고 투자자 입장에서는 다양한 투자기회와 위험의 분산효과를 누릴 수 있게 되었다. 선택의 기회가 주어진다면 자금의 차입자나 투자자 모두 국적을 불문하고 가장 비용이 낮고 유동성이 높은 시장을 선호할 것이다. 국제금융시장이 국내시장에 비하여 빈번한 대규모의 자금차입을 소화할 능력이 큰 것이 일반적이므로 기업의 입장에서는 외화자금을 차입하려는 유인이 생기게 될 것이다. 그리고 기업의 활동이 점차 글로벌화 되어가고 국제적으로 긴밀히 연결되고 있는 상황에서 기업은 자신의 영업활동이 주로 이루어지는 지역에 자본 및 투자자금의 주원천을 삼으려 하는 유인도 커진다. 즉 기업은 자사제품의 생산 및 판매가 주로 이루어지고 따라서 자신이 가장 잘 알려진 국가에 주식을 상장시켜 거래하길 원할 것이다. 여기에 투자자도 투자자산을 여러 국가에 걸쳐 국제적인 분산투자를 통해 위험을 낮추고 보다 다양한 투자대상을 통해 수익률을 극대화할 수 있게 된다. 이와 같은 과정을 통해 한 기업의 주식은 여러 국가에 상장되어 거래되기도 하며 각국의 증권시장이나 파생상품시장 등이 국제적으로 밀접하게 연결되면서 투자자나 차입자 모두에게 선택의 폭을 넓혀준다.

금융시장의 자유화, 개방화로 국제화가 진전되면 금융기관간에 경쟁이 심화되고 새로운 금융상품이나 거래기법의 확산이 쉬워져 세계적으로 금융시장의 효율성이 증가하게 된다. 금융시장의 경쟁 격화는 금융기관의 구조조정(restructuring)을 가속시키는 한편 은행과 비은행 금융기관간에 인수·합병(M&A)도 촉진시킨다. 90년대 미국에서는 금융기관간의 인수합병이 가장 활발히 진행되었는데 이 결과 1990년대 초 12,200여개에 이르던 미국내 은행의 숫자가 1998년에는 약 8,700여개로 줄어들게 되었다.[6] 반면 우리나라를 포함한 아시아 지역이나 라틴아메리카 지역의 경우 금융기관의 인수·합병이 미국이나 유럽만큼 활발하지는 않았다. 이는 일반적으로 이 지역에서의 구조조정은 금융기관이 자체적으로 효율성을 높이기 위한 측면보다는 부실화 된 금융기관을 바로 잡으려는 목적이 컸기 때문이라고 할 수 있다. 이 지역에서는 부실기관을 매각, 청산하거나 추가적인 합병 등을 통해 남은 부실채권을 처리하는 것이 필요한 상황이다. 우리나라도 1997년 이후 금융

6) OECD, *Financial Market Trends*, No.74, 1999.

기관의 부실이 표면화되면서 정부 주도로 많은 공적자금을 투입하며 금융기관 구조조정 작업을 추진하였다. 이 과정에서 다수의 회생 불가능한 부실 은행 및 금융기관들이 우량기관에 흡수되거나 퇴출되었고, 최근의 국민은행과 주택은행의 예처럼 합병도 이루어졌다.

물론 세계의 금융시장이 세계화, 통합화하는 추세를 보이고 있기는 하지만 아직도 자본이동에 여러 가지 제약을 두고 있는 국가들도 있다. 중국이나 소련, 동남아시아나 남미의 여러 국가들이 이러한 경우인데, 이런 국가들은 대부분 자본시장이 취약한 수준에 머물러 있으며 이제 막 자본시장이 형성되어 가는 단계이기 때문에 금융시장의 세계적 통합화라는 추세에 따르기 어렵기 때문이다.

선진국으로부터 비롯된 금융자유화의 물결은 금융시장에 대한 규제를 줄이는 역할을 했지만 동시에 금융시장의 불안정을 가져오기도 하였다. 1970년대의 브레튼우즈 체제가 붕괴된 이후 세계의 여러 국가들이 변동환율제도로 전환하고 금리의 자유화를 추진함으로써 환율과 금리가 급격한 변화를 보이게 되었다. 금융자유화를 추진하였던 선진국은 환율과 금리가 급변함으로써 외환이나 금리위험이 증가하게 되었고 이러한 위험을 효율적으로 제거하지 못한 많은 금융기관들이 부실금융기관으로 전락하게 되었다. 또한 금융부문이 실물부문보다 빨리 성장하게 되면서 자산가격이 폭등하고 거품현상이 초래되어 인플레이션과 국제수지 악화 등을 겪기도 하였다. 1970년대의 칠레, 아르헨티나, 우루과이, 1980년대의 덴마크, 스웨덴, 노르웨이 등의 경제적 불안정 그리고 1994년의 멕시코 외환위기나 최근의 우리나라를 비롯한 아시아 국가들이 겪었던 외환위기와 같은 사건들도 이 같은 금융개방 및 자유화로 인한 외환 및 금리위험으로 인해 세계금융시장이 불안정하게 된 데에서도 원인을 찾을 수 있다.

(2) 국제금융시장의 발전

1) 유로커런시시장

유로시장이란 특정국의 통화로 표시된 금융자산이 그 나라의 영토 밖에서 자국법의 적용을 받지 않고 거래되는 국제금융시장이다. 즉, 달러로 표시된 미국의 금융자산이나 엔화로 표시된 일본의 금융자산 혹은 원화로 표시된 우리나라의 금융자산(예를 들면 단기예금이나 어음, 채권 등)이 유럽이나 싱가포르의 금융시장에서 거래된다면 이러한 금융시장을 유로시장이라고 하는 것이다. 유로시장은 다시 유로커런시(Euro currency)의 예금 및 대출업무가 이루어지는 유로커런시시장(Euro currency market)과 유로채권이 발행 · 인수 · 유통되는 유로채권시장(Euro bond market)으로 나누기도 한다.

유로커런시시장은 1950년대 말 런던을 중심으로 하는 유로달러(Eurodollar)시장으로부터 비롯된 단기금융시장이다. 처음에는 유로달러만이 거래되었으나 오늘날 유로커런시시장은 달러화 이외에도 파운드화 · 마르크화 · 프랑화 등 서구 각국의 통화들이 거래되고 있다. 그러나 아직도 미국의 달러화가 전체 시장의 60%가 넘는 비중을 차지하고 있기 때문에 유로커런시시장은 유로달러시장이란 의미로도 사용하고 있다.

유로달러의 경우 초기에는 미국 이외의 국가에 있는 은행의 달러표시의 예금채무[7]로 정의되었으나, 최근에는 부채뿐만 아니라 자산운용까지도 포함하여 달러로 표시된 금융자산 및 부채로서 미국 이외의 국가에서 거래되는 것[8]으로 정의되고 있다. 즉 유로달러는 미국 이외의 지역에 예치 · 운용되고 있는 달러자금을 총칭하는 것으로, 이렇게 조성된 자금이 거래되는 시장을 유로달러시장이라고 불러왔다. 따라서 유로커런시시장은 반드시 유럽과 관계가 있는 것이 아니고 통화발행국 이외의 장소에서 그 통화로 표시된 단기금융자산이 예치 · 대출되는 시장을 뜻한다. 그리고 국내금융시장과 마찬가지로 자금의 공급자와 수요자 및 이들을 매개하는 중개기관들의 합으로 이루어진 추상적인 개념이며, 그 실체가 존재하는 것은 아니다. 유로달러를 예로 들면 주로 미국 이외의 국가에 은행에 예치되어 있는 달러표시 정기예금이 대부분인데 이 때 은행은 외국은행이나 미국은행의 해외지점일 수도 있고 예금주는 미국 거주자이든 아니든 상관이 없다.

유로커런시시장의 시초인 유로달러 시장의 발달배경과 과정은 다음과 같다.

제 2 차 세계대전 이후 브레튼우즈 협정(Bretton Woods Agreement)에 의해 미국의 달러화는 각국의 주요 준비자산 및 기축통화(vehicle currency)로서 위치를 차지하게 되어 사실상 국제통화가 되었다. 이에 따라 각국은 대외결제자금으로 미달러화를 선호하게 되고 경제부흥에 필요한 자본유입을 촉진하기 위하여 규제철

---

7) Milton Friedman, *The Euro Dollar Markets: Some First Principles, Morgan Guaranty Survey* (October 1969)

8) R. M. Rodriguez & E. E. Carter, *International Financial Management*(1976), p. 461.

폐 및 세금감면 등을 통하여 단기자금유치를 적극 도모하였다. 1957년 영국 스털링화 위기로 대외무역거래에 스털링화 사용이 제한되자 이는 영국 및 유럽의 은행들이 달러예금 유치를 본격화하게 되는 계기가 되었다. 이와 같은 배경하에 생성된 유로달러 시장은 1960년대 중반 이후 미국의 국제수지 적자가 확대되는 가운데 미국 기업을 중심으로 해외투자 및 다국적기업이 증가한 반면 미국 정부는 국제수지를 방어하기 위하여 부분적으로 미국의 자본유출에 대한 규제를 실시하였다. 이는 다시 유로달러 차입 및 예금의 성장을 촉진시켜 유로달러 시장의 급속한 발전에 기여하였다.

당시 미국 정부가 취한 제한조치 중 대표적인 것이 외국인에 의해 발행된 증권을 매입하는 미국의 거주자에 대한 이자평형세(IET : interest equalization tax)의 부과이다. 이외에 해외 직접투자에 대한 자발적 제한조치로 미국의 다국적 기업들은 해외 영업을 위한 자금조달을 미국 밖에서 행하도록 강요받았고, 미국 연방준비은행(Federal Reserves)의 해외신용억제조치(foreign credit restraint program)는 외국의 차입자가 미국 내에서 중기 부채를 차입할 기회를 봉쇄하였다. 이 밖에도 유로시장의 성장에 영향을 미친 중요한 요인은 미국 내의 상업은행이 저축성 예금에 대해 지급할 수 있는 이자율에 상한을 규제하는 Regulation Q이다. 이로 인해 유럽 은행이나 유럽에 소재한 미국 은행의 지점들은 미국 내 은행들보다 고금리로 달러예금을 유치하여, 저금리로 대출함으로써 보다 적은 예·대금리차에 만족하면서 달러화의 수요자와 공급자를 동시에 만족시킬 수 있었던 것이다. 또 유로달러 예금은 미국내의 지불준비금 규제도 받지 않기 때문에 더욱 경쟁우위를 확보할 수 있었다.

유로시장은 어떤 나라의 직접적인 규제에도 비교적 자유로운 자유시장으로서의 특징을 가지며 이런 의미에서 유로시장을 역외시장(external market)이라고도 부른다. 정부의 규제와 금융거래와 관련된 세제를 피하여 더 많은 이익을 추구하려는 투자자와 금융기관의 노력은 이렇듯 금융시장의 국제화와 새로운 거래제도 개발을 통한 금융혁신에 이바지하는 중요한 원동력이 되기도 한다.

유로커런시시장은 그 거래기간에 따라 단기의 유로예금이나 대출이 이루어지는 단기유로커런시시장(Euro money market)과 중장기 대출이 이루어지는 중장기 유로커런시시장(Euro credit market)으로 나누기도 한다.

단기유로커런시시장은 기업, 정부 및 역외금융기관 그리고 유로은행 상호간에

1영업일간의 초단기(over-night)거래에서부터 1년까지의 단기자금의 예수(deposit) 및 대출(재예치)이 이루어지는 시장으로 3개월 및 6개월 만기거래가 주종을 이루고 있다. 이러한 단기유로커런시거래에 적용되는 금리는 일류유로은행(prime bank)들이 유로커런시별로 매일 고시하는 예수금리(bid rate)와 대출금리(offered rate)가 기준금리가 되고, 신용도가 낮은 은행과의 거래에서는 이 기준금리에 스프레드(spread)가 가산된 금리가 적용된다. 유로커런시별 예수금리는 당해 표시통화국의 국내 예수금리보다 높으며, 대출금리는 당해 표시통화국의 우량기업에 대한 국내 대출금리보다 낮은 것이 일반적이다. 이는 전술하였듯이 유로커런시예수금에 대해서는 지불준비금 적립 등의 의무가 면제되므로 국내자금에 비하여 자금조달비용이 낮기 때문이다. 이외에 유로양도성 예금증서(Euro CDs)나 변동금리채(FRN : floating-rate note)도 단기유로커런시시장을 통해 거래되고 있다.

중장기유로커런시시장에서의 대출은 정부나 기업 등에 대해 중장기적으로 대출하는 뱅크론(bank loan)형식을 취하고, 대출기간은 5년에서 15년이 일반적이며, 대출금의 상환은 통상 3~5년의 거치기간을 거친 후 분할상환된다. 중장기유로커런시시장에서의 대출은 무담보신용대출 형태로 변동금리(floating rate)가 적용되는 것이 일반적이다. 이는 대출규모가 거액이고 대출규모가 비교적 장기인 데 반하여 대출재원은 주로 유로커런시 예수금으로 조달되는 단기자금이므로 자금의 조달기간과 대출기간의 불일치에서 발생하는 금리 리스크를 최대한으로 줄이기 위해서 고안된 제도라 할 수 있다.

한편 1970년대에 들어서는 대출규모가 한 은행이나 대출자가 감당하기 어려울 만큼 거액화되었을 뿐만 아니라, 대출에 따른 위험을 분산하기 위해서 여러 은행이 공동으로 신디케이트(syndicate)를 구성하여 대출해 주는 신디케이트대출(syndicate credits)의 형태가 보편화되었다. 신디케이트대출의 이자율은 일반적으로 일정한 기준금리에 차주 및 차주국의 신용도에 따라 결정되는 가산금리를 더하여 결정한다. 기준금리로는 런던 소재 유로은행 상호간의 대출금리인 3개월 또는 6개월 만기의 LIBOR(London Inter-Bank Offered Rate)가 가장 많이 이용되고 있다. 최근에는 LIBOR 대신 미국의 우대대출금리(prime lending rate)를 채택하는 예도 증가하고 있다. 아시안달러 차관의 경우에는 기준금리로 LIBOR 대신 SIBOR(Singapore Inter-Bank Offered Rate)를 적용하는 경우도 있으며, 엔차관의 경우에는 일본 장기우대금리(LTPR : Long-Term Prime Rate)를 기준금리로 한다.

2) 국제채권시장

국제자본시장에서 장기자금의 조달을 위한 대표적인 수단이 국제채이다

유로커런시시장이 단기자금을 조달하기 위한 간접금융시장인 데 비하여 국제채시장은 장기자금을 조달하기 위한 직접금융시장이다. 여기서 국제채(international bond)란 차입자의 소재국 밖에서 판매되는 채권을 말하는 것으로서 외국채(foreign bond)와 유로채(Euro bond)로 나뉜다. 외국채란 차입자가 다른 나라의 국내 자본시장에서 그 나라의 통화표시로 발행한 채권을 말한다. 외국채는 채권이 발행되는 국가의 신디케이트에 의해 인수되고 그 나라의 거주자들에게 주로 판매된다. 예를 들어 우리나라 기업이 발행한 달러표시 채권이 미국 증권거래소에 상장되어 거래된다면 이것은 외국채가 된다. 외국채 중에서 특히 미국에서 미 달러화로 거래되는 채권을 양키본드(Yankee bond)라고 한다. 이 밖에 일본에서 엔화로 거래되는 채권을 사무라이본드(Samurai bond), 영국에서 파운드화로 거래되는 채권을 불독본드(Bulldog bond), 우리나라에서 원화로 거래되는 채권은 아리랑본드(Arirang bond) 등으로 통칭된다.

이에 비하여 유로채란 채권에 표시된 통화의 발행국 이외의 지역에서 거래되는 채권을 말한다. 예를 들면 우리나라의 기업이 달러표시 채권을 발행하여 런던시장에 매각한다면 이 채권은 유로채가 된다.

따라서 각국의 통화에 대하여 채권시장은 국내채와 외국채시장처럼 해당 표시통화국의 관할권(jurisdiction)내부에 존재하는 시장과 유로채와 같이 관할권을 벗어난 외부시장(external market)으로 구분되어 각 시장의 상호작용하에 국제채권시장이 형성되는 것이다.

유로채와 외국채의 차이점을 자세히 살펴보면 [표 3-1]과 같다.

첫째, 유로채는 주로 표시통화국 이외의 지역에서 모집되고 판매되기 때문에 원칙적으로 표시통화국의 규제를 받지 않고 자유롭게 발행될 수 있다. 예를 들어서 미국에 양키본드를 발행하는 경우에는 미국 증권거래위원회(SEC)에 정식 등록절차를 거쳐야 하고, 발행채권의 등급평정(rating)을 받아야 하지만 유로채를 발행하는 경우에는 이와 같은 절차가 필요하지 않다.

둘째, 유로채를 인수하고 판매하는 인수단(syndicate)의 구성은 국제적이다. 즉 유로채는 외국채와 같이 단일국의 금융기관에 의해서 인수되고 판매되는 것이

[표 3-1] 유로채와 외국채

	유 로 채	외 국 채
인 수 단	2개국 이상의 국제적 인수단	주로 기채시장국의 금융기관
표시통화	기채시장 통화 이외의 통화	기채시장국의 법정통화
판 매	기채시장국 법률의 규제를 받지 않음	기채시장국 법률의 규제를 받음
증권형식	소지인식(bearer form)	기채시장국에 따라 상이함 기명식(registered form) 혹은 소지인식
조 세	투자자의 이자소득에 대한 원천세 면세	각국 법률에 의거 원천세 징수
유통시장	대부분 장외시장(OTC)에서 주요한 시장 형성자(market maker)에 의해 이루어짐	기채시장국의 증권거래소 또는 장외시장에서 이루어짐
상 장	대표적 국제자본시장 1~2개소에 상장	기채국 자본시장에 상장

아니라 여러 나라의 금융기관의 참여에 의해 인수되고 판매된다.

셋째, 유로채는 그 투자자들 또한 국제적으로 다양하다. 유로채는 국제적인 인수단에 의해 인수되기 때문에 투자자들도 여러 나라에 분산되어 있기 마련이다.

넷째, 유로채의 이자소득은 원천지국(발행자가 소재하는 나라)에 의한 원천세(withholding tax)가 부과되지 않는다. 따라서 유로채는 투자자에게 매력 있는 투자대상이 될 수 있다.

위와 같은 특징들로 인해 유로채의 발행자는 각자의 자금조달 필요성에 적합한 기채방법을 선택할 수 있으며 투자자는 각자의 선호에 가장 알맞은 투자대상을 선택할 수 있다는 장점이 있다. 즉 유로채는 각국의 규제로부터 보다 자유롭게 국제적으로 다양한 통화의 투자자금을 모아서 다양한 국가의 차입자에게 제공할 수 있는 것이다.

한편 유로채는 여러 국가의 통화 중에 임의의 통화로 표시될 수 있기 때문에 원하는 표시통화로 된 이자지급 형태를 찾기가 그리 쉬운 일은 아니다. 하지만 이러한 문제점을 해결해 주는 것이 선물환(forward exchange)시장이나 스왑(swap)시장이다. 선물환이나 통화스왑(currency swap)을 통해 시장참가자는 필요한 자금을 조달하거나 투자하여 원하는 통화로 교환할 수 있고, 이자율스왑(interest swap)을 통해 변동금리 또는 고정금리와 같이 이자지급 형태도 자유롭게 선택할 수 있게 되었다. 이렇듯 파생금융상품시장은 유로시장 등 국제 금융시장의 발달에도 지대한 역할을 담당하게 된다.

유로채시장에서 거래되는 채권은 고정이자율(coupon rate)과 고정만기를 가지고 있는 일반사채(straight bond)가 가장 전형적인 형태로 발행되고 있다. 그러나 차입자나 투자자에게 유인을 주기 위해서 변동금리채(FRN)로 발행하거나 만기를 연장 또는 단축시키는 옵션부채권을 발행하는 경우도 있다. 또는 주식연계채권(equity-linked bond), 즉 신주인수권부채권(warrants)이나 전환채권(convertible bond)을 발행하기도 한다. 이러한 옵션부채권은 대체로 액면이자율이 낮고 만기가 길다.

3) 국제주식시장

일반적으로 국제주식이란 해당 기업의 소재지국 외의 증권거래소에서 상장되어 거래되는 주식을 말하는데, 그 발행방식에 따라 유로주식(Euro equity)과 기타 국제주식으로 나뉜다.

유로주식이란 주로 국제시장에서 국제인수단에 의하여 발행 · 판매되고 발행자와 국내 상장규제에 구애받지 않는 소지인(bearer)식 주식을 말한다.

유로주식시장의 발전은 다음과 같은 요인에 주로 기인한다.

첫째, 세계적인 주가상승과 주식시장이 국제화이다. 세계적인 고주가로 주식투자 붐이 고조되면 각국이 국제투자가를 자국시장으로 유치하기 위하여 주식시장의 각종 규제를 완화함으로써 주식시장의 국제화를 촉진하게 된다. 이런 주식시장의 국제화 추세에 힘입어 그 동안 유로주식시장의 저해요인이었던 각국 주식시장간의 상이한 회계기준공시제도, 등록제도, 외국금융기관의 참여제한, 유통시장 조성에 대한 규제 등이 상당 수준 축소되었다.

둘째, 세계적인 국영기업의 민영화 추세이다. 민영화란 국영기업의 주식을 민간투자가들에게 판매하는 것으로 전세계적으로 활발히 이루어지고 있다. 이러한 민영화 현상의 확산은 유로주식시장의 주요 공급원이 되고 있고, 이들 민영화 기업들이 대부분 각국의 초우량 기업이기 때문에 국제적으로 개인이나 기관투자자들을 끌어들이는 강한 유인을 지녀 유로주식시장의 수요창출에 큰 역할을 하고 있다.

셋째, 유로주식 결제의 원활화를 들 수 있다. 그 동안 유로주식시장의 발전에 저해가 되는 요인 중의 하나가 국제적인 주식결제기구의 부재였다. 그러나 1986년 Morgan Guaranty Trust은행에 유로클리어(Euroclear)라고 불리는 유로주식 결제기구가 설립되어 국제채 · 유로CD 등을 위시한 각종 증권들의 실물보관과 현물인수도에 다른 위험을 제거하고 비용을 절감함으로써 이들 증권의 국제거래를 원활하게 하는 데 크게 기여하였다.

마지막으로 주식거래체제의 범세계화를 들 수 있다. 유로주식시장의 성장에 또 하나의 저해요인은 각국의 주식거래소간의 상호연계체제의 부재로 주식거래가 국내시장의 영역을 벗어나지 못하였다는 데 있었다. 그러나 최근 각국의 주식거래소간 연계가 확대되고 주식의 국제장외거래가 확산됨에 따라 주식거래의 범세계화가 촉진되고 있다.

유로주식 발행방식 외에 대표적인 국제주식 발행방식으로는 주식예탁증서(DR : depository receipt)가 있다. 주식예탁증서란 외국 주식에 대한 청구권을 나타내는 것으로 주식을 발행회사 소재지국의 은행 등에 보관시켜 두고, 해당 거래 주식을 판매 · 거래하고자 하는 지역에 소재하는 은행이나 신탁회사가 주식 대신에 별개로 발행하는 증권을 말한다. 외국의 자본시장에 원래의 주식 대신에 주식예닥증서를 유통시킴으로써 표시통화의 차이, 언어관습, 수송에 따른 문제가 완화되므로 원할한 거래가 가능해진다.

주식예탁증서는 발행시장 또는 상장 증권거래소에 따라 미국에서 발행할 경우 ADR(American Depository Receipt)이라 하고, 미국 이외의 지역, 주로 유럽에서 거래되는 주식예탁증서를 GDR(Global Depository Receipt)이라 한다. 우리나라는 2001년 12월말 기준으로 포항제철, 한국통신, 국민은행(구 주택은행), SK텔레콤 등 9개 기업이 미국시장에 ADR을 발행하여 거래중이며, 삼성전자와 신한지주, 하나은행, 현대자동차 등 8개 기업도 GDR이 발행되어 국제시장에서 거래되고 있다.

4) 증권시장간 연계 강화

미국이나 일본, 영국, 프랑스, 독일, 캐나다 등 세계의 주요 증권거래소들은 아직까지 국내간 거래가 주를 이루고 있지만 시장이 성장하고 국제화 장애요인이 완화되면서 점차 국제화 되어가는 추세를 보이고 있다. 이에 따라 런던의 국제증권거래소(ISE : International Stock Exchange)와 같은 단일시장 형태의 국제주식시장도 출현하였으나, 현 시점에서는 각국 증권거래소간에 서로 제휴를 강화하는 형태로 진행되는 것이 현실화 가능성이 높은 것으로 점쳐지고 있다.

이러한 증권거래소간의 연계 강화는 현재 크게 4가지 형태로 진행 중이다.[9)]

9) OECD, *Financial Market Trends*, NO.78, 2001.

첫째, 미국의 나스닥(NASDAQ)에 의해 추진되는 형태로 나스닥유럽(NASDAQ Europe)이나 나스닥일본(NASDAQ Japan) 등과 같이 타국에 자신과 동일한 시스템에 의하여 움직이는 증권시장 파트너 체제를 갖추는 것이다. 최종적으로는 이들이 모두 연결되어 범세계적인 증권거래 네트워크를 형성하게 된다.

둘째, 최근까지도 진행되었던 런던증권거래소(LSE : London Stock Exchange)와 독일 프랑크푸르트증권거래소(Frankfrut stock exchange)간에 보여지는 타국 증권거래소와의 합병(merger)움직임이다.

셋째, OM Gruppen of Sweden이 런던증권거래소(LSE)를 상대로 시도한 타국 증권거래소에 대한 적대적 인수(hostile take-over)이다.

마지막으로 미국의 뉴욕증권거래소(NYSE)가 중심이 되어 추진하고 있는 Global Equity Market(GEM)계획과 같은 형태를 들 수 있다. 여기에는 뉴욕증권거래소 외에도 동경증권거래소(TSE) 및 세계 각국의 10여개 증권거래소가 참여하여 이루는 초대형 제휴라 할 수 있다. 뉴욕증권거래소에서 제공한 정보에 따르면 각국의 거래소는 개별적으로 고유 특성과 명칭은 유지한 채 동일한 전산거래 인터페이스(interface)를 공유함으로써 각 시장에 상장된 주식을 24시간 거래하는 범세계적 증권시장을 형성하는 것이다. 원래 2005년 전면 실시를 목표로 시작하였으나 2001년 들어 미국주식시장이 전반적인 침체를 겪은 데다가 워낙 초대형 제휴라서 시간과 비용의 문제가 커서 현재는 협상에 난항을 겪어 실시가 연기된 것으로 알려졌다.

이외에도 싱가포르의 국제통화거래소(SIMEX : Singapore International Monetary Exchange)와 미국의 시카고상업거래소(CME: Chicago Mercantile Exchange)는 통합전산망인 GLOBEX를 구축하는데 성공한 바 있다. 따라서 두 시장에서 동일한 유로달러선물과 통화선물이 거래되고 있으며 상호협정에 의해 두 시장에서 동시에 거래도 가능하게 되어 있다. 즉 싱가포르에서 선물거래를 매입하고 이 거래를 미국의 시카고에서 청산할 수 있는 것이다. 현재는 이 GLOBEX에 프랑스의 파리증권거래소(Paris Bourse)와 브라질 선물거래소(BM&F : Bolsa de Mercardorias & Futos) 등이 참여하고 있고 여기에 다른 나라의 증권거래소들도 추가적으로 합류할 예정인 것으로 알려져 있다. 이렇게 되면 추가적으로 합류한 증권거래소에서도 현재 GLOBEX 거래소들이 취급하고 있는 파생상품들을 GLOBEX의 전자거래시스템을 통하여 거래가 가능해지고, 자신의 거래소에 상장된 증권들을 세계 3대 시간대(time zone)에 고루 분포되어 있는 제휴 거래소들을 통해 하루 24시간 거래할 수 있게 된다.

이런 속도로 세계의 금융시장이 통합되어 간다면 세계가 단일한 금리와 통화로 묶이는 날이 올 것이라는 상상이 머지않아 실현될 수도 있을 것이다.

2. 금융혁신

(1) 금융혁신의 원인

금융혁신(financial innovation)은 급변하는 금융환경을 배경으로 새로운 금융상품과 금융기법이 도입되는 현상을 말한다. 금융혁신이 진전됨에 따라 금융거래의 위험과 비용은 감소하고 시장간 자금이동성이 높아져 금융시장의 세계화, 통합화가 진전된다.

금융혁신의 원인이 되는 금융환경의 변화는 다음과 같이 요약할 수 있다.

첫째, 금융규제의 완화이다. 각국의 금융규제는 금리나 여신의 규제, 금융기관의 신설, 운영 및 업무영역에 대한 규제를 포함한다. 금융규제의 완화는 금융자유화에 따라서 나타나는 현상으로 넓은 의미의 금융자유화는 국내금융시장의 자유화와 함께 외환 및 자본자유화 등을 포함한다. 금융규제의 완화는 금융시장의 효율성을 제고하고 금융산업의 경쟁력을 높이기 위한 정책으로 금리와 여신에 대한 자율성 제고, 업무영역의 확대, 금융기관의 민영화 등을 중심으로 60년대 이후 선진국 시장에서 먼저 시작되었다. 금융규제의 완화로 기존의 업무영역이나 지리적 장벽이 철폐되면 기존 금융기관이 지니고 있던 독점적 이점이 사라져 새로 진입하는 금융기관과의 경쟁이 심화되게 된다. 이렇게 되면 금융혁신을 시도할 유인이 커지게 되는데 이는 금융혁신을 통한 새로운 금융상품 및 거래기법의 개발이 시장에서 경쟁력을 높이는데 크게 도움이 될 수 있기 때문이다.

둘째, 환율이나 물가변동의 증가로 인한 국제금융시장의 불확실성이 급격히 증가한 것이다. 특히 70년대 이후 높은 인플레이션율과 고정환율제도의 붕괴 등으로 시장여건의 변화를 가속시켰다. 이러한 시장여건의 변화는 이자율의 변동성을 크게 하여 투자수익에 대한 불확실성을 증가시키게 되었다. 따라서 금융기관이나 투자자들은 증가된 위험을 회피하기 위한 금융상품의 개발에 많은 관심을 갖게 되었다.

셋째, 정보통신기술이 크게 발달하여 금융업무의 전산화, 금융정보처리의 신속화 · 세계화 등으로 용이한 자금이체가 가능해졌다. 이는 거래비용의 감소를 의미하고 이에 따라 신종상품과 기법의 개발이 용이하게 되고, 금융기관 상호간의 업무 제휴나 취급업무 확대를 통해 다양한 금융서비스를 제공할 수 있게 하였다. 결국 수요자의 다양한 수요에 적극 대응하여 새로운 이윤의 창출을 가능케 하였다.

이와 같은 금융환경의 변화에 대처하기 위하여 금융상품과 금융서비스 측면에서 다양하게 진행된 금융혁신은 금융산업의 효율성을 제고시키고, 금융자산을 보유하는 투자자의 위험을 분산시킨다. 특히 금융공학(financial engineering)의 발달이 금융혁신의 중심을 형성하고 있다. 금융공학이란 선도(forward), 선물(futures), 옵션(option), 스왑(swap) 등의 거래기법을 응용하여 기존의 금융상품에서는 얻을 수 없었던 편익을 제공하는 새로운 금융상품을 개발하는 기법이다. 시장여건의 변화에 따라 위험을 제거하고, 거래비용을 절감하며, 나아가서 시장의 효율성을 제고하는 새로운 금융상품을 만들어 내는 방법을 금융공학이라고 할 수 있다.

한편 금융공학을 혁신적인(innovative) 금융상품과 금융절차를 고안, 개발 및 실행하고, 금융문제에 창조적(creative) 해결방식을 제공하는 것으로 정의하기도 한다.[10] 이에 따르면 획기적인 사고의 전환을 통해 기존의 상품이나 절차를 발전 · 보완해 나가는 혁신과 기존에 존재하지 않았던 새로운 금융상품이나 절차를 개발하는 창조의 개념이 중시되고 있다. 또 여기서 금융공학에 영향을 주는 요인으로는 세금제도의 변경, 거래비용 및 대리인비용의 절감, 위험의 감소 또는 전문적 위험관리기관으로의 이전, 자산의 유동성 향상, 법적 규제의 변경, 이자율 등 금융자산가격의 변동, 재무이론의 발달, 컴퓨터 등 기술의 발달 등을 들고 있다.

(2) 금융혁신의 발달과정

기본적으로 금융혁신은 금융기관이 당면한 재무적 문제를 해결하기 위하여 추진되었다. 금융기관은 정부규제, 경제환경, 기업 자체의 한계 등을 조건으로 하여 기대효용을 극대화하는 조직체이다. 가능한 특정의 제약과 관련된 비용을 절감해

10) John. D. Finnerty, Financial Engineering in Corporate Finance : An Overview, 1988.

야만 효용을 증가시킬 수 있다. 금융기관이 기대효용을 극대화하기 위하여 비용을 절감하려는 것이 금융혁신의 핵심적 요인인 것이다.

이러한 의미에서 보면 금융혁신은 금융시장의 불완전성에 기인한다. 완전하고 완성된 시장이라면 금융혁신을 통하여 비용을 감소시키거나, 효용을 증가시킬 수 있는 기회가 존재하지 않는다. 그리고 효율적 시장(efficient market)의 관점에서 보면 거래비용을 절감하면 할수록 효율성은 증진된다. 다시 말하면 거래비용을 절감할 수 있는 금융거래절차의 자동화, 세금이나 관련비용을 절약할 수 있는 새로운 형태의 금융상품을 개발하는 것이 진정한 의미의 금융혁신이라 할 수 있다.

금융혁신의 배경이 되는 금융시장의 불완전성은 거래비용 및 대리인비용의 존재, 각종 규제 및 제약조건의 존재, 세금제도 등으로 설명될 수 있다. 따라서 기존에 존재하는 금융상품을 적절히 결합(bundling) 하거나 분해(unbundling)하여 새로이 창조한 금융상품이 시장의 불완전성으로 인해 기존 상품보다 더 큰 가치를 만들어 낼 때 금융혁신은 성공할 수 있다.

1) 규제탈피를 위한 금융혁신

먼저 규제탈피를 위한 금융혁신의 예를 살펴보면 앞에서도 언급한 바 있는 유로달러시장의 생성 및 발전이 있겠다. 미국내 은행의 이자율 상한을 제한하는 Regulation Q는 외국에 예치된 달러표시 예금에 대해서는 적용되지 않기 때문에 외국은행과 미국은행들은 런던 등 미국 밖에 위치한 도시에 지점을 설치하여 운영함으로써 경쟁적인 이자율로 예금을 유치하려 한 것이다. 따라서 유로달러 시장은 미국내 규제를 벗어나 영업활동과 수익을 극대화하려는 노력으로 이루어진 금융혁신이라 하겠다.

우리나라에서는 80년대 말까지만 하여도 자본자유화가 이루어지지 않아 외국투자자의 국내주식 투자에 대해 엄격히 제한을 두고 있었다. 한국의 우량기업들이 이러한 규제를 회피하여 국제투자자의 자금을 효율적으로 조달하기 위한 방편으로는 유로채시장을 이용하여 전환사채를 발행하는 것이다. 이 전환사채의 가격변동은 일반적으로 주식가격과 유사한 형태를 보였기 때문에 제한된 정도이지만 국제투자자의 요구에 부응할 수 있었다.[11] 당시 삼성전자, 유공, 대우 등의 우리나라 기업들은 유로채시장에서 전환사채를 발행하여 약 7천만 달러 규모의 자금을 조

11) Ian. H. Giddy, *Financial Markets*(Heath and Company, 1994).

달하는 데 성공하기도 하였다.

금리에 대한 규제를 회피하기 위한 금융혁신은 미국에서 비은행금융기관을 중심으로 먼저 진전되었다. 이 중 대표적인 것이 증권회사에서 개발한 화폐시장상호기금(MMMF : money market mutual fund)과 현금관리계정(CMA : cash management account)이다. 화폐시장상호기금은 단기 저위험 증권에 주로 투자하는 개방형 뮤추얼펀드(open-end mutual fund)로서 최저 예입액이 소액이고 입출금이 비교적 자유로우며 계정잔액에 대하여 단기금융시장이자율을 지급하여 시장금리와 연동시킴으로써 수익성, 유동성, 안전성을 모두 갖추고 있다고 평가된다. 현금관리계정은 화폐시장상호기금의 기능에 제휴하여 융자 및 신용카드 기능을 종합한 상품이다. 이런 상품들은 증권회사가 개발하였기 때문에 은행에 적용되는 이자율을 제한한 Regulation Q를 우회할 수 있었다. 여기에 시장금리가 급격히 상승함에 따라 은행예금이 유출되어 비은행권으로 옮겨가는 금융자산간의 투자이전(shifting)현상이 심화되어 은행의 수익성과 경쟁력은 악화되어 갔다. 이에 따라 금융기관간의 공정한 경쟁 여건을 조성하기 위해 금리자유화 등 금융규제가 대폭 완화되었는데, 이로 인해 은행이 경쟁력을 강화하기 위하여 개발한 상품이 나우계정(NOW: negotiable order withdrawal accounts)이다. 나우계정은 저축성예금과 요구불예금을 결합하여 수표발행이 가능한 이자부 요구불예금의 성격을 갖는다. 이 밖에 정기예금을 시장금리에 연동시킨 변동금리부 정기예금증서인 화폐시장증서(MMC : money market certificate)도 규제 당국이 은행상품에 대한 규제를 완화한 결과 나타난 금융혁신을 통한 상품 중 하나이다.

2) 세금회피를 위한 금융혁신

세금회피를 위한 금융혁신의 예는 장기 순할인채(zero-coupon bond)에서 찾아볼 수 있다. 이 채권은 중도에 이자(coupon)를 지급하지 않는 대신 최초 발행가격을 상환가격보다 낮게 할인하여 발행함으로써 투자자에게 수익을 돌려주는 방식을 취한다. 기업들은 세법상 사채할인발행차금상각 때문에 이를 이자비용으로 처리하여 세금효과를 누릴 수 있었고, 이러한 세금 혜택은 채권의 총수명에 비해 조기에 실현가능토록 허용되어 있어서 대다수 기업들이 절세효과를 누리기 위해 순할인채를 많이 발행하였다. 이후 당국에서 이런 현실을 반영하여 세제 규정을 수정하여 투자자들에게 매년 시세차익 만큼을 이자소득으로 과세하자 신규 순할인채발행은 급감하였다. 반면 장기 순할인채는 채권구입 시점의 수익률로 만기까지 복리로 재투자됨을 의미하므로 이미 증권시장에서는 장기 투자수익률을 안정적으로 유지하는 데 유용한 수단으로 통용되고 있었다. 따라서 기업들이 이러한 장기 순할인채의 공급을 줄이자, 금융시장에서는 새로운 순할인채를 만들어 내려는 노력을 하여 수정된 정부의 규제에 대응하였다. 이는 미국 재무성의 장기채권(T-Bond)을 매집한 후 채권의 원금(principal)에 해당하는 현금흐름과 각 시점에서 나오는 이자(interest)에 해당하는 현금흐름을 따로 분리(stripping)하여 개별적인 할인채 형태로 재발행하는 방식의 파생금융상품이었다.

세금회피를 하려는 동기에 의해 개발된 또 다른 신금융상품으로는 듀얼펀드(dual fund)가 있다. 미국의 세법상으로는 실현된 주식의 시세차익에 부과하는 자본이득세(capital gain tax)가 배당소득세(dividend tax)보다 낮게 책정되어 있다. 따라서 고소득 고세율의 투자자들은 자본이득을 더 선호하고, 저소득 면세 투자자들의 경우 배당을 더 좋아하게 마련이다. 듀얼펀드는 이러한 투자자들이 속한 소득 계층에 따라 서로 다른 선호체계를 모두 충족시킬 수 있게 하기 위하여 주식으로 구성된 포트폴리오로부터 생성되는 배당과 자본이득의 누적분을 따로 분리하여 판매하는 방식을 취하였다.

이렇듯 규제나 세금에 따른 금융거래에 제약이 존재하면 금융시장의 거래자들은 제약을 벗어나 보다 많은 수익을 추구하고, 유동성을 높이거나 위험을 이전하는 방향으로 금융혁신을 추구하게 된다. 이런 금융혁신이 활발해지면 기존의 규제의 의미는 퇴색되므로 정부는 규제를 완화하거나 수정 혹은 강화하여 재규제를 하게 되는데 이는 또 다른 금융혁신을 일으키는 원동력이 되어 위와 같은 과정은 반복되어 왔다.

3) 비용절감을 위한 금융혁신

기존의 채권에 투자하면 투자자는 매기 말에 발행시점에서 결정된 고정 이자와 만기에 채권의 액면표시금액을 상환받는다. 만일 만기 이전에 채권발행자의 신용이 악화되어 채권등급이 하락하면 투자자는 채권의 시장가격이 하락하는 위험을 감수해야 한다. 반면 발행자는 시장이자율이 하락하는 경우에도 발행시점에서 결정된 비싼 이자비용을 감수하거나, 발행비용을 부담하고 재조달하여야 한다. 이자율조정부채권(interest reset bond)이나, 만기조정채권(puttable extendible notes)

등은 투자자나 발행자의 채권만기 중에 발생하는 신용평가와 관련한 손실을 방지한다. 신용등급변동에 대하여 일종의 옵션을 부여하여 이와 관련된 위험을 회피할 수 있도록 한다. 즉 채권발행시 발행자나 대리인이 결정하는 채권의 표면금리가 시장이자율 이하로 되지 않도록 하여 대리인비용 부담을 회피할 수 있게 한다.

만기연장가능채권(extendible notes)은 2~3년마다 이자율을 조정하여 추가적인 발행비용 없이 기간을 연장(roll over)할 수 있다. 변동쿠폰갱신부채권(variable coupon renewable notes)은 매 분기마다 채권의 만기가 91일로 자동연장되며 쿠폰이자율이 시장이자율로 조정된다. 채권투자자가 자동만기연장조건을 취소하지 않는 한 채권만기는 계속 연장되게 된다. 채권소유자가 이자율하락으로 인한 손실이 예상되면 해당 채권을 매각할 수 있다. 인수청구권부채권(puttable bond), 발행조건조정채권(adjustable tender securities) 등은 발행자가 시장이자율 변동에 따라 발행조건을 조정할 수 있는 상품이다. 유로노트(Euro-note)나 유로기업어음(Euro commercial paper)은 자금수요자인 기업이 금융시장에서 자금을 직접 조달하여 투자은행이나 중개기관을 이용할 때 발생하는 비용을 절감하는 상품이다.

(3) 파생금융상품의 발달

1960년대 이후 세계적으로 이자율과 환율이 극심하게 변동함에 따라 인플레이션과 불황의 악순환을 겪게 되었다. 이자율과 환율이 예측하기 어려울 정도로 큰 폭으로 변함에 따라 기업의 입장에선 미래의 자본조달비용이나 생산원가, 매출액 등을 예측하기 힘들게 되었고 금융기관도 대규모의 위험에 노출되는 등 경제 전체의 불확실성이 증가하게 되었다. 따라서 이러한 위험을 줄이는 데에 많은 관심이 집중되게 되었고, 이 과정에서 금융혁신을 통해 나타난 것이 파생금융상품(financial derivative)이다. 선물이나 옵션, 스왑 등과 같은 대표적인 파생금융상품이 만들어짐으로써 기업이나 일반투자자들이 감당하기 어려운 위험을 제3자에게 효율적으로 이전시키는 것이 가능해져서 불확실성을 줄이는 큰 계기가 마련되었다. 예를 들어 환율에 크게 영향을 받는 수출업자의 경우 환위험을 전문적으로 관리하는 금융기관과 선물환계약을 체결함으로써 미래에 환율이 불리하게 변동하더라도 신경쓰지 않고 수출업무에만 집중할 수 있게 된다. 금융기관은 수출업자에게 넘겨 받은 환위험을 전문화된 기법을 사용하여 통화선물이나 옵션, 스왑과 같은 상품들을 통해 헤지(hedge)함으로써 새로운 소득원을 얻을 수 있게 되었다.

따라서 70년대와 80년대에 걸쳐 선물이나 옵션 그리고 스왑과 같은 파생금융상품들의 거래량은 폭발적으로 증가하였고 90년대 들어와서도 계속적인 증가세를 보이고 있다. 대표적인 예로 [그림 3-1]은 90년대 전세계의 파생금융상품 거래량 추세[12]를 보여 주고 있다.

선물이나 옵션과 같은 파생금융상품의 경우 시장유동성을 증가시키고 위험을 관리할 수 있는 새로운 기회를 제공한다는 장점이 있는 반면에 큰 레버리지 효과로 인해 투기성향이 강하다. 따라서 잘못하면 한 기업이나 금융기관의 운명이 바뀔 수도 있고 국가 경제를 흔들어 놓을 수 있다. 싱가포르 현지법인 소속의 젊은 딜러 한 명이 일본 닛케이(Nikkei) 주가지수선물과 관련하여 지나친 투기를 해서 막대한 손실을 입어 망해버린 영국 베어링스 증권과 같은 경우가 대표적인 예라고 할 수 있다.

이러한 새로운 파생금융상품 시장은 제로섬게임(zero-sum game)의 규칙이

[그림 3-1] 전세계 파생금융상품 거래 추세

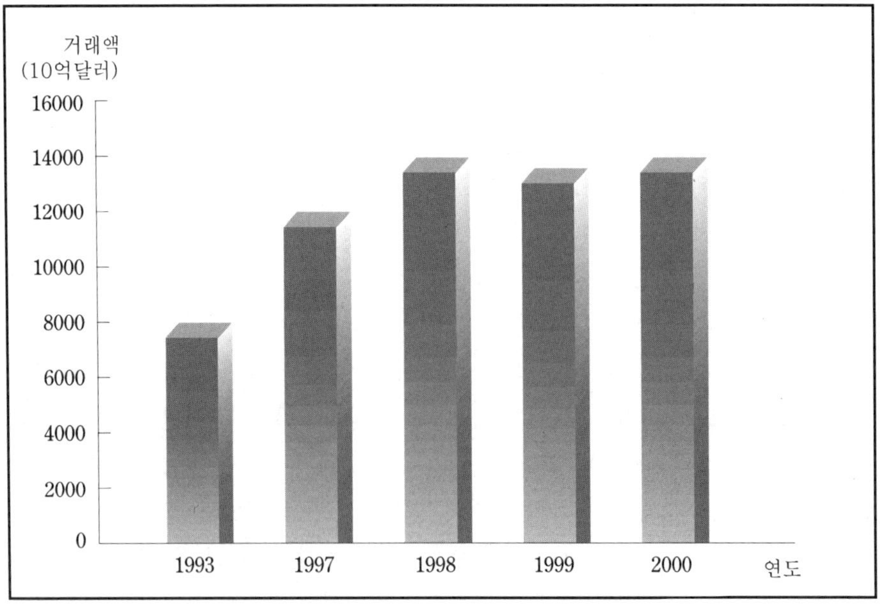

자료: 한국은행, 우리나라의 금융시장, 2001.

12) 장외(OTC)거래를 제외한 장내거래만을 대상으로 하였음.

작용하므로 파생금융상품이 제공하는 위험관리기능과 투기성은 서로 분리할 수 없는 것이다. 시장의 투기성으로 인해 큰 손해를 볼 수도 있는 반면 위험관리기능을 잘 활용한다면 시장경쟁에서 우위를 점할 수도 있다. 따라서 시장에서의 우위를 점하기 위해서는 파생금융상품에 대한 이해와 활용이 절대적으로 필요하다.

본서에서는 선물, 옵션, 스왑과 같은 파생금융상품에 대해 제5편에서 자세히 다루기로 한다.

3. 증 권 화

(1) 탈중개화

일반적으로 증권화(securitization)는 두 가지 주된 의미를 갖는 말로 쓰인다. 처음 증권화는 은행 대출과 같은 간접금융방식에서 증권 발행을 통한 자금조달처럼 직접금융방식으로 전환되어 가는 탈중개화(disintermediation)를 나타내는 말로 쓰였다. 이후 증권화란 용어는 근래에 등장한 중요한 금융혁신 방법 중 하나인, 비교적 성질이 유사한 비유동적 자산을 한데 모아 여기에서 창출되는 현금흐름에 대한 청구권을 나타내는 증권을 발행하여 제3자에게 판매하는 일련의 과정을 나타내는 데 주로 이용되고 있다.

과거에는 금융자금이 은행이나 여타 저축기관들을 통해 저축자로부터 차입자에게 중개되는 형태의 간접금융이 주를 이루었다. 그러나 금융시장에서 불확실성이 점차 증가하고 경쟁이 심화되자, 자금의 수요자와 공급자 사이를 연결해 주는 중계기관(relationship banking)이라는 전통적인 금융기관의 역할이 거래에 직접 참여하고, 창출하는 개념으로 전환되고 있다. 이는 금융기관이 중계역할만으로는 새로운 고객을 창출하거나, 기존의 고객을 효과적으로 유지할 수 없었기 때문이다. 다시 말하면 간접금융을 주로 이용하던 금융기관의 주요 고객들이 이자변동의 위험을 효과적으로 회피하고, 비용을 절약하기 위하여 직접 시장에서 필요자금을 조달하는 추세를 보이고 있는 것이다. 여기에 세계적으로 자본이동에 대한 규제완화 조치로 대표되는 자본자유화 실시가 확대되면서 각국 자본시장간에 상호 연계성이 높아지게 된 것도 직접금융시장의 발달을 촉진시킨 중요한 계기가 되었다. 즉 금융기관 입장에서도 높아진 자금조달비용 문제의 해결책으로 새로운 증권발행을 통한 자금조달책을 마련하려 하였고, 차입자들도 은행대출보다 저렴한 자금조달원을 확보하기 위해 증권시장에서 직접 증권을 발행하는 방안을 모색하였다.

무엇보다 1980년대 들어 국제금융시장에서 누적채무문제로 은행의 부실채권이 증대되는 등 금융시장에 대한 불안이 지속되면서 신용도 하락으로 고심하던 국제적 대형 상업은행들이 보유자산의 유동화에 많은 노력을 기울이게 되었고, 이에 따라 신디케이트론(syndicate loan)시장이 위축된 반면 유로채 시장이 확대되었다. 특히 변동금리채(FRN : floating rate not)는 금융시장이 불안정하여 시장금리의 변동이 심할 때 장기적인 자금조달의 안정성을 제공할 수 있었기 때문에 이용이 크게 증가하게 되었다.

이러한 여건변화에 부응하기 위한 신종 금융기법의 하나로 개발된 것이 증권발행보증(NIF : note issuance facility)이나. 이것은 채권발행을 통한 자금조달 방식에 신디케이트론방식을 결합한 형태로써 차입자가 단기증서(shot-term paper)의 발행을 통하여 자금을 조달하되 중장기 신용기간 내에서는 동 자금조달이 인수단(underwriters)에 의해 보장되는 금융기법이다. 이러한 증권발행보증은 차입자에게는 단기유동성조달원과 중장기신용조달원의 분리에 의한 차입비용의 절감, 자금조달수단 및 투기성으로도 사용될 수 있는 자금관리의 신축성, 자금조달원의 다양화 등의 이점을 제공한다. 인수자에게는 자금공여 가능성이 적기 때문에 나타나는 낮은 신용위험과 높은 자산수익, 시장성 있는 자산 제공 등의 이점을 제공한다. 또한 투자자에게는 다른 금융수단에 비해 높은 수익률, 보유자산의 다양화 등의 이점을 제공해 준다. 증권발행보증은 1978년 처음으로 도입되었으나 초기에는 별 주목을 끌지 못하다가, 1982년 국제채무위기를 계기로 은행간의 우량차입자 유치경쟁으로 발전하기 시작하여 그 설정규모가 크게 증대하였다. 그러나 이후 인수약정없이 유로노트를 발행하는 유로기업어음(Euro CP) 발행프로그램이 차례로 나타남으로써 증권발행보증시장을 비롯한 유로노트시장은 새로운 변화를 맞았다. 즉 미국 기업어음시장처럼 증권발행보증에 의한 인수약정 없이 1주~12개월 내에 특정한 만기가 없는 기업어음을 매일 발행하는 유로기업어음 발행이 크게 증가하는 등 새로운 방식의 증권을 통한 자금조달방식으로 대체된 것이다.

이러한 유로기업어음시장의 성장은 상대적으로 유로노트시장의 축소를 가져왔다. 이는 유로기업어음의 경우 인수약정에 다른 수수료를 지불할 필요가 없어

차입자가 보다 저렴한 비용으로 자금을 조달할 수 있고, 유로기업어음을 발행하는 차입자는 유로시장에서 지명도를 높일 수 있는 장점들에 기인한다. 또 유로기업어음은 발행까지 소요되는 기간이 평균 2주일 정도로 보통 2개월 이상이 소요되는 유로노트에 비하여 신속하게 발행될 수 있고, 자금화 기간도 당일에서 2일까지로 짧기 때문에 효율적인 자금관리가 가능하다. 기업어음시장의 존재 이유가 금융중개기관의 필요성을 대폭 축소하여 준다는 점에서 직접금융시장에서 가장 중요한 형태로 인식되고 있고 그 비중 또한 매우 크다. 비금융권에서는 다양한 우량기업들이 많이 생겨난 반면 후진국의 외채위기로 대형 국제은행들의 신용도가 저하되면서 기업어음시장이 크게 발전해 나간 것이다.

선진 금융시장 중 독일이나 일본처럼 은행차입 중심의 간접금융시장이 발달한 경우에는 겸업은행(universal bank)이 상업은행과 투자은행의 업무 및 증권거래 중개 서비스 등도 취급하였다. 즉 증권의 딜러로써 기관투자자나 자금을 조달하려는 기업에게 관련 정보를 제공하고 자문 및 분석업무, 증권의 시장형성(market making)과 유동성 제공 등 각종 서비스를 행하여 왔다. 하지만 정보통신기술이 비약적으로 발전함에 따라 딜러가 가지는 정보에 직접적인 접근을 통해 고객에게 그 정보 및 분석결과를 제공하는 상대적 우위가 사라지게 되었다. 즉 기관투자자나 기업의 재무담당자들도 기존의 딜러들과 마찬가지로 이러한 시장정보에 직접 신속하게 접근하는 것이 가능해진 것이다. 그리고 대체거래시스템(ATS : alternative trading system)의 발달은 거래비용을 대폭 절감시켜, 직접금융시장 내에서도 탈중개화 현상을 가속시키는 등 시장구조의 대폭적인 변화를 일으키고 있다.

(2) 자산유동화

1) 자산유동화의 의의

앞에서도 설명하였듯이 증권화가 자산유동화를 의미하는 말로 쓰일 경우에는 현금흐름이 불명확한 비유동적 자산을 유동성 있는 자본시장 증권으로 전환하는 일련의 과정을 나타내는 것이다. 이런 과정을 거쳐 발행된 증권을 통칭하여 자산유동화증권(ABS : asset-backed security)라고 하는데 그 기초자산(underlying)에 따라 별도의 명칭이 붙는다. 이 중 가장 역사가 오래되고 규모가 큰 것이 주택저당증권(MBS : mortgage-backed security)으로 1970년 미국의 정부투자기관인

GNMA(Government National Mortgage Association : Ginnie Mae)가 처음 발행한 것이 효시이다. 이후 많은 미국을 비롯해 세계적으로 많은 금융기관들이 자산유동화증권 발행에 참여하게 되어 증권화는 지난 30년간 중요한 금융시장 변화 현상 중 하나로 자리매김하였다.

자산유동화증권이 생겨나게 된 중요한 계기는 금융기관들이 자신의 재무구조를 개선하기 위한 목적으로 부실채권 등의 저수익 · 비유동성 자산을 매각하여 자신의 자산 포트폴리오를 재구성(re-balancig)하려 한 데에 있다. 이를 효율적으로 처리하기 위하여 여러 자산을 개별적으로 매각하는 대신 성질이 비슷한 자산들을 모아서(pooling) 여기서 발생하는 현금흐름을 기초로 하여 새로운 파생증권을 발행하는 방식을 택한 것이다. 투자자금에 대한 성과의 척도가 점점 더 국제기준(global standard)에 근접해 감에 따라 기업의 총자산수익률(ROA : return on aseet)이나 자기자본수익률(ROE : return on equity)같은 기업 영업실적에 대한 측정치가 강조되고 있다. 이에 따라 은행뿐만 아니라 비금융권 기업들도 특정 자산을 자신의 대차대조표상에서 사라지게 함으로써 재무비율이나 이익비율을 개선하는데 증권화를 유용한 도구로 인식하게 되었다. 특히 은행 등 금융기관에게는 BIS 자기자본비율 제고 효과가 있고, 자산 포트폴리오의 유동성을 높여주어 기업의 신용도 개선에 큰 도움이 되고 이에 따라 당국의 요구준비금이나 예금보험 조건과 같은 규제로 인한 영업상의 제약을 줄이는 역할을 한다. 또 이자율변동 위험 노출을 줄이기 위한 갭 관리(gap management) 측면에서도 선물 · 선도 · 옵션 · 스왑 등의 파생금융상품과 함께 유용하게 이용되었다. 이에 더하여 증권화는 금융기관에게 중요한 수수료 수입원이 되기도 한다.

금융기관은 자산유동화 과정을 통해 추가적인 자금조달 경로를 확보함으로써 자금조달비용을 낮추는 효과를 누릴 수도 있다. 해당 은행이 신용등급이 낮은 경우 예금이나 채권발행을 통해 자금을 조달하려면 위험을 상쇄시킬 수 있을 만큼의 비교적 높은 이자율을 제시해야 하지만, 보유자산 중 신용등급이 높은 우량한 자산을 기초자산으로 하여 자산유동화증권을 발행할 경우 은행 자체의 신용등급보다 더 높은 등급으로 발행할 수 있기 때문에 보다 저렴한 자금조달이 가능해진다. 또 자산유동화증권은 장부외(off-balancing) 거래를 통한 차입투자의 성격도 갖는다. 예를 들어 은행이 현재 보유하고 있는 자산(채권이나 대출금)을 자산유동화증권을 통해 매각하여 자금을 조달한 후 이를 다시 다른 채권을 매입하거나 대출을 행하는 식으로 재투자하게 되면 이는 차입을 통하여 영업을 확대하는 것과 같지만 은행의 재무제표에는 이러한 효과가 나타나지 않는 것이다.

투자자 입장에서도 증권화는 다양한 채권투자 대용수단을 제공해 준다는 점에서 유리하게 인식될 수 있다. 대부분의 자산유동화증권은 정부기관이 지급보증을 하거나 신용보강(credit enhancement)을 통해 양호한 투자등급을 받기 때문에 상대적으로 신용위험(credit risk)이 낮으면서도 일반 회사채와 대등하거나 다소 높은 수익률을 나타내기 때문이다.

이와 같은 이유들로 인해 미국의 경우 1998년 주거용주택담보대출(residential mortgage)의 경우 약 47% 이상이 유동화 과정을 거쳐 주택저당증권(MBS)으로 발행되었다. 2001년 9월말 기준으로 주택저당증권의 발행 잔액은 약 4조 달러로 미국내 전체 채권시장의 22%를 차지하고 있고, 여기에 기타 다른 자산유동화증권들을 더할 경우에는 29%에 육박하는 등 그 규모가 급속히 성장해 왔다.[13] 이는 국채(treasuries), 공채(federal agency securities), 지방채(municipal securities)와 일반 회사채의 비중을 넘어선 미국 채권시장 내 최대 규모이다. 1990년대 중반부터는 미국뿐만 아니라 유럽이나 일본 등 선진국에서도 금융기관 구조조정을 본격화하면서 자산유동화증권 발행이 활발히 진행되었고, 이후 남미와 아시아 신흥공업국에서도 빠르게 시장이 성장하고 있다.

자산유동화증권의 발행 절차에는 일반적으로 복잡한 법률적 문제가 따르게 된다. 따라서 먼저 자산유동화 과정에 참여하는 여러 기관들 간에 협정이 이루어져야 한다. 대략적인 자산유동화증권의 발행과정을 도식화하면 [그림 3-2]와 같다.

이 때 자산유동화증권의 발행자(issuer)는 유동화전문회사(SPV : special purpose vehicle)가 된다. 유동화전문회사는 실체가 없이 법적으로만 존재하는 서류상의 회사(paper company)로써 원자산을 보유한 금융기관으로부터 해당 자산들을 매입하여 기초자산 풀(pool)을 구성하고 이를 수탁기관에 보관한 후 이것을 근거로 증권을 발행하여 발행한 증권의 원리금지급 책임의 일부를 담당한다. 서류상의 회사에 불과한 유동화전문회사를 설립하는 이유는 법적인 자산이전 절차를 간편히 하고자 하는 목적에서이다.

자산보유 금융기관(originator)은 유동화하려는 자산을 유동화전문회사에 매각하고 이를 기초로 발행한 자산유동화증권의 판매대금을 받게 된다. 이 때 서류

13) The Bond Market Association (www.bondmarkets.com).

[그림 3-2] 자산유동화증권의 발행과정

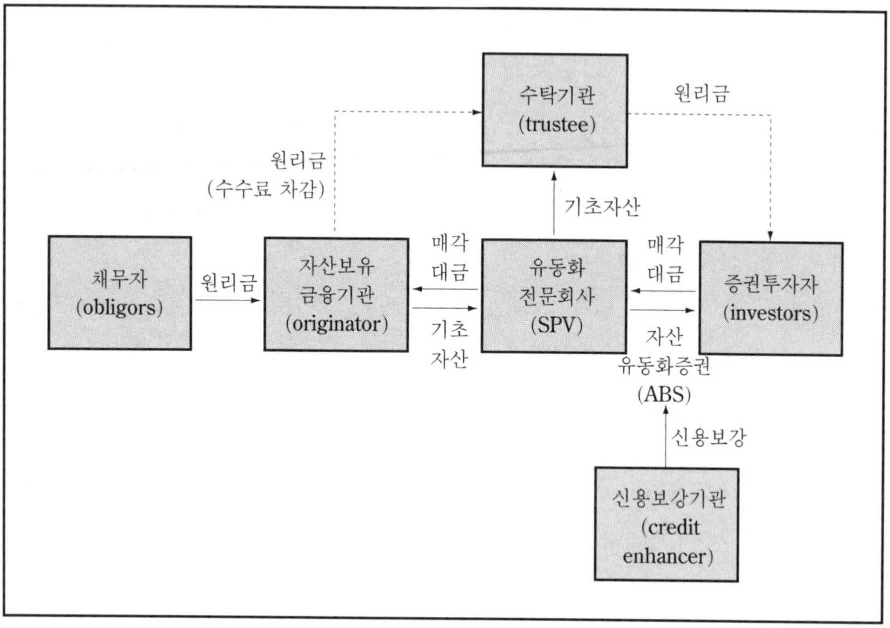

상으로는 자산을 유동화전문회사에 매각하게 되지만 기초자산의 관리는 그대로 담당하게 된다.

수탁기관(trustee)은 기초자산을 안전하게 보관하는 한편 자산유동화증권 투자자의 대리인 역할을 한다. 따라서 자산유동화증권 투자자에게 순차적인 이자지급과 만기에 최종적인 원금상환을 보증할 의무를 가지며 그에 따른 실무를 맡는다. 또 자산유동화증권이 채무불이행(default) 상태가 되면 투자자와 발행자 사이에서 중개자로서 양쪽의 이해관계를 조정하기도 한다. 이 때 금융기관의 유동화자산이 되는 채권(債權)에 대한 채무자(obligor)가 지불하는 원리금은 그림의 점선과 같은 경로를 따라 자산유동화증권 투자자에게 이전된다.

신용보강기관(credit enhancer)은 자산유동화증권의 안전성을 높이기 위하여 해당 증권에 대해 일정한 한도의 약정범위 내에서 원리금 지급보증을 담당한다. 보통 자산유동화증권 발행시에는 투자자에게 채무불이행위험에 대한 적절한 보호책을 제공해야 한다. 이것은 보통 신용보강 과정을 거치면서 이루어지는 데 이 과정에서 증권의 신용등급이 자산유동화를 행하는 기관의 신용등급보다 높게 책정되는 것이 일반적이다. 이로 인해 자산유동화증권은 금융기관에 더 저렴한 비용으로 자금을 조달할 수 있게 해주는 것이다. 이러한 신용보강의 수단은 크게 내부신용보강(internal credit enhancement)과 외부신용보강(external credit enhancement)으로 나눌 수 있다. 먼저 내부신용보강으로는 초과담보(overcollateralization)설정, 적립금계정(reserve account), 선·후순위 구조화(senior/subordinated structure) 등이 있다. 초과담보설정은 자산보유 금융기관이 자산유동화증권 발행액보다 낮게 기초자산을 매각함으로써 유동화전문회사가 여유자금을 확보할 수 있게 하는 것이고, 적립금계정 방식의 경우 기초자산에서 유입되는 이자액보다 자산유동화증권 투자자에게 지급하는 이자액을 낮게 책정하여 그 차액을 적립함으로써 여유자금을 확보하여 증권의 상환능력을 높이는 것이다. 가장 보편적인 형태는 선·후순위 구조화 방식인데 이는 동일한 기초자산을 근거로 발행되는 증권에 원리금 상환의 우선권을 차별적으로 부여하여 선순위 증권의 상환가능성을 높이는 것이다. 이에 비해 외부 신용보강은 타기업의 지급보증(guarantees)이나 은행의 신용장(letter of credit), 혹은 보증보험 등과 같이 제3자가 일정 수준까지 원리금에 대한 지급을 책임지는 것이다. 실무에서는 이 중 어느 한 가지만 이용되는 것이 아니고 여러 가지 방법이 복합적으로 이용되어 원리금에 대한 지급보증을 보다 강하게 만들어 준다.

2) 주택저당증권

부동산(특히 주택) 구입이나 건축 등에 소요되는 대출자금으로 해당 부동산에 대해 담보가 설정된 대출을 부동산담보대출(mortgage)이라 한다. 이를 기초자산으로 발행한 유동화증권을 부동산저당증권 혹은 주택저당증권(MBS : mortgage-backed security)라고 하는데, 1970년 미국 정부기관인 GNMA가 원리금에 대한 지급보증을 하여 발행한 것이 처음이다.

현재 미국에서 발행되는 주택저당증권의 80% 이상은 GNMA, FNMA(Federal National Mortgage Association : Fannie Mae), FHLMC(Federal Home Loan Mortgage Corporation : Freddie Mac)정부관련기관들이 지급보증을 행하여 발행되므로 그 안정성이 매우 높게 평가받고 있다.

처음 주택저당증권의 형태는 원리금자동이체증권(pass-through security)으로서 이는 만기나 이자율 등에서 비슷한 성질을 지닌 주택담보대출의 풀(pool)에서 생성되는 현금흐름이 주택저당증권의 소유자에게 투자지분의 비율대로 그대로 이전되는 방식을 취한다. 하지만 기초자산이 되는 주택담보대출이 지닌 특성상 시장금리나 차입자의 사정에 따라 원금의 조기상환이 가능하여 원리금자동이체증권도 조기상환위험(prepayment risk)이 존재하므로 투자자에게는 가장 큰 단점으로 작용하였다. 이를 보완하기 위해 1980년대 초에 다계층증권(CMO : collateralized mortgage obligation)이 개발되었다. 즉 비슷한 만기와 이자율을 가진 담보대출의 풀(pool)에서 생성되는 원리금에 대하여 각기 다른 이자율과 원금상환 계획을 갖는 여러 계층(tranche)의 증권으로 나누어 발행하는 방식이다. 각 계층의 증권 소유자는 정해진 이자율에 따라 정해진 시기에 이자를 지급받지만, 원금의 경우는 선순위를 갖는 계층에 속한 증권의 원금이 전액 상환이 될 때까지는 후순위 계층의 증권은 원금상환 없이 이자만 지급받는 구조를 갖는다. 따라서 다양한 선호 만기를 가진 투자자들을 동시에 만족시키면서 내재된 조기상환위험을 완화할 수 있게 된다. 이러한 다계층증권(CMO)의 개발로 주택저당증권 시장의 규모는 더 크게 성장할 수 있었다.

우리나라는 2000년 초에 최초의 주택저당증권이 발행된 이래 2001년 5월 기준으로 총 9건 1조 6,600억원 규모의 주택저당증권이 발행되어 있으나, 2000년 기준으로 볼 때 우리나라 총 자산유동화증권 발행규모(154건 49조 3,800억원)에서 차지하는 비중은 2.8% 수준에 불과해[14] 동 시장의 선진국인 미국에 비해 주택저당증권 시장의 규모는 미미한 수준이다.

3) 자산유동화증권

보통 주택담보대출(mortgage)을 제외한 여타의 자산 집합(pool)을 기초자산으로 하여 발행된 증권들을 자산유동화증권(ABS : asset-backed security)이라고 총칭하여 부른다. 이 때 기초자산이 되는 것으로는 자동차할부채권(automobile loan),[15] 신용카드할부채권(credit card receivables), 중소기업대출(small business loan), 학자금대출(student loan), 일반 회사채 및 대출금 등 매우 다양하지만 그 발행방식은 앞서 설명한 대략적인 자산유동화증권의 발행과정과 대동소이하다.

이 중에서 가장 규모가 크고 활발한 자산유동화증권은 신용카드할부채권을 기초자산으로 한 것인데 이를 CARDs(certificate of amortizing revolving debts)라고

14) 한국은행, 우리나라 住宅抵當證券(MBS) 發行現況 및 展望, 2001.
15) 이를 기초로 한 증권을 CARs(certificate for automobile receivables)라고 한다.

한다. 미국의 자산유동화증권시장에서 CARDs가 차지하는 비중은 1995년에 거의 절반 수준에서 2001년 기준으로는 28% 정도로 감소하였지만 절대적 액수는 자산유동화증권 시장의 확대와 더불어 증가하였고 다른 자산 유동화증권의 비중을 크게 앞서는 수치이다.[16)]

미국에서 학자금대출의 풀(pool)을 기초자산으로 발행한 유동화증권의 경우는 정부기관인 SLMA(Student Loan Marketing Association : Sallie Mae)가 대출금이 상환불능 상태에 이르면 원리금의 98%까지 지급보증을 하므로 안전성이 높다는 특징을 지니고 있다.

이 밖에 투자부적격 등급의 열등채(junk bond)나 신흥공업국에 발행된 채권 등을 기초자산으로 발행한 CBO(collateralized bond obligation)이나 은행이 기업대출을 기초로 발행하는 CLO(collateralized loan obligation) 등의 자산유동화증권이 존재한다. 통상 이 둘을 통칭하여 CDO(collateralized debt obligation)이라고 부른다. 일반적으로 CBO는 선·후순위 구조로 발행되는데 선순위계층(senior tranche)에 속하는 증권이 전체의 70%~80%로 구성되며 변동금리를 지급하고, 나머지 여러 개의 후순위계층(junior/subordinated tranche)에 속하는 증권은 고정금리를 지급하게 된다.

우리나라에서 자산유동화제도는 1997년의 외환위기를 계기로 기업과 금융기관들의 부실자산 처리를 위해 도입되었는데, 1998년 12월에 신용카드대출금을 기초자산으로 한 유동화증권이 처음 발행되었다. 그러다가 2000년 이후에는 대우사태 및 회사채 만기도래 문제를 해결하기 위해 자산유동화 기법이 적극 활용되면서 시장이 성장을 하게 된다. 따라서 우리나라 자산유동화증권시장의 구성을 보면 CBO시장이 많은 비중을 차지한다. 특히 우리나라는 기업의 신용위험 증가로 회사채 시장이 극도로 위축되자 이를 활성화하기 위해 이미 발행되어 있는 채권을 기초자산으로 발행하는 전형적인 CBO방식과는 달리, 처음부터 CBO 조성을 목적으로 기초자산이 되는 회사채를 발행하고 이를 정부지원기관인 신용보증기금이 지급보증을 하여 신용보강을 하는 방식의 발행시장 CBO(primary CBO)제도가 발달하였다.

컴퓨터 기술의 발달에 힘입은 증권화 기법의 발전은 다양한 자산을 유동화증

---

16) The Bond Market Association (www.bondmarkets.com)

권으로 발행할 수 있게 하여 주었다. 이론적으로는 금융기관이 보유한 자산을 증권화 하였을 때 생기는 이익(새로운 자금조달원천 제공, 자산계정의 유동성 증가, 듀레이션 갭 관리능력 향상, 부외 거래를 통한 규제 탈피 등)이 증권화에 따른 제반 비용(신용보강비용, 자산가치평가비용 등)을 초과할 경우 모든 자산의 증권화가 가능할 것이다. 그러나 현실적으로 증권발행의 기반이 되는 기초자산 풀(pool)이 동질적이고 일정 크기 이상 충분한 규모가 되어야 한다는 조건 때문에 자산들간의 이질성과 그에 따른 가치평가의 난이성, 자산의 신용도 차이 등은 증권화를 하는 데 큰 제약으로 작용하고 있다.

연습문제

1. 화폐에 대한 전통적 정의와 실증적 정의를 비교하시오.

2. 경제가 발달함에 따라 화폐의 기능이 다양화되고 있는데 이 화폐의 주요한 기능들을 설명하시오.

3. 화폐는 가치저장수단으로서의 역할을 수행한다고 하였다. 만약 모든 경제주체들이 자신들의 부를 화폐로 보유하고 사용하지 않을 경우 어떠한 일이 발생하겠는가? 국민경제 전체의 입장에서 경제성장과 물가는 어떻게 되겠는가?

4. 직접금융시장과 간접금융시장을 비교설명하시오.

5. 유로채(Eurobond)와 외국채(Foreign bond)를 예를 들어 설명하시오.

6. 화폐시장과 자본시장에서 거래되는 상품들의 특성을 비교설명하시오.

7. 역선택의 문제를 예를 들어 설명하시오.

8. 최근 우리나라는 공적 자금의 사용에 따른 부실기업 또는 금융기관의 도덕적 해이가 심각하다. 이러한 도덕적 해이를 해결할 수 있는 방법은 무엇이라고 생각하는가?

9. 유로달러시장의 성장에는 이자평형세, 레귤레이션 Q 등 규제를 회피하고자 하는 배경이 있었다. 이러한 관점에서 규제는 금융혁신의 동기가 되기도 한다. 최근 우리나라의 금융환경의 변화에서 정부의 규제가 금융혁신을 이끈 예를 찾아보시오.

10. 선물, 옵션 등의 파생상품은 영합게임(zero-sum game)이다. 그렇다면 주식시장은 어떠한가? 그렇다면 이들의 근본적인 차이는 무엇이라고 생각하는가?

11. 자산유동화의 의의와 장·단점에 대하여 서술하시오.

12. 금융환경의 변화에 부응하여 금융혁신이 일어나고 있는데, 금융혁신이 발생하는 원인과 그 형태에 대하여 설명하시오.

제 2 편

금융시장

제 4 장 이자율의 계산

이자율이란 경제의 자금흐름을 결정하고 돈의 가치를 나타내는 지표로서 경제주체들에게 많은 영향을 미친다. 이자율은 개인이 벌어들인 소득에서 얼마를 소비하고 얼마를 저축할 것인가를 결정하는데 커다란 영향을 미치며, 기업이 어떻게 자금을 조달하여 어디에 투자할 것인가를 결정하는데 중요한 요인으로 작용한다. 본 장에서는 이자율의 개념과 이자율이 어떻게 계산되는가를 살펴본다. 또한 실질이자율과 명목이자율의 차이에 대해서 논의한다.

1. 이자율의 개념

이자율은 차입자가 대출자로부터 자금을 빌려 쓰는데 대한 대가이다. 차입자는 일정기간 동안 자금을 사용한 후에 원금과 이자를 지불해야 한다. 여기에서 원금(F)과 이자(C)를 합해 원리금이라고 하며, 이자율이란 원금에 대한 이자의 비율로서 정의된다. 이자율을 r이라 할 때, 이를 식으로 나타내면 다음과 같다.

$$r = \frac{C}{F}$$

예를 들어 이자율이 연 10%라고 하면 현재 원금 100원을 빌린 경우, 1년 후에는 이자 10원을 합쳐 원리금 110원을 갚아야 하는 것이다. 이는 자금의 차입자나 대출자 모두 현재 100원과 1년 후의 110원을 동일한 가치로 받아들이고 있음을 의미한다. 즉 이자율이 10%일 때, 현재의 100원은 1년 후의 110원과 동일한 가치로 평가될 수 있는 것이다. 여기에서 현재 100원을 1년 후 110원의 현재가치라고 하며, 1년 후 110원을 현재 100원의 미래가치라고 한다. 이와 같이 현재가치와 미래가치는 이자율을 통하여 서로 연결된다. 주어진 이자율하에서 우리는 현재 일정금액을 미래 시점의 가치로 평가할 수 있고, 미래 일정시점에서의 현금을 현재의 가치로 평가할 수 있는 것이다. 따라서 이자율의 경제적 의미는 현재가치를 미래가치로, 또는 미래가치를 현재가치로 나타내 주는 화폐의 시간가치의 척도로 파악할 수 있다.

한편 이자율은 1년 단위로 나타내는 것이 일반적이다. 만약 자금을 사용하는 기간이 1년보다 긴 기간에 걸쳐 있을 경우, 이자에 대한 이자를 포함하는 복리계산을 이용하여 1년 단위 이자율로 나타낼 수 있다. 물론 현재가치와 미래가치의 계산도 기본적으로 복리계산을 전제로 이루어진다.[1] 다음에서는 이러한 이자율의 계산에 대해 구체적으로 알아보도록 하자.

2. 이자율의 계산

경제주체, 즉 개인이나 기업, 그리고 정부가 자금을 빌리는 방법은 은행 등의 금융기관에서 대출을 하거나 증권시장을 통해 채권을 발행하는 것이다. 대출과 채권은 본질적으로 동일한 금융상품으로 생각할 수 있다. 일정 기간 동안에 자금을 사용할 목적으로 대출계약을 체결하거나 채권을 발행한 경우에 대출자나 채권의 보유자는 정해진 시기에 이자를 받고 만기에 원금을 회수하게 되며, 차입자나 채권의 발행자는 정해진 시기에 이자를 지급하고 만기에 원금을 갚게 된다. 다만 채권은 채권보유자가 만기 이전에 채권을 유통시장을 통하여 매각함으로써 자금을 회수할 수 있는 반면 대출은 대출자가 만기까지 기다려 원금을 회수해야 하는 차이점이 있다. 따라서 여기에서는 채권을 중심으로 이자율에 대해서 살펴본다. 채권의 이자율에 대해 이해하기 위해 먼저 채권의 가격결정에 대해 알아보자.

---

1) 현재가치와 미래가치의 계산에 대해서는 이필상 저 「재무관리」(1999, 박영사)를 참조할 것.

(1) 채권의 가격 결정

채권은 이자의 지급 형태에 따라 크게 순할인채(pure discount bond)와 이표채(coupon bond)로 나눈다. 순할인채는 만기가 비교적 단기인 채권에 주로 쓰이는 형태로 중도에 이자를 지급하지 않고 만기에 액면가(face value)를 지급한다. 따라서 가격은 액면가를 할인하여 형성된다. 순할인채의 대표적인 형태는 한국은행이 발행하는 통화안정증권(만기 364일)과 CD(양도성 예금증서)나 CP(기업어음) 등이 있다. 반면 이표채는 정해진 기간마다 이자를 지급하고 만기에는 원금을 지급하는 형태로 비교적 만기가 장기인 채권에 해당된다. 우리나라의 국고채나 회사채의 대부분이 이표채에 해당된다.

금융자산의 가격은 그 금융자산을 보유함으로써 얻게 되는 미래 현금흐름의 현재가치로 정의된다. 채권의 경우에는 미래 현금흐름이 이자와 원금으로 정해져 있으므로, 매 기간에 받게 되는 이자와 만기에 받게 되는 원금의 현재가치의 합이 채권의 가격이 된다.

먼저 이표채의 가격에 대해 살펴보자. 시장이자율 r이 주어졌을 때, 채권의 원금을 F, 매기 받게 되는 이자를 C, 그리고 만기까지의 기간을 T라고 하면, 채권의 가격 P는 다음과 같이 계산될 수 있다.

[그림 4-1] 채권의 현금흐름

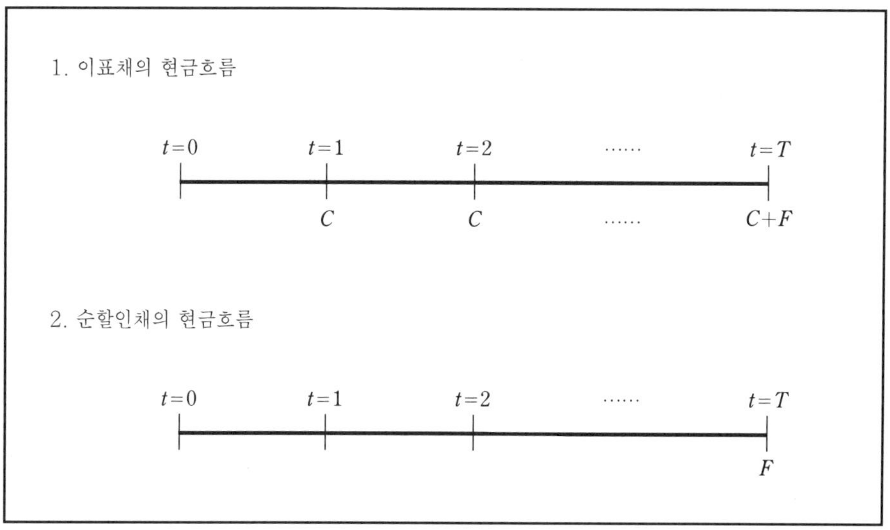

$$P=\frac{C}{(1+r)}+\frac{C}{(1+r)^2}+\cdots+\frac{C+F}{(1+r)^T}$$

순할인채의 경우는 위의 식에서 $C=0$인 경우이므로 다음과 같이 계산될 수 있다.

$$P=\frac{F}{(1+r)^T}$$

이표채의 특수한 형태로 만기가 정해지지 않아 원금은 지급되지 않으나 이자만 계속 지급되는 채권을 영구채(consol)이라고 한다. 영구채는 나폴레옹전쟁 때 영국정부에 의해 처음으로 발행되었으며, 아직도 거래되고 있다. 영구채의 가격은 다음과 같이 나타낼 수 있다.[2)]

$$P=\frac{C}{r}$$

영구채의 가격 공식을 통하여 우리는 채권가격과 이자율간의 관계를 살펴볼 수 있다. 위 식에서 이자율이 상승하면 채권가격은 떨어지며, 이자율이 하락하면 채권가격은 올라가는 것을 확인할 수 있다. 즉 채권가격과 이자율은 역의 관계를 가지고 있다.

(2) 만기수익률

채권의 가격 결정을 통하여 우리는 채권가격과 이자율이 직접적으로 관련되어 있음을 살펴보았다. 만약 채권가격이 주어진다면, 우리는 위의 공식을 이용하여 이자율을 계산할 수 있을 것이다.

만기수익률은 채권을 만기까지 보유한다고 가정할 때, 현재의 채권가격과 채권의 현금흐름의 현재가치를 일치시켜 주는 이자율로 정의된다. 이표채의 경우,

---

2) 영구채의 가격은 다음과 같다.

$$P=\frac{C}{(1+r)}+\frac{C}{(1+r)^2}+\frac{C}{(1+r)^3}+\cdots=C\left(\frac{1}{(1+r)}+\frac{1}{(1+r)^2}+\frac{1}{(1+r)^3}+\cdots\right)$$

위 식은 초항이 $\frac{1}{(1+r)}$이고 공비가 $\frac{1}{(1+r)}$인 무한등비급수이므로,

$$P=C\left(\frac{1/(1+r)}{1-1(1+r)}\right)=\frac{C}{r}$$

현재의 채권가격을 P_c라고 하면 만기수익률 r은 다음 식에서 계산할 수 있다.

$$P_c = \frac{C}{(1+r)} + \frac{C}{(1+r)^2} + \cdots + \frac{C+F}{(1+r)^T}$$

위의 식은 앞의 채권가격을 구하는 식과 동일하다. 그러나 채권의 가격은 시장이자율이 주어졌을 때 이를 이용하여 계산되는 반면, 만기수익률은 시장에서 채권가격이 주어졌을 때, 위 식을 만족하는 수익률 r을 찾아내는 것이다. 여기에서 계산된 만기수익률은 채권의 가격과 채권의 현금흐름을 비교하여 채권의 현금흐름에 내재된 수익률을 구한 것이므로 이를 내부수익률(IRR: internal rate of return)이라고도 한다. 일반적으로 채권 이자율이라 함은 만기수익률을 의미한다.

순할인채의 경우, 만기수익률은 다음과 같이 계산할 수 있다.

$$P_c = \frac{F}{(1+r)^T}$$

순할인채의 만기수익률을 흔히 현물이자율(spot rate)이라고 한다.

만기수익률에 대한 이해를 돕기 위해 다음과 같은 채권의 만기수익률을 계산해 보자. 만기가 5년인 국고채로 액면가는 10,000원이며, 표면이자율은 5%로 이자는 매년 지급한다. 또한 이 채권은 현재 시장에서 9,103원에 거래되고 있다. 위에서 이표채의 만기수익률을 계산하는 공식을 이용하면,

$$9{,}103 = \frac{500}{(1+r)} + \frac{500}{(1+r)^2} + \frac{500}{(1+r)^3} + \frac{500}{(1+r)^4} + \frac{500+10{,}000}{(1+r)^5}$$

이 식에서 만기수익률 $r=7.2\%$가 된다. 만약 채권가격이 8,802원으로 하락한다면, 만기수익률은 약 8%로 증가함을 확인할 수 있을 것이다.

그렇다면 이렇게 계산된 만기수익률의 의미는 무엇인가? 위의 채권이 시장에서 9,103원에 거래되므로 채권발행자는 채권을 발행함으로써 9,103원의 자금을 빌린 것이 된다. 또한 이 자금을 사용하는 대가로 5년 동안 매년 500원의 이자와 5년 후에 원금 10,000원을 갚기로 한 것이다. 여기에서 채권발행자가 빌린 9,103원에 대해 연 7.2%의 이자율로 복리계산하여 5년 후에 원금과 이자를 한꺼번에 갚는다고 하자. 그렇다면 그는 5년 후 원리금 $9{,}103(1+0.072)^5 = 12{,}887$원을 갚아야 할 것이다. 한편 채권소유자는 채권에서 나오는 현금흐름을 5년 동안 연 7.2%의

이자율로 은행에 저축을 했다고 하자. 5년 후 채권소유자는 $500(1+0.072)^4+500(1+0.072)^3+500(1+0.072)^2+500(1+0.072)+10{,}500=12{,}887$원의 금액을 받을 것이다. 두 금액은 동일하다. 이는 현재 이자율이 7.2%일 때, 채권발행자가 5년 후 한꺼번에 원리금을 갚으나 1년마다 500원을 지급하고 만기에 10,000원을 지급하는 것이 같다는 것이다. 결국 만기수익률 $r=7.2\%$는 채권가격 9,103원을 사용하는 대가가 연 7.2%라는 뜻이다. 이러한 채권이자율은 채권을 발행하는 사람이나 채권에 투자하는 사람 모두에게 채권의 현재가치와 미래가치를 동일하게 평가해 주는 척도가 된다.

한편 동일한 만기를 가진 순할인채가 있다고 하면, 이 채권의 만기수익률은 아래의 식을 통해서 계산될 수 있다.

$$9{,}103=\frac{10{,}000}{(1+r)^5}$$

여기에서 만기수익률 $r=1.89\%$로 계산된다. 또한 순할인채의 만기가 4년이라면, 만기수익률 $r=2.38\%$로 계산될 것이다.

앞서 우리가 영구채권의 가격에서 살펴본 바와 같이 위의 결과에서도 채권가격과 만기수익률의 역의 관계를 확인할 수 있다. 한편 이표채와 순할인채의 만기수익률을 비교하면 동일한 만기라 할지라도 이표채와 순할인채의 만기수익률이 차이가 나며, 동일한 순할인채라 할지라도 만기에 따라 수익률은 차이를 보인다. 그렇다면 이러한 차이는 어떻게 설명될 수 있는가? 이를 위해서 다음에서 채권가격과 이자율간의 관계에 대해서 좀더 자세히 알아보도록 하자.

(3) 채권가격정리[3)]

채권가격과 이자율(만기수익률)간의 관계를 파악하기 위해서는 이자율에 대한 채권가격의 민감도, 즉 이자율이 변동할 때 채권가격에 어떠한 영향을 미치겠는가를 살펴보아야 한다. 말킬(B. Malkiel, 1962)은 채권가격정리(bond pricing theorems)에서 다른 모든 조건이 동일할 경우, 이자율의 변동에 따른 채권가격의

---

3) Burton G. Malkiel, "Expectations, Bond Prices, and the Term Structure of Interest Rates," *Quarterly Journal of Economics* 76(1962. 5), pp. 197～218.

변동에 대해 다음과 같이 정리하고 있다.

첫째, 채권가격과 이자율은 역의 관계를 가진다.

둘째, 만기가 길수록 동일한 이자율 변동에 따른 채권가격의 변동은 커진다.

셋째, 만기가 길어짐에 따라 채권가격은 체감적으로 변동한다.

넷째, 동일한 이자율 변동에 대해 이자율 감소로 인한 채권가격의 상승폭이 이자율 증가로 인한 채권가격의 하락폭보다 크다.

다섯째, 표면이자율이 높을수록 채권가격은 적게 변동한다.

이제 채권가격정리의 다섯 가지 내용들에 대해 하나씩 살펴보도록 하자. 먼저 채권가격과 이자율과의 역의 관계는 이미 채권가격 공식에서 확인할 수 있었다. 채권가격 공식에서 분모의 이자율이 증가하면 채권가격은 하락하고, 반대로 이자율이 감소하면 채권가격은 상승한다. 나머지 내용들은 채권의 이자율이 변동할 때 채권가격의 변동이 채권의 특성에 따라 달라진다는 것을 의미한다. 두 번째와 세 번째 내용은 만기와 관련된 것이다. 두 번째 내용은 만기가 긴 채권일수록 이자율이 상승하거나 하락할 때, 채권가격이 더 큰 폭으로 하락하고 상승한다는 것이다. 즉 장기채권의 경우가 가격변동이 더 크다는 것을 말한다. 여기서 우리는 채권 투자에 있어서 장기채권의 경우가 더 위험이 크다는 것을 알 수 있다. 다음 채권가격의 체감적 변동은 만기가 증가함에 따라 이자율 변화에 따른 채권가격의 변동이 증가는 하지만 그 정도가 감소하면서 증가한다는 것을 의미한다. 다음 [표 4-1]에서는 액면가 10,000원, 표면이자율이 10%인 이표채권에 대하여 만기가 2년, 3년, 4년으로 길어질 때 이자율이 10%에서 9% 또는 11%로 감소하거나 증가할 때의 채권가격 변화를 보여주고 있다. 이자율이 9%로 감소할 경우 채권가격의 변동률은 만기가 길어짐에 따라 1.76%(2년), 2.53%(3년), 3.24%(4년)로 증가함을 알 수 있

[표 4-1] 만기와 채권가격과의 관계

이자율(r)	만기 2년	만기 3년	만기 4년
9%	10,176	10,253	10,324
10%	10,000	10,000	10,000
11%	9,829	9,756	9,690

채권가격은 다음과 같은 식에 의해 계산된다.

$P_2=\frac{1,000}{(1+r)}+\frac{11,000}{(1+r)^2}$, $P_3=\frac{1,000}{(1+r)}+\frac{1,000}{(1+r)^2}+\frac{11,000}{(1+r)^3}$, $P_4=\frac{1,000}{(1+r)}+\frac{1,000}{(1+r)^2}+\frac{1,000}{(1+r)^3}+\frac{11,000}{(1+r)^4}$

[그림 4-2] 채권가격과 이자율과의 관계

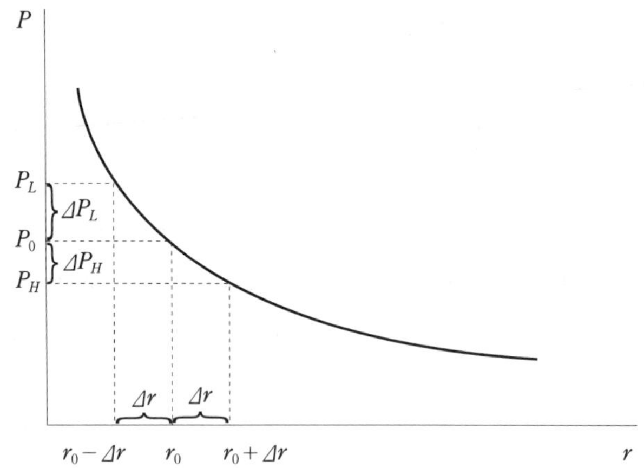

다. 마찬가지로 이자율이 11%로 증가할 경우에도 채권가격의 변동률이 1.71%(2년), 2.44%(3년), 3.10%(4년)로 증가함을 확인할 수 있다. 그러나 만기가 2년에서 4년으로 2배만큼 길어지더라도 증가하는 변동폭은 2배에 미치지 못한다. 이러한 현상은 이자율의 변화에 따른 채권가격의 변동이 만기가 길어짐에 따라 증가하지만 체감하면서 증가한다는 것을 보여주고 있다.

네 번째 채권가격 변동의 비대칭성은 채권의 볼록성(convexity)과 관련이 있다. [그림 4-2]에서는 이자율과 채권가격간의 관계를 나타내고 있다. 그림에서 이자율과 채권가격은 역의 관계를 나타내고 있음을 확인할 수 있다. 그런데 이자율에 대한 채권가격곡선의 기울기가 이자율이 낮은 부분에서는 가파르다가 이자율이 증가할수록 점점 완만해지는 것을 알 수 있다. 이러한 채권가격의 성질을 볼록성이라고 한다. 채권의 볼록성으로 인하여 이자율이 하락할 때의 채권가격의 상승폭이 이자율이 상승할 때의 채권가격의 하락폭보다 더 크게 나타난다. 그림에서 현재 이자율이 r_0라고 하면 동일한 이자율 변화 Δr에 대해 채권가격의 변동폭($\Delta P_L(=P_L-P_0) > \Delta P_H(=P_0-P_H)$)이 다르게 나타난다는 것을 확인할 수 있다. 예를 들어 만기 3년, 액면가 10,000원, 표면이자 10%인 이표채에 대해 현재 이자율 10%에서 1%씩 이자율이 변동할 경우, 채권가격의 변동폭을 계산해 보자. 앞의 [표 4-1]에 의하면, 먼저 이자율이 11%로 상승할 경우 채권가격의 변동폭은 244원으로 계산된다. 반면 이자율이 9%로 하락할 경우는 253원으로 더 크게 나타남을 알 수 있다.

마지막 내용은 표면이자율과 채권가격간의 관계를 나타낸 것이다. 표면이자율이 증가할수록 이자율의 변화에 대한 채권가격의 변동률은 줄어든다. 표면이자율 $c=0$인 경우가 순할인채이다. 따라서 순할인채의 경우가 이자율 변화에 가장 민감하게 되며, 이표채와 비교하여 위험이 더 크다고 할 수 있다. [표 4-2]에서는 3년 만기, 액면가 10,000원인 순할인채와 표면이자율이 5%, 10%, 15%인 이표채에 대해 이자율, 즉 만기수익률이 10%에서 11%로 증가할 때의 채권가격의 변동에 대해 보여주고 있다. 표면이자율이 증가할수록 이자율의 1% 상승에 따른 채권가격의 하락이 점차로 감소하고 있음을 확인할 수 있다.

채권가격정리는 이자율, 즉 만기수익률의 변동에 따른 채권가격의 변동에 대해 설명하고 있다. 이는 이자율과 관련된 투자 위험, 즉 이자율 위험에 대한 중요한 시사점을 지적하고 있다. 이자율의 위험에 대해서는 금리위험 부분에서 자세히 살펴보도록 하자.

[표 4-2] 표면이자율과 채권가격간의 관계

이자율(r)	순할인채	이표채(5%)	이표채(10%)	이표채(15%)
10%	7,513원	8,757원	10,000원	11,243원
11%	7,312원	8,534원	9,756원	10,977원
가격변동률(%)	−2.68%	−2.55%	−2.44%	−2.37%

순할인채의 채권가격은 $P=\frac{10,000}{(1+r)^3}$, 이표채는 $P=\frac{C}{(1+r)}+\frac{C}{(1+r)^2}+\frac{10,000+C}{(1+r)^3}$로 계산되며

가격변동률은 $\frac{P_{11\%}-P_{10\%}}{P_{10\%}}\times 100\%$이다.

(4) 기타 이자율

만기수익률 이외에도 이자율을 계산하는 여러 가지 방법들이 있다. 우리가 흔히 접하게 되는 이자율에는 경상수익률(current yield)과 실현수익률(realized return), 그리고 보유기간수익률(holding period return)이 있다. 그렇지만 우리가

일반적으로 이자율이라고 부르는 것은 만기수익률이다. 아래에서는 이러한 다양한 수익률들을 만기수익률과 비교하여 살펴보도록 하자.

경상수익률은 채권가격에 대한 표면이자의 비율로 정의된다. 경상수익률을 r_c라고 하면 다음과 같이 계산된다.

$$r_c = \frac{C}{P_c}$$

경상수익률은 영구채와 같이 만기가 존재하지 않거나, 전환사채 등 만기를 알 수 없는 경우 만기수익률의 대용치로 유용하다. 그러나 채권의 전체 현금흐름, 특히 원금의 상환을 고려하고 있지 않기 때문에 정확한 이자율의 측정치로 보기는 어렵다. 일반적으로 만기가 20년 이상인 장기채권의 경우에는 경상수익률은 만기수익률의 좋은 대용치로 알려져 있지만, 만기가 5년 이하의 단기채권인 경우 경상수익률은 만기수익률과 많은 차이를 보인다.

실현수익률은 만기수익률과 비교하여 재투자수익률(reinvestment rate)의 가정에 차이가 있다. 실현수익률은 현재 채권가격과 투자기간 말까지 얻게 되는 현금흐름의 총가치를 비교하여 계산된 복리수익률이다. 실현수익률을 r_{re}라고 하면 다음과 같은 관계식이 성립한다.

$$P_c(1+r_{re})^T = FV$$

여기에서 T는 투자기간이며, FV는 투자기간 동안 얻게 되는 총 현금흐름의 T 시점에서의 가치이다. 예를 들어 현재 만기 2년, 액면가 10,000원, 그리고 표면이율 10%인 채권이 시장에서 10,000원에 거래되고 있다고 하자. 또한 이 채권의 이자 지급은 1년마다 이루어진다고 하자. 이 채권의 만기수익률을 구하면 10%가 된다. 그렇다면 이 채권의 실현수익률을 구해보자.

[그림 4-3]에서는 이 채권의 현금흐름을 보여주고 있다. 재투자수익률이 10%인 경우 $t=2$에서 이 채권의 총현금흐름의 가치는 $t=1$에서 받은 이자 1,000원을 1년간 10%로 재투자한 금액 1,100원과 $t=2$에서 받는 원금과 이자 11,000원을 더한 12,100원이 된다. 따라서 실현수익률은 $10{,}000(1+r_{re})^2=12{,}100$에서 $r_{re}=10\%$로 계산된다. 이 경우 실현수익률과 만기수익률은 동일하다. 반면 재투자수익률이 8%로 낮아진 경우에는 $t=1$에서 받은 이자 1,000원은 1년 동안 8%로 재투자되므로

$t=2$에서 채권의 총현금흐름의 가치는 12,080이 된다. 따라서 실현수익률은 $10{,}000(1+r_{re})^2=12{,}080$에서 $r_{re}=9.91\%$로 계산된다.

위의 예에서 살펴볼 수 있듯이 실현수익률은 재투자수익률의 가정에 따라 달라진다. 만기수익률의 계산은 이표이자가 내재된 만기수익률로 재투자된다는 가정을 하고 있다. 그러나 재투자수익률이 만기수익률과 다르다면, 실현수익률은 만기수익률과는 다르게 계산된다. 따라서 실현수익률을 계산하기 위해서는 재투자수익률에 대한 추정이 필요하다. 비록 투자기간 후 실현수익률의 계산은 가능하다 하더라도 미래 이자율은 불확실하므로 사전적으로 재투자수익률을 알 수는 없다. 이러한 측면에서 실현수익률은 실제 적용하기가 쉽지 않다.

다음으로 보유기간 수익률에 대해 알아보자. 만기수익률은 채권을 만기까지 보유한다고 했을 때의 수익률이었다. 그러나 채권을 만기까지 보유하지 않고 중도에 매각할 경우나 또는 채권보유자가 일정기간 동안 채권을 보유함으로써 얻은 수익을 계산할 필요가 있는 경우 만기수익률은 이자율로 적합하지 않다. 이러한 경우 보유기간 수익률을 이용할 수 있다. 보유기간 수익률은 채권가격에 대한 일정기간 동안 채권으로부터 얻은 현금흐름의 비율로 정의된다. 일정기간 동안 채권을

[그림 4-3] 재투자수익률과 채권의 현금흐름

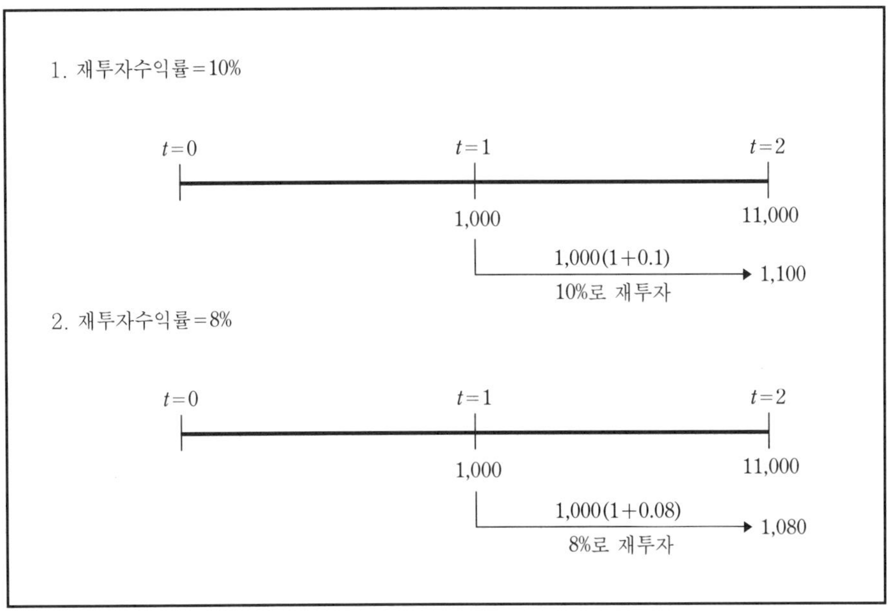

보유함으로써 얻게 되는 현금흐름은 크게 이자와 자본이득으로 구분할 수 있다. 따라서 보유기간 수익률을 r_{bh}라 하면 다음과 같이 계산된다.

$$r_{bh}=\frac{C+(P_t-P_{t-1})}{P_{t-1}}$$

여기에서 P_{t-1}은 매입시점의 채권가격이며, P_t는 매각시점의 채권가격이다. 따라서 보유기간 수익률은 다음과 같이 두 부분으로 나눌 수 있다.

$$r_{bh}=\frac{C}{P_{t-1}}+\frac{P_t-P_{t-1}}{P_{t-1}}$$

위 식의 첫번째 부분은 채권가격에 대한 표면이자의 비율이므로 경상수익률이다. 또한 두 번째 부분은 채권가격 변동에 따라 나타나는 자본이득률에 해당된다. 즉 보유기간 수익률은 경상수익률과 자본이득률로 구성된다. 그런데 경상수익률은 채권의 매입시점에 이미 결정되지만, 자본이득률은 t기의 채권가격에 따라 달라지게 된다. 우리는 이미 채권가격이 만기수익률과 역의 관계를 가지고 있음을 살펴보았다. 따라서 만기수익률이 감소하면, 채권가격은 상승하게 되고 보유기간 수익률은 증가하게 된다. 반대로 만기수익률이 증가하면, 채권가격은 하락하게 되고 보유기간 수익률은 감소하게 된다.

앞의 예에서 만기 2년, 액면가 10,000원, 그리고 표면이율이 10%인 채권에 1년간 투자했을 경우의 보유기간 수익률을 구해보자. 1년 후 이자율, 즉 만기수익률이 12%로 상승하여 이 채권의 가격이 $\frac{10,000}{(1+0.12)}=8,929$원으로 하락했다고 하자. 1년 동안 얻은 표면이자는 1,000원, 채권투자에 대한 자본이득은 $8,929-10,000=-1,071$, 그리고 매입시 채권가격은 10,000원이므로 보유기간 수익률 $\frac{1,000+(8,929-10,000)}{10,000}$에서 $r_{bh}=-0.71\%$가 된다.

만기수익률은 채권을 만기까지 보유할 때 채권가격과 채권의 현금흐름의 현재가치를 일치시켜 주는 이자율로 정의된다. 즉, 채권의 만기까지의 평균수익률의 개념이다. 반면 보유기간 수익률은 특정한 기간 동안의 투자수익률을 의미한다. 따라서 보유기간 수익률은 만기수익률과는 구분되어야 한다.

끝으로 이자율의 표기에 대해서 알아보자. 일반적으로 이자율은 소수점 두 자리까지의 %로 표시한다. 예를 들어 10.02%, 7.28% 등으로 표시하는 것이다. 여기에서 이자율의 최소 변화는 0.01%가 된다. 이 0.01%를 1 베이시스 포인트(basis point), 줄여서 1bp로 표시한다. 즉 이자율이 10bp 상승했다는 것은 이자율이 0.1% 상승했다는 의미이다.

3. 명목이자율과 실질이자율

지금까지 이자율의 개념과 이자율의 계산방법으로써 만기수익률에 대해서 살펴보았다. 여기에서는 명목이자율과 실질이자율에 대해 소개하고자 한다. 우리가 지금까지 이해한 이자율의 개념은 명목이자율이다. 명목이자율은 물가 또는 인플레이션을 고려하지 않은 이자율 개념이다. 만약 물가수준이 상승한다면, 즉 내년도 물가가 올해의 물가에 비해서 상승한다면, 동일한 금액에 대한 실질구매력 수준은 하락할 것이다. 따라서 우리가 자금을 빌려주는 대가로서 실질적인 이자율 수준을 알기 위해서는 명목이자율에서 인플레이션 효과를 제외해야 한다. 피셔(I. Fisher)에 의하면, 명목이자율(r)과 실질이자율(r_a)은 다음과 같은 관계를 가진다.

$$r = r_a + i^e$$

위의 식은 명목이자율이 실질이자율과 기대 인플레이션율(i^e)의 합으로 나타남을 보여주고 있다. 이를 피셔방정식(Fisher equation)이라고 한다.[5] 예를 들어 현재 명목이자율이 8%이고 내년도 인플레이션율이 5%로 예상된다면, 실질이자율은 3%가 되는 것이다.

피셔방정식이 성립할 경우, 명목이자율의 변화는 기대 인플레이션율의 변화와 일대일의 관계를 가진다. 만약 실질이자율이 주어진 상태에서 기대 인플레이션율의 증가는 즉각적으로 명목이자율의 증가를 가져온다. 위의 예에서 내년도 인플레이션율이 7%로 상승한다면, 명목이자율은 기대 인플레이션율의 변화만큼, 즉 2% 만큼 상승하여 10%로 결정될 것이다. 이러한 현상을 피셔효과(Fisher effect)라고 한다.

---

5) 피셔방정식의 정확한 형태는 $(1+r)=(1+r_a)(1+i^e)$로 표현된다. 여기에서 $r_a i^e$는 크기가 매우 작으므로 무시하고 일반적으로 $r=r_a+i^e$로 나타낸다.

제 5 장 위험과 수익

금융시장에서는 제각기 서로 다른 특성을 지니고 있는 다양한 금융상품들이 거래되고 있다. 금융상품의 소비자, 즉 투자자들은 이러한 수많은 금융상품들 중에서 어떠한 것을 선택해야 하는가? 이에 대한 답이 바로 포트폴리오(portfolio) 이론이다. 포트폴리오 이론은 자산선택에 관한 이론으로 자산을 보유함에 따라 기대되는 수익과 위험을 기준으로 우리가 여러 금융자산들 중에서 어떠한 자산을 선택해야 하는가에 대한 답을 제시해 준다. 본 장에서는 먼저 자산의 수요를 결정하는 중요한 요인들에 대해 살펴보고 포트폴리오 이론과 위험프리미엄(risk premium)에 대해 설명한다.

1. 자산수요의 결정요인

개인이나 기업과 같은 경제주체는 자신들의 부(wealth)를 자산의 형태로 보유한다. 현금, 주식, 채권, 주택이나 토지, 공장 등의 부동산, 골동품에 이르기까지 자산의 형태는 다양하다. 이러한 자산들은 모두 가치를 지니고 있으며, 우리는 여러 가지 자산들을 보유함으로써 자산으로부터의 수익을 기대할 수 있다. 그러나 우리가 자산을 보유함으로써 얻게 되는 수익은 확실하게 정해진 것은 아니다. 경제상황에 따라서, 그리고 어떤 자산에 투자했는가에 따라서 기대하는 수익을 제대로 받지 못할 위험이 존재한다. 또한 이러한 자산을 매각할 경우, 얼마나 빨리 그리고 제값을 받을 수 있는가 하는 유동성과 관련된 문제도 자산의 보유를 결정하는 데 중요하다.

결국 경제주체가 어떤 자산을 선택하는가는 경제주체의 부, 자산의 기대수익 및 위험, 그리고 유동성 등에 의해 결정된다. 아래에서는 이러한 자산수요의 결정 요인들에 대해 자세히 살펴보도록 하자.

(1) 부(wealth)

개인의 부가 많을수록 소유하고자 하는 자산의 형태는 다양해 질 것이다. 뿐만 아니라 그 자산의 규모, 즉 자산수요도 증가할 것이다. 그러나 부의 증가에 따른 자산의 수요 변화는 다양하게 나타날 수 있다. 어떤 자산은 부의 증가에 대해 수요가 많이 증가하기도 하고, 어떤 자산은 부의 증가에 대해 수요가 적게 증가하기도 할 것이다. 이러한 부의 증가에 대한 자산 수요의 변화 정도를 나타내는 것이 바로 부의 수요탄력성(wealth elasticity of demand)이다. 부의 수요탄력성(ε_ω)은 부의 변화율($\frac{\Delta W}{W}$)에 대한 자산의 수요량의 변화율($\frac{\Delta Q}{Q}$)로 계산된다.

$$\varepsilon_\omega = \frac{\Delta Q/Q}{\Delta W/W} = \frac{\Delta Q}{\Delta W} \cdot \frac{W}{Q}$$

예를 들어, 현재 1억원의 부를 가진 사람에게 복권에 당첨되어 1억원의 부가 더 증가된 경우를 생각해보자. 지금 이 사람은 2천만원을 은행예금에, 그리고 3천만원을 주식에 투자하고 있다. 그런데 증가된 1억원을 은행예금에 1천만원, 나머지 9천만원은 주식에 모두 투자했다고 하자. 그렇다면 이 사람의 은행예금에 대한 부의 수요탄력성은 $\frac{\Delta Q/Q}{\Delta W/W} = \frac{1천만/2천만}{1억/1억} = 0.5$로 계산될 것이다. 반면 주식에 대한 부의 수요탄력성은 $\frac{\Delta Q/Q}{\Delta W/W} = \frac{9천만/3천만}{1억/1억} = 3$이 될 것이다.

자산은 부의 수요탄력성에 따라 두 가지로 구분할 수 있다. 부가 증가함에 따라 수요가 많이 증가하는 경우, 즉 수요탄력성이 1보다 큰 경우를 사치재(luxury)라고 하며, 부가 증가함에 따라 수요가 적게 증가하는 경우, 즉 수요탄력성이 1보다 적은 경우를 필수재(necessity)라고 한다. 위의 예에서 은행예금은 필수재라고 할 수 있으며, 주식은 사치재로 생각할 수 있다.

(2) 기대수익(expected returns)

모든 자산은 가치를 가지고 있으므로, 우리는 자산을 보유함으로써 수익을 기대할 수 있다. 현실적으로 미래의 상황을 정확히 알 수 없으므로 자산의 수익을 기대수익으로 표시하는 것이 일반적이다. 따라서 자산의 기대수익이 높을수록 그 자산에 대한 수요는 증가할 것이다.

그렇다면 기대수익 또는 기대수익률의 계산에 대해서 알아보자. 어떤 회사주식의 내년도 수익률은 경기가 호황일 경우 15%로 만약 경기가 불황일 경우에는 5%로 예측되고 있다. 내년 경기가 호황 또는 불황일 확률이 각각 $\frac{1}{2}$이라고 하자. 기대수익률은 가능한 모든 값들의 평균이므로 실현될 수익률에 그 수익률이 실현될 가능성을 곱하여 모두 더하면 된다. 따라서 이 회사주식의 내년도 기대수익률($E(r)$)은 $E(r)=15\%\times\frac{1}{2}+5\%\times\frac{1}{2}=10\%$로 계산된다. 일반적으로 실현가능한 상태의 수를 n, 각 상태에 실현될 수익률을 r_i, 그리고 그 수익률이 실현될 가능성, 즉 확률을 p_i라고 하면 기대수익률은 다음과 같이 계산된다.

$$E(r)=r_1p_1+r_2p_2+\cdots+r_np_n=\sum_{i=1}^{n}r_ip_i$$

(3) 위험(risk)

자산의 기대수익에 대한 위험 또는 불확실성의 정도도 자산의 수요에 영향을 미친다. 예를 들어 A 주식은 내년도 경기가 호황일 경우 15%의 수익을, 불황일 경우 5%의 수익을 기대할 수 있다고 하자. 호황 또는 불황의 확률은 각각 $\frac{1}{2}$이다. 반면 B 주식은 경기의 변동에 관계없이 확실한 10%의 수익을 보장한다고 하자. A, B 두 주식 모두 기대수익률은 10%로 동일하다. 그러나 A 주식은 기대수익률 10%를 실현하지 못할 불확실성을 가지고 있으므로 확실한 10%를 보장하는 B 주식에 비해 위험이 더 크다고 할 수 있다. 위험을 측정하는 가장 일반적인 방법은 분산(variance) 또는 표준편차(standard deviation)를 이용하는 것이다. 분산(σ^2) 또는 표준편차(σ)는 다음과 같이 계산된다.

$$\sigma^2=\sum_{i=1}^{n}[r_i-E(r)]^2p_i,\ \sigma=\sqrt{\sigma^2}$$

위의 예에서 A 주식과 B 주식의 표준편차를 구해보자. A, B 두 주식의 기대수익률은 10%이므로 아래와 같이 계산된다.

$$\sigma_A = \sqrt{(15\% - 10\%)^2 \times \frac{1}{2} + (5\% - 10\%)^2 \times \frac{1}{2}} = 5\%$$

$$\sigma_B = \sqrt{(10\% - 10\%)^2 \times 1} = 0\%$$

동일한 기대수익률을 가진 A, B 두 주식에 대하여 사람들은 어떤 주식을 더 선호할 것인가? 이에 대한 답은 사람들의 위험에 대한 태도에 달려 있다. 경제학에서 사람들의 위험에 대한 태도는 크게 위험회피(risk averse)형, 위험중립(risk neutral)형, 위험추구(risk seek)형으로 나누어진다. 위험회피형의 경우는 동일한 기대수익률에 대해 위험이 적은 자산을 선호한다. 반면 위험추구형의 경우는 동일한 기대수익률에 대해 위험이 큰 자산을 선호한다. 위험중립형의 경우는 위험에 관계없이 기대수익만으로 자산을 선택한다. 위의 예에서 위험회피형은 위험이 큰 A 주식보다는 위험이 없는 B 주식을 선호할 것이다. 반면 위험추구형은 B 주식보다는 위험이 큰 A 주식을 선호할 것이다.

일반적으로 합리적인 사람이라면 위험이 큰 자산보다는 위험이 적은 주식을 선호할 것이므로 위험회피형에 해당된다. 따라서 위험이 큰 자산일수록 그 자산에 대한 수요는 감소할 것이다.

(4) 유동성(liquidity)

유동성이란 자산의 현금화 용이도를 의미한다. 유동성이 높은 자산일수록 빨리, 그리고 비용을 거의 들이지 않고 현금으로 전환할 수 있다. 주식이나 채권 같은 금융자산은 유동성이 높은 반면, 주택이나 토지와 같은 부동산이나 실물자산들은 상대적으로 유동성이 낮다. 자산의 유동성은 그 자산이 거래되는 시장이 얼마나 잘 발달되어 있느냐에 따라 결정된다. 시장에 참가하는 사람들이 많을수록, 그리고 거래되는 조건이 표준화되고, 거래절차가 조직화되어 있을수록 시장의 유동성은 커지게 된다. 이러한 대표적인 시장이 바로 증권시장이다. 반면에 아파트와 같은 부동산을 급하게 매각하고자 할 때, 제값을 받을 수 없는 경우가 대부분이다. 여기에서 원래 시세보다 헐값에 매각할 경우 그 차액을 바로 유동성에 대한 비용으로 생각할 수 있다.

다른 조건이 동일하다면, 투자자의 입장에서는 유동성이 높은 자산을 보유하는 것이 보다 유리할 것이다. 따라서 유동성이 높은 자산일수록 그 자산에 대한 수요는 증가할 것이다. 즉 그 자산이 거래되는 시장이 잘 발달될수록 유동성이 커지므로 자산의 수요는 증가하게 된다.

2. 포트폴리오 이론

포트폴리오란 여러 자산에 분산하여 투자하는 형태로서 둘 이상의 자산의 결합으로 정의된다. 포트폴리오 이론은 자산을 선택하는 기준으로 자산의 기대수익과 위험을 제시하고 있으며, 이러한 기준에 따라 사람들은 기대수익뿐 아니라 위험도 고려하여 자신들의 포트폴리오를 결정한다는 것을 말해 주고 있다. 더 나아가 사람들이 기대수익과 위험을 동시에 고려할 경우에는 분산투자를 통하여 위험을 줄일 수 있으며, 이를 바탕으로 금융자산의 가격 및 수익률이 체계적 위험에 의해 결정됨으로 보여주고 있다. 아래에서는 이에 대하여 자세히 알아보도록 하자.

(1) 분산투자(diversification)

금융자산의 경우에는 한 자산에 투자하기보다는 여러 가지 금융자산에 투자하는 것이 일반적이다. '달걀을 한 바구니에 담지마라'는 격언은 이를 잘 지적하고 있다. 그렇다면 사람들은 왜 분산투자를 하는가? 분산투자를 통해 얻을 수 있는 것은 무엇인가? 이에 대한 답은 분산투자를 통한 위험감소효과에서 찾아볼 수 있다. 주식투자를 예를 들어보자. 현재 시장에서는 두 회사의 주식이 거래되고 있다. (주)햇빛은 아이스크림을 제조하는 회사로 비가 오지 않아 여름 날씨가 더울 경우 매출이 증가하고 이 경우 주식의 수익률은 25%로 예상된다. 반면 장마가 질 경우에는 매출이 감소하여 주식의 수익률은 5%에 그칠 것으로 예상된다. 한편 (주)장마는 우산을 제조하는 회사로 장마가 질 경우 우산판매가 급증하여 주식의 수익률은 25%로 예상되며, 비가 오지 않아 날씨가 더울 경우 주식의 수익률은 5%로 예상된다. 그 해 여름 장마가 질 확률을 $\frac{1}{2}$이라고 하자. 두 주식 모두 $\frac{1}{2}$의 확률로

[표 5-1] 분산투자의 예

통화지표	(주)햇빛 또는 (주)장마에 투자한 경우	두 기업에 분산 투자한 경우
기대수익률	$0.5\times25\%+0.5\times5\%=15\%$	$0.5\times15\%+0.5\times15\%=15\%$
위험(표준편차)	$\sqrt{0.5\times(25\%-15\%)^2+0.5\times(5\%-15\%)^2}$ $=10\%$	$\sqrt{0.5\times(15\%-15\%)^2+0.5\times(15\%-15\%)^2}$ $=0\%$

25%의 수익을, 나머지 $\frac{1}{2}$의 확률로 5%의 수익을 기대할 수 있으므로 두 주식의 기대수익률은 모두 15%로 동일하다. 이제 1억원의 현금을 가진 투자자가 두 주식 중 어느 하나의 주식에 투자하는 경우와 두 주식에 각각 5천만원씩 나누어서 투자할 경우를 비교해보자. 두 주식 중 어느 하나의 주식에 투자하는 경우의 기대수익률은 15%이다. 그러나 실제 투자의 결과가 15%에 미치지 못할 위험이 항상 존재한다. 반면 두 주식에 모두 투자한 경우를 생각해보자. 장마가 질 경우 (주)장마에서 25%의 수익을, (주)햇빛에서 5%의 수익을 얻을 수 있으므로, 평균 15%의 수익을 기대할 수 있다. 반대로 비가 오지 않을 경우에는 (주)햇빛에서 25%의 수익을, (주)장마에서 5%의 수익을 얻을 수 있으므로 역시 15%의 수익을 기대할 수 있다. 즉 두 주식에 분산하여 투자하는 경우에는 날씨와 관계없이 항상 15%의 수익을 확보할 수 있는 것이다. 이러한 결과는 두 주식에 분산 투자하는 경우가 한 주식에 투자하는 경우와 비교하여 위험을 완전히 제거하고도 동일한 기대수익률을 확보할 수 있다는 것을 보여주고 있다.

현실적으로 위의 예와 같은 분산투자로 인한 완전한 위험감소 효과는 기대하기 어렵다. 실제 주식시장에서는 모든 기업들이 경제상황의 변화에 영향을 받으므로 어느 정도는 같은 방향으로 움직이게 된다. 그러나 분산투자로 인한 위험감소 효과는 투자한 주식들이 모두 완전히 동일한 방향으로 움직이지 않는 한, 즉 투자한 모든 기업의 수익이 한꺼번에 같이 오르고 한꺼번에 같이 내리지 않는다면 항상 존재하게 된다. 또한 분산투자의 효과는 투자하는 주식의 수가 증가할수록 더욱 커지게 된다.

(2) 체계적 위험(systematic risk)

분산투자를 통한 위험감소효과는 투자하는 주식의 수가 증가할수록 더욱 커진다고 하였다. 그렇다면 포트폴리오를 구성하는 자산의 수를 계속 증가시켜 간다면 위험을 완전히 없앨 수 있을까? 아래 [그림 5-1]에서는 포트폴리오를 구성하는 자산의 수를 증가시켰을 때 포트폴리오의 위험이 어떻게 변해가는가를 보여주고 있다. 자산의 수가 증가할수록 포트폴리오의 위험은 줄어든다. 그렇지만 완전히 위험이 없어지지는 않고 일정한 수준으로 근접하게 된다. 따라서 자산의 위험은 두 개의 부분으로 구분할 수 있다. 첫번째 부분은 분산투자를 통한 감소시킬 수 있는 위험이며, 두번째 부분은 분산투자를 통해서도 감소시킬 수 없는 부분이다. 분산투자를 통해서도 감소될 수 없는 위험을 체계적 위험 또는 분산불능위험이라고 부르며, 분산투자를 통해 감소되는 위험을 비체계적 위험(nonsystematic risk) 또는 분산가능위험이라고 한다.

비체계적 위험은 자산 고유의 위험에 해당된다. 예를 들면 어떤 한 회사의 영업위험이나 재무위험, 그리고 경영진이나 노동조합과 관련된 위험 등이다. 이러한 위험들은 포트폴리오를 구성함에 따라 서로 상쇄되어 점점 줄어들게 된다. 반면 체계적 위험은 시장 전체의 변동과 관련된 위험이다. 경기의 변동이나 이자율 및 인플레이션의 변동 등에 의해 발생하며 모든 자산에 공통적으로 존재하는 위험이

[그림 5-1] 체계적 위험과 비체계적 위험

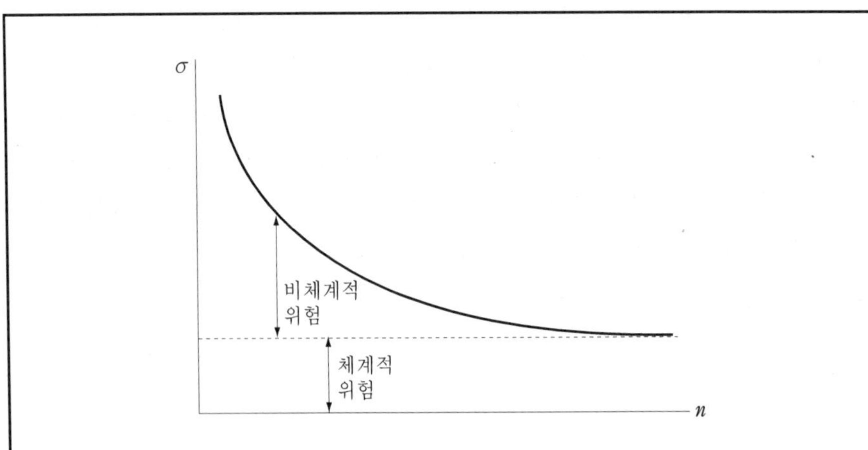

다. 따라서 충분한 분산투자를 통해 포트폴리오를 구성하게 되면 비체계적 위험은 사라지고 체계적 위험만 남게 된다. 만약 시장 전체의 자산을 모두 포트폴리오에 포함시킨다면 이 시장포트폴리오(market portfolio)는 체계적 위험만 가질 것이다. 이런 의미에서 체계적 위험을 시장위험(market risk)라고도 한다.

충분한 분산투자를 통해 포트폴리오를 구성하게 되면 체계적 위험만 남게 된다는 사실은 매우 중요하다. 이는 우리가 자산을 선택할 때, 자산의 위험 중에서 고려해야 하는 위험은 체계적 위험뿐이라는 것을 의미한다. 그렇다면 자산의 체계적 위험은 어떻게 측정되는가?

체계적 위험은 시장 전체의 변동과 관련된 위험이다. 따라서 시장 전체, 즉 시장포트폴리오의 수익률이 변화했을 때, 개별 자산의 수익률이 얼마나 변화했느냐를 측정함으로써 자산의 체계적 위험 크기를 측정할 수 있다. 시장포트폴리오의 수익률 변화에 대한 개별 자산수익률이 변화하는 정도를 자산의 베타(beta, β)로 정의한다. 즉 베타는 시장수익률의 변화에 대한 개별증권 수익률의 변화의 민감도를 의미하는 것으로 체계적 위험의 크기를 나타낸다. 우리나라의 종합주가지수(KOSPI)는 시장에 있는 모든 주식의 가격을 반영하여 작성되므로 종합주가지수의 수익률이 시장포트폴리오의 수익률이다. [표 5-2]에서는 종합주가지수의 변화에 따른 A주식과 B주식의 주가변화를 나타내고 있다. KOSPI가 2.5% 상승했을 때 A주식은 10% 상승했으므로 $\beta_A = \frac{10\%}{2.5\%} = 4$가 된다. 반면 B주식은 1.25% 상승했으므로 $\beta_B = \frac{1.25\%}{2.5\%} = 0.5$가 된다. 두 주식을 비교하면 A주식의 경우 시장수익률이 1%만큼 변동했을 때, 자신의 수익률이 4%만큼 변동하는 반면, B주식은 0.5%만큼만 변동하므로 A주식의 체계적 위험이 더 크다고 볼 수 있다.

[표 5-2] 베타계수의 의미

	KOSPI	A주식	B주식
P_{t-1}	870.00	10,000	2,000
P_t	891.75	11,000	2,025
r_t	2.5%	10%	1.25%

P_{t-1} : $t-1$시점의 가격, P_t : t시점의 가격, $r_t = \frac{P_t - P_{t-1}}{P_{t-1}}$: t시점의 수익률

3. 위험프리미엄

위험이 없는 채권, 예를 들어 1년 만기 국고채에 투자했을 경우 이자율을 5%라고 하자. 반면 주식에 투자했을 경우 1년 후의 기대수익률은 15%라고 하자. 이 경우 주식의 기대수익률과 채권의 수익률의 차이인 10%는 주식투자에 따른 위험을 반영하고 있으므로 위험에 대한 대가, 즉 위험프리미엄으로 생각할 수 있다.

일반적으로 이자율 또는 기대수익률은 무위험이자율과 위험프리미엄(RP: risk premium)의 두 부분으로 구성된다.

$$r = r_f + rp$$

위의 식에 따르면, 자산의 기대수익률의 크기는 무위험수익률과 위험프리미엄의 크기에 의해 결정된다. 예를 들어 현재 무위험수익률 $r_f = 5\%$라고 할 때 A주식의 기대수익률이 10%이면 A주식의 위험프리미엄 $rp_A = 5\%$이며, B주식의 기대수익률이 20%라면 $rp_B = 15\%$가 될 것이다. 결국 어떤 자산이 높은 위험프리미엄을 갖는다는 것은 그만큼 높은 기대수익률을 갖는다는 것을 의미한다. 그렇다면 이러한 위험프리미엄은 어떻게 결정되는 것인가? 우리는 지금까지 공부한 포트폴리오 이론을 바탕으로 여기에 대한 해답을 찾아볼 수 있다.

포트폴리오 이론에서는 자산의 위험 중에서 체계적 위험만이 중요함을 강조하였다. 충분한 분산투자를 통하여 비체계적 위험은 완전히 감소시킬 수 있으므로 자산의 위험 중에서 체계적 위험만이 의미를 갖는다. 그런데 자산의 체계적 위험의 크기는 베타로 측정된다. 따라서 위험프리미엄은 자산의 체계적 위험의 크기, 즉 베타의 크기에 의해 결정될 것이다. 뿐만 아니라 어떤 자산의 기대수익률도 베타의 크기에 의해 결정된다는 것을 알 수 있다.

이와 같은 내용은 샤프(W. Sharpe), 린트너(J. Lintner), 트레이너(J. Treynor)에 의해 발전된 자본자산가격결정모형(CAPM ; Capital Asset Pricing Model)에 의해 설명되고 있다. CAPM은 다음과 같은 선형관계식으로 나타난다.[1)]

1) 자본자산가격결정모형(CAPM)의 도출과 자세한 내용은 이필상 저 「재무관리」(1999, 박영사) 제 9장을 참조할 것.

$$E(r_i) = r_f + \beta_i(E(r_m) - r_f)$$

여기에서, $E(r_i)$: 자산 i의 기대수익률
r_f: 무위험 이자율(risk-free interest rate)
β_i: 자산 i의 베타
$E(r_m)$: 시장포트폴리오의 기대수익률

위 식에서 자산 i의 기대수익률은 베타, 즉 체계적 위험의 선형함수로 나타난다. 이는 베타의 크기에 비례하여 기대수익률이 결정된다는 것을 의미한다. 베타가 크다는 것은 그 자산의 체계적 위험이 높다는 것을 뜻한다. 따라서 투자자가 높은 체계적 위험을 부담하기 위해서는 그만큼의 높은 기대수익률을 받아야 한다는 것이다. 이러한 CAPM의 결론은 우리에게 위험프리미엄에 대한 직관적인 이해를 제시해 주고 있다.

앞의 식과 위의 CAPM을 비교하면 다음과 같이 정리할 수 있다.

$$rp = E(r_i) - r_f = \beta_i(E(r_m) - r_f)$$

여기에서 위험프리미엄 $rp = E(r_i) - r_f$은 개별 자산의 기대수익률이 무위험 수익률을 초과하는 부분으로 정의되며, 이러한 위험프리미엄은 시장의 위험프리미엄 $E(r_m) - r_f$에 자신의 체계적 위험 β_i를 곱한 것과 같다. 이는 개별자산의 위험프리미엄이 시장위험에 대한 개별 자산의 위험의 민감도에 의해 결정된다는 것이며, 체계적 위험이 커질수록 더욱 커진다는 것을 의미한다. 예를 들어 현재 무위험 이자율 r_f가 5%로 주어져 있으며, 시장 포트폴리오의 기대수익률 $E(r_m)$이 10%라고 하자. 베타가 0이라면, 즉 체계적 위험이 없다면 그 자산의 기대수익률은 무위험 이자율 r_f와 동일한 5%가 될 것이다. 반면 베타가 2라고 하면 이 자산의 위험프리미엄은 2(10%−5%)=10%로 결정될 것이다. 따라서 기대수익률은 5%+10%=15%가 된다. 만약 어떤 자산의 베타가 0.5라고 하면 위험프리미엄은 0.5(10%−5%)=2.5%로 나타날 것이다. 그리고 기대수익률은 5%+2.5%=7.5%가 된다. 결국 CAPM은 자산의 가격 또는 기대수익률은 체계적 위험의 크기, 즉 베타의 크기에 의해 결정되며, 자산의 베타가 커질수록 그 자산의 기대수익률은 커진다는 것을 보여주고 있다.

제 6 장

이자율 결정이론

아래 [그림 6-1]에서는 1987년부터 2001년 말까지 15년간의 우리나라 이자율의 변화에 대해 보여주고 있다. 1980년대 말까지 12%~15% 정도로 안정세를 보이던 이자율은 1990년대 초반 약 20%까지 상승했으나, 1993년 이후 하락하여 IMF 경제위기 직전인 1997년 초에는 12% 정도를 유지하고 있었다. 그러나 1997년 말 IMF 위기를 전후하여 이자율은 급상승하기 시작하여 1997년 12월에는 약 30%에 달하기도 하였다. 이후 이자율은 지속적으로 하락하여 2000년 이후에는 한 자리수 이자율 시대를 보여주고 있다. 그렇다면 이와 같은 이자율의 변화는 무엇 때문

[그림 6-1] 우리나라 이자율 변화 추이(1987~2001)

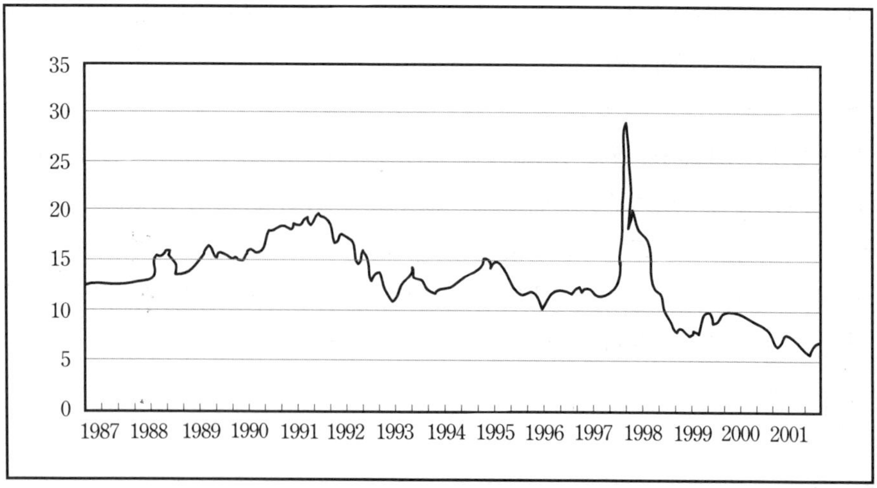

자료 : 한국은행 홈페이지 www.bok.or.kr의 3년 만기 회사채 수익률을 이용하여 재구성한 것임.

에 발생하며 또한 어떻게 설명될 수 있는가? 이자율 변화에 영향을 미치는 중요한 요인들은 무엇인가? 이를 위해서 본 장에서는 이자율이 어떻게 결정되는가에 대해 살펴보도록 한다.

앞서 우리는 이자율을 자금을 빌려쓰는 데 대한 대가라고 하였다. 따라서 이자율은 자금의 수요와 공급에 의해 결정된다. 이자율 결정 이론은 자금의 수요와 공급을 어떻게 파악하는가에 따라 크게 대부자금설(loanable funds theory)과 유동성선호설(liquidity preference theory)로 나눌 수 있다. 대부자금설에서는 채권의 수요와 공급을 통해서, 그리고 유동성선호설에서는 화폐의 수요와 공급을 통해서 이자율을 결정한다.

대부자금설과 유동성선호설에서는 마치 경제 내에 단 하나의 이자율이 존재하는 것처럼 분석하고 있다. 그러나 현실적으로는 거래되는 채권의 종류에 따라, 그리고 같은 채권이라도 만기에 따라 다양한 이자율이 존재한다. 우리는 이자율의 위험구조와 기간구조를 통하여 이러한 이자율이 어떻게 결정되는지를 살펴볼 것이다.

1. 대부자금설

대부자금이란 빌려줄 수 있는 돈을 의미한다. 경제 전체적으로 볼 때, 기업은 자금을 필요로 하는 경제주체로, 반면 개인은 이러한 자금을 공급하는 경제주체로 파악할 수 있다. 그런데 기업은 채권의 발행, 즉 채권의 공급을 통하여 자금을 조달한다. 따라서 채권의 공급은 대부자금의 수요로 생각할 수 있으며, 마찬가지로 채권의 수요는 대부자금의 공급으로 생각할 수 있다. 이런 관점에서 채권의 수요(대부자금의 공급)와 공급(대부자금의 수요)을 통한 이자율의 결정 이론을 대부자금설이라고 한다.

대부자금설에 의하면, 이자율은 대부자금의 수요와 공급을 일치시키는 균형가격으로 나타난다. 대부자금설을 이해하기 위해서 먼저 채권의 수요곡선과 공급곡선에 대해 분석해 보자.

(1) 채권의 수요곡선

만기 1년의 액면가 10,000원인 순할인채를 이용하여 채권의 수요곡선을 도출해 보자. 1년 만기의 순할인채의 채권이자율(만기수익률)은 다음과 같이 계산된다.

$$P=\frac{F}{(1+r)}$$

위 식을 채권이자율 r에 대해 정리하면 다음과 같다.

$$r=\frac{F-P}{P}$$

이 식을 이용하여 우리는 채권가격 P가 주어졌을 때, 이에 해당하는 이자율 r을 계산할 수 있다. 만약 현재 채권가격이 9,500원이라면, 이자율은 5.26%로 계산된다. 이 때 채권의 수요량 Q를 100억원이라고 하자. [그림 6-2]에서는 주어진 채권가격과 이자율에 대한 채권의 수요량을 나타내고 있다. 채권가격 9,500원, 또는 이자율 5.26%에 대한 수요량 100억원은 A점으로 표시된다. 현재 채권가격이 9,000원으로 하락했다면, 이자율은 11.11%로 상승한다. 이자율, 즉 채권의 기대수익률이 상승했으므로 채권의 수요는 증가한다. 이 때의 채권의 수요량을 200억원

[그림 6-2] 채권의 수요곡선

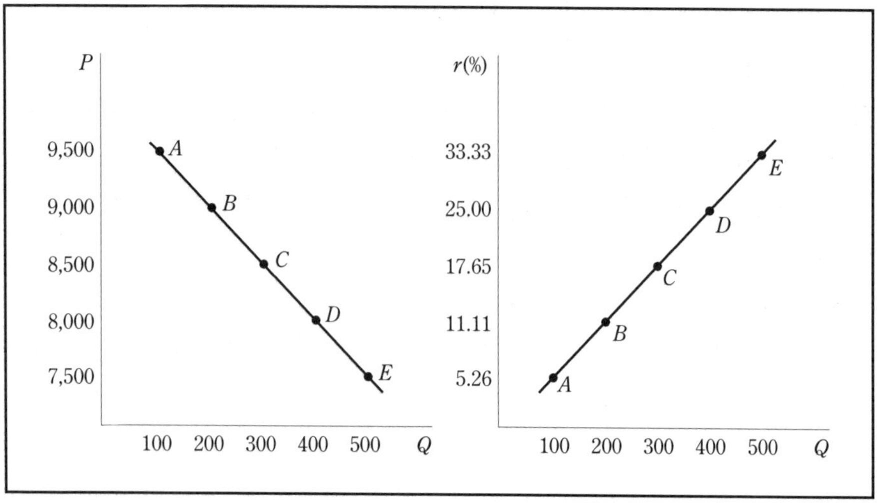

이라 하면 B점으로 표시할 수 있다. 마찬가지로 채권가격이 8,500원, 8,000원, 7,500원일 때, 이자율을 구하면 17.65%, 25%, 33.33%로 계산된다. 이 때 채권의 수요량을 300억원, 400억원, 500억원이라 하고, 각각의 채권가격과 이자율에 해당되는 수요량을 그림에서 표시하면 C점, D점, E점으로 나타난다. 채권의 가격이 하락할수록 채권의 기대수익률은 상승하므로, 채권의 수요는 증가하게 된다. 따라서 이러한 점들을 연결하면 채권가격에 대해서는 첫번째 그림과 같이 우하향하는 수요곡선을, 그리고 이자율에 대해서는 우상향하는 수요곡선을 얻을 수 있다.

우리는 채권가격보다는 이자율의 결정에 대해 관심을 가지고 있으므로 앞으로는 우상향하는 채권의 수요곡선을 대상으로 분석하고자 한다. 일반적인 수요곡선은 우하향하는 반면, 이자율에 대해 표시된 채권의 수요곡선은 우상향함을 다시 한번 확인하기 바란다.

(2) 채권의 공급곡선

채권을 발행하는 기업의 입장에서는 채권가격이 높을수록, 즉 이자율이 낮을수록 지불해야 하는 이자비용이 줄어들기 때문에 더 많은 채권을 발행하고자 할 것이다. 따라서 채권가격이 증가할수록, 즉 이자율이 감소할수록 채권의 공급은

[그림 6-3] 채권의 공급곡선

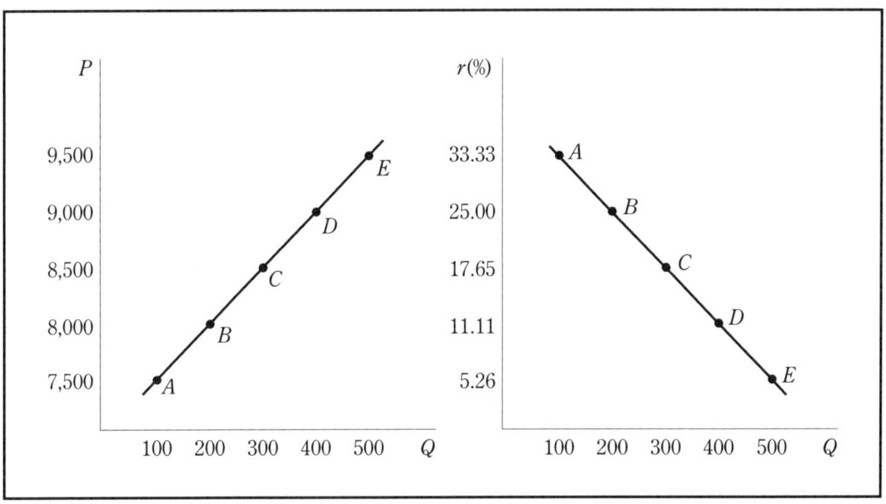

증가할 것이다.

[그림 6-3]에서는 앞의 수요곡선과 마찬가지로 채권의 가격과 이자율에 대한 채권의 공급량에 대해 나타내고 있다. 채권의 가격이 7,500원(이자율은 33.33%)일 때 채권의 공급량을 100억원이라 하고 이를 A점으로 표시하자. 채권의 가격이 8,000원(25%), 8,500원(17.65%), 9,000원(11.11%), 9,500원(5.26%)으로 상승(이자율은 하락)했을 때 채권의 공급량을 각각 200억원, 300억원, 400억원, 500억원이라 하면, B점, C점, D점, E점으로 표시할 수 있다. 이러한 점들을 연결시키면 위의 그림과 같은 공급곡선을 얻을 수 있다. 수요곡선과는 반대로 채권가격에 대해서는 우상향하는 공급곡선을, 그리고 이자율에 대해서는 우하향하는 공급곡선을 찾아낼 수 있다. 이자율에 대해 표시된 공급곡선이 일반적인 공급곡선과는 달리 우하향하고 있음을 주의하자.

(3) 시장균형

채권시장에서의 균형이자율은 채권의 수요와 공급이 일치되는 점에서 결정된다. [그림 6-4]에서 채권시장의 균형은 채권의 수요(B^d)와 공급(B^s)이 일치되는 E점에서 성립하며, 균형이자율 r^*와 균형거래자금 Q^*로 나타나고 있다.

[그림 6-4] 채권시장의 균형

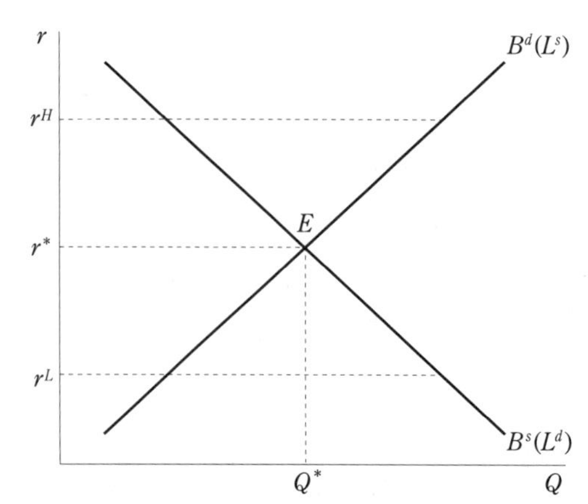

만약 이자율이 균형이자율보다 높다면($r^H > r^*$), 시장에서는 초과수요가 발생하여 채권의 가격은 상승하고 따라서 이자율은 하락하게 될 것이다. 또한 이자율이 균형이자율보다 낮다면($r^L < r^*$), 시장에서는 초과공급이 발생하여 채권가격은 하락하고 이자율은 상승하게 될 것이다. 결국 시장에서의 이러한 변화는 초과수요와 초과공급이 없어지는 균형이자율 r^*에 도달할 때까지 계속될 것이다.

한편 우리는 채권의 수요를 대부자금의 공급으로, 채권의 공급을 대부자금의 수요로 해석할 수 있음을 공부하였다. [그림 6-4]에서 채권의 공급곡선을 대부자금의 수요곡선(L^d)으로 표시하고, 채권의 수요곡선을 대부자금의 공급곡선(L^S)으로 표시해보자. 그러면 우리는 일반적인 수요 및 공급곡선과 같이 이자율에 따라 우하향하는 수요곡선과 우상향하는 공급곡선을 얻을 수 있다.

(4) 수요 및 공급곡선의 변화

채권시장에서 균형이자율은 채권의 수요와 공급이 일치되는 곳에서 결정된다. 따라서 채권시장에서 수요나 공급의 변화가 발생하면 균형이자율은 달라지게 된다. 지금부터는 채권의 수요와 공급의 변화가 어떻게 이자율의 변화를 발생시키는지에 대해 알아보기로 하자.

앞 장에서 자산수요의 결정요인으로 부, 기대수익률, 위험, 그리고 유동성에 대해 살펴보았다. 채권의 수요도 이와 같은 네 가지 요인들에 의해 결정된다. 이제 이러한 요인들의 변화가 채권의 수요에 어떠한 영향을 미치는지에 대해 자세히 살펴보도록 하자.

경기가 호전되어 부가 증가하면 채권의 수요는 증가하게 된다. 따라서 [그림 6-5]에서와 같이 채권의 수요곡선은 B_0^d에서 B_1^d으로 이동하게 된다. 반대로 경기가 불황에 접어들어 부가 줄어든다면 채권의 수요곡선은 좌측으로 이동할 것이다. 또한 이러한 이동이 얼마나 발생하는가는 부에 대한 채권의 수요탄력성에 달려 있다.

기대수익률의 변화 역시 채권의 수요에 영향을 미친다. 지금까지 우리는 1년 만기의 순할인채에 대해 채권의 수요와 공급을 분석해왔다. 여기에서 암묵적으로 채권을 만기까지 보유한다고 가정함으로써 이자율과 기대수익률을 동일하게 생각해왔다. 그러나 채권의 만기와 보유기간이 다를 경우에는 채권의 이자율과 기대수익률과는 차이가 발생한다. 이에 대해서는 제4장에서 보유기간 수익률을 통해 설명한 바 있다. 만약 채권의 만기가 보유기간보다 큰 경우, 예를 들어 보유기간을 1년이라 할 때 만기가 1년보다 큰 장기채권의 경우라면 기대수익률의 변화에 대해 채권의 수요는 어떻게 변할 것인가에 대해 알아보자.

장기채권의 경우 기대수익률은 자본이득률($\frac{P_t - P_{t-1}}{P_{t-1}}$)에 따라 달라진다. 자본이득률은 현재의 채권가격에 비해 미래의 채권가격이 어떻게 변하느냐에 따라 정해진다. 즉 미래의 채권가격이 상승하면 자본이득률은 상승하고 미래의 채권가격이 하락하면 자본이득률은 감소한다. 따라서 미래의 채권가격과 기대수익률은 정의 관계를 가지고 있다. 그러므로 기대수익률의 상승은 미래의 채권가격의 상승을 의미하므로 현재 채권의 수요의 증가를 가져오게 된다. 즉 [그림 6-5]에서 채권의 수요곡선을 우측으로 이동시킨다. 반대로 기대수익률의 하락은 채권 수요의 감소를 가져오게 된다. 한편 다른 자산의 기대수익률의 변화도 채권의 수요에 영향을 미치게 된다. 다른 자산의 기대수익률이 하락하면 상대적으로 채권의 기대수익률은 상승하게 되므로 채권의 수요는 증가하게 된다. 따라서 채권의 수요곡선은 우측으로 이동한다.

기대인플레이션의 변화도 실물자산의 기대수익률에 영향을 미쳐 채권수요를

[그림 6-5] 채권의 수요 및 공급곡선의 이동

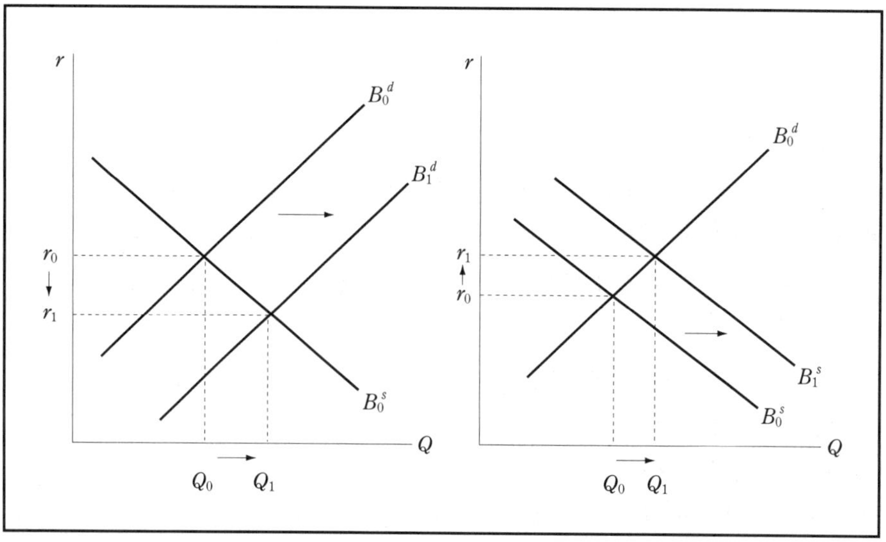

변화시킨다. 기대인플레이션이 증가하게 되면, 실물자산의 기대수익률은 상대적으로 증가하게 된다.[1] 따라서 채권과 같은 금융자산의 수요는 줄어들게 되고 수요곡선은 좌측으로 이동하게 된다. 반대로 기대인플레이션이 하락하게 되면 채권의 수요는 증가하게 되므로 채권의 수요곡선은 우측으로 이동할 것이다.

위험과 유동성도 채권의 수요에 영향을 미치게 된다. 만약 채권시장에서의 가격변동이 커진다면 채권의 위험은 그만큼 증가하게 된다. 따라서 채권의 수요는 줄어들게 될 것이고, 채권의 수요곡선은 좌측으로 이동하게 될 것이다. 반대로 채권의 위험이 감소하면, 채권의 수요는 늘어나게 되고 수요곡선은 우측으로 이동하게 될 것이다. 또한 채권의 유동성이 늘어나게 되면 채권의 수요는 증가하므로 채권의 수요곡선은 우측으로 이동하게 될 것이다.

다음으로 채권의 공급에 영향을 미치는 요인들에 대해서 살펴보도록 하자. 채권공급의 결정요인으로는 투자기회, 기대인플레이션, 그리고 정부정책 등의 세 가지 요인을 들 수 있다. 먼저 경기가 호황국면에 접어들어 기업의 수익성 있는 투자기회가 확대되면, 기업은 그만큼 많은 자금을 조달하여 투자를 늘리고자 할 것이다. 따라서 채권의 공급은 증가하게 된다. 이 경우 채권의 공급곡선은 [그림 6-5]에서와 같이 우측으로 이동하게 된다. 반면 경기가 침체되어 수익성 있는 투자기회가 줄어들면, 공급곡선은 좌측으로 이동하게 될 것이다.

기업의 실질적인 자본조달 비용은 명목이자율에서 기대인플레이션을 차감한 실질이자율에 의해 측정될 수 있다. 주어진 이자율수준에서 기대인플레이션이 증가할수록 실질이자율은 낮아지게 된다. 따라서 기대인플레이션이 증가하게 되면 채권의 공급은 늘어나게 되어 채권의 공급곡선은 우측으로 이동하게 된다. 정부의 정책도 채권의 공급에 영향을 미친다. 정부가 경기부양을 위해 재정지출을 늘리기로 결정했다고 하면, 재정적자가 발생하게 된다. 이러한 재정적자를 메우기 위해 정부는 채권을 발행한다. 우리나라의 경우 채권의 발행은 국고채의 발행을 통해서, 미국은 재정증권(Treasury Securities)의 발행을 통해서 이루어진다. 또한 통화정책의 수단으로 중앙은행의 공개시장 조작 정책도 채권의 발행과 매입을 통해 이루어지므로 채권의 공급에 영향을 미친다. 이러한 정부의 채권발행은 채권시장의

---

1) 예를 들어 기대인플레이션이 10% 증가했다고 하면, 현재 1억원인 아파트 값은 앞으로 1억 1천만원으로 상승하는 반면, 현재 1억원의 채권의 가격은 변함이 없다. 따라서 아파트 소유자는 그만큼의 높은 기대수익률을 얻을 수 있다.

공급을 증가시켜 채권의 공급곡선을 우측으로 이동시킨다.

지금까지의 내용을 [그림 6-5]을 통해서 살펴보자. 그림에서 나타나듯이 부, 기대수익률 및 기대인플레이션, 위험과 유동성 등의 요인에 의해 채권의 수요가 증가하여 채권의 수요곡선이 우측으로 이동하게 되면 시장에서 균형이자율은 하락하고 균형수량은 증가하게 된다. 반면 투자기회의 확대, 기대인플레이션의 증가, 그리고 정부의 정책 변화 등에 의해 채권의 공급이 증가하여 채권의 공급곡선이 우측으로 이동하게 되면 시장에서 균형이자율은 상승하고 균형수량은 증가하게 된다.

(5) 기대인플레이션과 경기변동에 따른 균형이자율의 변화

채권의 수요 및 공급곡선의 이동요인에 각각 변화가 발생할 경우 이자율이 어떻게 변할 것인가는 지금까지의 분석을 종합하면 알 수 있다. 여기에서는 기대인플레이션의 변화와 경기의 변동이 발생했을 때 균형이자율이 어떻게 변하겠는가에 대해서 살펴보자.

먼저 기대인플레이션이 증가했을 때 이자율의 변화에 대해 알아보자. 기대인플레이션의 변화는 채권의 수요곡선과 공급곡선에 동시에 영향을 미친다. 기대인플레이션의 증가는 실물자산의 기대수익률을 증가시켜 상대적으로 채권의 기대수익률을 하락시킨다. 따라서 채권의 수요는 감소하게 되고 채권의 수요곡선은 좌측으로 이동하게 된다. 또한 기대인플레이션의 증가는 기업의 실질적인 자본비용의 하락을 가져오므로 채권의 공급을 증가시켜 채권공급곡선을 우측으로 이동시키게 된다. [그림 6-6]에서는 이러한 결과를 보여주고 있다. 기대인플레이션이 증가함에 따라 채권의 수요곡선은 B_1^d에서 B_2^d로 좌측으로 이동하고 있으며, 채권의 공급곡선은 B_1^s에서 B_2^s로 우측으로 이동하고 있다. 따라서 새로운 균형이자율은 r_2에서 형성된다. 이와 같이 기대인플레이션의 상승은 결과적으로 균형이자율의 상승을 가져오게 되며, 이것이 바로 우리가 제 4 장에서 공부한 바 있는 피셔효과(Fisher effect)인 것이다.

경기의 변동도 채권의 수요곡선과 공급곡선에 동시에 영향을 미친다. 경기가 호황으로 접어들면 사람들의 부가 증가하므로 채권의 수요는 증가하게 된다. 또한 기업들도 새로운 수익성 있는 투자기회가 늘어나게 되므로 채권의 공급도 증가하

[그림 6-6] 기대인플레이션의 변화에 따른 이자율의 변화

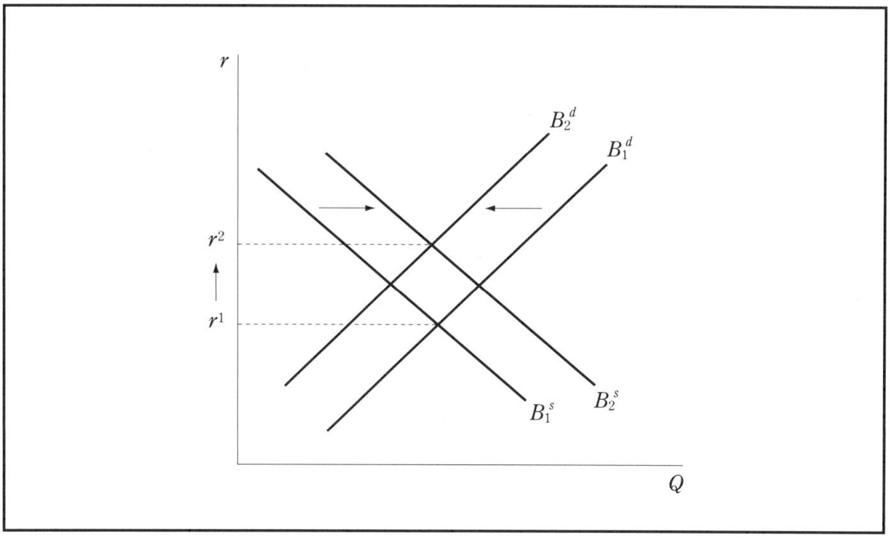

게 된다. 따라서 [그림 6-7]에서와 같이 경기가 호황이면 채권의 수요곡선은 우측으로 이동하게 되고, 채권의 공급곡선도 우측으로 이동하게 된다. 그 결과 새로운 균형은 기존의 균형보다 우측에서 형성될 것이다. 그러나 새로운 균형이자율이 기

[그림 6-7] 경기변동에 따른 이자율의 변화

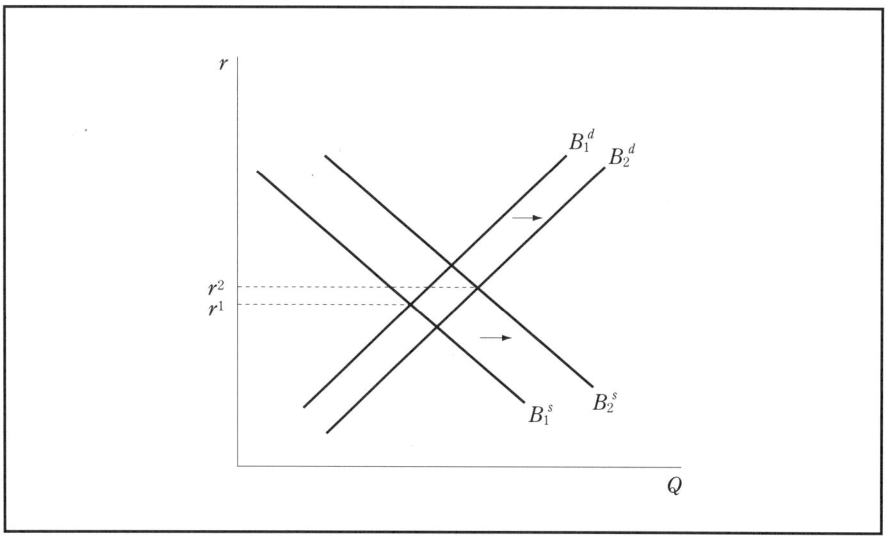

존의 균형이자율보다 높게 형성될 것인지, 아니면 낮게 형성될 것인지는 경기변동에 따른 채권의 수요곡선과 공급곡선의 반응에 달려 있으므로 정확히 단정하기는 어렵다. 만약 공급곡선의 이동이 수요곡선의 이동보다 큰 경우 이자율은 상승하고, 그 반대일 경우 이자율은 하락할 것이다.

실제 거시경제 자료를 이용하여 경기변동과 이자율간의 관계를 실증분석한 결과에 의하면, 일반적으로 경기호황시에는 이자율은 상승하고, 경기불황시에는 이자율은 하락하는 추세를 나타낸다. 따라서 우리는 경기변동시에 채권의 공급곡선의 이동이 수요곡선의 이동보다 더 크게 반응한다고 생각할 수 있다.

2. 유동성 선호설

케인즈(Keynes)에 의해 제시된 유동성선호설은 화폐의 수요와 공급에 의해 이자율이 결정된다는 이론이다. 케인즈는 유동성선호설에서 사람들이 보유할 수 있는 자산의 형태가 채권 또는 화폐라는 두 가지 형태로 주어져 있다고 가정한다. 또한 사람들이 화폐를 보유하고자 하는 것이 유동성이 필요하기 때문이라고 생각하여, 화폐수요를 유동성으로 파악하였다.[2] 화폐를 보유하는 것은 수익을 발생시키지는 않는다. 그러나 채권은 수익을 발생시킨다. 따라서 이자율은 유동성을 포기한 대가로 생각할 수 있다. 여기에서 채권은 화폐를 제외한 모든 금융자산을 대표하는 자산으로서 성격을 갖는다.

유동성선호하에서 경제전체의 부는 모든 채권과 화폐의 합으로 구성된다. 따라서 채권의 수요(B^d)와 화폐의 수요(M^d)를 더하면 채권의 공급(B^s)과 화폐의 공급(M^s)을 더한 것과 항상 같아야 한다. 이를 다음과 같이 나타낼 수 있다.

$$B^d+M^d=B^s+M^s$$

위 식을 채권과 화폐에 대해 정리하면 다음과 같다.

$$B^d-B^s=M^s-M^d$$

위의 식은 화폐시장의 균형이 성립하면 $M^s=M^d$, 즉 화폐시장의 수요와 공급

2) 케인즈의 화폐수요에 대해서는 제17장에서 자세히 다루고 있다.

이 일치하면, $B^d = B^s$, 채권시장 역시 균형에 도달함을 의미하고 있다. 따라서 이러한 의미에서 화폐시장의 수요와 공급에 대해 분석하는 유동성선호설은 채권시장의 수요와 공급에 대해 분석하는 대부자금설과 근본적인 차이는 없다. 하지만 유동성선호설은 경제 내에 채권과 화폐의 단 두 가지 자산만 존재하는 것으로 가정하고 있어 기대인플레이션의 변화에 따른 실물자산의 기대수익률의 변화를 반영하지 못하고 있다. 그러나 대부분의 경우 두 이론은 거의 동일한 결과를 예측하고 있다. 이러한 관점에서 대부자금설은 기대인플레이션의 변화를 반영한 균형이자율의 결정을 설명하는 데 유용하다. 반면 유동성선호설은 소득이나 물가수준, 그리고 화폐의 공급 등의 요인이 이자율에 어떠한 영향을 미치는지 분석하는 데 장점을 지닌다.

(1) 화폐시장의 균형이자율 결정

화폐는 수익을 발생시키지 않으므로, 사람들이 채권과 화폐 중에서 화폐를 보유하게 되면 채권으로부터 얻을 수 있는 수익을 포기하는 결과를 가져온다. 따라서 기회비용의 관점에서 채권의 기대수익률, 즉 이자율이 높을수록 화폐보유에 따른 기회비용은 증가하게 되므로 화폐의 수요는 줄어들게 된다. [그림 6-8]에서는

[그림 6-8] 화폐시장에서의 균형이자율의 결정

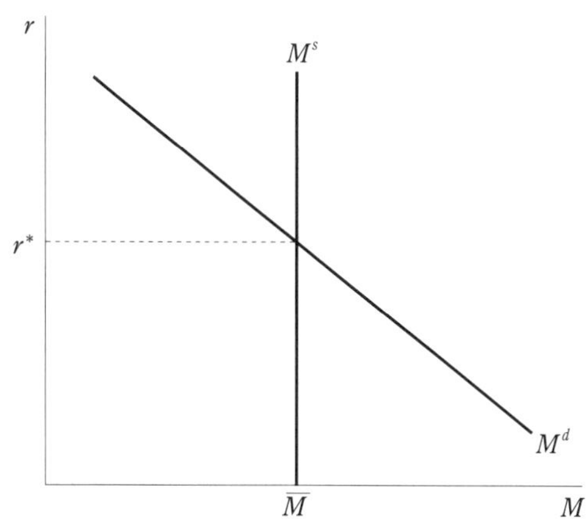

이와 같이 이자율에 대해 우하향하는 화폐수요곡선을 나타내고 있다.

화폐의 공급은 이자율과 무관하게 일정한 수준으로 주어진다고 하자. 이는 화폐의 공급이 중앙은행의 통화정책에 의해 이루어진다고 가정하는 것이다. [그림 6-8]에서 화폐공급은 $\overline{M}$의 수준에서 고정되어 있다.

화폐시장의 균형이자율은 화폐의 수요와 공급이 일치되는 점에서 결정된다. 그림에서 균형이자율은 r^*로 나타난다. 만약 이자율이 균형이자율보다 높다면, 시장에서는 화폐의 초과공급이 발생하게 된다. 이 때 사람들은 자신들이 원하는 것보다 더 많은 화폐를 보유하게 되므로, 채권을 매입하여 화폐보유량을 줄이려고 할 것이다. 따라서 채권의 가격은 상승하게 되고 이자율은 하락하여 균형이자율로 복귀하게 된다. 반대로 이자율이 균형이자율보다 낮다면 시장에서는 초과수요가 발생하게 된다. 이 때 사람들은 채권을 팔아서 필요한 화폐를 보유하려고 시도할 것이다. 따라서 시장에서는 채권의 가격은 하락하고 이자율은 상승하여 역시 균형이자율로 회복될 것이다.

(2) 균형이자율의 변화

화폐의 수요와 공급에 의해 결정되는 균형이자율은 화폐의 수요와 공급이 변화함에 따라 달라지게 된다. 케인즈의 유동성선호설에서는 화폐의 수요는 소득과 물가수준의 두 가지 요인에 의해 결정된다. 케인즈는 소득의 증가가 두 가지 측면에서 화폐수요와 관련이 있다고 생각하였다. 첫째로는 소득이 증가하면, 사람들의 부도 증가하므로 가치저장수단으로서 화폐를 더 많이 보유하고자 한다는 것이다. 두 번째는 소득이 증가하면 경제 전체적으로 거래량이 증가하므로, 교환의 수단인 화폐의 수요가 증가한다는 것이다. 물가수준의 증가도 마찬가지로 화폐의 수요를 증가시킨다. 물가의 상승은 화폐의 실질구매력을 감소시키므로, 사람들이 이를 보충하기 위해 더 많은 화폐를 보유한다는 것이다. 즉 물가가 상승함에 따라 전과 동일한 구매수준을 유지하기 위해서 더 많은 화폐가 필요하다는 것이다. 결론적으로 소득의 증가나 물가수준의 증가는 화폐의 수요를 증가시켜 화폐수요곡선은 우측으로 이동하게 된다. 반대로 소득의 감소나 물가수준의 감소는 화폐 수요곡선을 좌측으로 이동시킬 것이다.

화폐의 공급은 중앙은행에 의해 결정되므로 중앙은행이 통화량을 증가시킨다

[그림 6-9] 화폐의 수요와 공급의 변화에 따른 균형이자율의 변화

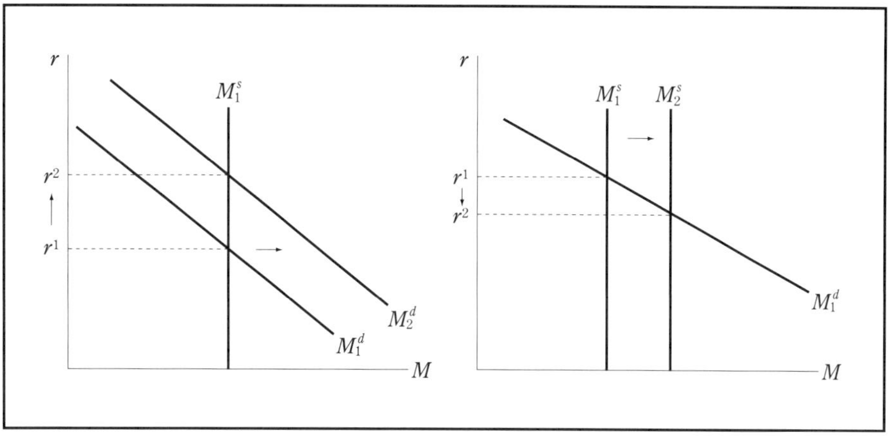

면 화폐의 공급곡선은 우측으로 이동하게 된다. 반대로 통화량을 감소시키면 공급곡선은 좌측으로 이동하게 된다.

[그림 6-9]에서는 화폐의 수요와 공급의 변화에 따른 균형이자율의 변화에 대해 보여주고 있다. 소득이나 물가수준이 증가하게 되면 화폐의 수요가 증가하게 되므로 화폐의 공급곡선을 우측으로 이동시켜 균형이자율은 r^1에서 r^2로 상승하게 된다. 반면 중앙은행이 통화량을 증가시키면 화폐공급곡선은 우측으로 이동하게 되고 균형이자율은 r^1에서 r^2로 하락하게 된다.

(3) 통화공급과 이자율

케인즈의 유동성선호설에 의하면 통화공급을 증가시키면 이자율은 하락하게 된다. 이는 중앙은행이 이자율을 낮추고자 할 때, 정책적으로 통화량을 증가시킬 수 있다는 것을 의미한다. 그렇다면 실제로 통화량을 증가시킴으로써 이자율을 항상 낮출 수 있을 것인가?

프리드만(Friedman)은 다음과 같은 비판을 통해 케인즈의 결론에 대한 문제점을 지적하고 있다. 먼저 프리드만은 통화량을 증가시킬 때 이자율이 하락하는 현상을 유동성효과(liquidity effect)로 표현하고 실제로 통화량을 증가시켰을 때 유동성효과가 존재한다고 인정하였다. 그러나 통화량의 증가는 유동성효과뿐 아니라 소득이나 물가, 그리고 기대인플레이션 등의 다른 경제변수들에 영향을 미쳐

오히려 이자율을 상승시킬 수도 있다고 주장하였다. 여기에서 통화량의 증가로 인해 다른 경제변수들이 이자율에 미치는 영향은 소득효과(income effect), 가격효과(price-level effect), 그리고 기대인플레이션효과(expected inflation effect)로 나누어진다.

소득효과는 통화량의 증가로 인해 경제 전체에 소득과 부가 증가하여 이자율이 상승하는 효과이다. 이는 통화량의 증가로 인한 유동성효과로 이자율이 하락하고 이에 따라 기업들의 투자가 증가되고 결과적으로 국민소득이 증가함으로 인해 추가적인 화폐수요가 발생하여 이자율이 상승한다는 것이다. 또한 통화량의 증가로 인한 실질화폐잔고의 증가도 개인들의 소비 증가를 통해 이자율을 상승시킬 수 있다.

가격효과는 통화량의 증가가 경제 전체의 물가수준을 상승시킴으로써 화폐수요의 감소를 가져와 이자율이 상승하는 효과이다. 가격효과는 물가수준이 변화할 수 있는 비교적 장기의 시간이 지난 후에 발생하는 것이 일반적이다.

기대인플레이션효과는 통화량의 증가에 의해 물가수준이 상승함에 따라 사람들의 기대인플레이션이 증가함으로 인해 이자율이 상승하는 효과이다. 즉 통화량이 증가함에 따라 물가가 상승하고 이에 따라 사람들의 기대물가의 상승이 유발됨으로써 이자율이 상승한다는 것이다. 이러한 기대인플레이션효과는 물가의 상승과 관련이 있다는 점에서 가격효과와 구분하기 어렵다. 그러나 가격효과는 물가의 상승이 멈춘 후에도 지속되는 반면, 기대인플레이션효과는 물가의 상승이 멈추면 더 이상 발생하지 않는다는 점에서 근본적인 차이를 가진다.

위의 네 가지 효과들 가운데 유동성효과만이 통화량의 증가에 따른 이자율의 하락을 가져온다. 반면 소득효과, 가격효과, 그리고 기대인플레이션효과는 결과적으로 통화량의 증가에 따른 이자율의 상승을 가져온다. 그렇다면 이러한 효과들은 얼마나 빨리 나타나며, 이자율에 영향을 미치는 정도와 지속되는 기간은 어떠한가?

일반적으로 통화량의 증가에 따른 유동성효과는 즉각적으로 나타나 이자율을 낮추지만, 소득효과와 가격효과가 발생하는데는 시차가 존재하는 것으로 알려져 있다. 기대인플레이션효과는 통화량의 증가가 발생했을 때 사람들이 기대인플레이션에 반응하는 정도에 따라 달라진다. 이러한 결과를 바탕으로 통화량의 증가에 대한 이자율의 변화를 정리하면 다음과 같은 세 가지 경우로 나누어 살펴볼 수 있다.

[그림 6-10] 통화공급과 이자율의 변화

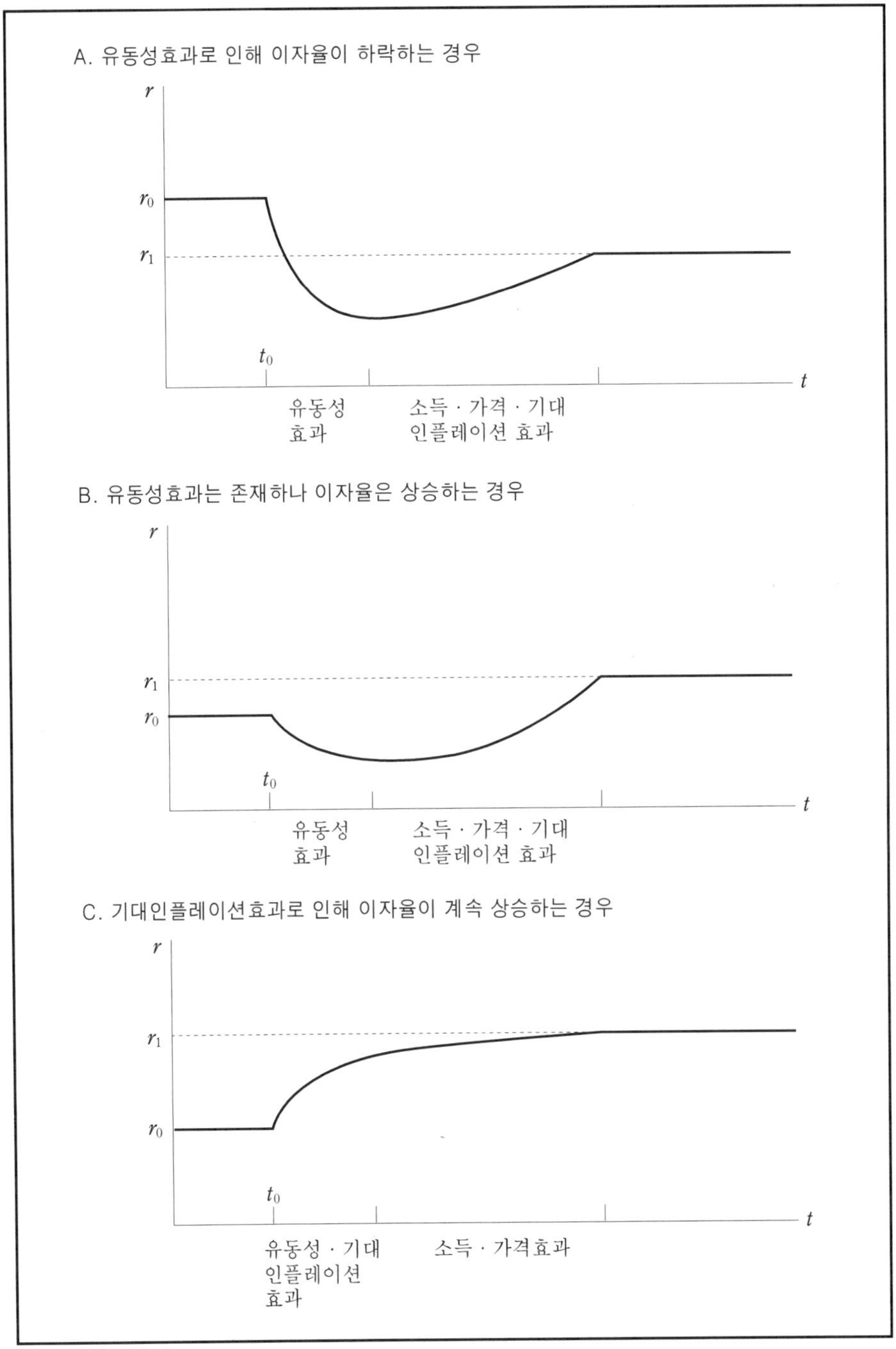

[그림 6-10]에서 그림 A의 경우는 유동성효과가 다른 효과들보다 지배적이어서 이자율이 하락하는 경우이다. 통화량의 증가가 t_0시점에서 이루어지면 유동성효과가 즉각적으로 나타나 이자율을 낮춘다. 그러나 시간이 지나감에 따라 소득효과, 가격효과, 기대인플레이션효과가 발생하면서 이자율을 상승시킨다. 하지만 유동성효과가 다른 효과보다 크므로 이자율 수준은 r_0에서 r_1으로 낮아지게 된다. 그림 A의 경우는 물가의 비신축성을 가정하는 케인지언들의 주장을 나타내고 있다. 케인지언들은 통화량의 증가가 이자율을 큰 폭으로 하락시킬 수 있으며 낮아진 이자율 수준이 상당 기간 지속적으로 유지된다고 주장한다.

[그림 6-10]에서 그림 B의 경우는 유동성효과가 존재하기는 하나 다른 효과들의 크기보다는 작아 이자율이 상승하는 경우이다. 통화량의 증가가 이루어지면 유동성효과가 나타나 이자율은 하락한다. 그러나 시간이 지남에 따라 소득효과, 가격효과, 기대인플레이션효과의 영향이 커지면서 이자율은 상승하여 원래의 이자율수준 r_0보다 높은 r_1에서 결정된다. 그림 B의 경우는 유동성효과가 발생하는 시차가 짧기 때문에 유동성효과는 그만큼 빨리 사라진다는 통화론자들의 주장과 맥락을 같이하고 있다. 통화론자들은 단기적으로는 통화량의 증가로 인한 이자율 하락이 나타나지만 장기적으로는 통화량이 증가한 만큼 이자율이 상승한다고 주장하고 있다.

[그림 6-10]에서 그림 C의 경우는 통화량의 증가와 함께 기대인플레이션효과가 크게 나타나 유동성효과를 압도하여 이자율이 곧바로 상승하는 경우이다. 통화량의 증가가 이루어짐과 동시에 사람들은 물가상승을 예감하고 기대인플레이션을 증가시켜 즉각적인 이자율의 상승이 발생한다는 것이다. 또한 시간이 지남에 따라 소득효과와 가격효과가 발생하여 이자율은 계속 상승하여 결국 원래의 이자율수준 영향이 커지면서 원래의 이자율수준보다 더 높은 수준에서 이자율이 결정된다는 것이다. 그림 C의 경우는 사람들이 이용가능한 모든 정보를 활용하여 합리적으로 의사결정을 한다고 가정하는 합리적 기대론자들의 견해와 일치한다. 합리적기대론자들은 통화량의 증가가 예상될 경우 사람들은 기대인플레이션을 반영하여 이자율을 결정하기 때문에 유동성효과는 존재하지 않는다고 주장한다. 다만 예상치 못한 통화량의 증가의 경우에는 유동성효과를 기대할 수 있지만, 그 효과는 미미하고 재빨리 사라진다고 하였다. 결국 합리적 기대론자의 입장에서는 통화량의 증가는 이자율의 하락에 효과적이지는 않다.

통화량과 이자율, 그리고 기대인플레이션간의 관계에 대한 실증연구 결과에 의하면, 그림 A의 경우는 비교적 현실성이 낮은 것으로 평가되고 있다. 그림 B와 C 중 어느 것이 더 현실적인가는 기대인플레이션에 대한 사람들의 반응 정도에 따라 달라지게 된다. 최근의 연구들은 통화량의 증가가 일시적으로는 단기이자율의 하락을 가져온다는 실증결과를 보여주고 있다.

3. 이자율의 위험구조(risk structure of interest rates)

지금까지 대부자금설과 유동성선호설을 통하여 이자율이 어떻게 결정되는가에 대해 살펴보았다. 그러나 현실적으로 거래되는 채권의 종류에 따라, 그리고 같은 채권이라도 만기에 따라 다양한 이자율이 존재한다.

[그림 6-11]에서는 2001년 한 해 동안 우리나라의 3년 만기 채권들의 이자율 변화를 보여주고 있다. 같은 3년의 만기를 가진 채권이라도 그 종류에 따라 이자율에 차이가 있음을 확인할 수 있다. 예를 들어 2001년 9월 1일 기준으로 국고채, 회사채(AA-), 회사채(BBB-)의 수익률은 5.15%, 6.55%, 10.72%로 각각 다르게 나타난다. 여기에서 각 채권간의 이자율의 차이를 이자율 스프레드(interest rate spread)라고 한다. 국고채와 회사채(AA-)와의 스프레드는 1.4%로 나타나지만, 국

[그림 6-11] 3년 만기 채권 이자율 변화(2001년)

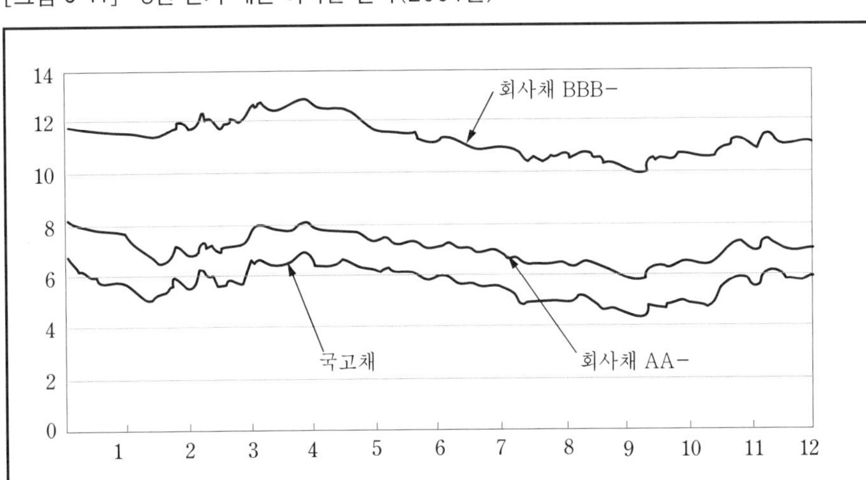

고채와 회사채(BBB-)의 스프레드는 5.57%로 확대되고 있다. 이러한 이자율 스프레드는 신용위험, 유동성, 그리고 세금 등의 영향을 받아 결정된다. 아래에서는 이러한 요인들에 대해 자세히 살펴보도록 하자.

(1) 신용위험

신용위험(credit risk) 또는 부도위험(default risk)은 채권의 발행자가 채권의 원리금을 제대로 갚지 못함에 따라 발생하는 위험이다. 우리나라의 국고채나 미국의 T-Bond와 같은 국채는 정부가 발행한 채권이므로 흔히 무위험채권으로 분류되어진다. 반면 회사채의 경우는 부도위험이 존재하므로 위험채권에 해당된다. 위험채권과 무위험채권의 이자율 스프레드를 위험프리미엄으로 해석할 수 있다. 위의 예에서 회사채(AA-)의 위험프리미엄은 1.4%로, 회사채(BBB-)의 위험프리미엄은 5.57%로 계산할 수 있다.

신용위험이 이자율에 어떠한 영향을 미치는지 대부자금설의 입장에서 채권의 수요와 공급을 이용하여 분석해 보자. 현재 시장에서 동일한 만기의 국고채와 회사채가 거래되고 있으며, 신용위험을 제외하고는 두 채권은 같은 조건을 가지고 있다고 가정하자. 만약 회사채의 신용위험이 없다면, 두 채권은 시장에서 동일한 채권으로 거래될 것이다. [그림 6-12]에서 이 때의 수요곡선은 B_0^d로 나타나고 있다. 이제 회사채에 신용위험이 존재할 경우를 생각해보자. 국고채에 비해 상대적으로 위험이 증가하므로 회사채의 수요는 줄어들고 따라서 회사채의 수요곡선은 B_0^d에서 $B_C{}^d$로 이동한다. 반면 국고채는 상대적으로 위험이 줄어듦으로 수요가 증가하여 국고채의 수요곡선은 B_0^d에서 B_T^d로 이동하게 된다. 결과적으로 회사채는 이전보다 높아진 r^C에서 균형이자율이 결정될 것이며, 국고채는 이전보다 낮아진 r^T에서 균형이자율이 결정될 것이다. 여기에서 r^C와 r^T의 차이가 위험프리미엄(rp)으로 나타나며, 이러한 위험프리미엄은 회사채의 신용위험이 증가할수록 더욱 커질 것이다.

신용위험이 채권의 위험프리미엄을 결정하므로, 채권에 투자하는 투자자의 입장에서는 채권에 대한 신용평가가 중요하다. S&P, Moody's, 그리고 Pitch IBCA 등은 잘 알려진 세계적인 신용평가기관들이다. 우리나라의 신용평가기관으로는 한국신용평가, 한국기업평가, 한국신용정보 등이 있으며, S&P, Moody's, Pitch

[그림 6-12] 신용위험과 채권이자율 변화

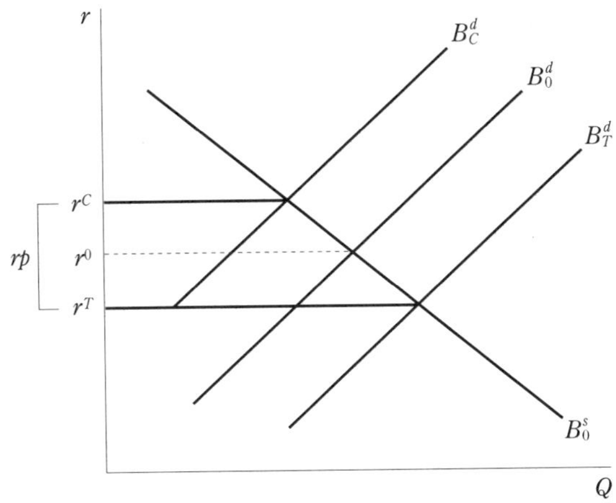

IBCA 등과 제휴하여 채권에 대한 신용평가를 제공하고 있다. [표 6-1]에서는 신용평가기관들이 제공하는 신용등급과 그에 대한 설명이 제시되어 있다. 회사채의 신용등급은 크게 BBB 이상의 투자등급(investment-grade)과 BB 이하의 투기등급(junk bonds)으로 구분된다.

(2) 유동성과 세금

신용위험 이외에도 채권의 이자율스프레드에 영향을 미치는 요인으로는 유동성과 세금 등이 있다. 채권의 유동성은 국채가 회사채보다 높으며, 장기채권보다는 단기채권일수록 높다. 미국의 단기 재정증권인 T-Bill은 가장 유동성이 높은 채권으로 알려져 있으며, 우리나라의 경우에도 IMF 경제위기 이후 국채발행이 증가하면서 국채의 유동성이 높아지고 있다.

유동성이 증가할수록 채권의 수요도 증가하므로, [그림 6-12]의 분석을 이용하여 유동성이 높은 국고채와 회사채의 이자율 차이를 설명할 수 있다. 여기에서 유동성에 의한 국고채와 회사채의 이자율 차이를 유동성 프리미엄(liquidity premium)이라고 한다.

채권의 표면이자에 대한 세율도 채권의 이자율에 영향을 미친다. 세전기대수

[표 6-1] 채권 신용등급

등급	정 의	주요기업(2001년 7월말)
AAA	원리금지급 확실성이 최고 수준	포철, 삼성전자, 국민은행
AA	원리금지급 확실성이 매우 높지만 AAA등급에 비해 다소 낮음	SK텔레콤, LG전자, 롯데쇼핑
A	원리금지급 확실성이 있지만 장래의 환경변화에 대하여 다소 영향을 받을 가능성이 있음	삼성물산, 제일제당, 현대자동차
BBB	원리금 지급능력 확실성이 있지만 장래의 환경변화에 따라 저하될 가능성이 내포되어 있음	현대중공업, 대한항공, 코오롱
BB	원리금 지급능력에 당면문제는 없으나 장래의 안전성면에는 투기적 요소가 내포되어 있음	현대건설, 하이닉스반도체, 동국제강
B	원리금지급능력이 부족하여 투기적임	쌍용양회, 한미캐피탈
CCC	원리금의 채무불이행이 발생할 위험요소가 내포되어 있음	경남기업
CC	원리금 채무불이행이 발생할 가능성이 높음	국민리스
C	원리금의 채무불이행이 발생할 가능성이 극히 높음	대우전자, 새한미디어
D	현재 채무불이행 상태	

출처 : 한국은행, 우리나라의 금융시장' 2001. 12.

익률(r_{bt})과 세후기대수익률(r_{at})의 관계는 다음과 같이 나타낼 수 있다.

$$r_{at}=(1-t)r_{bt}$$

세율이 높을수록 세후기대수익률은 낮아지게 된다. 따라서 세율이 높은 채권의 수요가 상대적으로 감소하게 되므로, [그림 6-12]의 분석을 이용하면, 세금효과가 채권이자율에 미치는 영향을 파악할 수 있다. 지방채(municipal bond)는 국채보다 위험이 더 크고, 유동성도 떨어진다. 그럼에도 불구하고 지방채의 이자율은 국채의 이자율보다 낮은 수준에서 형성된다. 일반적으로 지방채는 면세채권으로 발행된다. 비록 지방채의 이자율이 국채의 이자율보다 낮은 수준에서 형성된다 하더라도 세후이자율을 비교하면 지방채의 기대수익률이 같거나 더 높을 수 있는 것이다.

4. 이자율의 기간구조(term structure of interest rate)

이자율의 위험구조가 현재 거래되는 채권의 종류에 따른 이자율의 차이를 설명한다면, 이자율의 기간구조는 채권의 만기에 따른 이자율의 차이를 설명하는 것이다. 이자율의 기간구조는 미래 이자율에 대한 정보를 담고 있으므로 이자율에 관한 이론 중에서도 매우 중요한 위치를 차지하고 있다.

[그림 6-13]에서는 2001년 한해동안 우리나라 국고채권의 만기별 이자율을 보여주고 있다. 맨 아래에서부터 1년만기, 3년만기, 5년만기, 10년만기의 순으로 국고채 이자율의 변화가 나타나고 있다. 이러한 변화에서 우리는 채권의 만기가 길어질수록 이자율이 높게 형성되고 있음을 확인할 수 있다. 또한 4가지 채권의 이자율이 서로 동일한 방향으로 일정한 관계를 가지며 변화하고 있으며, 만기에 따른 이자율의 차이가 시간에 따라 변하고 있음을 발견할 수 있다. 그렇다면 이러한 현상을 어떻게 설명할 수 있을까? 여기에 대한 해답을 제시하고 있는 것이 바로 이자율의 기간구조에 관한 내용들이다.

예를 들어 2001년 9월 1일 국고채권의 1년, 3년, 5년, 10년 만기별 이자율이 5.1%, 5.15%, 5.45%, 6.24%로 주어졌다면, 이러한 이자율 차이가 바로 이자율의 기간구조이다. 지금부터는 이러한 이자율의 기간구조가 어떠한 의미를 갖고 있는지,

[그림 6-13] 만기별 채권의 이자율 변화(2001년)

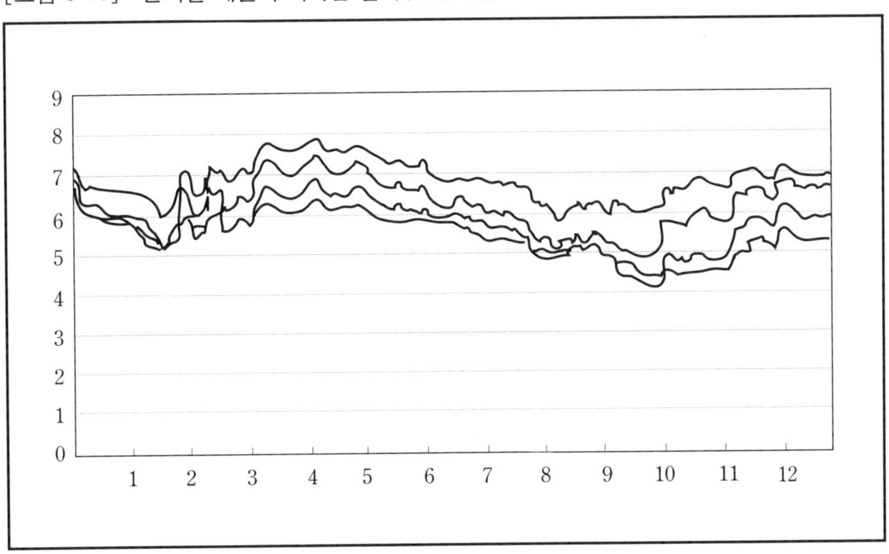

그리고 이자율 기간구조를 형성하는 각 만기별 이자율간에는 어떠한 관계가 성립하는지에 대해 자세히 살펴보도록 하자.

(1) 이자율 기간구조의 의미와 측정

이자율의 기간구조는 만기 이외의 모든 요인들이 동일하다고 가정하고 만기에 따라 이자율이 어떻게 변하는가를 표시해 주는 채권이자율 곡선(yield curve)으로 정의된다. 이자율의 기간구조는 단기, 중기, 장기 채권의 이자율 사이의 관계로 특징지을 수 있으며, 횡축에 만기까지의 기간(time to maturity)을, 종축에 만기수익률(yield to maturity)을 대응시킴으로써 작성될 수 있다. 미국에서는 재무부의 방침에 따라 작성되며, 그 첫번째 단계로서 동질적인 채권, 즉 위험과 채권의 형태(전환가능성, 임의상환가능성, 담보유무 등)에 있어서 동일한 특성을 갖고 만기만 다른 채권을 수집한다. 그러나 실제로는 만기를 제외한 모든 요인이 동일한 채권은 거의 없으며, 채권의 위험, 이자수준, 시장성 등이 다른 채권이 대부분이다. 따라서 만기가 같을 경우 이들 차이가 수익률의 차이를 가져올 수 있게 된다. 그러므로 이자율의 기간구조를 관찰하기 위해서는 적절한 절충이 이루어지며, 이를 위한 최선의 채권들로 재정증권인 T-bill, T-note, T-bond를 이용하게 된다. 왜냐하면 이들 채권들은 시장성이 높고 채무불이행위험이 없으며 다양한 만기를 가지고 있기 때문이다. 우리나라의 경우 국고채(KTB: korea treasury bond)가 여기에 해당된다. 다음 특정 시점에서 각 채권의 만기수익률을 종축에, 만기를 횡축에 나타내면 어떤 곡선으로 표시되는 일정한 패턴을 보이게 되는데 이것이 바로 이자율의 기간구조가 된다.

예를 들어 만기가 다른 3종류의 순할인채(zero coupon bond)인 국고채권에 대해 어느 시점에 [표 6-2]와 같은 시장정보가 주어졌다고 하자. 국고채권 A, B, C의 만기수익률을 구하면 다음과 같이 나타난다.

$$\text{A} : 9{,}000 = \frac{10{,}000}{(1+r_A)} \text{에서 } r_A = 0.1111$$

$$\text{B} : 8{,}000 = \frac{10{,}000}{(1+r_B)^2} \text{에서 } r_B = 0.1180$$

[표 6-2] 채권 가격과 만기수익률 계산

채 권	만기까지의 기간	액면금액(원)	시장가격	만기수익률
A	1년	10,000	9,000	0.1111
B	2년	10,000	8,000	0.1180
C	3년	10,000	7,000	0.1262

$$C : 7{,}000 = \frac{10{,}000}{(1+r_C)^3} \text{에서 } r_C = 0.1262$$

계산된 만기수익률을 이용하여 이자율의 기간구조를 유도하면 [그림 6-14]와 같이 나타난다. 현실적으로 이자율의 기간구조는 다양한 형태를 나타낸다. [그림 6-15]에서는 여러 형태의 수익률 곡선을 보여주고 있다.

[그림 6-15]의 첫번째 경우는 우상향하는 수익률 곡선이다. 이 경우는 장기이자율이 단기이자율보다 높은 형태로 일반적으로 이자율이 낮은 수준의 안정된 금융시장에서 나타나는 수익률곡선의 형태이다. 두 번째 경우는 우하향하는 수익률곡선으로 단기이자율이 장기이자율보다 높은 형태이다. 이 경우는 이자율이 높은 상태에 있는 금융시장에서 발생한다. 세번째 경우는 수평인 수익률 곡선의 형태로 단기이자율과 장기이자율이 같은 경우 나타난다. 앞으로 이자율 수준이 현재의 이자율 수준과 동일할 것으로 예상되거나 우상향하는 수익률 곡선에서 우하향하는 수익률 곡선으로 바뀔 때, 또는 우하향에서 우상향으로 바뀔 때 일시적으로 나타난다. 마지막 경우는 고래등 모양으로 중기이자율이 단기이자율이나 장기이자율보다 높게 나타나는 형태이다. 고래등 모양의 수익률 곡선은 금융시장의 불안으로 인해 단기적으로는 이자율이 높아지지만 장기적으로는 이자율이 낮은 수준에서 안정될 것으로 예상되는 상황에서 나타난다.

이자율의 기간구조는 현재의 이자율인 현물이자율(spot rate) 및 미래의 예상이자율인 선도이자율(forward rate)을 통하여 미래 각 기간별 단기이자율(future short interest rate)을 예상하는데 중요한 의미를 갖는다. 그러면 여기에서 현물이자율과 미래의 단기이자율이 이자율 기간구조에서 어떠한 관계를 가지고 있는지 살펴보도록 하자.

현재 시장에서 [표 6-3]과 같이 만기 1년, 2년, 3년의 국고채권의 현물이자율

[그림 6-14] 이자율의 기간구조

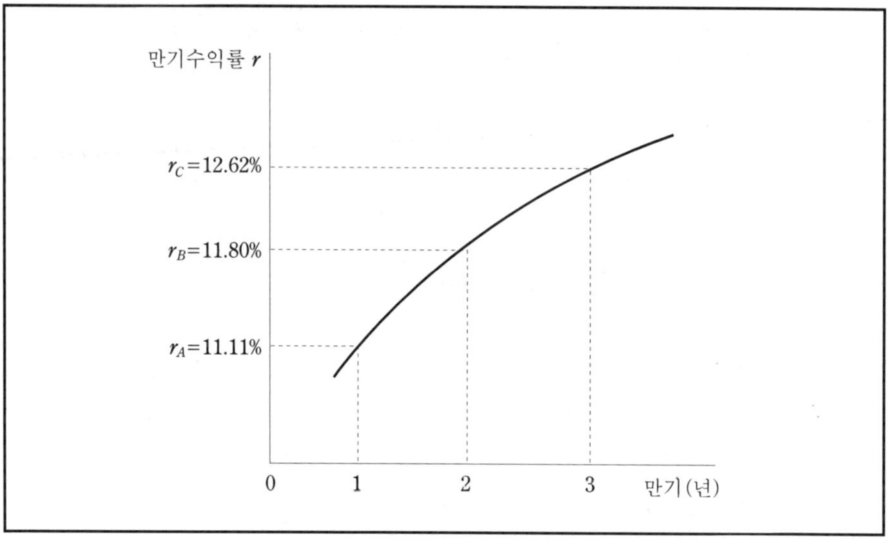

[그림 6-15] 수익률 곡선의 형태

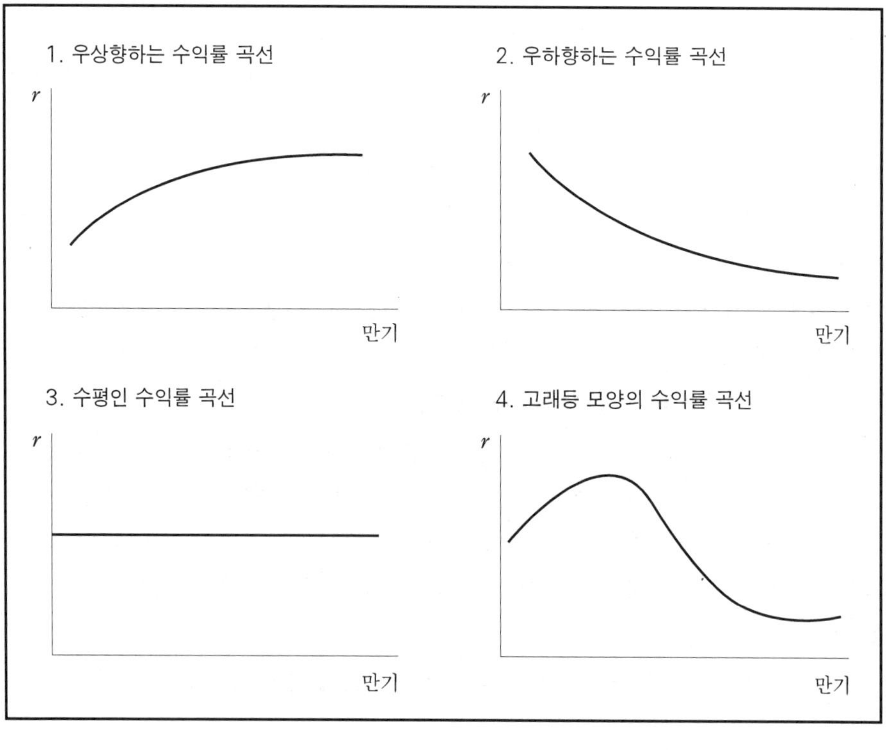

이 주어졌다고 하자. 또한 한 투자자가 2년 동안 채권에 투자할 계획을 가지고 있다고 하자. 그렇다면 이 투자자는 다음과 같은 두 가지의 대안 중 하나를 선택할 수 있다.

대안 1 : 2년 만기 채권에 투자

대안 2 : 1년 만기 채권에 투자, 1년 후 그 원리금을 1년 만기 채권에 재투자

금융시장이 효율적이라면 2년 후 대안 1과 대안 2의 수익은 동일한 결과를 보일 것이다. 즉 이 투자자가 2년 만기 채권에 투자한 경우와 1년 만기 채권에 투자하여 1년 후 그 원리금을 다시 1년 만기 채권에 재투자한 경우와 같은 수익을 가져올 것이다. 만약 그렇지 않으면 시장에서 차익거래(arbitrage trade)를 통한 차익거래이익(arbitrage profit)을 실현할 수 있을 것이다.[3] 따라서 시장에서 차익거래이익이 실현되지 않기 위해서는 다음과 같은 관계식이 성립하여야 하며, 이를 통하여 우리는 1년 후 1년 만기 채권의 이자율, 즉 미래의 기간별 이자율을 구할 수 있다. 이 투자자가 1원을 투자한다고 하고 1년 후 1년 만기 채권이자율을 $r_{1,2}$라고 하면 다음과 같이 나타낼 수 있다.

$$(1+r_{0,1})(1+r_{1,2})=(1+r_{0,2})^2$$

위의 식에서,

$$(1+0.09)(1+r_{1,2})=(1+0.1)^2,\ r_{1,2}=0.1101$$

즉, 1년 후 1년 만기 채권이자율 $r_{1,2}=11.01\%$로 계산된다. 그런데 미래는 불

[표 6-3] 국고채의 현물이자율(spot rate)

채 권	현물이자율
만기 1년	$r_{0,1}=9\%$
만기 2년	$r_{0,2}=10\%$
만기 3년	$r_{0,3}=11\%$

3) 시장균형에서 대안 1의 수익률이 대안 2의 수익률보다 낮다면 시장에서 2년 만기 채권을 발행하여 자금을 조달하고 이를 1년 만기 채권에 투자하여 1년 후 그 원리금을 다시 1년 만기 채권에 투자하는 전략을 구사한다면 2년 만기 채권의 원리금을 상환하고도 이익을 얻을 수 있다. 반대의 경우도 마찬가지의 전략을 사용할 수 있다. 이 경우 위험을 전혀 부담하지 않고 자신의 자금을 투입함이 없이 이익을 얻을 수 있다. 이러한 거래를 차익거래라고 하며, 이 때의 이익을 차익거래이익이라고 한다.

확실하므로 여기에서 계산된 1년 후 1년 만기 채권이자율, 즉 현재의 현물이자율을 이용하여 예측된 미래의 단기이자율을 선도이자율(forward rate)이라고 부르고 $f_{1,2}$로 나타낸다. 선도이자율을 이용하여 위의 식을 다시 쓰면 다음과 같다.

$$(1+r_{0,1})(1+f_{1,2})=(1+r_{0,2})^2$$

마찬가지로 3년 만기 채권에 투자하는 경우와 2년 만기 채권에 투자하고 2년 후 그 원리금을 1년 만기 채권에 투자하는 경우의 수익률은 동일해야 하므로 2년 후 1년 만기의 선도이자율 $f_{2,3}$도 다음과 같이 계산될 수 있다.

$$(1+r_{0,2})^2(1+f_{2,3})=(1+r_{0,3})^3$$

위의 예에서,

$$(1+0.1)^2(1+f_{2,3})=(1+0.11)^3,\quad f_{2,3}=0.1303$$

따라서 2년 후 1년 만기 채권의 이자율, 즉 선도이자율 $f_{2,3}$=13.03%로 예측된다.

(2) 이자율 기간구조 이론

이자율의 기간구조는 다양한 만기의 채권이자율로 구성된다. 그렇다면 이러한 서로 다른 만기의 이자율들은 어떠한 관계를 가지고 있는가? 이에 대한 설명이 바로 이자율 기간구조 이론이다. 이자율 기간구조 이론은 크게 세 가지 이론, 즉 불편기대이론(unbiased expectation theory), 유동성 선호이론(liquidity preference theory), 그리고 시장분할이론(market segmentation theory)을 중심으로 설명되고 있다.

1) 불편기대이론

불편기대이론에 따르면 장기이자율은 단기이자율의 기하평균(geometric average)으로 결정된다. 불편기대이론에서는 위험 중립적인 투자자, 미래 이자율에 대한 정확한 예측, 그리고 단기채권과 장기채권의 완전한 대체관계를 가정한다. 이러한 가정하에서 투자자들은 장기채권 보유에 따른 위험 프리미엄을 요구하지 않으며, 미래의 이자율을 정확히 예측하고 있으므로 장기채권에 투자하는 것과 단기채권에 투자하는 것이 무차별하게 되어 결과적으로 장기채권에 투자하여 만기까지 보유하는 경우와 단기채권에 연속하여 투자하는 경우 동일한 결과를 가져오게 된다. 예를 들어 2년 만기 채권에 투자하는 경우와 1년 만기 채권에 투자하고 1년 후 원리금을 다시 1년 만기 채권에 재투자하는 경우 다음과 같은 관계가 성립하게 된다.

$$(1+r_{0,2})^2=(1+r_{0,1})(1+E(r_{1,2}))$$

즉 2년 만기 채권의 이자율은 현재와 미래의 1년 만기 채권 이자율의 기하평균으로 나타난다. 한편 우리는 앞에서 2년 만기 채권의 현물이자율이 1년 만기 채권의 이자율과 1년 후 선도이자율에 의해 결정된다는 것을 살펴보았다.

$$(1+r_{0,2})^2=(1+r_{0,1})(1+f_{1,2})$$

위의 두 식을 비교하면 다음과 같은 결과를 얻을 수 있다.

$$E(r_{1,2})=f_{1,2}$$

위 식에 따르면 선도이자율은 미래 단기이자율의 불편추정치(unbiased estimate)가 된다. 이는 투자자들이 미래 이자율을 평균적으로 정확히 예측하여 선도이자율을 결정한다는 것을 의미한다.

위의 결과를 t기간으로 일반화하면 다음과 같이 나타낼 수 있다.

$$(1+r_{0,t})^t=(1+r_{0,1})(1+E(r_{1,2}))\cdots\cdots(1+E(r_{t-1,t}))$$
$$E(r_{t-1,t})=f_{t-1,t}$$

불편기대이론에 의하면 장기이자율은 현재 단기이자율과 기대 미래 단기이자율에 의해 결정된다. 2기간 모형에서 현재 단기이자율 $r_{0,1}$=10%로 주어졌을 때, 기대 미래 단기이자율 $E(r_{1,2})$=10%라면 2년 만기의 장기이자율은 10%로 나타난다. 그러나 $E(r_{1,2})$=11%라면 2년 만기의 장기이자율은 10.5%로 상승한다. 이는 수익률곡선의 형태가 기대 미래 단기이자율에 의해 결정된다는 것을 의미한다. 이러한 불편기대이론은 [그림 6-15]에서 나타난 모든 형태의 수익률곡선을 설명해 줄 수 있다. 만약 미래 단기이자율이 상승할 것으로 예상되면 이자율 기간구조는 우상향하는 수익률 곡선으로 나타난다. 반면 미래 이자율이 감소할 것으로 예상되면 우하향하는 수익률 곡선으로 나타날 것이다. 그리고 미래의 단기이자율이 현재의 수준으로 유지될 것으로 예상된다면 수평의 수익률곡선으로, 만약 가까운 미래에는 증가하다가 그 후 감소할 것으로 예상된다면 고래등 모양의 수익률곡선이 나타날 것이다.

불편기대가설은 시장균형에서의 무차익거래조건(no arbitrage condition)을 기반으로 성립한다. 만약 만기가 다른 채권들 사이에 선도이자율이 차이가 있다면 차익거래를 통하여 차익거래이익을 실현할 수 있다. 따라서 불편기대가설하에서 모든 채권은 동일한 선도이자율을 갖게 된다. 그러나 불편기대가설은 투자자의 위험중립을 가정하고 있어 투자자의 위험회피도를 반영하지 못하고 있다. 일반적으로 장기채권에 투자할 경우가 단기채권에 투자할 경우보다 더 큰 위험을 가지게 된다. 따라서 장기채권에 투자하는 투자자는 위험 프리미엄을 요구하게 될 것이다. 이러한 불편기대가설의 문제점을 극복한 것이 바로 아래에서 설명할 유동성 선호이론이다.

2) 유동성 선호이론

유동성 선호란 사람들이 장기채권보다는 단기채권을 더 선호하는 것을 의미한다. 따라서 유동성 선호하에서는 단기채권과 장기채권의 완전대체관계는 성립하지 않는다. 이러한 관점에서 힉스(Hicks)는 일찍이 장기이자율이 단기이자율보다 체계적으로 더 높다는 사실을 지적하면서 이는 장기채권에 투자할 경우가 단기채권에 투자할 경우보다 더 유동성이 떨어지고 더 큰 위험을 가지기 때문이라고 주장하였다.[4] 따라서 장기채권에 투자하는 투자자는 유동성과 위험에 대한 프리미엄을 요구하게 된다는 것이다.

유동성 선호이론에 따르면 장기이자율은 미래 단기이자율뿐 아니라 유동성 프리미엄(LP: liquidity premium)을 반영하여 결정된다. 즉, 2기간 모형인 경우 다음의 관계식이 성립한다.

$$
\begin{aligned}
(1+r_{0,2})^2 &= (1+r_{0,1})(1+E(r_{1,2})+LP_{1,2}) \\
&= (1+r_{0,1})(1+f_{1,2})
\end{aligned}
$$

4) Hicks, J. R., Value and Capital, 2nd edition(London, Oxford Unversity Press, 1946).

따라서 선도이자율 $f_{1,2}$는 미래 기대 단기이자율 $E(r_{1,2})$과 유동성 프리미엄 $LP_{1,2}$의 합으로 나타난다.

$$f_{1,2}=E(r_{1,2})+LP_{1,2}$$

예를 들어 현재 단기이자율 $r_{0,1}=10\%$로 주어졌을 때, 미래 기대이자율 $E(r_{1,2})=10\%$, 유동성 프리미엄 $LP_{1,2}=1\%$라면 2년 만기의 장기이자율 $r_{0,2}=10.5\%$로 나타난다. 이러한 경우 수익률곡선은 우상향하는 형태를 보일 것이다. 그렇지만 이러한 결과는 불편기대가설과 같이 미래 단기이자율의 상승에서 비롯된 것이 아니라 유동성 프리미엄으로 인한 것이다. 즉 유동성 선호이론하에서는 수익률곡선의 형태가 미래 단기이자율뿐 아니라 유동성 프리미엄의 영향을 받으므로 우상향하는 수익률곡선이라 할지라도 반드시 미래 이자율의 상승을 예상할 수 있는 것은 아니다.

일반적으로 t기간 모형에 대해서 유동성 선호이론을 다음과 같이 표현할 수 있다.

$$(1+r_{0,t})^t=(1+r_{0,1})(1+E(r_{1,2})+LP_{1,2})\cdots\cdots(1+E(r_{t-1,t})+LP_{t-1,t})$$

$$\text{단, } 0<LP_{1,2}<LP_{2,3}<\cdots<LP_{t-1,t}$$
$$f_{t-1,t}=E(r_{t-1,t})+LP_{t-1,t}$$

유동성 선호이론에서는 유동성 프리미엄은 항상 양(+)의 값을 가지며, 기간이 길어질수록 더욱 커지게 된다. 따라서 불편기대이론과 비교하면 유동성 선호이론에서의 만기수익률은 항상 높게 결정된다. 즉 유동성 선호이론의 수익률곡선은 불편기대이론의 수익률곡선과 비교하여 항상 높은 수준에서 그려지게 된다.

유동성 프리미엄은 투자자들이 위험회피형임을 가정할 때 타당성을 갖는다. 채권을 발행하여 자금을 차입하는 입장에서는 이자비용을 장기간 고정시키고 자금을 안정적으로 확보하기 위해서 장기채권을 발행하려고 할 것이다. 반면 채권에 투자하는 입장에서는 유동성이 높은 단기채권에 투자하려고 할 것이며 장기채권일수록 위험이 더 크므로 이에 해당하는 위험프리미엄을 요구하게 될 것이다. 이와 같은 이유로 채권의 투자자는 장기채권에 대해 기간프리미엄(term premium)을 요구하게 되고 채권의 발행자는 이를 기꺼이 지불하려고 할 것이다. 반면 불편기대이론에 의하면 투자자들은 위험중립형이므로 장기채권에 대한 위험에 대해 위험 프

[그림 6-16] 불편기대이론과 유동성 선호이론

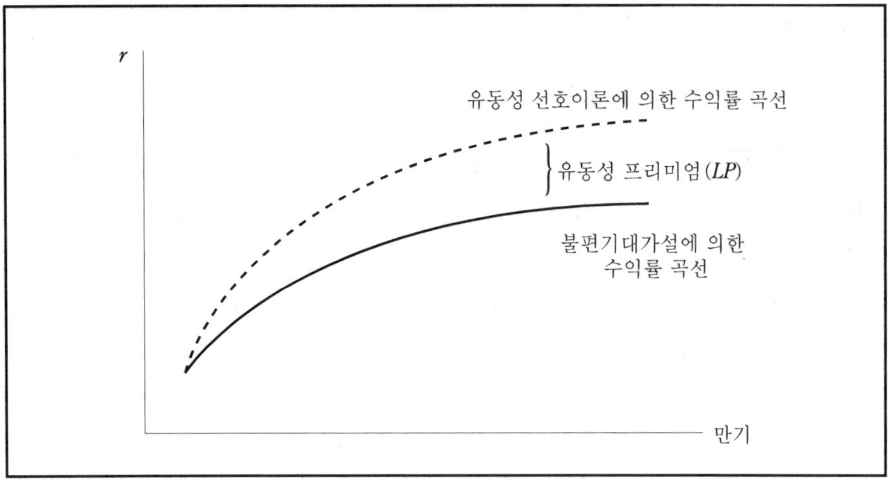

리미엄을 요구하지 않는다. 따라서 시장균형에서는 불편기대이론에 의하면 유동성 프리미엄은 0이 되고 유동성 선호이론에 의하면 양(+)의 값을 갖게 된다.

3) 시장분할이론

시장분할이론에서는 만기에 따라 채권시장이 여러 개로 분할되어 있으며, 분할된 시장에서의 수요와 공급에 의해 그 만기의 수익률이 결정된다. 따라서 단기이자율과 장기이자율 사이에 어떤 체계적인 관계는 존재하지 않는다. 이와 같이 특정 만기를 선호하는 수요자 또는 공급자 집단이 나타나는 것은 법률적 제약 또는 영업상의 성격 등에서 비롯될 수 있다. 예를 들어 은행들은 예금부채의 성격상 전통적으로 유동성이 강조되고 있기 때문에 단기채권을 선호하게 된다. 반면 보험회사나 기타 장기부채를 가지고 있는 금융기관들은 만기가 긴 채권을 선호하게 된다. 또한 채권을 발행하는 기업의 입장에서도 채권의 만기를 자금의 수요와 관련하여 결정할 것이다. 이처럼 특정 만기를 선호하는 자금의 수요자와 공급자가 존재한다는 것은 곧 만기에 따라 채권시장이 분할될 수 있고 분할된 각 시장에서 해당 만기의 수익률이 결정된다는 것을 의미한다.

극단적으로 시장분할이론에 따르면 특정 만기의 이자율은 그 해당 만기의 수요, 공급조건에 의해서만 결정된다. 다시 말해 채권의 발행자와 투자자는 각자가 선호하는 만기를 가지고 있으며, 다른 만기의 수익률이 아무리 유리하더라도 그들

[그림 6-17] 시장분할이론

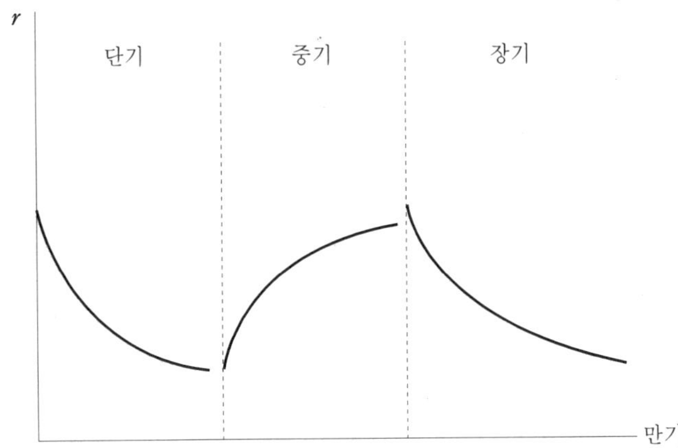

이 선호하는 만기집단을 이탈하지 않는다는 것이다.

이러한 시장분할이론에 대하여 모딜리아니(Modigliani)와 슈처(Sutch)는 적절한 수정을 가하였다.[5] 이에 따르면 채권투자자는 그들이 선호하는 만기집단(preferred maturity habitat)을 가지고 있으나 수익률에 있어서 적절한 유인이 제공되면 그 집단을 떠날 수 있다. 그러나 수익률에 있어서 상당히 큰 유인이 없을 경우에는 그들이 선호하는 만기의 시장에 그대로 머물러 있게 된다. 따라서 결국 시장의 분할을 가져오게 되고 만기가 다른 사장에서 이자율의 차이는 존재하게 된다는 것이다.

5) Franco Modigliani and Richard Sutch, 'Innovations in Interest Rate Policy', *American Economic Review*(1966. 5).

연습문제

1. 채권가격정리에 대해 설명하시오.

2. 만기수익률과 보유기간수익률과의 차이는 무엇인가?

3. 피셔효과에 대해 설명하시오.

4. 체계적 위험과 비체계적 위험에 대해 자세히 설명하시오.

5. 'CAPM하에서 동일한 기대수익률을 갖는 두 자산의 위험은 같다'는 타당한가?

6. 통화공급을 증가시켰을 때 이자율의 변화에 대해 자세히 설명하시오.

7. 불편기대가설의 가정에 대해 논하시오.

8. 각 만기에 대한 채권의 수익률이 $r_{0,1}=4.00\%$, $r_{0,2}=5.00\%$, $r_{0,3}=5.60\%$, $r_{0,4}=7.20\%$, $r_{0,5}=6.50\%$로 거래되고 있다. 이 기업의 채권의 표면이자율은 11%이며 만기는 5년, 이자지급은 매년말 1회씩이며 액면가는 100,000원이다. 이 기업 채권의 이론가격을 구하시오.

9. $r_{0,1}=7\%$, $r_{1,2}=6\%$, $r_{2,3}=6\%$,일 때, $r_{0,2}$와 $r_{0,3}$을 구하고 이자율 기간구조를 도시하시오.

10. 액면가가 10,000원인 순할인채의 시장가격이 다음과 같이 주어졌다.

만기	시장가격
1년	9,346원
2년	8,817원
3년	8,396원

(1) 각 채권의 이자율 $r_{0,1}$, $r_{0,2}$, $r_{0,3}$을 계산하고 이자율 기간구조를 도시하시오

(2) 불편기대가설이 유효하다고 가정할 때 미래현물이자율 $r_{1,2}$, $r_{2,3}$을 예측하시오.

11. 현재 시장에서 만기 3년, 액면가 10,000원, 표면이자율이 5%인 채권이 9,000원에 거래되고 있다.

(1) 만기수익률을 구하시오.

(2) 이 투자자는 앞으로 3년간 연 10%에 투자할 기회를 갖고 있다고 하자. 실현수익률을 구하시오.

해 답

8. 119,241원

9. $r_{0,2}=0.0650$, $r_{0,3}=0.0623$

10. (1) $r_{0,1}=7\%$, $r_{0,2}=6.5\%$, $r_{0,3}=6\%$ (2) $r_{1,2}=6\%$, $r_{2,3}=5\%$

제 3 편

외 환 시 장

제 7 장

환율과 평가이론

1. 환　율

(1) 환율의 개념

상품을 사고 대가로 지급하는 화폐의 양을 그 상품의 가격이라 한다. 마찬가지로 외국 화폐를 매입하기 위해 지불해야 하는 가격을 환율이라 한다. 예를 들어 1달러를 가지기 위해 우리나라 돈 1,300원을 지불해야 할 경우 1달러의 가격은 1,300원이 되는 것이고 이것이 바로 환율이다.

외국 화폐도 다른 상품들처럼 수요와 공급에 의해 그 가격이 결정된다. 현재 환율이 1$=₩1,300이라고 하자. 현재 상태에서 미국 달러를 필요로 하는 사람이 더 많아진다면 시장에서는 초과수요가 발생하여 달러의 값은 상승할 것이다. 반대로 미국 달러를 원화로 바꾸려는 사람이 더 많아진다면 시장에서는 초과 공급이 발생하여 달러의 가격은 하락할 것이다.

이와 같이 외국의 화폐도 하나의 상품으로 볼 수 있으며 환율은 시장에서 수요와 공급에 의해 결정된다.

(2) 환율의 표시

상품의 가격은 상품 1개를 매입하는 데 필요한 화폐의 양으로 표시된다. 환율은 기준이 자국의 통화인지 상대방의 통화인지에 따라 다르게 표시할 수 있다.

1) 자국통화표시 환율

자국통화표시 환율이란 외국통화 1단위를 매입하기 위해 지불해야 하는 자국통화의 양을 나타내는 것으로 환율을 표시할 때 가장 흔히 쓰는 방법이다. 예를 들어 "$1=₩1,300"과 같이 환율을 표시하는 경우로서 외국통화 1단위($1)를 기준으로 같은 가치를 나타내는 자국통화의 양(₩1,300)을 표시하는 방법이다. 이는 직접표시 방법 또는 유럽식 표기법이라고 한다.

이 예에서 1,300원이 1달러의 가치를 가지고 있는데 만약에 1달러당 1,200원으로 환율이 변했을 경우를 생각해 보자. 이는 1달러로 교환할 수 있는 원화가 1,300원에서 1,200원으로 감소한 것과 같다. 따라서 달러화의 가치는 하락하고 상대적으로 원화의 가치는 상승한 것이다. 즉, 원화의 가치가 달러화에 대해 평가절상(appreciation)된 것이고 반대로 달러화는 원화에 대해 평가절하(depreciation)된 것이다. 이러한 경우 달러화에 대한 원화 환율이 내린 것이라고도 말한다. 반대로 환율이 "₩1,400/$"으로 되었을 경우 원화 환율은 상승한 것이고 원화의 가치는 달러화에 대해서 평가절하되었다고 말한다.

직접표시방법의 경우 환율의 절상(절하)률은 다음과 같이 계산한다.

$$\text{절상(절하)률} = \frac{(\text{기말환율} - \text{기초환율})}{\text{기초환율}}$$

위의 예에서 환율이 ₩1,300/$에서 ₩1,400/$으로 변하면 달러화의 가치는 7.69%(=(1,400−1,300)/1,300) 절상한 것이다.

2) 외국통화표시 환율

외국통화표시 환율은 자국통화 1단위를 대등한 가치의 외국통화 단위로 표시하는 방법으로서 간접표시방법 또는 미국식 환율표기라고 한다. 예를 들면 "₩1=$1/1,300"로 표시하는 경우이다.

이때 1원에 1/1,300달러이었던 환율이 1/1,300달러 이상이 된다면 우리나라 통화 1단위로 구매할 수 있는 달러화의 양이 증가한 것으로 원화의 가치는 상승한 것이다. 따라서 이러한 경우 원화의 가치는 평가절상된 것이고 외국통화표시 환율은 상승한 것이다.

예를 들어 환율을 간접표시방법으로 표시하였을 때 환율이 "₩1=$1/ 1,300"에서 "₩1=$1/1,400"으로 변하였다면 7.69%(=(1/1,300−1/1,400)/1/ 1,400)만큼 원화의 가치가 하락한 것이다.

간접표시방법의 경우 환율의 절상(절하)률은 다음과 같다.

$$\text{절상(절하)률} = \frac{(\text{기초환율} - \text{기말환율})}{\text{기말환율}}$$

3) 매도율과 매입률

일반적으로 외환시장에서 사용하는 환율에는 매도율(ask rate)과 매입률(bid rate)이 있다. 이는 외환시장에서 금융기관이 통화를 팔려는 가격과 사려는 가격을 나타내는 것이다. 외환은 금융기관의 입장에서는 상품이므로 팔려는 가격(ask price)이 사려는 가격(bid price)보다 높은 것이 일반적이다.

예를 들어 환율이 "₩/$1,250.50/60"으로 표시되었다면, 매도율이 1,250.60, 매입률은 1,250.50이다. 즉, 고객이 달러화가 필요한 경우 1달러당 1,250.60원을 지불해야 하고 달러화를 원화로 바꾸는 경우는 1달러당 1,250.50을 받을 수 있다는 것이다.

선물환 시장에서 형성되는 선물환율은 현재 환율과 비교하여 할증 또는 할인된 가격으로 표시한다.

선물환율의 할인(할증)율은 다음과 같은 식으로 계산된다.

직접표시법의 경우

$$\text{선물할인율} = \frac{(\text{선물환율} - \text{현물환율})}{\text{현물환율}} \times \frac{12}{n} \times 100$$

간접표시법의 경우

$$\text{선물할인율} = \frac{(\text{현물환율} - \text{선물환율})}{\text{선물환율}} \times \frac{12}{n} \times 100$$

여기서 n은 선물환 계약이 몇 개월 만기인가를 나타낸다.

예를 들어 선물시장에서 환율이 다음과 같을 경우 선물환율의 할인(할증)을 계산해 보자.

	₩/$
현물환율	1,250.50
선물환율 1개월	1,200.50
3개월	1,150.50
6개월	1,100.50

위의 식에 따라 6개월 선물환율의 할인(할증)율을 계산하면 다음과 같다.

$$\frac{(1{,}100.50-1{,}250.50)}{1{,}250.50}\times\frac{12}{6}\times 100=-24\%$$

선물환율의 할인(할증)율이 (−)로 나타나면 달러 선물환은 할인되어 거래되는 것을 나타내며 반대로 (+)로 나타나는 경우는 할증되어 거래되는 것을 나타낸나.

4) 외환시장에서 환율의 표시

국제 외환시장에서 외환거래의 90%가 미국 달러를 기준으로 이루어진다. 예를 들어 영국의 파운드화나 스위스의 프랑화 모두 달러를 기준으로 표시되어 거래된다. 만약 스위스의 수입업자가 대금결제를 위해 영국의 파운드화를 필요로 하는 경우 프랑화와 교환비율은 각각 달러로 표시된 두 개의 환율을 통해 결정된다(교차환율).

이렇게 외환시장에서 달러를 중심으로 환율을 표시하는 이유를 살펴보자. 첫째, 기준이 되는 통화로 각국 통화의 환율을 표시하는 편이 거래가 간편하기 때문이다. 만약 외환시장에서 거래되는 모든 통화에 대해 각각의 환율을 표시해서 거래하면 수많은 환율표시가 필요하다. 예를 들어 외환시장에서 거래되는 통화가 10개인 경우를 가정해 보자. 이 경우 모든 서로 다른 통화를 두 개씩 묶어 환율을 표시해서 거래하게 되면 총 45개[1]의 환율이 필요하다. 이 10개의 통화 중 1개가 기준이 되는 통화라면 9개의 환율만으로도 각 통화의 교환비율을 계산할 수 있다.

---

1) 우선 첫번째 통화와 나머지 9개 통화에 대한 환율이 있어야 하고 두번째 통화에 대해서는 첫번째 통화를 제외한 나머지 8개의 통화에 대한 환율이 있어야 한다. 이런 식으로 10개의 통화의 환율을 표시하기 위해서는 9+8+7+6+5+4+3+2+1=45개의 환율이 필요하게 된다. 또한 모든 환율을 표시할 경우 10개 통화 중 2개를 골랐을 경우의 수와 같으므로
$_nC_r={}_{10}C_2=10\times 9\div 2=45$와 같이 계산할 수도 있다.

만약 외환시장에서 거래되는 통화의 개수가 100개라면 4,950개[2]의 환율이 필요하게 된다. 이 경우 각 환율을 표시하여 거래자들에게 보여주는 일 자체가 어렵고 복잡한 일이 된다. 그러나 기준이 되는 통화로 표시하게 되면 99개의 환율만 있으면 되므로 훨씬 간편하게 표시하고 거래할 수 있다.

기준이 되는 통화를 사용하는 두 번째 이유는 무위험 이익을 얻을 수 있는 차익거래 발생의 가능성을 막으려는 것이다. 만약 모든 통화들이 서로간에 직접환율로 표시되어 거래된다고 하자. 이 경우 달러에 대한 파운드화의 교환비율과 달러에 대한 마르크화의 교환비율을 비교함으로써 파운드화와 마르크화의 교환비율을 알 수 있다. 만약 이렇게 계산한 환율이 파운드화와 마르크화의 환율과 다르고 이 차이가 거래비용을 커버할 정도로 크다면 차익거래가 발생하게 된다.

예를 들어 현재 달러화와 원화의 환율이 ₩1,300/$이고 달러화와 엔화의 환율이 ￥105/$, 엔화와 원화의 환율이 ₩13/￥으로 고시되었다면[3] 전혀 위험을 부담하지 않고 이익을 얻을 수 있는 차익 거래 기회가 발생한다. 차익거래 과정을 살펴보면 우선 1,300원을 지급해서 1달러를 매입하고 매입한 달러를 다시 엔화로 교환한다. 현재 달러와 엔화의 환율이 ￥105/$이므로 1달러를 바꾸었을 경우 105엔을 확보하게 되는데 이 금액을 다시 고시된 ₩13/의￥의 비율로 교환하게 되면 1,365원이 수중에 들어온다. 결국 1,300을 지급하여 1,365원이 들어오게 되므로 이 차이인 65원이 차익거래 이익이 되는 것이다. 이러한 거래과정은 아주 짧은 시간에 이루어지게 되므로 아무런 위험도 부담하지 않는 것이 보통이다. 이때 외환을 거래하는 데 들어가는 수수료가 65원보다 작다면 당연히 수수료를 부담하고도 이익이 발생하는 것이다. 이러한 차익거래의 과정은 [그림 7-1]에 요약되어 있다.

이렇게 차익거래가 발생하는 원인은 외환시장에서 고시되는 엔화와 원화의 환율(₩13/￥)과 원화와 달러, 그리고 엔화와 달러화의 환율에서 결정되는 교차환율(₩1,300/$÷￥105/$)과 다르기 때문이다. 하지만 모든 환율이 달러를 기준으로 표시되면 앞에서와는 달리 차익거래의 기회는 없어지게 된다.

---

2) 4,950＝100×99÷2

3) 실제로 엔화의 환율은 ￥100을 기준으로 표시되기 때문에 보통 원화와의 환율을 표시할 때는 ₩1,300/￥100과 같은 형식으로 표시된다.

[그림 7-1] 차익거래 과정

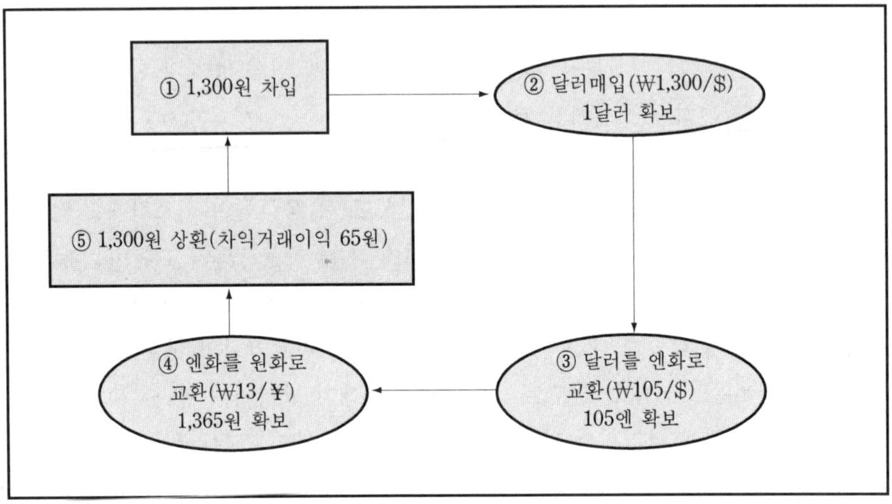

(3) 환율의 유형

환율은 서로 다른 국가간 통화의 교환비율을 나타낸다. 이러한 환율은 한 가지만 존재하는 것이 정상이나 환율을 바라보는 관점에 따라 여러 가지 이름으로 불려지기도 한다.

1) 매입환율과 매도환율

동일한 통화라 하더라도 살 때와 팔 때의 가격이 다르다. 일반적으로 은행은 외환을 거래하는 대가로 일정 부분의 수수료를 받게 된다. 따라서 개인의 경우 은행에 가서 원화를 지불하고 외환을 사는 경우 적용받는 환율이, 외환을 원화로 바꾸는 경우의 환율보다 낮은 것이 일반적인데 이러한 환율의 차이를 흔히 스프레드(spread)라고 부른다.

매입환율과 매도환율은 은행을 기준으로 말하는 것이다. 즉, 은행이 일반 고객으로부터 외환을 매입할 때 적용하는 환율을 매입환율이라 하고, 고객에게 외환을 매도할 때 적용하는 환율을 매도환율이라고 한다. 따라서 매입환율이 매도환율보다 낮은 것이 일반적이다. 보통 신문이나 뉴스에서 한 가지 환율만을 말하는데 그 때의 환율은 은행이 여러 가지 요인을 감안하여 고시하는 매매기준을 말하는 것이다. 매입환율과 매도환율을 이러한 매매기준에 의해 결정되며 당연히 매입환율은 매매기준율보다 낮으며 매도환율은 매매기준율보다 높게 측정된다.

2) 고정환율과 변동환율

고정환율은 각국의 통화가치를 기준통화에 고정시킴과 동시에 통화 당국으로 하여금 일정 범위 내에서 환율을 유지하도록 하는 제도를 말한다. 이에 반해 변동환율은 시장에서 각국 통화에 대한 수요와 공급에 의해 자유롭게 결정되는 교환비율(환율)을 말한다.

고정환율은 환율의 변화폭을 제한하므로 환율이 안정적이나 환율이 각국의 물가변화를 제대로 반영하지 못함으로써 국제 무역의 불균형이 계속될 수 있다. 따라서 1970년대 초 브레튼우즈 체제의 붕괴 이후 대부분의 국가에서는 변동환율을 사용하고 있다. 그러나 변동환율을 채택하는 나라에서도 대부분 중앙은행이 개입하여 환율을 일정 범위 내에서 관리하는 관리변동환율제를 시행하므로 진정한 의미에서의 고정환율이나 변동환율을 찾아보기는 어렵다.

3) 명목환율과 실질환율

명목환율은 외환시장에서 실제로 고시되는 환율을 말하며 보통은 은행간 환율이 된다. 그러나 환율을 서로 다른 국가 화폐의 상대적인 구매력으로 나타낼 경우, 명목환율을 각국 화폐의 구매력 변동을 나타내기 힘들다. 따라서 양국의 물가변동을 반영한 실질환율의 분석이 필요하다. 실질환율이란 명목환율에 양국의 물가지수를 반영한 환율로서 다음과 같이 나타낼 수 있다.

$$e_t = q_t \times \frac{P_{ht}}{P_{ft}}$$

e_t = t시점의 실질환율
q_t = t시점의 명목환율
P_{ht} = t시점의 자국(우리나라) 물가수준
P_{ft} = t시점의 상대국(해외) 물가수준

예를 들어 작년에 우리나라와 미국의 물가지수는 동일하게 100이었다고 하자. 만일 올해의 환율이 ₩1,300/$이고 우리나라의 물가는 상승하여 105가 되었으며 반대로 미국의 물가는 하락하여 95가 되었다면 실질환율은 ₩1,436.84/$[4]로 명목

4) ₩1,436.84/$ = 1,300 × 105/95

환율보다 더 높아진다. 즉, 우리나라의 물가가 미국에 비해 더 상승하였으므로 우리나라 화폐인 원화의 가치가 하락하게 되는 것이다.

4) 은행간환율과 대고객환율

은행간환율은 외환업무를 하는 은행들 사이의 외환거래에 적용되는 환율을 말한다. 은행간환율은 주로 대규모 거래에서 적용되므로 도매환율의 성격을 갖는다. 반면에 대고객환율은 외환업무를 취급하는 은행이 일반 고객들을 상대로 외환을 사거나 팔 때 적용되는 환율로서 소매환율의 성격을 갖는다.

일반 공산품의 경우에도 대량 거래시 소매가격보다 싼 가격을 적용하는 것이 일반적이다. 마찬가지로 외환의 거래에 있어서도 은행간의 대규모 외환거래에 적용되는 환율인 은행간환율이 소매환율의 성격을 갖는 대고객환율보다 낮다. 또한 환율은 외환시장에서 수급상황에 따라 하루에도 수십 차례 변동하므로 은행간의 거래에 적용되는 은행간환율은 거래할 때마다 수시로 바뀌는 것이 일반적이다. 그러나 은행이 매매기준율을 기준으로 결정하는 대고객환율은 거래할 때마다 바뀌는 것이 아니다.

5) 현물환율과 선물환율

현물환율은 하루나 이틀 사이에 결제가 이루어지는 환거래에서 결정되어 적용되는 환율로서 일반적으로 환율이라고 말할 때는 현물환율을 말하는 것이다. 선물환율은 미래 특정 시점에 결제를 하기로 하고 미리 계약거래를 할 때 형성되는 환율로서 현물환율과 일치하지 않는 것이 보통이다. 그러나 선물환 계약의 만기가 가까워짐에 따라 선물환율과 현물환율의 차이는 줄어들게 되며, 선물환 계약의 만기일에는 선물환율과 현물환율이 일치하게 된다.

2. 환율예측이론

브레튼우즈 체제의 붕괴 이후 환율변동으로 인한 재무적 불확실성이 커졌다. 이러한 불확실성을 제거하기 위해 기업과 금융기관들은 환위험 관리에 주력하게 되었으며 이에 따라 환율의 예측에 대한 요구가 대두되게 되었다.

(1) 환율예측불가능이론

이 이론은 증권시장의 정보의 효율성 가설을 외환시장에 도입한 것으로 외환시장이 효율적이라면 환율의 예측은 가능하지 않다는 것이다. 환율의 결정에 영향을 미치게 되는 정보가 충분히 그리고 신속하게(fully and instantaneously) 환율에 반영되는 경우 외환시장은 효율적이라고 한다. 이러한 효율성 이론은 랜덤워크가설(random walk hypothesis)[5]에 기초한 것으로 환율의 분포가 독립적이며 동일하다는 가정에 입각하고 있다. 따라서 만약 시장이 효율적이라면 차별적 정보에 의한 초과수익은 기대할 수 없으며 이는 환율의 변동에 대한 예측이 불가능함을 말한다.

(2) 시장기반이론

이 이론은 이자율이나 인플레이션, 선물환율 등의 변수로 미래의 환율을 예측하는 것으로서 장기적인 면에서는 상당한 설득력을 가지고 있는 것으로 알려졌다. 이는 변동환율제도하에서의 환율평가 및 예측이론에서 다루게 된다.

(3) 계량경제학적 모형

이는 다원회귀분석을 이용하여 인플레이션의 차이나 GDP의 차이 등 여러 설명변수를 설정하여 이들이 환율의 변화를 얼마만큼 설명할 수 있는지를 파악해 보는 것이다. 이러한 예측모형은 자기상관성이 존재하지 않아야 예측능력이 향상되는데, 실제로 많은 변수가 자기상관성을 가지고 있는 것으로 알려지고 있어 높은 설명력을 갖기 어렵다. 환율예측을 위한 회귀식의 예는 다음과 같은 것이 있을 수 있다.

---

5) 랜덤워크가설은 환율변동이 독립적이고 동일한 형태의 확률분포(independent and identical distribution)를 갖는 확률변수임을 주장한다. 이는 곧 환율변동이 과거의 환율변동의 역사적 자료와 독립적이며 시계열적으로 동일한 형태의 확률분포를 가지기 때문에 환율변동의 예측은 불가능하다는 것이다. 이필상, 「투자론」, pp. 83～84.

$$\frac{e_t - e_0}{e_0} = \alpha + \beta_1(r_{h,t} - r_{f,t}) + \beta_2(Y_{h,t} - Y_{f,t}) + u_t$$

단, $\frac{e_t - e_0}{e_0}$ = t기간 동안의 환율의 변화율

$r_{h,t} - r_{f,t}$ = 이자율 차이

$Y_{h,t} - Y_{f,t}$ = 국민생산의 차이

α = 절편값

β_1, β_2 = 회귀계수

(4) 기술적 분석

이 접근법에 따르면 현재의 환율이란 과거의 역사가 누적된 결과이므로 과거의 추세를 분석하면 일정한 패턴을 발견할 수 있으며 이를 이용하여 환율을 예측할 수 있다. 이러한 예측은 환율의 움직임이 합리적인 요소뿐만 아니라 비합리적인 요소에 의해서도 영향을 받는다는 것을 전제로 한다. 환율의 결정은 궁극적으로 외환의 수요와 공급에 의해 결정되는데, 단기적인 수요와 공급의 불균형으로 인해 환율변동이 존재하게 되므로 예측을 통해 초과수익을 달성할 수 있다.

3. 환율평가이론

환율은 금리, 통화량, 물가, 경제성장 등 양국 경제변수의 영향을 받는다. 여기서는 개방경제 체제하에서 성립하는 인플레이션, 이자율, 현물환 및 선물환 사이의 일련의 균형관계를 살펴본다. 이들 변수 사이의 평가(平價; parity)관계는 다음과 같은 5가지가 있다.

① 구매력평가이론(PPP : Purchasing Power Parity)

② 피셔효과(FE : Fisher Effect)

③ 국제피셔효과(IFE : International Fisher Effect)

④ 이자율평형이론(IRP : Interest Rate Parity)

⑤ 미래 현물환율의 불편추정치로서의 선물환율(UFR : Unbiasedness of Forward Rates)

이러한 이론들은 금융시장과 상품시장에 아무런 규제가 없고 거래비용이나 세금이 없다고 가정하는 시장의 완전성을 전제로 하며, 미래에 대한 불확실성이 없

다고 가정한다. 실제로는 이러한 상황이 존재하기 어렵지만 현실을 단순화함으로써 환율변화에 대한 기본원리를 이해하고 이러한 가정들을 완화시켜 나감으로써 실제의 환율을 예측하는 데 사용할 수 있다.

(1) 구매력평가이론(PPP: purchasing power parity)

구매력평가이론은 두 국가간의 현행 환율이 균형에서 출발한다면, 장기적으로 볼 때 두 국가의 인플레이션의 차이는 현행 환율의 변화에 의해 정확히 상쇄된다는 것이다. 이러한 구매력평가이론은 일물일가의 법칙(law of one price)에서 출발하여 절대적 구매력평가이론과 상대적 구매력평가이론으로 발전되어 왔다.

여기서 일물일가의 법칙이란, 다수의 구매자와 다수의 판매자가 존재하며 정보의 취득이 누구에게나 용이한 완전경쟁시장에서는 동일한 교역재나 금융자산의 가격은 거래비용과 세금을 무시할 경우 전세계에 걸쳐 동일하다는 것이다. 즉, 동일한 물건(상품)의 가격은 어느 시장에서든지 동일한 가격으로 거래된다는 원칙을 말한다. 이러한 일물일가의 원칙은 환율과 관련하여 다음과 같이 표시할 수 있다.

$$e = \frac{p_h^i}{p_f^i} \qquad (i = 1, \cdots, N)$$

e = 환율
p_h^i = i상품의 국내가격
p_f^i = i상품의 외국가격

즉, 모든 교역가능한 재화나 금융자산의 수가 N개라면 각각의 재화나 금융자산이 위와 같은 조건을 만족해야 한다는 것이다. 만약 이러한 균형에서 이탈하여 두 시장에서 가격이 서로 다르게 형성되어 있다면 차익거래자들이 가격이 저렴한 시장에서 재화를 구입하여 가격이 높은 시장에서 이를 매각하는 거래를 행함으로써 위험을 전혀 부담하지 않고 차익을 얻게 된다. 이러한 차익거래의 반복은 궁극적으로 가격이 저렴한 시장에서 재화가 계속 유출되기 때문에 공급량이 감소하게 되고 차익을 노린 거래(매입)가 증가하여 수요가 증가함으로써 재화의 가격은 상승하게 된다. 반대로 가격이 높은 시장에서는 재화의 유입이 과다하게 이루어지게 됨으로써 공급량이 증가하여 가격이 하락하게 된다. 이러한 현상은 두 시장에서의 재화가격이 동일하게 되어 차익을 얻을 수 없게 될 때까지 계속된다.

예를 들어 금 1돈이 우리나라에서는 50,000원이고 환율을 고려할 경우 미국 시장에서는 40,000원에 거래되고 있다고 하자. 이 경우 아무런 제약이 없다면 미국에서 금을 매입하여 한국시장에 들여와서 팔 경우 금 1돈당 10,000원씩의 이익을 얻을 수 있게 된다. 이러한 거래가 계속해서 이루어지면 우리나라 시장에서는 금의 공급이 증가하게 됨으로써 금가격이 하락하게 되고 반대로 미국시장에서는 계속해서 금을 사려는 수요가 발생하므로 금의 가격이 상승하게 된다. 결국 이러한 거래는 두 시장에서의 금가격이 동일해지는 수준까지 계속해서 일어나게 되므로 금의 가격은 우리나라와 미국에서 동일하게 결정된다는 것이다.

물론 실제로는 이러한 등가관계가 성립되지 않는 경우가 훨씬 더 많다는 것을 알 수 있다. 그 이유는 운송비나 보관비와 같은 거래비용이 높은 경우나, 관세나 수입쿼터와 같은 무역장벽이 존재하는 경우, 그리고 제품의 품질이 다른 경우이거나 상품자체가 교역대상이 아닌 경우가 많기 때문이다.

예를 들어 우리나라와 미국의 시장에서 금의 가격이 10,000원의 차이가 나더라도 금을 미국에서 우리나라까지 운송하는 데 들어가는 비용이 10,000원이 넘는다면 미국 시장에서 금을 매입하여 우리나라 시장에서 파는 차익거래는 발생하지 않는다. 따라서 두 시장에서 금은 서로 다른 가격으로 거래될 수 있는 것이다. 또 여러 가지 이유로 금의 수입을 제한하는 조치를 취하고 있다면 역시 금의 가격은 두 시장에서 다르게 나타날 수 있다. 그러나 앞에서 언급했듯이 시장이 완전하다고 가정하면 이렇게 두 시장에서 동일한 재화에 대해 서로 다른 가격이 존재하는 것은 불가능할 것이다. 즉, 완전시장을 가정하게 되면 일물일가의 법칙은 성립하게 되는 것이다.

이러한 일물일가의 법칙에 입각한 환율이론이 절대적 구매력평가이론(absolute version of PPP)이다. 절대적 구매력평가이론은 양국간의 물가수준에 따라 환율이 다음과 같은 식으로 결정하게 된다.

$$e = \frac{P_h}{P_f}$$

e = 환율
P_h = 국내 물가수준
P_f = 외국 물가수준

여기에서 물가수준은 주로 소비자물가지수(CPI: consumer price index)를 사용하는데 여기서 물가지수란 $P=\sum_{i=1}^{N} w_i p_i$로 나타내며 개별제품의 물가를 가중평균한 개념이다.[6] 여기서 가중치의 결정은 소비자의 생활에 차지하는 비중에 의해 결정되는 것이 일반적이다. 이러한 절대적 구매력평가이론은 단일재화의 가격이 같아야 한다는 개념에서 물가수준이라는 대표재화바스켓[7]의 개념으로 확장했다는 점에서 일물일가의 법칙을 일반화시킨 이론이라고 할 수 있다.

절대적 구매력평가이론은 거래비용이나 관세 등의 무역장벽, 차별화된 제품의 존재, 국가별로 물가지수를 구성하고 있는 재화나 물가지수 계산에 사용되는 가중치가 서로 다르다는 점을 무시하고 있다는 점에서 한계를 가진다. 이러한 단점을 보완하기 위하여 상대적 구매력평가이론(relative version of PPP)은 국내 및 해외의 상대적 물가수준의 변화를 이용하여 환율의 변화를 설명한다. 즉, 일정시점에서의 환율을 두 나라 물가수준으로 설명하려는 것이 아니고 환율의 변화를 두 나라의 물가수준의 변화로 설명한다는 것이다. 즉,

$$\frac{e_t}{e_0}=\frac{P_{h,t}/P_{h,0}}{P_{f,t}/P_{f,0}} \qquad \text{(식 7-1)}$$

P_t=t시점에서의 물가수준
P_0=기준시점에서의 물가수준
e_t=t시점에서의 환율(유럽식; 직접표기법)
e_0=기준시점에서의 환율(유럽식; 직접표기법)

여기서 $i_{h,t}$를 국내에서 0과 t시점 사이의 물가수준변화율(인플레이션율)이라 하고, $i_{f,t}$를 0과 t시점 사이의 물가수준변화율이라고 하면 위의 (식 7-1)에서 분자와 분모는 각각 $\frac{P_{h,t}}{P_{h,0}}=1+i_{h,t}$, $\frac{P_{f,t}}{P_{f,0}}=1+i_{f,t}$,로 나타낼 수 있다. 따라서 (식 7-1)은 다음과 같은 식으로 나타난다.

$$\frac{e_t}{e_0}=\frac{1+i_{h,t}}{1+i_{f,t}}$$

여기에서 양변에서 1을 빼면 다음과 같이 나타낼 수 있다.

$$\frac{e_t}{e_0}-1=\frac{1+i_{h,t}}{1+i_{f,t}}-1$$

6) 여기서 w_i=i제품의 가중치, p_i=i제품의 가격을 나타낸다.
7) 대표재화바스켓이란 물가지수 P를 이야기하는 것으로, 물가지수를 물가지수의 계산에 포함되는 모든 품목을 포함하는 바스켓의 가격으로 볼 수 있다는 것이다.

$$\frac{e_t - e_0}{e_0} = \frac{i_{h,t} - i_{f,t}}{1 + i_{f,t}}$$

여기에서 만약, $i_{f,t}$의 크기가 작아서 $1 + i_{f,t} \fallingdotseq 1$이라고 하면 간략화한 모형은 다음의 (식 7-2)와 같은 형태가 된다.

$$\frac{e_t - e_0}{e_0} = i_{h,t} - i_{f,t} \qquad \text{(식 7-2)}$$

(식 7-2)는 두 시점 사이의 양국간 인플레이션 차이가 동일기간 동안의 환율 변화와 같아진다는 것을 나타낸다. 이 모형은 상대적 물가변동을 이용하여 환율의 변동을 설명하므로 수송비나 관세와 같은 불완전요인이 있더라도 모형이 성립하게 된다. 앞에서 살펴보았던 대로 상대적 구매력평가이론의 경우도 균형회복 메커니즘은 차익거래의 개입에 의해 이루어지게 된나.

환율이 인플레이션율의 차이만큼 평가절하(절상)되지 않은 경우 인플레이션율이 상대적으로 낮은 나라에서 재화를 매입하여 인플레이션율이 상대적으로 높은 나라에서 매각한 후 다시 인플레이션율이 낮은 국가의 화폐로 교환하게 되면 위험을 부담하지 않고 이익을 얻는 차익거래가 성립하게 된다. 이러한 과정이 계속되면 인플레이션율이 낮은 국가의 화폐에 대한 수요가 증가함으로써 평가절상되고, 반대로 인플레이션이 높은 국가의 화폐는 인플레이션율이 낮은 국가의 화폐로 교환하기 위해 계속 매도를 하게 되므로 평가절하된다.

또 다른 설명으로 국제수지 조정이론의 통화론적 접근법에 의하면 장기적인 환율의 조정메커니즘은 다음과 같다. 만약 한 국가가 다른 국가에 비해 물가상승률이 높다면 그 나라의 수출경쟁력은 약화되며, 반면에 수입품의 국내 가격경쟁력은 강화되어 수입은 늘고 수출은 줄어들게 된다. 결국 경상수지적자가 발생하게 되어 수출을 통해 벌어들이는 외화는 줄어들고, 수입대금을 결재하기 위한 외화수요는 증가하게 되므로 인플레이션이 높은 국가의 통화는 평가절하 압력을 받게 된다. 반대로 물가상승률이 낮은 국가에서는 수출경쟁력이 강화되고 수입품의 가격경쟁력은 떨어지므로 수출을 통해 버는 외화는 증가하고 수입을 통해 유출되는 외화는 줄어들게 되므로 평가절상 압력을 받게 된다. 이러한 평가절하 및 평가절상의 과정은 두 나라의 인플레이션 차이에 해당하는 수준까지 계속되어 결국 새로운 균형환율을 형성하게 되는 것이다.

따라서 구매력평가이론에 따르면 인플레이션의 변화를 예측하면 환율변화를 예측할 수 있게 되는 것이다.

이제 구매력평가이론을 예를 들어 알아보자. 2002년 현재 우리나라의 물가지수는 214이며 미국의 물가지수는 103이라고 하자. 양국의 물가를 계산하는 기준시점은 2001년으로 동일하며 기준시점의 물가는 우리나라가 200, 미국이 100이었다고 하자. 작년의 달러화 환율이 ₩1,300/$ 였다면 양국의 물가상승을 감안한 현재의 환율은 얼마가 될까?

우선 우리나라의 물가상승률은 7%, 미국의 물가상승률은 3%이므로 양국의 물가상승률의 차이는 4%라는 것을 알 수 있다. 구매력평가이론에 의하면 우리나라의 물가상승률이 미국의 물가상승률보다 크므로 우리나라 화폐의 구매력이 하락한 것이고 이는 화폐가치의 하락으로 이어진다. 즉, 원화가 달러화에 대해 평가절하된다는 것을 알 수 있다. 구매력평가이론에 따르면 평가 절하의 정도는 물가상승률의 차이인 4%가 될 것이다.

결국 양국의 물가상승률 차이를 반영한 현재의 환율은 다음과 같은 계산을 통해 ₩1,352/$가 되어야 함을 알 수 있다.

$$\frac{e_t - e_0}{e_0} = \frac{e_t - 1{,}300}{1{,}300} = 4\% \quad \therefore\ e_t = 1{,}352$$

만약 현재의 환율이 ₩1,352/$보다 높거나 낮은 수준으로 결정되어 있다면 어떤 일이 발생할까? 앞에서 언급했던 데로 현재의 환율이 양국의 물가변화를 반영하고 있지 못하면 차익거래가 발생하게 될 것이다. 만약 현재의 환율이 구매력평가이론에 따른 균형환율 ₩1,352/$보다 높은 ₩1,378/$로 결정되었다면 물가상승률의 차이 이상으로 우리나라 원화의 가치가 낮게 평가된 것이다. 따라서 원화를 매입하려는 수요가 발생하게 되고 이에 따라 원화의 가치는 상승하게 되어 구매력평가이론에 따른 균형환율인 ₩1,352/$으로 회복하게 된다. 물론 원화의 가치가 물가상승률보다 덜 하락한 경우에는 반대로 원화를 매도하고 달러를 매입하려는 수요가 발생하게 되므로 원화의 가치는 하락하여 균형환율로 돌아가게 되는 것이다.

(2) 피셔효과(Fisher Effect)

피셔효과는 미국의 경제학자 Irving Fisher의 이름을 딴 것으로 명목이자율과 실질이자율. 그리고 기대인플레이션율 사이에 다음과 같은 관계가 있음을 나타내는 것이다.

$$1+r=(1+r_a)(1+i^e) \qquad \text{(식 7-3)}$$

여기서, r=명목이자율
r_a=실질이자율
i^e=기대인플레이션

피셔효과에 의하면 대출자나 차입자 모두 기대인플레이션을 명목이자율의 산정에 반영한다는 것이다. 따라서 대출자와 차입자가 대부협정을 할 때 실제로 고려하는 것은 명목이자율이 아니라 현재의 구매력과 미래의 구매력의 교환비율인 실질이자율이며, 이에 따라 위의 (식 7-3)이 성립하게 된다는 것이다. 이렇게 인플레이션율이 명목이자율에 관계를 미치는 것은 직관적으로도 알 수 있다. 예를 들어 기대인플레이션율이 100%인 상황이 있다고 가정하자. 즉, 현재 버스요금이 500원이라면 내년에는 버스요금이 1,000원이 될 것이라고 생각한다는 것이다. 이 경우 명목이자율(예를 들어 예금금리)이 20%라면 금융자산을 보유하는 것이 손해임은 너무나 명확하다. 만약 500원을 연리 20%로 1년간 예금하면 1년 후 600원을 찾을 수 있는데 1년 후 600원은 버스 1번도 탈 수 없을 만큼 작은 가치가 되는 것이다. 따라서 명목이자율이 기대인플레이션을 반영하지 않는 한 차입이나 대출이 이루어지기는 어렵다는 것을 알 수 있을 것이다.

이러한 피셔효과를 일반화시키면 국제금융시장이 효율적인 경우 실질이자율은 국가간에 동일하게 된다는 것을 알 수 있다. 만약 두 나라의 실질이자율에 차이가 있다면 차익거래가 발생하여 이러한 차이를 제거하게 된다. 즉, 양국간의 실질이자율이 차이가 있으면 이자율이 낮은 국가에서 자금을 차입하여 이자율이 높은 국가에서 자금을 대출해 줌으로써 차익을 얻을 수 있게 된다. 이 경우 이러한 차익거래가 반복됨으로써 이자율이 낮은 국가에서는 자금의 수요가 증가하게 되고 이는 이자율의 상승을 가져오게 된다. 반대로 이자율이 높은 국가에서는 대출(자금의 공급)이 증가하게 되므로 이자율이 하락하게 된다. 결국 차익거래의 발생으로 인해 양국의 실질이자율은 동일한 수준에서 균형이 이루어지게 되는 것이다.

이러한 피셔효과를 수식을 통해 살펴보자. 앞의 (식 7-3)으로부터 양국의 명목이자율은 다음과 같이 결정됨을 알 수 있다.

$1+r_h=(1+r_a)(1+i_h^e)$: 국내에서의 펴셔효과

$1+r_f=(1+r_a)(1+i_f^e)$: 외국에서의 펴셔효과

여기서 위의 식을 아래의 식으로 나누게 되면 다음과 같은 식을 얻을 수 있다.

$$\frac{1+r_h}{1+r_f}=\frac{(1+r_a)(1+i_h^e)}{(1+r_a)(1+i_f^e)}=\frac{1+i_h^e}{1+i_f^e}$$

양변에서 1을 빼면 다음의 (식 7-4)를 얻게 된다.

$$\frac{1+r_h}{1+r_f}-1=\frac{1+i_h^e}{1+i_f^e}-1$$

$$\frac{r_h-r_f}{1+r_f}=\frac{i_h^e-i_f^e}{1+i_f^e} \qquad \text{(식 7-4)}$$

(식 7-4)에서 외국의 명목이자율이나 외국의 기대인플레이션율이 매우 작은 값을 갖는다고 가정하면 ($1+r_f≒1+i_f^e≒1$)다음의 (식 7-5)와 같이 간략한 형태의 모형이 된다.

$$r_h-r_f=i_h^e-i_f^e \qquad \text{(식 7-5)}$$

위의 (식 7-5)는 양국의 명목이자율 차이는 양국의 인플레이션율 차이에 의해서 정확히 상쇄된다는 것을 의미한다. 예를 들어 우리나라의 기대인플레이션율이 8%이고 미국의 기대인플레이션율이 2%인 상황에서 미국의 명목이자율이 4%라면, 양국의 기대인플레이션율 차이가 6%이므로 명목이자율의 차이도 6%가 되어야 한다. 즉, 우리나라의 명목이자율은 미국보다 6%가 높은 10%가 된다는 것이다.

만약 위와 같은 상황에서 우리나라의 명목이자율이 10%보다 낮은 9%라면 차익거래가 발생하게 된다. 피셔효과에 의해 기대인플레이션을 고려할 경우 우리나라의 실질금리는 1%로 미국의 실질금리 2%보다 낮은 수준이 된다.[8]

---

8) 명목금리와 기대인플레이션을 알 경우 실질금리의 계산은 앞의 (식 2-3)에 의해 다음과 같이 계산할 수 있다.
$1+r=(1+r_a)(1+i) \quad \therefore\ 1+r=1+r_a+i+r_a\times i)$

따라서 우리나라에서 자금을 차입하여 미국시장에서 대출하는 차익거래가 발생하게 되고 그 결과 우리나라의 이자율은 상승하고 미국의 이자율은 하락하여 양국의 명목이자율 차이가 기대인플레이션의 차이인 6%와 같아지게 되는 것이다. 반대로 우리나라의 명목이자율이 10%보다 크다면 우리나라로 자금이 유입되는 차익거래가 발생하게 되고 결국 우리나라의 명목이자율이 하락하게 되는 것이다.

과거 1980대 후반에 우리나라의 고금리정책에 의해 원화가 강세를 보임에 따라 대규모의 자금 유입이 발생하게 되었다. 이러한 단기성 투자자금을 핫머니(hot money)라 부르는데 자금이 유입되면 통화량의 증가로 인한 금리의 하락이 발생해야 함에도 불구하고 금리가 시장기능을 발휘하지 못하였고, 증가된 통화량이 제도금융권으로 유입되지 않고 초단기 투기자금화함으로써 기업의 투자자금으로 사용되지 못했다. 결국 금리가 시장기능을 발휘하지 못함으로써 유입된 자금이 인플레이션 기대심리를 조장하게 되어 투기를 조성하는 악영향을 가져오게 된 것으로 볼 수 있다.

(3) 국제피셔효과(IFE: international fisher effect)

국제피셔효과는 명목이자율의 차이가 환율의 결정에 미치는 영향을 파악하기 위해 구매력평가이론과 피셔효과를 결합한 것이다. 즉, 구매력평가이론에 따르면 양국의 환율은 양국화폐의 구매력변화(인플레이션)의 차이에 의해 변화하고, 피셔효과에 따르면 양국의(기대)인플레이션의 차이와 명목이자율의 차이가 동일하게 된다. 따라서 두 이론을 결합하면 환율은 두 국가의 명목이자율차이에 의해 결정된다는 것을 쉽게 알 수 있다. 이를 식으로 나타내면 다음과 같다.

$$\text{구매력평가이론 : } \frac{e_t}{e_0} = \frac{1+i_h^e}{1+i_f^e}$$

$$\text{피셔효과 : } \frac{1+r_h}{1+r_f} = \frac{1+i_h^e}{1+i_f^e}$$

$$\text{국제피셔효과 : } \frac{e_t}{e_0} = \frac{1+r_h}{1+r_f} \qquad \text{(식 7-6)}$$

여기서 $r_a \times i$는 매우 작은 수이므로 무시하면 $r = r_a + i$의 결과를 얻을 수 있다. 즉, 명목이자율은 실질이자율과 기대인플레이션의 합으로 나타난다는 것이다.

구매력평가이론은 국제실물시장에서 형성되는 것이며 피셔효과는 국제금융시장에서 형성되는 것으로서 세계경제가 효율적이라면 이 두 시장의 움직임은 매우 밀접한 관계를 갖게 될 것이다. 국제피셔효과는 이러한 두 시장에서의 가격결정 메커니즘을 접목한 것이라고 할 수 있다. 이제 위의 (식 7-6)의 양변에서 1을 빼면 다음과 같은 식을 얻을 수 있다.

$$\frac{e_t - e_0}{e_0} = \frac{r_h - r_f}{1 + r_f}$$

여기서 우변의 분모에 있는 r_f가 작은 값을 가진다고 가정하여 (즉, $1+r_f \fallingdotseq 1$) 식을 간단히 하면 국제피셔효과는 다음의 (식 7-7)과 같이 나타난다.

$$\frac{e_t - e_0}{e_0} = r_h - r_f \qquad \text{(식 7-7)}$$

(식 7-7)이 의미하는 것은 환율의 변화는 두 나라 사이의 이자율 차이에 의해 정확히 상쇄된다는 것이다. 만약 한 나라의 투자자가 다른 나라에 투자한 경우 투자대상국의 화폐가치가 하락한다면(투자대상국 화폐의 평가절하) 자금을 자기나라 화폐로 교환하는 과정에서 손실이 발생하게 된다. 따라서 투자자는 그에 대한 보상으로 높은 (명목)이자율을 요구하게 된다. 반대로 투자대상국의 화폐가치가 상승할 경우 투자자금을 자기나라 화폐로 교환하는 과정에서 이익이 발생하기 때문에 낮은 수준의 이자율에 대해서도 만족하게 된다. 결국 두 국가의 이자율 차이를 예측함으로써 환율의 변화를 예측할 수 있게 되는 것이다.

예를 들어 국제외환시장에서 현재 달러환율이 ₩1,300/$이고 미국의 이자율은 연 4%, 우리나라의 이자율은 연 6%라고 하자. 이 경우 국제피셔효과가 성립한다면 1년 후 환율은 다음과 같은 계산을 통해 ₩1,326/$가 됨을 알 수 있다.

$$\frac{e_1 - e_0}{e_0} = r_{korea} - r_{us}$$

$$\frac{e_1 - 1{,}300}{1{,}300} = 6\% - 4\%$$

$$\therefore\ e_1 = 1{,}326$$

(4) 이자율평형이론(IRP: interest rate parity)

이자율평형이론은 두 나라 사이의 이자율 차이는 선물환율의 할인(할증)율과 같아야 한다는 이론이다. 만일 이자율평형이론이 성립하지 않으면 차익거래의 기회가 존재하게 되어 위험부담 없이 이익을 얻는 것이 가능해지고 이러한 차익거래가 발생함으로써 이자율이나 환율이 이자율평형이론에 따른 균형수준으로 회복하게 된다.

차익거래가 가능하게 될 조건을 살펴보기 위해 다음과 같은 상황을 가정 해 보자. 고려주식회사는 잉여자금 1억원을 투자할 대상을 찾고 있다. 현재 두 가지 투자안이 있는데 하나는 r_h의 이자율로 국내에 투자하는 것이고, 다른 하나는 r_f의 이자율로 미국에 투자하는 것이라고 하자. 투자기간을 1년이라고 하면 국내에 투자할 경우 1년 후 받게 되는 원리금은 $(1+r_h)$억원이 될 것이다.

만일 미국에 투자하게 되면 우선 현물시장에서 1억원을 달러로 교환해야 한다. 현재의 환율을 e_0라고 한다면 1억원을 달러로 교환할 경우 받게 되는 금액은 $\frac{1}{e_0}$억달러가 된다. 이 금액을 1년간 미국에 투자하게 되므로 1년 후 받게 되는 금액은 $\frac{1}{e_0}(1+r_f)$억달러가 될 것이다. 이 금액을 다시 원화로 바꾸어야 하는데 이때 적용되는 환율은 1년 후의 환율이 된다. 1년 후의 환율은 얼마가 될지 모르므로 환위험에 노출되게 된다. 따라서 현재 시점에서 1억원을 달러로 바꿈과 동시에 미래에 들어올 달러금액인 $\frac{1}{e_0}(1+r_f)$억달러에 대해서 f의 선물환율로 선물환계약을 체결하게 된다. 선물환계약은 미래에 일정금액을 사전에 정해진 선물환율을 적용하여 교환하기로 한 계약으로서 미래 시점의 환율을 현재에 확정시키는 효과가 있다. 즉, 1년 후의 시장환율이 얼마가 되든지간에 미리 약정한 금액을 f의 환율로 교환할 수 있는 것이다.

따라서 미국에 투자하고 선물환계약을 체결해 둔 경우 1년 후 받게 되는 원리금은 $\frac{1}{e_0}(1+r_f)$억달러의 금액을 f의 환율로 원화로 교환한 금액이므로 $\frac{f}{e_0}(1+r_f)$억원이 되며 이 금액은 미래의 환율변화에 따라 변동하는 것이 아니고 현재 시점에서 확정된 금액이다.

이제 양국의 이자율위험이 동일하다고 가정할 경우 확실한 금액을 보장하는 두 개의 투자안(국내 투자와 미국투자)의 결과는 동일해야 한다. 즉 국내에 투자할 경우 확실하게 얻을 수 있는 금액 $(1+r_h)$억원과 미국에 투자할 경우 확실하게 얻

[그림 7-2] 이자율평형이론

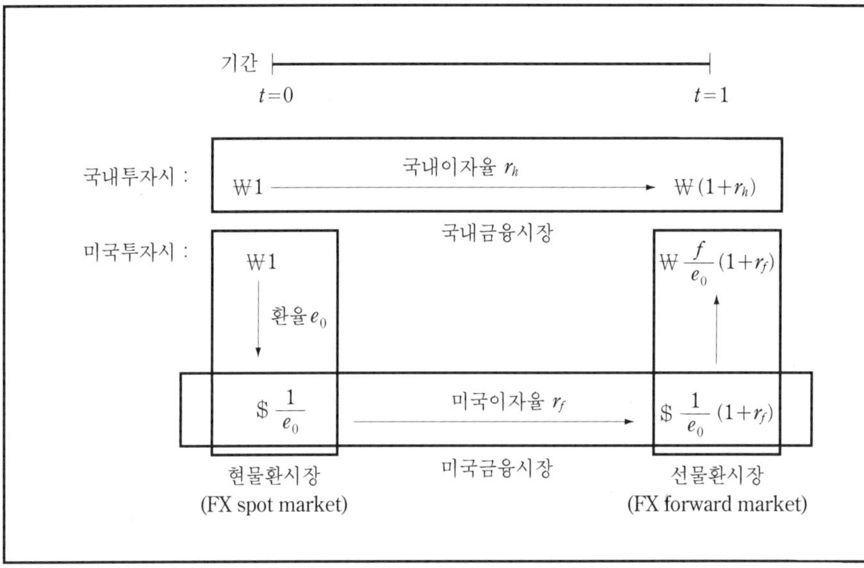

을 수 있는 금액 $\frac{f}{e_0}(1+r_f)$억원은 동일한 액수여야 하는 것이다. 이러한 과정은 [그림 7-2]에 잘 나타나 있다.

만일 두 금액이 동일하지 않다면 차익거래의 기회가 발생하게 된다. 즉, 두 금액 중 어느 한 금액이 더 크다면, 차익거래를 통해 더 큰 투자수익을 가져오는 국가의 금융시장으로 자금이 유입됨으로써 결국 두 투자안으로부터의 수익은 동일하게 된다. 앞의 예에서 미국시장에 투자할 경우의 원리금 $\frac{f}{e_0}(1+r_f)$억원이 국내에 투자했을 경우의 원리금 $(1+r_h)$억원보다 크다고 가정해 보자. 이 경우 우리나라의 투자자는 국내보다 높은 수익을 보장하는 미국금융시장에 투자하게 되고 이를 위해 원화를 달러화로 교환하게 된다. 따라서 달러화에 대한 수요가 급증하여 달러화는 평가절상되어 현재의 환율 e_0는 상승하게 된다. 미국시장에는 대규모의 자금이 유입됨으로 인해 자금공급이 증가하게 되므로 미국의 이자율 r_f는 하락하게 된다. 또한 미국에 투자해서 확실한 금액을 보장받기 위해서는 선물환계약을 해야 하므로 1년 후 달러를 매도하는 선물환계약에 대한 수요가 증가하게 되고 선물환율 f는 하락하게 될 것이다. 결국 미국에 투자할 경우의 원리금 $\frac{f}{e_0}(1+r_f)$억원은 e_0가 상승하고 r_f와 f가 하락함으로써 전체적으로 감소하게 되어 국내에 투자할 경우의 원리금 $(1+r_h)$억원과 같게 된다.

따라서 이자율평형이론이 성립한다면 다음의 (식 7-8)을 얻을 수 있게 된다.

$$1+r_h=\frac{f}{e_0}(1+r_f) \qquad \text{(식 7-8)}$$

위 식의 양변에서 $(1+r_f)$를 빼게 되면 다음과 같아진다.

$$r_h-r_f=(1+r_f)(\frac{f}{e_0}-1)$$

여기서 $r_f(\frac{f}{e_0}-1)$는 0과 매우 가가운 값이므로 무시하고 식을 다시 정리하면 다음의 (식 7-9)를 얻을 수 있다.

$$r_h-r_f=\frac{f}{e_0}-1 \qquad \text{(식 7-9)}$$

(식 7-9)는 두 나라의 이자율 차이는 선물환의 할인(할증)율과 동일하다는 이자율평형이론을 나타내는 것이다. 만일 이러한 관계식이 성립하지 않으면 위험을 부담하지 않고 수익을 얻는 차익거래가 가능해진다. 거래비용이 없고, 차입이자율과 대출이자율이 동일하다고 가정하고 이자율평형이 성립하지 않을 때 어떤 형태로 차익거래가 일어나며, 어떤 과정을 통해서 이자율평형이 성립하는 균형상태로 회복하는지 다음의 예를 통해 알아보자.

2002년 7월 5일 현재 달러화의 현물환율은 ₩1,200/$이고 3개월 만기 선물환율은 ₩1,194/$이라고 한다. 또한 미국의 3개월 정기예금금리는 0.5%(연리 2%), 우리나라의 3개월 정기예금금리는 1.5%(연리 6%)라고 한다. 이 경우 선물환할인(할증)율을 계산해 보면 3개월 만기 선물환은 0.5%(연 2%)할인되어 거래되고 있음을 알 수 있다.

$$\frac{e_t-e_0}{e_0}=\frac{1,194-1,200}{1,200}=-0.5\%$$

반면 미국과 우리나라의 이자율 차이는 4%로 선물환할인율 2%보다 크므로 현재의 상태는 이자율평형이론에 따른 균형상태가 아니고 차익거래의 기회가 존재한다는 것을 알 수 있다. 따라서 다음과 같은 차익거래를 통해서 아무런 위험부담 없이 이익을 얻을 수 있다.

현재시점

① 1억달러를 미국에서 연리 2%로 3개월간 차입한다.

② 차입한 1억달러를 현재 환율 ₩1,200/$로 바꾸어 1,200억원을 얻는다.

③ 1,200억원을 우리나라에서 연리 6%로 3개월간 정기예금한다.

④ 3개월 후 1억 2백만달러를 ₩1,194/$의 환율로 매입하는 선물환계약을 체결한다.

3개월 후

① 우리나라에서 예금했던 자금의 원리금 1,218억(=1,200억×1.015)원을 받는다.

② 선물환계약을 이행하여 1,199억 9,700만원(₩1,194/$×1.005억$)의 원화를 주고 1억 50만달러를 받는다.

③ 미국에서 차입한 1억달러의 원리금 1억 50만달러(1억달러×1.005)를 상환한다.

결 과

1,218억원−1,199.97억원=18.03억원의 차익 거래이익을 얻게 된다.

여기서 이렇게 차익거래에 의해 이익을 얻을 수 있는 이유는 두 나라의 이자율 차이(4%)에 비해 선물환할인율(2%)이 낮기 때문에 발생하는 것이다. 따라서 시장이 효율적인 경우 이러한 차익거래로 인한 이익은 존재하기 어려우므로 국가간의 이자율 차이는 선물환율의 할인(할증)율과 같아지게 된다.

(5) 미래현물환율의 불편추정치로서의 선물환율

국제금융시장이 균형상태에 도달하여 양국간의 현물환율의 변화가 인플레이션, 이자율의 차이와 동일한 경우 선물환율은 미래현물환율의 불편추정치가 된다. 특히, 이자율평형이론(IRP)이 성립하면 선물환율의 할인(할증)율과 이자율의 차이가 같게 되고, 동시에 국제피셔효과(IFE)가 성립하는 상황이라면 미래 현물환율의 변동은 이자율의 차이와 같아지게 된다. 따라서 선물환율의 할인(할증)율은 미래 현물환율의 변동에 대한 정확한 예측치가 된다는 것을 알 수 있다.

즉, 다음과 같이 이자율평형이론과 국제피셔효과를 나타내는 두 식을 결합하면 (식 7-10)을 얻을 수 있다.

$$\text{이자율평형이론} : r_h - r_f = \frac{f}{e_0} - 1$$

$$\text{국제피셔효과} : r_h - r_f = \frac{e_t - e_0}{e_0}$$

$$\frac{e_t - e_0}{e_0} = \frac{f}{e_0} - 1 \qquad \text{(식 7-10)}$$

위의 (식 7-10)에서 좌변은 현물환율의 변화율에 대한 예측(기대)을 나타내며, 우변은 선물환 할인(할증)율을 나타내고 있다. 따라서 위식의 우변을 통분하여 정리하면 다음과 같은 (식 7-11)을 얻게 된다.

$$\frac{e_t - e_0}{e_0} = \frac{f - e_0}{e_0} \qquad \text{(식 7-11)}$$

(식 7-11)이 성립하려면 현재 시점에서 기대할 수 있는 미래 시점의 현물환율(e_t)과 동일한 미래 시점의 만기를 갖는 선물환율(f)이 같아야 함을 알 수 있다. 즉, 선물환율이 미래 현물환율의 기대치와 같음을 알 수 있는 것이다.

이상에서 살펴본 다섯 가지의 평가(平價 ; Parity)이론들의 관계를 정리하면 [그림 7-3]과 같이 나타낼 수 있다.

[그림 7-3] 현물환율, 선물환율, 이자율, 인플레이션율의 이론적 관계

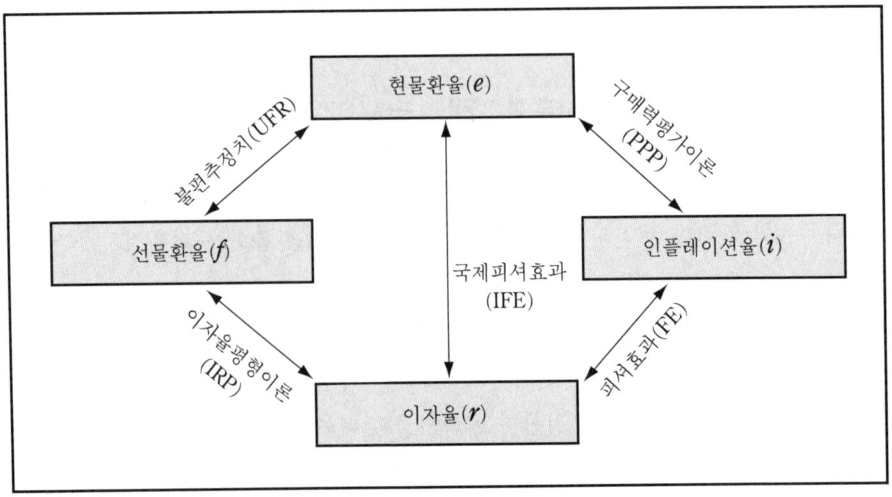

제 8 장 외환시장의 구조와 운영

20세기 말 WTO의 설립으로 인해 세계경제질서가 재편됨에 따라 우리나라는 과거의 무역규제하에서 자유무역으로 전환하고 있으며, 금융서비스의 개방화로 인해 과거에 규제되어 온 여러 가지 외환조치가 완화되거나 없어지게 되었다. 이는 곧 과거에 수출입업자, 유학송금, 장단기 외화차입, 여행경비 등의 외환수요나 공급에서 이제는 외국의 증권, 채권, 부동산 등 다양한 금융상품이나 서비스를 매매하거나 제공받게 됨에 따라 외환시장의 규모가 급속도로 커짐을 의미하게 된다. 최근의 거래량으로 대략 추정해 볼 때 외환시장에서의 일일거래량 달러산정액이 뉴욕증권거래소(NYSE)의 일일거래의 50배에 해당하고 미국정부 발행 채권시장의 일일거래량의 10배에 육박하는 규모이다. 외환시장에서는 미국 달러, 유럽의 유로, 영국 파운드, 일본 엔, 캐나다 달러, 스위스 프랑 등의 통화가 주로 거래되고 있다.

외환시장은 수출입업자, 다국적기업, 투자자, 각국 중앙은행, 외환브로커, 시중상업은행 등 다수의 참가자가 통신망을 형성하여 외환거래를 이루는 일종의 장외시장(OTC)이다. 따라서 증권시장과 같이 거래에 있어서 구체적인 시간이나 장소가 정해진 것은 아니다. 이러한 외환시장은 크게 현물시장, 선물환시장, 스왑시장, 통화선물시장, 옵션시장 등으로 구성되어 있으며 다양한 외환금융상품의 거래를 통해 참가자들이 각기 자신의 이익을 극대화하는 과정에서 균형가격이 형성되는 시장경제의 원리가 지배하고 있다.

통화의 교환이 이루어지는 외환시장의 기본적 기능은 국제무역 및 자본거래를 시장원리에 따라 원활하게 하는 것이다. 따라서 외환시장의 운영 및 기능에 대한 이해는 기본적으로 요구되는 사항이다.

1. 외환시장의 기능

(1) 구매력의 이전(transfer of purchasing power)

국제간 무역 및 자본거래가 상이한 통화를 사용하는 국가간에 일어나게 될 경우 일반적으로 구매력의 이전이 필요하게 된다. 무역 및 자본거래는 어떤 통화로도 성립될 수 있으나 각 교역참가자는 궁극적으로 자국통화로 구매력을 보유하기를 원한다.

어떠한 통화가 사용되든지 적어도 한쪽은 타국통화로부터 자국통화로 구매력을 이전시키든지(수출) 자국통화로부터 타국통화로 구매력을 이전시켜야 한다(수입). 예를 들어 독일 수입상이 한국 수출상으로부터 물건을 구입한다고 할 경우 거래가 원화로 이루어진다면 독일 수입상은 수입대금을 지불키 위해 유로를 원화로 교환해야 하며, 거래가 유로화로 이루어진다면 우리나라 수출상은 지불받은 수출대금을 원화로 교환해야 한다. 만약 제3국통화인 달러화로 송장이 이루어졌다면 먼저 독일 수입상이 유로화를 달러로 환금하여 수입대금을 우리나라 수출상에 지불하여야 하며, 지불받은 달러화 수출대금을 우리나라 수출상은 원화로 교환해야 할 것이다. 이렇게 외환시장은 구매력의 이전을 실행하는 기능을 제공한다.

(2) 신용의 공여(provision of credit)

국제거래에 있어 재화의 운송은 일반적으로 많은 시간을 필요로 하므로 운송중에 있는 화물에 대한 재무적 책임의 소재를 명확하게 하는 조치가 마련 되어야 한다. 위에서 들은 독일로의 수출 예에 있어 화물이 독일로 운송하는 도중이나 운송 후라도 최종적 판매가 이루어지지 않은 채 판매활동을 벌이고 있는 경우 수출상품의 재무적 책임을 누군가가 져야 한다. 이러한 화물선적으로부터 판매에 걸리는 시간은 선적의 형태에 따라 몇 주로부터 몇 달까지도 될 수 있다. 이때 재무책임자는 금융기관으로부터 신용을 공여받을 수 있다.

이 예에서 우리나라 수출상은 독일 수입상에서 외상매출금을 개설하여 줌으로써 재무적 책임자를 독일 수입상으로 확정하여 신용을 공여받도록 협정을 할 수도 있고, 또는 독일 수입상이 우리나라에서 선적시 대금을 지불하고 자사의 일반재고 금융계획에 따라 신용을 공여받을 수도 있다. 이 경우 외환시장의 운영은 채무자에게 신용공여를 가능하게 하는데, BA(Bankers Acceptance)나 L/C(Letter of Credit) 등을 이용하여 거래를 금융지원하게 된다.

(3) 환위험의 최소화(minimizing foreign exchange risk)

국제무역 및 자본거래에서 누구도 환율변동의 위험을 부담하기를 원하지 않는 것이 보통이다. 대부분의 기업이나 투자가들은 환율이 변동하여 기대이익에 예상 밖의 변화가 일어나는 것보다는 환율변동의 위험을 제거하여 정상적 영업이익을 확보하기를 원한다. 외환시장은 선물이나 옵션과 같은 파생금융상품을 이용하여 이러한 환율위험을 타인(투기자)에게 전가하는 헤지수단을 제공하는데, 이에 대하여 나중에 상술하기로 한다.

2. 외환시장의 구조

만약 세계에 유통되는 통화가 한 가지뿐이라면 외환시장은 필요없을 것이다. 그러나 실제로는 수많은 통화가 존재하고 있어 국제무역 및 자본거래에 많은 제약을 가져온다. 따라서 이와 같은 제약을 제거하기 위한 중개역할을 하는 외환시장은 필요하다.

외환시장은 일종의 장외시장(OTC : Over The Counter Market)이다. 즉 외환거래자들이 한 곳에 모여 통화를 교환하는 구체적인 시간이나 장소가 있는 것이 아니다. 외환을 거래하는 사람들은 전세계를 망라하는 은행간 통신망을 이용하여 거래를 하게 되므로 주요 은행의 사무실에서 컴퓨터 터미널, 전화, 텔렉스 등을 이용하게 된다. 예를 들어 뉴욕에 있는 은행의 외환거래자가 런던의 외환거래자와 달러를 파운드화로 교환하고자 한다면 먼저 전화로 협의하여 가격을 결정한다. 그리고 나서 두 거래자는 은행의 컴퓨터 등을 이용하여 거래업무를 하게 되는데, 실질적인 통화의 이동은 거래자에게는 문제가 되지 않으며 따라서 거래는 몇 초밖에 걸리지 않는다. 실질적인 통화의 이동메커니즘은 나중에 두 은행이 서로에게 거래의 세부상황에 대한 메시지를 보내고 거래의 결제를 함으로써 이루어지게 된다. 이 경우 뉴욕의 은행은 달러표시예금을 런던으로 양도하고 런던의 은행은 반대로 파운드표시예금을 뉴욕으로 양도함으로써 거래를 청산한다.

이러한 외환의 교환은 전적으로 전자기기에 의한 메시지의 교환형태로 이루어지는 것으로, 주로 통신망을 통해 이루어지게 된다. 이러한 국제외환거래에서 가장 중요한 통신망으로는 세계은행간 금융통신(SWIFC: Society for Worldwide Interbank Financial Communication)이 있다.

외환시장은 거의 24시간 동안 개장을 하고 있다. 그것은 각 외환시장의 영업시간이 세계적으로 보면 서로 중복되어 한 외환시장의 거래시간이 끝나면 다른 외환시장을 통하여 외환거래를 연속적으로 할 수 있기 때문이다. 실제로 외환시장은 런던이나 뉴욕, 취리히, 파리, 암스테르담, 도쿄, 토론토, 밀란, 프랑크푸르트 등 다수의 도시에 산재해 있다. 따라서 비록 우리나라의 외환시장이 장을 마감하고 있는 시간이라도 세계 각국의 외환시장이 문을 열고 있는 시간이 겹쳐지기 때문에 세계 어느 나라인가의 외환시장은 영업을 하고 있는 것이다.

예를 들어 우리나라의 외환시장이 문을 닫는 오후 3시가 홍콩시간으로는 오후 2시이기 때문에 3시 이후라도 홍콩의 외환시장을 통해 외환거래가 가능하다. 또 홍콩시장이 문을 닫는 오후 3시(한국시간 오후 4시)에 싱가포르는 오후 1시이기 때문에 역시 거래를 계속할 수 있다. 싱가포르에서 오후 3시가 되면 바레인은 정오가 되고 바레인 외환시장이 문을 닫는 오후 3시에 프랑크푸르트와 취리히는 정오가 되고 런던은 오전 11시가 된다. 런던이 오후 3시가 되면(한국 시간 자정) 뉴욕은 오전 10시가 되고 뉴욕이 오후 3시가 되면 로스엔젤레스는 정오(한국시간 오전 5시)가 되며 로스엔젤레스가 3시가 되면 시드니는 다음날 오전 9시가 된다. 이런 식으로 세계의 외환시장은 시차로 인해 개장시간이 겹쳐지기 때문에 24시간 언제나 거래가 가능하도록 되어 있는 것이다. 이렇게 24시간 외환거래가 가능하지만 세계의 주요 외환시장으로는 런던과 뉴욕 그리고 동경의 시장을 들 수 있다. 세계 외환거래의 60%가 이 세 시장에서 이루어진다. 나머지 거래 중 20% 정도는 취리히와 싱가포르 그리고 홍콩에서 이루어지고 있다.

[그림 8-1]은 일반적인 외환거래의 경로를 도시하고 있다. 즉 고객이 외환거

래의 필요성을 느끼게 되면 자기의 거래은행에 요청을 하게 되는데, 거래 은행이 직접 외환거래를 하지 않을 경우 그 은행은 다시 대규모의 주요은행을 통해 거래를 하게 된다. 외환거래를 하는 주요 은행들간에는 거래를 연결시켜 주는 중개상으로서 외환브로커(foreign exchange broker)가 존재한다. 이들 주요은행간 유통시장에서는 즉시 외환의 인도 · 인수를 조건으로 하는 현물환거래(spot transaction)나 미래의 특정시점에서 외환의 인도 · 인수를 조건으로 하는 선물환거래(forward transaction)가 성행한다.

또한 이러한 주요 은행간 유통시장 외에 시카고의 IMM(International Monetary Market), 런던의 LIFFE(London International Financial Futures Exchange), 필라델피아의 PSE(Philadelphia Stock Exchange) 등에서는, 양도할 수 있고 유동성이 높은 금융상품인 통화선물(foreign exchange futures)이나 옵션 등이 주로 거래된다. 이들 시장에서는 거래가 주로 증권브로커들을 통하여 이루어지게 되며 증권거래소와 같이 정해진 장소와 영업시간을 가지고 있다.

외환시장은 주요 은행간/도매시장(interbank or wholesale market)과 대고객/소매시장(client or retail market) 등 2단계로 구성되어 있다. 주요 은행간 시장이란

[그림 8-1] 외환시장의 구조

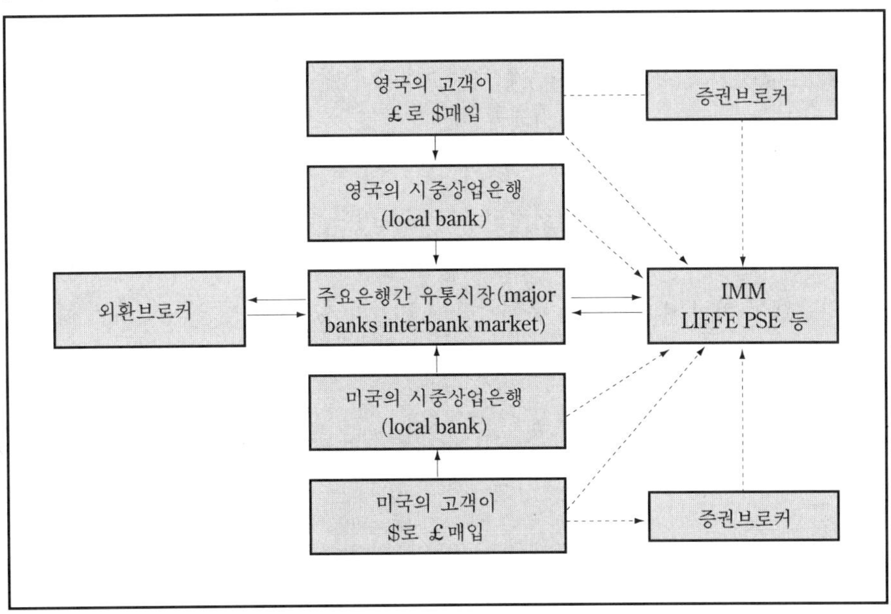

주요 은행들 사이에서 외환거래가 이루어지는 것으로서 수평적 외환유통이 이루어지게 되며, 거래규모는 수백만달러에 이르는 것이 보통이다. 이에 반해 대고객시장이란 개별고객이 자신의 거래은행이나 또는 주요 은행과 외환거래를 하는 것으로서 수직적 외환유통이 이루어지게 되며, 일반적으로 소액의 외환거래, 심지어는 1달러의 외환거래도 이루어지게 된다. 외환시장의 참가자는 이러한 두 계층의 시장에서 다음과 같은 여러 부류로 나누어져 활동을 하게 된다. 이들의 기능과 특성은 다음과 같다.

(1) 은행/비은행 외환딜러(bank and nonbank exchange dealers)

은행이나 소수의 비은행 외환딜러는 주요 은행간 및 고객시장 양쪽에서 활동한다. 이들은 매입(bid)가격으로 외환을 매입하여 이보다 조금 높은 매도(ask)가격으로 이를 매각함으로써 이윤을 얻는다. 전세계에 걸친 딜러들간의 경쟁은 매입과 매도가격의 차이인 스프레드의 폭을 작게 함으로써 외환시장을 효율적으로 만들게 된다.

대규모 국제은행의 외환부서에 속한 딜러들은 시장조성자(market maker)로서의 기능을 수행하게 된다. 그들은 언제나 통화의 매입 · 매각에 응할 준비를 하고 있으며 따라서 외환잔고 포지션을 주의하여 관리한다. 반면에 중소규모의 은행은 외환잔고 포지션의 유지 대신에 자신의 고객들과의 소매거래를 상쇄하는 차원에서 규모가 큰 은행과 연속적인 거래를 한다.

주요 은행간 거래의 상당부분은 거래의 직접적 관련자가 아닌 외환브로커에 의해 성사되는 경우가 많다. 독립적인 외환브로커는 계약이 성사될 때까지 은행의 이름을 상대은행에게 알려 주지 않고 거래를 할 수 있도록 해준다. 최근 뉴욕의 미국중앙은행이 미국 내의 119개 은행기관과 10개의 외환브로커를 대상으로 설문조사를 한 결과 주요 은행간 외환거래의 56%가 외환브로커에 의해 중개되고 있음이 알려졌다.

(2) 국제무역 및 자본거래를 하는 개인이나 기업

무역 및 자본거래의 수행을 원활하게 하기 위해 외환시장을 이용하는 개인이나 기업들로서는 수입업자, 수출업자, 국제포트폴리오 투자가, 다국적기업, 그리고 해외여행자 등이 있다. 이들의 외환시장 이용은 무역 및 자본거래 목적에 따라 필요에 의해 이루어진다. 또한 이들 참가자의 대부분은 환위험을 헤지하기 위해 외환시장에 참가하게 된다.

(3) 투기자 및 차익거래자(speculators and arbitragers)

투기자나 차익거래자들은 시장 자체 내에서의 단기적 거래를 통해 이윤을 추구한다. 그들의 거래동기는 고객에게 서비스를 제공하거나 시장의 계속성을 확보하기 위하여 활동하는 딜러와는 달리 자신의 이해를 추구하는 것이다. 딜러가 주로 매입과 매도가격의 차이인 스프레드에서 이윤을 추구하는 데 반해 투기자는 가격수준의 변동에 편승하여 이윤을 추구한다. 한편 차익거래자들은 시장간에 일시적으로 생긴 가격차를 이용하여 이윤을 추구한다.

투기나 조정행위의 상당 부분이 은행을 대표하는 외환부서의 거래자에 의해 수행된다. 그래서 은행은 외환딜러로서 그리고 투기자 및 차익거래자로서의 역할을 모두 수행한다. 은행들은 이러한 투기행위를 투기라고 하지 않고 좀더 적극적인 투자행위라고 주장한다.

(4) 중앙은행 및 재무부

각국의 중앙은행이나 재무부는 환율조정과 외환준비금의 관리를 위해 외환시장에 참여한다. 이들은 국가적인 차원에서의 정책이나 의무 때문에 자국 통화가치의 관리를 위한 활동을 하여야 한다. 이들의 시장참가 동기는 이윤추구에 일차적 목표가 있다기보다는 자국민의 이익을 도모하기 위한 방향으로 환율을 조정하는 데 있으므로 때로는 자발적으로 외환거래를 통해 손실을 보는 경우도 있다.

3. 우리나라의 외환시장

(1) 우리나라의 환율제도

우리나라의 환율제도는 제 2 차 세계대전 이후 오늘날에 이르기까지 많은 변화를 거쳐왔다. 해방 이후 ₩0.015/$를 공정환율로 한 고정환율제도를 유지해 오다가 1960년대에 이르러 국민경제 개방체제화에 따라 단일변동환율제도로 전환되었다. 이후 환율제도는 경제규모의 확대와 환율의 국제수지 조절기능을 제고하기 위하여 1980년대 초에 복수통화바스켓에 의한 변동환율제도로 변화되었다. 1980년대 후반에 국제수지 흑자규모 확대로 인해 외국(특히, 미국)으로부터 외환조작의 비난을 받기 시작하고 금융과 경제의 국제화가 진전됨에 따라 1990년 3월부터 시장평균환율제도를 도입하였다. 우리나라 환율제도의 변화에 따른 내용을 살펴보면 다음과 같다.

1) 고정환율제도(해방 직후~1964)

해방 직후 우리나라의 환율제도는 공정환율이 1달러에 0.015원으로 책정된 고정환율제도였다. 그 후 일반수출업무가 개시된 1947년에 환율은 1달러에 0.05원으로 인상되었고 1948년에는 0.45원으로 인상되었다. 이 후 단일변동환율제도가 채택된 1964년 5월까지 고정환율제도가 유지되었고, 이 기간 동안 지속되는 인플레이션으로 인한 명목환율과 실질환율의 차이를 조정하기 위해 사후적인 평가절하가 10차례나 있었다.

2) 단일변동환율제도(1964~1980)

앞에서 언급한 바와 같이 고정환율제도 하에서의 사후적인 조정을 통해서는 환율이 가진 외환의 수요와 공급에 따른 가격기능을 제대로 수행할 수 없었다. 또한 경제개발계획의 시작과 함께 경제가 개방체제로 이행되자, 우리나라 환율제도는 대내외적 여건변화에 대응할 필요성이 더욱 커지게 되었다. 이에 따라 환율제도는 1964년 5월에 1달러당 130원을 공정환율로 하고, 1달러당 225원을 하한선으로 하는 미국달러화에 의한 단일변동환율제도로 변화되었다.

이 제도는 실질환율과 거리가 있는 공정환율을 외환증서의 수급상황에 따라 결정되는 시장환율을 기준으로 하여 조정하는 것으로 환율을 시장가격에 의해 움직이게 하려는 시도였다고 볼 수 있다. 변경된 제도 하에서의 환율에는 기준환율과 시장률, 외국환대고객매매율 및 한국은행집중률 등이 있었다. 기준환율은 1974년 12월 환율인상시 480원으로 인상되었고 이것이 모든 외환매매율의 하한선이 되었다.

3) 복수통화바스켓에 의한 변동환율제도(1980~1990)

단일변동환율제도 하에서의 환율은 미국달러화의 수급에 의해 변동되도록 되어 있었으나 실질적으로 환율은 고정되어 있었다. 또한 높은 인플레이션과 석유파동 등으로 인해 사후적으로 대폭의 평가절하를 통해 환율을 변동시키는 방법으로 운영되어 왔다. 따라서 1980년대 이후에는 미국달러화뿐만 아니라 기타 통화도 환율에 반영시킴으로써 환율이 점진적으로 실질환율에 의해 변동되도록 하는 복수통화바스켓페그(Peg)제도를 채택하였다.

복수통화바스켓페그제도는 은행간 환율 및 대고객환율 등 모든 환율결정의 기준이 되는 한국은행 집중기준율을 세계 주요 국가의 통화량과 교역량, 국내외 금리차, 그리고 국제수지 전망 등을 고려하여 결정하는 것이다. 이 방법은 환율을 결정하는데 여러 통화를 고려함으로써 안정적이며, 교역 상대국과의 경쟁력을 반영하면서 점진적으로 실세환율을 조정할 수 있다는 장점이 있다. 이로 인해 1980년대 후반에 환율의 안정과 적정규모의 국제수지 흑자를 유지할 수 있었다.

그러나 환율의 결정에 있어서 우리나라 외환시장의 수급현황을 반영시키지 못하는 단점을 갖고 있었으므로 외환수급의 불균형으로 인한 환율의 조정에 있어서 한국은행의 개입이 불가피하였다.

4) 시장평균환율제도

복수통화바스켓페그제도는 앞에서 살펴본 대로 우리나라 외환시장의 수급상황을 정확히 파악하지 못하는 단점이 있으므로 1990년 3월 시장평균환율제도를 도입하게 되었다. 이 제도는 모든 외국환은행이 외환시장에서 은행간에 거래한 원/달러(₩/$) 현물환 거래환율을 거래량으로 가중평균하여 시장환율을 결정하는 방식이다. 미국달러화 이외의 기타 통화환율은 미국달러화의 국제시장환율에 의해 결정된다.

시장평균환율의 결정방식을 알아보기 위하여 2002년 7월 5일 하루 동안의 은행간 환율과 거래량이 다음과 같이 주어져 있다고 가정해 보자.

은행간 환율	거래량	거래금액(환율×거래량)
₩1,215/$	₩1,000,000	1,215,000,000
₩1,218/$	₩3,000,000	3,654,000,000
₩1,123/$	₩1,500,000	1,684,500,000
₩1,220/$	₩2,500,000	3,050,000,000

이 경우 시장평균환율은 총거래금액을 총거래량으로 나누어서 계산할 수 있다. 즉 아래와 같은 계산을 통해 ₩1,200.4/$이 된다.

$$\frac{1{,}215+3{,}654+1{,}684.5+3{,}050}{1+3+1.5+2.5}=1{,}200.4$$

이러한 시장평균환율제도는 외환시장에서의 수급상황을 고려하여 환율을 결정하게 되므로 시장원리를 잘 반영하고 있다. 시장평균환율제도의 도입 후에도 1997년 이전에는 환율의 일일변동폭에 상·하한을 두고 운영되어 정책당국의 개입이 허용되어 있으므로 순수한 의미에서의 자유변동환율제도라 볼 수 없었다. 그러나 1997년 12월부터는 환율의 가격기능 제고와 외환시장의 활성화를 위하여 하루 중의 환율변동폭 제한을 폐지함으로써 자유변동환율제도로 전환하여 현재에 이르고 있다.

(2) 우리나라의 외환시장

외국환은행은 고객과의 외환거래에 있어서 수동적인 입장에 서게 되며 일반적으로 대고객 매입량과 매도량이 일치하지 않기 때문에 외환포지션[1]이 발생하게 된다. 외환포지션은 환율변동에 따라 환리스크에 노출되게 되므로 외국환은행은 은행간 외환시장을 통하여 포지션을 조정하게 된다.

외국환은행의 포지션 증가(감소)는 원화자금의 은행으로부터의 유출(유입)을

1) 외환포지션은 외환매입액과 매도액의 차이를 말하며, 일정 시점에 있어서 외화표시 자산과 외화표시 부채의 차이로 정의되기도 한다. 일반적으로 외국환 포지션은 외환위험에 노출된 정도를 나타낸다.

초래한다. 우리나라의 외환제도는 아직도 외환집중제를 시행하고 있는데 그 대표적인 것으로 외국환은행의 외환포지션을 규제하고 있다. 우리나라는 매 영업일 잔액을 기준으로 종합포지션(현물환+선물환포지션) 관리제도를 채택하고 있고 현물환 매각초과한도를 추가하여 규제하고 있다. 이러한 규제는 기본적으로 해외자금의 유입에서 발생하는 통화량 증가요인을 억제하기 위한 목적이라 할 수 있다. 현재 '외국환관리법'에 의해 정해져 있는 우리나라 외국환은행의 포지션 한도는 외국환은행의 자기자본을 기준으로 산정되며, 종합매입포지션 한도는 전월말 자기자본의 15%, 종합매도포지션 한도는 10%로 제한되고 있다.

우리나라 외환시장은 1990년 2월까지 환율결정에 있어서 중앙은행의 영향이 절대적이었으나 1990년 3월 2일부터 시장평균환율제도를 시행하여 외국환은행간 시장인 협의의 시장에서 대미달러환율이 전날의 시장평균환율에서 0.4%를 상하한으로 자유롭게 변동하게 되어 외환시장의 면모를 갖추기 시작했다. 그 후 1991년 9월에는 일일환율변동 허용폭을 0.6%로, 1992년 7월부터는 0.8%로, 1993년 10월부터는 1.0%로, 1994년 11월부터는 1.5%로 각각 확대해 왔다. 1997년 12월 이후에는 변동폭 제한을 철폐함으로써 자유변동환율제도로 이행하게 되었다.

우리나라의 선물환거래는 1968년에 처음 제한적으로 허용되었으나 거래는 없었다. 그 후 1997년에 무역업자에게 지정통화에 한하여 외국통화간 선물환매매를 허용했으며 1980년에는 복수통화바스켓제도의 도입에 따른 환위험회피를 위해서 원화와 외국통화간 선물환거래의 활성화 조치를 취했다.

그 후, 대상거래, 계약기간, 대상통화 등에 대한 완화조치가 있었다. 실수요거래증빙도 완화되어 1992년 9월 1일부터는 건당 300만 달러 이하의 거래까지 실수요증빙의 사후제출 가능범위를 확대하였으며 1993년 4월 1일부터 금액한도를 폐지하여 모든 거래에 대해 실수요 증빙의 사후제출이 가능토록 하였다. 현재 고객과 외국환은행 또는 외국환은행간의 장외거래에는 선물환거래의 계약기간 및 금액에 제한은 없으나 금융결제원 자금중개실을 통한 원화와 미국달러화간의 선물환의 경우 최단기 2일물에서 최장기 1년물까지 13종의 계약기간이 있으며 거래금액도 최소 50만달러 이상 10만달러 단위로 하기로 되어 있다. 외국에서는 현물환의 결제가 2영업일로 되어 있으나 우리나라의 경우 1996년 2월 1일부터 당일물(value today)과 익일물(spot-next)까지를 현물환거래로, 제 3 영업일부터는 선물환거래로 분류하고 있다.

제 9 장 국제통화제도

국제통화제도란 환율을 결정하고 국가간의 경상 및 자본거래를 원활하게 하며 국제수지 조정이 가능하도록 하기 위해 만들어진 결제제도를 의미한다. 국제통화제도는 각국의 관행이 일치함으로써 자연스럽게 형성되거나 국가간의 협정에 의해 만들어질 수 있다. 다시 말해서 국내의 화폐제도와 마찬가지로 어떤 통화가 국제적으로 통용되기 위해서는 세계경제를 구성하는 구성원, 즉 세계 각국에 의해 그 가치와 기능이 인정되어야 한다. 또한 각국 통화간의 교환비율(환율)을 정할 경우 기축통화로서 역할을 수행할 수 있도록 가치의 안전성이 필요하다. 그리고 이러한 질적인 요건 외에 세계경제의 성장과 무역신장을 뒷받침할 수 있을 정도로 충분히 공급되어야 한다는 양적인 요건이 충족되어야 한다. 국제통화는 일반적으로 통화가 가지는 교환의 수단, 구매력의 저장수단, 채무지급연기의 표준 및 계산단위로서의 기능을 가지고 있어야 한다.

국제통화제도의 목적은 국제적 교역확대와 균형성장을 통한 국제적 완전고용의 달성, 실질소득 증대 및 생산자원의 개발촉진 등이라고 볼 수 있다. 그러나 이러한 목적은 각국의 내부균형과 상충되는 경우가 많다. 따라서 국제균형과 국내균형의 조화를 이루기 위해서, 국제통화제도는 우선 국제유동성의 적절한 공급을 통한 국제거래의 원활한 결제수단을 제공해야 하고 충격을 최소화하면서 신속하게 국제수지 불균형을 시정할 수 있어야 한다.

이러한 국제통화제도는 고전적인 금본위제도부터 세계 1차대전 전의 금본위제도, 세계 1·2차대전 사이의 급격한 환율변동, 세계 2차대전 후의 브레튼우즈(Bretton Woods) 협정에 의해 설립된 국제통화기금을 중심으로 한 금환본위제도 등의 고정환율제를 중심으로 다양하게 변화하여 왔다. 그러나 1970년대 초 이후 브레튼우즈 협정이라는 고정환율제도의 붕괴 이후 세계 각국은 변동환율제도를 채택하고 있다. 본절에서는 이렇게 다양하게 변화해 온 국제통화 제도의 변천과정을 살펴보기로 한다.

1. 금본위제도

(1) 고전적 금본위제도(classical gold standard system):1821～1914

금은 저장성, 내구성, 간편성, 식별의 용이성, 희귀성, 분할성 등의 여러 가지 특성 때문에 B.C. 3000년경의 파라오시대부터 교환 및 가치저장의 수단으로 사용되어 왔다. 그 후 19세기의 자유무역시대에 국제교역의 급속한 팽창으로 인하여 국제적인 결제를 위하여 보다 공식화된 체제가 필요하게 되자 금본위제도가 성립하게 되었다. 금본위제도란 일정한 양의 금에 자국통화의 가치(par value)를 고정시킴으로써 국제적인 결제를 가능하게 하는 통화제도를 말한다. 비록 오늘날과 같은 다자간협상을 통한 것은 아니었지만, 1816년 세계무역과 금융의 중심지였던 영국을 필두로 유럽 여러 국가와 미국(1873), 러시아(1896), 일본(1897) 등이 차례로 금본위제도를 채택하게 되었다.

금본위제도는 각국의 통화가치를 일정량의 금에 고정시키는 고정환율제도로서 금화의 무제한 주조와 자유로운 수출입이 허용되며, 지폐나 예금통화 등의 자유로운 태환이 가능한 제도이다. 이 제도는 경제는 항상 완전고용, 완전경쟁 상태이며 통화공급은 중앙은행의 금보유량과 비례하고 물가는 통화공급량과 비례한다는 고전학파의 화폐수량설적 이론을 기초로 하고 있다.

이에 따라 금본위제도하에서는 환위험의 유발없이 국제수지의 조정이 자동으로 이루어지게 된다. 그 이유는 국가간 금의 유출입 자체가 국내 물가 또는 국내 소득에 변화를 유발하는 형태로 이루어지기 때문이다. 이와 같은 조정기능을 고전이론에서는 물가-금화유출입기능(the price-specie-flow mechanism)이라 부르며, 근대이론에서는 소득변화기능(income change mechanism)이라 부른다.

이와 같은 현상을 예를 들어 살펴보자. 미국에서 금생산 이외의 부분에서 생산성의 향상이 이루어졌다고 하자. 이때 미국에서는 금에 대한 다른 재화나 용역의 상대적 가격이 낮아지게 된다. 즉 미국의 물가수준이 낮아지게 된다. 그렇게 되면 미국이 수출하는 재화의 가격이 다른 국가에서 수입되는 재화의 가격보다 낮아지게 되고, 상대적으로 가격경쟁력이 향상되어 수출은 증가하고 수입은 감소하게 된다. 따라서 국제수지흑자를 기록하게 된다. 이 경우 발생하는 미국의 국제수지흑자만큼 미국으로 금의 유입이 이루어지게 되며, 상대적으로 다른 국가에서는 금의 유출현상이 나타나게 된다.

금본위제도에서 금의 양은 통화량을 의미한다. 따라서 미국은 금보유량의 증가로 인하여 통화공급이 증가하게 되고 물가수준이 상승한다. 다른 국가의 경우 반대로 금보유량의 감소로 물가수준이 하락하게 된다. 이와 같은 상쇄효과가 계속 나타날 때 궁극적인 국제적 균형상태에서는 미국에서의 생산성 향상으로 인한 재화나 용역의 총공급이 금의 총공급에 비해 상대적으로 증가하게 되었으므로 각국의 가격수준이 조금씩 떨어지는 결과가 나타난다. 이와 같은 조정과정을 거쳐 금본위제도는 장기적인 국제가격의 안정을 가져올 수 있었다.

19세기에 운영된 이러한 국제금본위제도는 자유무역체제의 근간으로서 국제수지의 자동조절과 국내 물가의 상대적 안정에 기여함으로써 세계경제의 균형적 성장 및 안정화에 중요한 역할을 하였다. 그러나 이러한 금본위제도의 주요 기능은 금의 생산량과 안정적인 분배에 지나치게 의존한다는 점에서 한계를 드러내게 되었다.

(2) 금환본위제도(gold exchange standard) : 1925~1931

20세기에 들어서면서 세계경제 및 무역규모의 급격한 확대에 따라 결제수단으로 사용되던 금의 생산량이 한계에 부딪치게 되었다. 또한 미국의 일방적인 국제수지흑자로 인해 금의 편재현상이 일어나게 되어 금본위제도의 기능이 흔들리기 시작했다. 더욱이 1914년 세계 1차대전의 발발로 인해 금의 자유로운 수출입 및 태환이 어려워지자 금본위제도는 전면적으로 붕괴되었다.

금본위제도의 붕괴 이후 관리신용화폐제도(managed fiduciary money)가 잠시 뒤를 이었으나 다시 1925년부터 1931년까지 짧은 기간동안 고전적 금본위제도에서 다소 변형된 금태환본위제도가 성립되었다. 이 제도 아래에서 각국은 화폐발행에 대한 준비금으로 금뿐만 아니라 미국의 달러나 영국의 파운드화를 보유할 수 있게 되었다. 다만 미국과 영국은 준비금으로 금만을 보유할 수 있었다.

금환본위제도는 금본위국의 통화를 토대로 다시 통화를 발행하는 형식이므로 금의 부족현상으로 발생되는 문제점들은 해결할 수 있었다. 그러나 이 제도는 통화를 준비금으로 하여 다시 통화를 발행할 수 있으므로 인플레이션이 발생할 소지가 있었다. 또한 금본위제도에서와 같은 국제수지조정기능도 적용되기 힘들다는 문제점도 있었다.

금환본위제도의 이러한 문제점은 1929년의 세계대공황으로 인해 가시적으로 드러나게 되었으며, 마침내 1931년 9월 영국이 막대한 금과 자본의 유출에 직면하여 금태환을 정지한 데 이어 프랑스, 미국 등도 연이어 이를 정지함으로써 전면적으로 붕괴되고 다시 관리신용화폐제도로 복귀하게 되었다.

2. 브레튼우즈 체제: 1946~1971

(1) Bretton Woods 체제의 성립과 그 운용

1930년대의 세계적인 대공황이 일어나자 각국은 관리신용화폐제도를 채택하여 무역 및 외환의 직접관리를 시도하였다. 이를 통해 수출증대 및 수입 억제를 꾀함으로써 국내 경제회복에 박차를 가했다. 그러나 각국이 연쇄적으로 무역 및 외환관리를 강화하게 됨에 따라 환율의 경쟁적 평가절하로 인해 외환시장은 붕괴의 위기에 처하게 되었다. 한편 국가들간에는 쌍무주의와 블록주의가 팽배하였고 근린궁핍화정책의 만연으로 무역량이 현저하게 감소하였다. 이 가운데 각국은 새로운 국제경제질서의 모색을 추구하던 중 영국의 '블록경제주의'와 독일의 '유럽광역경제주의'가 대립되면서 급기야 세계 2차대전을 맞게 되었다.

일반적으로 세계 2차대전의 종전을 국제금융체제의 시발점으로 잡는다. 이러한 현대국제금융의 변혁의 장을 연 것이 1944년 7월 미국 뉴햄프셔의 브레튼우즈에서 44개국이 참가한 가운데 열린 '연합국통화금융회의'(International Monetary and Financial Conference of the United and Associated Nations)이다. 이 회의에서는 대공황 및 세계 2차대전으로 황폐화된 국제경제질서를 구출하고 새로운 국제통화제도를 수립하기 위한 여러 가지 안(案)이 심의되었는데, 그 중 대표적인 것이 일명 케인즈안이라고 부르는 영국의 '국제청산동맹'(International Clearing Union)안과 화이트안이라고 부르는 미국의 '연합국안정기금'(International Stabilization Fund)안이다.

이 두 가지 안의 목적은 모두 자유주의적이고 진취적이었다. 이들 두 안의 기본철학은 유사한 점이 많은데, 두 안 모두 다각적 무역의 이점을 신봉하고 각국의 쌍무주의나 직접적 환관리조치 등을 억제하고 신용공여를 통하여 국제수지의 불균형을 완화·조정함으로써 안정적인 환율체제를 구축하는 데 목적을 두었다. 그러나 두 안은 미국과 영국, 나아가 채권국과 채무국의 상충된 이해관계를 반영한 것으로 여러 가지 차이점을 내포하고 있었다.

케인즈안이 국내 고용 및 전후 청산문제 해결과 국제신용조건 완화 등 채무국인 영국의 입장을 대변한 데 반하여, 화이트안은 국제수지적자에 직면시 해당 국가 정부의 어떠한 처방이나 조치를 자유화하는 것보다는 다각주의 및 무차별주의 필요성에 더욱 역점을 두어 채권국인 미국의 입장을 대변하였다. 즉 채무국으로서 영국이 채무국의 무역적자 해소뿐 아니라 채권국의 국제수지흑자를 감소시키기 위한 조치를 취할 필요성이 있음을 강조한 데 반해, 채권국인 미국은 채무국이 국제수지적자를 제거하기 위해 국내 경제를 자체적으로 조정해야 한다는 채무국의 의무만을 강조하였다. 결국 케인즈안이 세계경제의 완전고용과 성장을 추구한 반면 화이트안은 세계경제의 안정을 중시했던 것이다.

이 두 가지 안에 대한 토의와 검토가 30개국 전문위원회에 의해 1년여에 걸쳐 이루어진 결과 절충안이 마련되었는데, 이것이 1944년 4월에 발표된 국제통화기금(IMF: International Monetary Fund) 원안인 '국제통화기금설립에 관한 전문가의 공동성명'으로 이는 당시 막강한 경제력을 갖추고 있던 미국의 화이트안의 수정안이라고 할 수 있다. 이 안은 같은 해 7월 브레튼우즈 회의에서 재검토·조인되었으며, 다음 해인 1945년 12월 27일 35개국의 비준을 거쳐 정식으로 발효되었다. 브레튼우즈 협정이라고도 하는 IMF협정은 1946년 3월 미국 조지아주 사반나에서 개최된 IMF세계은행 창립총회를 거쳐 1947년 3월 1일부터 IMF가 업무를 개시함으로써 그 체제가 확립되었다.

브레튼우즈 체제는 미국의 경제력과 달러화에 대한 절대적 신용을 바탕으로 일종의 금환본위제를 채택하여 각국은 자국통화의 환평가를 금 또는 달러화로 표시하도록 하고 이를 유지하도록 요청하였다. 이 협정에 따르면 금 1온스가 미화 35달러에 해당하였는데, 각국 통화를 금에 대해 고정시킨다는 것은 결국 달러화에 대해 환율을 고정시킨다는 것을 의미하였다. 예를 들어 독일의 마르크화는 금 1/140온스와 등가를 이루고 있었으므로 이는 곧 마르크화가 0.25달러(35/140)의 가치임을 의미하는 것이었다. 또한 브레튼우즈 체제는 1930년대에 경험한 통화의 평가절하 경쟁을 미연에 방지하기 위해 각국 통화 당국은 외환시장에서 환율을 기준가격의 상하 1퍼센트 내에서 유지하도록 하는 조정가능고정환율제도(adjustable pegged exchange rate system)를 채택했다.

이러한 고정환율제도는 각국 통화당국의 공식적인 외환시장개입에 의해 유지되도록 되어 있었는데, 이는 외환시장에서의 수요 공급상황으로 인해 환율이 협정된 기준가격에서 이탈할 경우 각국의 중앙은행이 자국통화의 수급조절을 위해 달러를 매입·매각하는 형태를 취하는 것이다. 이러한 개입과정에서 통화당국에 의해 획득된 달러화는 1온스에 35달러라는 고정가격으로 미국 재무부에서 금으로 언제든지 태환될 수 있었다.

브레튼우즈 체제의 이러한 기술적 측면은 이 체제에 참여하는 모든 교역국가들에 실질적 측면에서 시사하는 바가 매우 크다. 원칙적으로 환율안정은 국제무역 및 자본거래에 있어서는 많은 불확실성을 제거해 줌으로써 모든 참여국가의 이익을 신장시키는 데 기여했다. 예를 들어 특정국가 A가 어떤 사유로 인해 교역상대국들보다 더 높은 인플레이션을 기록하게 되었다 하자. 이럴 경우 국가 A는 고정환율제도하에서 자국생산재화의 가격이 상대적으로 비싸지게 되므로 국제수지적자가 발생하게 된다. 국제수지적자의 필연적 결과로 외환시장에서 A국의 통화공급은 늘어나게 되고 이러한 초과공급은 국가 A의 통화가치의 평가절하를 가져오게 된다. 여기서 국가 A는 외환시장에 개입하는 것이 보통인데, 이 경우 국가 A는 대외지불준비금으로 자국통화의 초과공급량을 매입함으로써 결과적으로 국내 통화공급을 줄이게 된다. 이러한 결과로 국가 A의 인플레이션은 자연히 감소되기 시작하고 결국 물가수준은 다시 여타 세계와 안정적인 균형을 이루게 된다.

이러한 안정화조정은 구조적 불균형의 경우에 한해 IMF와의 사전협의를 거쳐 기준가격의 상하 10퍼센트 범위 내에서 허용되었다. 그러나 25년간의 운용기간 동안 과연 어떠한 경우가 구조적 불균형인지 그 적절한 정의가 규정되지 못하였고 각국은 환율변경이 가져올 막대한 정치적 손해를 인식하여 이를 이용하는 것을 꺼리는 경우가 많았다.

이상과 같은 기본골격의 브레튼우즈 체제는 결국 미국이 기축통화국으로서 국제유동성을 공급하고 나머지 국가들은 단기 국제수지적자에 대비하여 달러화로 대외준비자산을 보유하게 됨으로써 미국의 국내 통화에 불과했던 달러화의 통용범위가 국제적으로 확장되는 결과를 가져왔다. 그리하여 브레튼우즈 체제 아래서의 환율안정의 유지는 대체로 미국경제의 건전성에 의존하게 되었다. 과거 세계적 경제혼란의 반성에서 성립된 브레튼우즈 체제는 성립 이후 약 20여년간 세계무역신장과 경제발전에 기여한 바가 컸으나 체제 자체가 갖고 있는 모순성으로 인해 문제점이 노출되었다. 즉 미국경제가 호황으로 국제수지흑자를 나타낼 경우 달러화의 공급에 의존하는 국제유동성이 악화될 소지가 있으며, 역으로 국제수지적자로 미국경제가 침체될 경우 기축통화인 달러의 신용이 추락하는 모순이 양립하였다.

브레튼우즈 체제는 국제유동성 공급이 산금량과 기축통화국의 국제수지에 의해 좌우되고 IMF의 신용창출에 의해 보완되도록 하였으나, 화폐용 금의 공급은 절대적으로 부족하였으며 IMF 신용공급은 재원조달에 한계가 있었다. 따라서 기축통화의 국제수지 상태가 국제유동성 수준을 결정하는 가장 직접적 요인이 되었다. 실제로 미국의 국제수지가 흑자를 나타낸 1960년대까지는 실물경제에 상응할 정도의 충분한 국제유동성이 공급되지 않았으나 1960년대 후반 이후 미국의 국제수지가 적자로 돌아서면서 이러한 국제유동성 문제는 해결되었다. 그러나 기축통화로서 달러의 국제적 신용이 크게 흔들리면서 국제통화파동을 일으키게 되었다. 이와 같은 현상을 유동성딜레마라 부른다.

이어서 달러화의 신용이 낮아지면서 대외지불자산으로서의 금의 선호도가 높아져 골드러쉬 현상이 일어나고 보유외환의 구성에 있어서도 종래의 달러화 위주에서 독일 마르크화나 일본 엔화 등 강세통화에 대한 투매현상이 일게 되었다. 여기서 중요한 것은 달러의 금으로의 태환이 성행하게 된 것인데, 문제는 과연 미국이 요청된 달러를 태환할 수 있을 정도의 충분한 금을 보유하고 있느냐는 것이었다. 미국정부는 모든 수단을 동원하여 금 1온스의 기준 가격을 35달러에 고정시키려 하였으나 끝내 이에 실패했으며, 마침내 1971년 8월 15일 당시 대통령이던 닉슨이 달러화에 대한 지불요구쇄도가 한계점에 다다랐음을 확인하고 가격통제 · 수입과징금 등의 달러방위책과 함께 달러화의 금 태환정지를 발표하였는데, 이는 곧 브레튼우즈 체제가 막을 내림을 의미하였다.

고정환율제였던 브레튼우즈 체제가 금본위제의 와해와 더불어 붕괴되었던 주요 원인으로는 다음과 같은 두 가지 이유가 있다.

첫째, 미국에서 일어나 극도의 인플레이션(hyperinflation)이 고정환율제의 유지에 치명타를 입혔다. 1960년대 중반 당시 존슨정부는 격화일로를 걷던 베트남 전쟁에의 재정충당 및 사회복지계획(Great Society Program)을 위한 재원확보를 위해 조세를 이용하는 재정정책대신에 통화발행을 이용함으로써 엄청난 인플레이션이 야기되었다. 이에 따라 미국정부의 모든 노력에도 불구하고 금 1온스에 35달러라는 기준가격의 유지가 어렵게 되었다.

둘째, 서방 주요 교역국, 특히 독일이나 일본 · 스위스 등이 달러본위고정 환율제가 부과하는 미국으로부터 이전된 인플레이션의 수용을 거부함으로써 브레튼우즈 체제의 와해가 가속화되었다. 이들 국가의 인플레이션 수용거부는 곧 이들 3개국 통화에 대한 달러화의 평가절하를 부채질하였기 때문이었다.

(2) 국제통화기금(IMF)의 운용

브레튼우즈 협정에 의해 설립이 비준된 기관으로 국제통화기금(IMF)과 국제부흥개발은행(IBRD) 등이 있다. 전자는 단기적 국제수지 불균형의 조정 및 환율안정을 위한 재정공급을 목적으로 하고 있으며, 후자는 국제적 원조기구로서 경제개발을 위한 장기투자재원의 융자를 설립취지로 하고 있다. IMF는 그 자체가 신용창출능력을 갖지 못하였기 때문에 세계 2차대전 이후의 기대무역패턴을 기준으로 쿼터를 정해 가맹국이 출자한 재원을 통해 성립되었다. 그후 세계무역신장, 가맹국의 증가 등의 상황변화를 거쳐 현재에 이르고 있다. 1997년말을 기준으로 IMF 가맹국은 181개국이며 총 쿼터규모는 1,453억SDR에 이른다. 우리나라는 1995년 8월에 가입하였으며, 쿼터 납입규모는 800만SDR(쿼터 비중 0.55%, 쿼터 순위 36위)에 이르고 있다.

초기의 쿼터는 금과 달러의 기축통화로 25%, 자국통화로 75% 납입되었으며, 각 가맹국은 원래 쿼터의 25%의 금 및 태환가능통화를 1년 내 인출할 수 있었는데(gold tranche), 추가로 총 쿼터의 100%를 이용할 수 있어(credit tranche) 결국 각국은 자국쿼터의 총 125%의 금 및 태환가능통화를 사용할 수 있었다.

그러나 IMF 자체가 Keynes가 설정한 화폐인 bancor와 같은 신용화폐적 기능이 전무하였으므로, 후에 1969년 IMF는 특별인출권(SDR: Special Drawing Right)을 설정하여 신용창출기능을 획득하게 된다. 결국 IMF융자제도는 크게 두 가지로 구성되어, SDR창출에 의해 가맹국의 출자 없이 운영되는 특별인출계정(Special Drawing a/c)에 의한 융자와 가맹국의 출자에 의한 재원을 필요로 하는 일반인출계정(General a/c)에 의한 융자가 있게 되었다.

(3) 스미소니언 협정(Smithsonian Agreement)

미국달러화의 금태환정지로 국제통화질서가 혼란에 휩싸이자 다시 고정환율제를 재건하기 위한 노력이 집중되어, 1971년 12월 17~18일 워싱턴의 스미소니언 박물관에서 선진 10개국(G10: Group of 10)의 재무장관 및 중앙은행 총재회의가 개최되었다. 이 회의에서 스미소니언 협정이 채택됨으로써 브레튼우즈 체제의 수정판이라 할 수 있는 스미소니언 체제가 성립되었다.

스미소니언 협정의 요지는 다음과 같다.

첫째, 금 1온스당 35달러에서 38달러로 미국달러를 7.895% 평가절하하고 이에 준해 다국간 통화평가(parity)를 재조정한다.

둘째, 환율체제는 고정환율제를 유지하되 종래의 금 또는 금태환이 보장된 달러화를 기준으로 하는 대신 보다 신축성 있게 금태환을 상실한 미국달러화를 기준으로 하는 제도를 도입한다.

셋째, 각국 통화의 변동환율폭을 기준율의 상하 각 2.25%로 확대하는 'wider margin제'를 채택한다.

그러나 스미소니언 체제는 오래 가지 못했다. 스미소니언 체제는 브레튼우즈 체제의 모순을 근본적으로 제거한 것이 아니라 일종의 과도기적 잠정체제의 성격을 지니고 있었기 때문이다. 결국 국제수지 불균형문제가 해결되기는 커녕 더욱 가속화되었으며, 출범 6개월만인 1972년 6월에는 파운드화가 투기의 영향을 견디지 못하고 기준율제도를 이탈하여 변동환율제를 채택했다. 미국의 국제수지 역시 개선되지 않았으며 1973년에 다시 세계적인 통화위기를 맞았다. 이탈리아 리라가 이중환율제를 채택하고 뒤이어 스위스 프랑도 변동환율제를 채택하였다. 이어 독일 마르크화와 일본 엔화 등 강세통화에 투기자본이 집중됨으로써 달러화의 실질적 시세하락이 가속화되자 미국은 국제통화 불안의 해소 및 국제수지 개선을 위해

1973년 2월 달러를 금 1온스당 38달러에서 42.21달러로 10% 평가절하하였다.

그러나 이러한 조치는 단순한 미봉책으로서 체제 자체가 안고 있는 근본적인 치유책은 될 수 없어 계속되는 투기적 달러 투매현상으로 대부분의 외환시장이 문을 닫기에 이르렀다. 이러한 결과로 1972년 중반기에 EC 6개국과 덴마크 · 아일랜드 · 노르웨이 · 영국 등이 유럽공동변동환율협정(European Joint Float Agreement)을 체결하였는데 이를 "snake"라 한다. 이에 따라 각국이 자국의 경제상황에 맞추어 자유로운 환율제도를 채택하게 됨으로써 마침내 고정환율제 유지를 목표로 출발한 스미소니언 체제는 출범한 지 채 1년 반도 못 되어 무너지고 말았으며 국제통화제도의 근본적인 개혁이 불가피하게 되었다.

3. 변동환율제: 1973~1979

마침내 태환성을 잃은 달러화를 본위로 고정환율제를 고수하기 위한 최후의 노력이었던 스미소니언 체제가 본질적인 문제점이었던 미국 국제수지의 대규모적자 및 달러의 태환성 회복전망이 불투명해짐에 따라 끝내 좌초되고 말자 국제통화제도에 있어 개혁의 필요성이 각 가맹국에 의해 인식되게 되었다. 실질적으로 1971년의 스미소니언 협정시에도 가맹국들은 국제통화제도에 있어 근본적 체제개혁의 때가 무르익었음을 인식하고 있었으나 어떤 형태의 개혁이 가장 바람직한가에 대해 의견의 일치가 이루어지지 않았다. 몇몇 국가는 고정환율제로의 복귀가 절실함을 주장한 데 반해 대다수의 국가는 관리변동환율제의 형태가 대규모 단기유동자금의 형성이나 달러유출을 관리하기 위해 필요하다고 생각했다. 1972년 9월 IMF는 G10국가를 확장시킨 소위 20개국 위원회(Committee of 20)를 설치하여 1974년 7월까지 국제통화제도의 개편안을 제출하도록 하였다. 그러나 갑자기 들이닥친 석유파동의 위기와 위원회 구성원간의 첨예한 대립 등으로 말미암아 이러한 업무를 수행하는 데 실패하고 해체되었다. 그러나 이는 1976년 자마이카의 킹스턴에서 발족된 소위 킹스턴 체제의 기반을 제공하였다.

자마이카에서 이루어진 협약은 바로 오늘날 국제통화제도의 모체가 되고 있는바, 자마이카 협약의 주요 내용은 변동환율제를 적법화하는 반면 금은 대외지불준비자산으로서의 화폐기능을 상실시킨다는 것이다. 물론 가맹국의 통화당국은 투기에 의해 야기되는 환율의 등락을 평정하기 위해 개입할 수 있다는 단서 조항을 달고 있다.

이러한 소위 킹스턴 체제로 불리는 국제통화제도는 더 이상 고정환율제의 유지가 어려운 현실을 인정하고 SDR본위제로의 점진적 이행을 비준한 것이었다. 또한 IMF신용제도의 확대 및 이용조건의 개선을 통해 개발도상국에 대한 IMF의 국제수지조정 지원기능을 제고하는 데 주력하고 있다. 킹스턴 체제는 원칙적으로 각국에 환율제도 선택권을 부여하는 변동환율제도이나 가맹국에 대해 협조해야 할 일반적 의무를 부여하고 IMF의 감독기능을 강화한 관리변동환율제도(managed dirty float system)이다. 그러나 IMF의 기본이념은 앞으로 세계경제여건이 허용되면 IMF 총투표권의 85% 찬성에 의해 '안정적이면서도 조정가능한 평가제도', 즉 고정환율제의 형태로 복귀할 수 있도록 규정하고 있다.

1976년 킹스턴 체제의 출범으로 국제통화제도의 개혁작업은 일단락되었다고 볼 수 있다. 그러나 과연 이러한 통화체제가 세계경제발전 및 무역확대에 기반이 될 수 있을 것인가에 대해서는 의문의 여지가 있다. 1976년대 초 두 차례의 석유파동은 산유국의 국제수지에 엄청난 변화를 야기하여 1971년 10월 이들 국가의 대외지불준비금이 80억달러에 불과한 데 반하여 1977년 7월 710억달러로 근 9배에 달하는 증가를 보여 주었다. 이러한 국제경제양상의 변화는 국가간 인플레이션과 금리의 격차심화, 국제수지 구조의 변화 및 투기현상 등으로 인해 심각한 환율변동을 유발했다. 한편 이때 미국은 카터행정부의 팽창정책에 따라 GNP신장 및 고용률 증가 등을 기할 수 있었으나, 반면 인플레이션율의 급증, 국제수지 악화 등이 야기된데다 국내 경제목표에 더욱 역점을 두어 달러의 가치유지를 무시하는 정책을 채택함에 따라 달러화는 폭락하게 되어 달러화의 국제신용 하락현상이 나타났다. 여기서 달러화의 하락을 방지키 위해 초과유출달러화를 매입하던 각국 중앙정부는 그들의 지불자산을 독일 마르크나 스위스 프랑으로 대체했다. 이 때문에 미국정부는 당시까지의 외환시장 불개입원칙을 포기하고 개입을 선언, 1978년 1월에는 독일(서독)과 새로운 스왑협정을 체결하기도 했다.

또한 석유파동으로 인해 개도국의 국제수지적자가 확대되는 가운데 1979년 OPEC가 유가를 다시 2배로 높임에 의해 달러화의 약세는 가속화되었고, 그 후 1980년과 1981년 미국의 고금리정책으로 국제금리가 상승하고 비산유개도국의 외채가 불어나면서 채무상환불가사태가 벌어져 국제금융 위기를 맞기도 하였다.

미국의 고금리정책은 레이건대통령의 강한 미국(Strong-America)정책의 표방으로 인해 미래 인플레이션에 대한 시장상황의 기대가 호전된데다 주요 경쟁국인 독일이나 일본에 비해 상대적으로 석유가격 급등의 충격을 완화할 수 있게 되어 일시적으로 1980년 미국의 국제수지가 유동계정에서 흑자로 돌아섬에 기인한 것이었다. 이로 인해 달러화는 오랜만에 강세를 나타내었으나 기대인플레이션이나 금리가 일본 · 독일의 금리에 비해 너무 높게 형성되어 무역수지는 다시 적자로 돌아섰고 실업률이 급속히 상승하게 되었다. 그 여파로 미국을 위시한 주요 만성적자국이 보호무역주의를 표방하게 되었으며, 근래에 우리나라 역시 이러한 추세에 접하여 환율절상 및 시장개방 등의 압력을 받게 되었다.

4. 국제통화제도의 근황과 전망

킹스턴 체제의 성립으로 국제통화제도가 과거의 고정환율제도로부터 변동환율제도로 이행된 후 환율변동의 불안정성이 주요 국가간의 국제수지 불균형을 심화시키게 되었다. 따라서 70년대 후반 이후 변동환율제도를 근간으로 하는 현행의 국제통화제도에 대한 개선논의가 활발히 대두되어 왔다. 국제통화제도에 대한 개선논의는 크게 두 가지의 조류로 나누어 볼 수 있는데 하나는 현행의 변동환율제도 때문에 기존의 국제수지 불균형이 개선되지 않으므로 금본위제의 고정환율제도로 복귀하자는 견해이고, 다른 하나는 현행 제도하에서 운영효율성을 제고하는데 주안점을 두고 이를 위해 주요 선진국간 환율정책뿐만 아니라 거시경제정책 전반에 대한 IMF의 감독기능을 강화하여 가맹국간의 정책조정 협조를 제도화하자는 견해이다.

국제통화제도의 개선에 관한 또 다른 논의로 IMF의 감독기능 강화에 관한 것이 있는데 이는 1985년 이후 G-5, G-7 G-10 등의 선진국 모임과 개발도상국들의 모임인 G-24에서 국제통화제도 개편에 관한 보고서를 제25차 IMF잠정위원회에 제출함으로써 본격화되었다. 이들 보고서의 주요 내용은 현재 국제통화제도의 불안정성이 변동환율제도 자체에 있는 것이 아니라 각국간의 불건전한 정책추진과 국가간의 정책부조화에서 발생한다는 것이다. 따라서 가맹국간의 환율정책 및 거시경제정책 전반에 관한 IMF의 감독기능 강화와 가맹국간 정책조정 협조를 제도화할 필요가 있다는 주장이다.

이러한 논의들은 현재의 국제수지 불균형 및 환율의 불안정성 문제 등이 해결되지 않는 한 계속될 것이다. 이 가운데 특히 각 국가간의 경제정책조정 협조문제와 환율제도 운용방법의 개선 그리고 이와 관련된 SDR의 기능제고 문제 등이 중점적으로 논의될 것이다. 이와 관련하여 최근 1994년 7월 18일 IMF 총재는 브레튼우즈 체제 50주년을 맞이하여 국제통화제도의 개혁의지를 나타낸 성명을 발표하였다. 이 개혁안에는 환율안정정책과 관련하여 각국의 정책협조를 강조하고 정책감시를 강화하는 방안과 정책협조 및 정책감시체제가 확립된 장래의 과제로 환율의 변동대를 설정하는 방안이 포함되어 있다. 이 성명은 당장 시행되는 개혁조치는 아니지만 그 동안 민간차원에서만 논의되던 국제통화제도의 개선을 국제기구 차원에서 시도하게 되었다는 데서 중요한 의미를 가지고 있다.

1999년 1월 1일부터 유럽은 단일통화로 '유로'(Euro)를 사용하기 시작하였고 이로 인해 세계의 외환시장은 큰 지각변동을 겪게 되었다. 유럽통화연합(EMU : European Monetary Union)은 유럽 각국의 통화를 금융자산의 거래와 국제결제부터 단계적으로 시작하여 유로라는 단일통화로 사용하기로 결정하고, 2002년 7월 1일까지는 현재 유럽 각국의 통화를 함께 사용하며 그 이후에는 기존의 유럽 각국의 통화는 없어지고 유로화만을 사용하기로 하였다. 즉, 유럽의 경제가 동일한 화폐를 사용함으로써 상징적으로 그리고 장차 실제적으로 하나의 시장으로 묶이게 된 것이다. 유로화를 공통화폐로 사용하기로 합의한 국가들은 독일, 네덜란드, 벨기에, 오스트리아, 룩셈부르크, 프랑스, 아일랜드, 핀란드, 이탈리아, 스페인, 포르투갈 등이다. 유럽의 단일통화 도입에 대한 과정은 다음의 [표 9-1]에 요약되어 있다.

유로화의 도입으로 유럽의 소비자들은 국가별 가격을 한눈에 비교하고 가격불균형을 파악할 수 있어서 전반적인 가격인하 효과가 나타날 것이다. 유로가치 표시는 결국 기업의 가격경쟁을 유도하게 되고 가격경쟁으로 인한 마진의 축소는 유럽에서 영업을 하고 있는 기업들의 생산비 절감을 위한 구조조정과 경영혁신 노력을 촉발시킬 것으로 예상된다.

향후 몇 년 동안은 역내 기업의 경영혁신, 다운사이징, 리스트럭처링, 인수·합병 등으로 인하여 실업률이 높아질 전망이다. 특히 독일, 프랑스와 같이 임금이 비싸고 노동시장이 경직된 나라들은 높은 실업률로 인해 사회불안을 야기할 수도

[표 9-1] 유럽의 단일통화(Euro) 도입 과정

연 도	내 용
1970	룩셈부르크 수상인 Werner가 단일통화를 1980년까지 도입하자는 내용의 통화동맹계획을 담은 EC통화통합안(「Werner 보고서」)을 EC집행위에 제출하면서 단일통화 도입에 관한 논의가 본격화
1988	EC 집행위원장인 J. Delors의 제의에 따라 유럽통합계획 수립을 위한 위원회가 구성되었고 동 위원회는 단일통화의 창출, 유럽중앙은행에 의한 통화 정책 수행 등을 통화동맹의 최종목표로 제시하는 내용의 보고서를 발표
1991	15개 EU 회원국들은 Delors案을 기초로 한 유럽연합조약에 합의하고 1999년 1월까지 유럽통화동맹(EMU : European Economic and Monetary Union)을 창설하기로 결정
1993	11월부터 유럽연합조약(일명 마스트리히트 조약)이 정식으로 발효
1994	1월에 유럽통화기구(EMI)가 설립되어 유럽중앙은행제도(ESCB)의 발족을 위한 준비업무를 시작
1998	5월초 EU 정상회담에서 EMU 최초참가국 확정, 유럽중앙은행(ECB : European Central Bank) 임원진 선임 등 EMU 출범을 위한 핵심사항을 결정
1999	1월 1월부터 단일통화인 유로화를 도입하는 한편 유럽중앙은행(ECB)이 유럽통화기구(EMI)의 업무와 참가국의 통화주권을 인수하여 단일통화정책을 수립 · 집행하는 등 EMU가 정식 출범
2002	1월부터 유로화 지폐 및 주화의 유통이 개시되면서 2002년 1~6월중 유로화와 참가국 통화가 병행 유통된 후 2002년 7월부터 참가국 통화는 法貨로서의 지위를 상실

출처 : 한국은행.

있을 것이다.

또한 화폐 단일화에 따라 환율위험이 제거되어 기업들의 헤지나 외환매매에 대한 비용이 사라지게 될 것이다. 독일의 다임러 벤츠의 경우 연간 5,500만달러에 달하는 외환수수료와 헤지거래의 비용을 절약할 수 있으며 유럽 전체로는 연간 650억달러의 비용절감효과가 있을 것으로 예상된다. 환위험이 제거되고 기업간의 가격경쟁이 치열해지면서 유럽기업들은 기존의 생산설비를 세금과 임금이 저렴한 지역으로 이전할 것으로 보인다. 이에 따라 유럽 각국들은 기업유치를 통한 고용증대를 위해 세금을 줄이려고 노력할 것이며 결국 낮아진 세율로 인해서 유럽 각국은 현재의 과도한 사회보장제도를 축소할 가능성이 높다.

또한 환율위험이 제거되면서 역내 국가간의 교역이 증대되고 역내 인플레이션과 이자율이 낮아질 경우에는 외국 기업의 EMU로의 해외직접투자가 증가할 전망이다.

현재 유럽과 밀접한 이해관계를 맺고 있는 국내 기업 및 금융기관들은 유로화 사용이 미칠 영향과 이에 대한 대응책을 마련하고 있다. 사실 유로화의 도입이 일단은 성공적으로 평가받고 있지만 실제 유럽국가들의 통화가 유로화로 단일화되는 2002년까지는 각국의 현행 통화를 병행해서 사용하므로 그 영향을 분석하기가 매우 어렵기 때문이다. 다만 대략적으로 우리나라 경제에 미칠 긍정적인 영향과 부정적인 영향은 예측할 수 있다.

우선 긍정적인 측면으로는 유럽과 거래가 있는 국내 기업들이 통화의 단일화로 인해 외환수수료 등 환거래비용이 줄어들고 환위험의 회피에 소요되는 비용들을 상당히 절감할 수 있게 된다는 점을 들 수 있다. 지금까지는 기업들이 유럽의 주요 통화인 마르크화나 프랑화 등의 자금을 어떻게 운용하며 각국의 환율변화에 어떻게 대응할 것인가로 고심하였지만, 이제는 유럽에 관한 한 유로화에 대해서만 신경쓰면 되는 것이다. 또한 낮은 금리의 자금조달시장확대 등 통화통합에 참가한 국가의 투자환경이 개선됨으로써, 유럽통화의 통합이 우리나라 기업들의 유럽 신규투자에 유리하게 작용할 수 있다. 만일 단일통화를 도입한 후 유럽 내의 여러 국가들간에 금융소득에 대한 세율이 다를 경우 대규모의 자본이동이 일어나 특정국가의 금융시장이 마비될 수 있기 때문에 결과적으로 세제의 통일도 이루어질 것이다.

부정적인 영향으로는 유럽통화연합(EMU)에 가입조건을 충족시키기 위해 유럽 각국 정부의 긴축개정 운용과 유럽 내부 국가간의 교역활성화 등으로 인해 우리나라 기업의 대유럽 수출여건이 악화될 것으로 예상된다. 또한 장기적으로 유럽 각국의 물가안정 노력이 강화될 것으로 예상되는데 유럽 국가들이 물가안정에 성공할 경우 유럽제품의 수출경쟁력이 활성화 된다. 이 경우 상대적으로 우리나라 제품의 수출경쟁력이 영향을 받을 것으로 전망된다.

연습문제

1. 환율평가이론을 설명하시오.

2. 개방경제체제하에서 구매력평가설(PPP), 피셔효과(FE), 국제피셔효과(IFE), 이자율평형 이론(IRP), 미래현물환율의 불편추정치로서의 선물환율(UFR)의 관계를 그림으로 설명하시오.

3. 국제통화제도의 정의와 발달 과정에 대해 설명하시오.

4. 우리나라 환율제도 변천사에 대해 설명하시오.

5. 브레튼우즈체제가 붕괴된 원인은 무엇이라고 생각하는가?

6. 고정환율제, 시장평균환율제, 변동환율제의 장·단점을 비교설명하시오.

7. 유럽의 단일통화 도입이 우리나라 경제에 미칠 영향에 대하여 기술하시오.

8. 2002년 우리나라의 물가지수는 110이며 기준시점의 물가지수는 100이었다. 그리고 미국의 물가지수는 210이며 기준물가지수는 200이었다. 2002년 $:₩의 환율은 $1: ₩1,200이었다. 2003년 균형환율은 얼마이어야 하겠는가?

9. 2002년 4월 16일의 이자율이 다음과 같이 주어졌다.

1 US dollar = 1,329.1 won
100 Japanese yen = 1,006.27 won
1 US dollar = 124.25 yen
한국시장이자율 : 6.44%
미국시장이자율 : 4.11%
일본시장이자율 : 0.00%

(1) 한국과 일본, 그리고 한국과 미국간에 국제피셔효과가 성립하게 하는 환율

은 무엇인가? 또한 국제피셔효과가 성립하지 않을 경우 세 나라간의 국제적 자금흐름은 어떻게 될 것인가?

(2) 균형에서 국제피셔효과가 성립함을 보이시오.

10. 현재 국제외환시장에서 1파운드는 0.3333 미국달러로 거래되고 있고 영국의 12개월 T-Bill의 이자율은 8%이며 미국의 12개월 T-Bill의 이자율은 12%이며 내년 미국의 인플레이션은 5%로 예상된다고 하자.

(1) 미국과 영국간에 피셔효과가 성립한다고 가정할 때 영국에서의 기대 인플레이션은 얼마이겠는가?

(2) 두 나라간에 구매력평가설이 성립한다고 할 때 12개월 선물환환율은 무엇인가?

(3) (2)에서의 선물환환율을 가지고 두 나라간에 이자율평형설이 성립함을 보이시오.

11. 시장이자율이 다음과 같이 주어졌다고 하자.

1 US dollar = 1,300 won
미국시장이자율 4.0%
한국시장이자율 6.5%
미국의 인플레이션율 2.0%
한국의 인플레이션율 5.0%

(1) 구매력평가설이 성립할 때 미래의 현물환율을 계산하시오. 그리고 국제피셔효과가 성립할 때는 얼마인가? 어느 이론이 더 설득력이 있다고 할 것인가?

(2) 균형일 때 이자율평형설이 성립함을 증명하시오. 또한 이자율평형설이 성립할 때의 미래의 선물환환율을 계산하시오.

12. 이자율이 아래와 같이 주어졌을 때 다음에 답하시오.

현물환율	₩1,250/US$
3개월선도이자율	₩1,200/US$
한국시장이자율	연 7%
미국시장이자율	연 5%

(1) 1억달러를 가지고 있다고 할 때 재정거래이익을 얻는 전략을 제시하시오

(1) 1억달러를 가지고 있다고 할 때 재정거래이익을 얻는 전략을 제시하시오

(2) 선물환율의 프리미엄(forward premium)이 이자율차이보다 클 때 두 나라간의 자금흐름에는 어떤 현상이 일어나겠는가?

13. 국제외환시장에서 현재환율은 $1 : ₩1,200이다. 한편 미국에서의 이자율은 연 4%이고 한국에서의 이자율은 연 8%라고 한다. 국제피셔효과에 의해 1년 후의 $: ₩의 환율을 계산하여라.

14. 지금 외환시장에서 달러화에 대한 원화의 현물환율은 ₩1,200/$이라고 한다. 한편 미국에서의 시장이자율은 연 6%이고 국내의 시장이자율은 연 8%라고 한다. 그리고 앞으로 1년간 미국의 인플레이션율은 4%, 국내의 경우는 6%가 될 것으로 예상하고 있다.

(1) 구매력평가이론에 의해 1년 후 달러화에 대한 원화의 환율을 계산하시오

(2) 국제피셔효과가 성립한다는 가정하에서 1년 후 달러화에 대한 환율을 계산하시오.

(3) 만약 외환시장이 효율적이라고 한다면 달러화에 대한 원화의 6개월 선물환율은 얼마가 되겠는가?

15. 현재 외환시장에서 달러화에 대한 원화의 환율은 ₩1,200 : $1이고 1년 후의 선물환율은 ₩1,224이다. 한편 미국의 이자율은 연 6%이고 우리나라의 시장이자율은 9%라고 한다. 국내시장에서 차입할 수 있는 최대금액은 1,000만원이고 미국시장에서는 1만달러이며, 거래비용은 없는 것으로 가정한다.

(1) 위 상황에서 차익거래를 통하여 얻을 수 있는 이익은 얼마인가?

(2) 1년 후 선물환율은 궁극적으로 얼마가 되어야 하는가?

16. 현재 외환시장에서 엔화에 대한 원화의 환율이 ₩100:¥1이고 6개월 선물환율은 ₩100.7:¥1이다. 한편 일본의 이자율은 4%이고 우리나라의 시장이자율은 5%라고 한다. 국내시장에서 차입할 수 있는 최대금액은 5,000만원이고, 일본시장에서 차입할 수 있는 최대금액은 ¥500만이다(단, 거래비용은 없다).

(1) 위 상황에서 차익거래를 통하여 얻을 수 있는 이익은 얼마인가?

(2) 6개월 선물환율은 얼마가 되어야 하는가?

17. 아시아의 외환위기와 멕시코의 외환위기의 차이점을 논하시오.

해 답

8. $\dfrac{e_0-1{,}200}{1{,}200}=0.1-0.05 \qquad \therefore e_1=1{,}260$

9. (1) 한국과 일본 $e_t=1{,}071.07$, 한국과 미국 $e_t=1{,}360.07$

10. (1) 1% (2) $e_t=f_t=0.3466$

13. $\dfrac{e_1-1{,}200}{1{,}200}=0.08-0.04=$ ₩1,248/$

14. (1) ₩1,224/$ (2) ₩1,224/$ (3) ₩1,212/$

15. (1) ₩105,599 또는 $86.274 (2) ₩1,236/$

16. (1) ₩107,000 또는 ¥1,062.56 (2) ₩100.5/¥

제 4 편

금 융 기 관

제10장 금융기관의 경영

금융기관은 개인이나 기업의 금융자산을 관리함으로써 자금의 수요자와 공급자간의 연결을 용이하게 해준다. 만일 금융기관이 없다면 이자율, 만기, 금액, 유동성 등 여러 면에서 서로 선호가 다른 자금의 수요자와 공급자간의 자금이동은 많은 제한을 받게 될 것이다. 금융기관은 자금의 수요자와 공급자간의 상충된 이해를 조정함으로써 자금의 이전을 원활하게 하여 경제의 성장을 촉진하며 복지증대를 가져온다. 본 장에는 먼저 금융기관의 역할에 대해 자세히 분석하고 이어 금융기관의 경영에 대해 살펴본다.

1. 금융기관의 역할

금융기관의 가장 중요한 역할은 금융중개(financial intermediation)이다. 금융기관은 금융중개 역할을 통하여 경제 전체의 위험을 감소시키고 유동성을 제공하며, 자금의 수요자와 공급자 사이에 발생하는 상충된 이해관계를 조정함으로써 효율적인 자원배분이 가능하게 해 준다. 이러한 금융기관의 역할은 바로 금융중개에 따른 풀링효과(pooling effect)에서 기인한다. 금융기관은 다수의 저축자들로부터 자금을 모아 이를 자금의 수요자에게 배분하는 과정에서 대규모의 자산-부채 관리를 하게 된다. 이 때 대규모의 자산-부채 관리에 따라 위험분산효과와 유동성 공여효과가 발생하게 되는데 이를 풀링효과라고 한다.

이러한 풀링효과를 발생시키는 금융기관의 역할은 크게 자산전환효과, 거래비용의 감소, 정보의 생산, 위험저감, 지급제도, 보험 등을 통해서 나타나게 된다. 여기에서는 이러한 금융기관의 역할에 대해 자세히 분석한다.

(1) 자산전환효과

일반적으로 자금을 필요로 하는 경제주체, 즉 기업은 채권과 같은 직접증권(primary security)을 발행하여 자금을 조달하게 된다. 그러나 자금을 수요하는 기업이 발행하는 채권은 금액, 만기, 형태에 있어서 자금의 공급자와 많은 차이가 있을 것이다. 즉 자금의 공급자는 안정적으로 원금을 회수하기 위해 단기로 빌려주고자 할 것이며 높은 이자를 요구할 것이다. 반면에 기업은 낮은 이자에 장기적으로 자금을 사용하고자 할 것이다.

금융기관은 예금증서와 같은 간접증권(secondary security)을 발행하여 자금을 모으고 이를 채권과 같은 직접증권에 투자하거나 기업에 직접 대출함으로써 이러한 문제점을 해결할 수 있다. 예를 들어 은행은 자금의 공급자인 개인들에게 요구불예금의 형태로 자금을 모아 자금의 수요자인 기업들에게 장기로 대출함으로써 자금의 수요자와 자금의 공급자간의 불일치를 해소시킬 수 있는 것이다.

이처럼 금융기관이 요구불예금처럼 자금의 공급자에게는 그들이 요구하는 형태의 금융자산을 공급하고 장기대출처럼 자금의 수요자들에게는 기업이 요구하는 형태의 금융자산을 제공함으로써 자금의 수요자가 필요로 하는 자산을 자금의 공급자가 필요로 하는 자산형태로 바꾸는 과정을 자산전환과정(asset trasformation process)이라고 한다. 이러한 자산전환과정을 통해 금융기관은 자금의 수요자와 공급자 모두의 요구를 충족시킬 수 있으며, 이를 통해 원활한 금융거래를 가져올 수 있다. [그림 10-1]에서는 이러한 금융기관의 자산전환과정을 나타내고 있다.

[그림 10-1] 금융기관의 자산전환과정

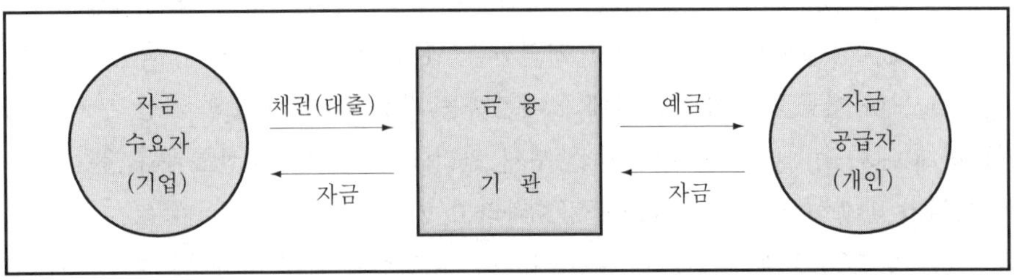

(2) 거래비용 감소

금융기관은 지속적으로 대규모의 예금과 대출을 거래하게 되므로 자산과 부채의 관리에 있어서 규모의 경제(economy of scale)와 범위의 경제(economy of scope)가 가능하다. 따라서 금융기관은 개인이나 기업이 직접 거래를 할 때보다 훨씬 적은 비용으로 금융거래를 성립시킬 수 있다. 그러면 이러한 거래비용의 감소가 어떤 결과를 가져오는지 분석해 보자.

자금의 공급은 이자율이 증가할수록 늘어날 것이고 자금의 수요는 이자율이 증가할수록 감소할 것이다. 따라서 [그림 10-2]에서 자금의 공급곡선은 우상향, 자금의 수요곡선은 우하향하는 형태로 나타나고 있다. 만약 금융기관이 존재하지 않을 경우의 자금의 수요곡선과 공급곡선을 각각 D^0, S^0이라고 하자. 그러면 시장 균형은 E^0로 나타날 것이고 이 때 이자율과 거래금액은 r^0와 Q^0가 될 것이다. 이제 금융기관이 존재하여 거래비용을 감소시키는 경우를 생각해보자. 금융기관이 거래비용을 감소시킬 경우 자금의 거래가 늘어나 자금의 수요와 공급이 증가할 것이다. 따라서 자금의 수요곡선과 공급곡선은 각각 D^1와 S^1으로 이동할 것이다. 그 결과 새로운 균형 E^1이 성립하고 이 때의 이자율과 거래금액은 각각 r^1, Q^1로 나타날 것이다. 결국 금융기관이 존재하지 않을 경우와 비교하여 이자율은 하락하고

[그림 10-2] 거래비용의 효과

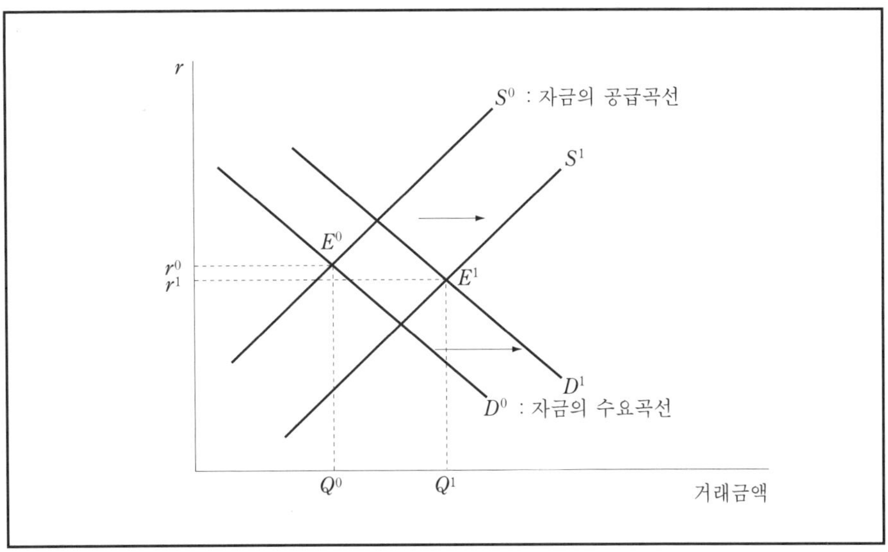

거래금액은 증가하는 결과를 가져온다. 따라서 금융기관이 존재하면 거래비용의 감소로 인해 자금의 거래가 원활해지고 투자가 증가하여 경제전체적으로 복지(welfare)의 증가를 가져오게 된다.

(3) 정보의 생산

금융기관이 제공하는 또 하나의 중요한 역할은 자산가치에 대한 정보의 생산을 통해 차입자와 대출자 사이의 정보불균형(information asymmetry) 문제를 해소한다는 것이다. 금융기관은 대규모의 자산-부채관리를 통해 자료를 수집, 처리, 분석하는데 많은 자원을 들임으로써 보다 효율적으로 정보를 제공할 수 있다.

금융기관의 정보생산기능에 관한 우려 중의 하나는 금융기관의 정보제공을 신뢰할 수 있느냐의 문제이다. 투자자들은 대부분 정보를 직접 얻는 것이 아니라 금융기관을 통해 간접적으로 얻는 것이 보통이다. 이 때 투자자들은 사실상 금융기관이 기업과 담합하여 부실기업에 투자하거나 투자자에게 불리한 조건으로 자금을 제공하지 않는다는 보장을 필요로 한다. 그런데 금융기관 운영의 신뢰성은 금융기관의 소유가 일반대중에 분산되어 있고 경영자는 그들에 의하여 선출된다는 데서 찾을 수 있다. 왜냐하면 금융기관의 소유와 경영이 이와 같이 대중에 기반을 두었을 경우 어떠한 담합이나 부실투자가 거의 불가능하며 혹시 나타나더라도 즉시 사회적 손실로 이어지게 된다. 따라서 투자자들은 정보를 수집하고 이를 활용하는 데 금융기관의 정보를 절대적으로 믿게 된다.

금융기관이 정보생산과 함께 제공하는 또 하나의 서비스는 정보의 비밀을 유지하는데 있다. 금융기관은 종종 자금의 수요자, 예를 들면 기업들로부터 내부정보(inside information)를 받는데 이에는 기술적 정보와 전략적 정보의 두 가지 형태가 있다. 기술적 정보란 생산제품의 종류, 품질, 규격이나 제조기술 같은 것을 의미하며, 전략적 정보는 마케팅전략, 가격설정, 연구개발 등과 관련된 것을 의미한다. 이러한 내부정보를 보호하고자 하는 기업은 사내유보자금으로 기업을 운영하는 것이 바람직할 것이다. 그러나 그렇게 할 수 없을 경우 내부정보가 누설되더라도 보호를 받을 수 있는 곳으로부터 자금을 조달하는 것이 유리할 것이다. 여기에서 금융기관은 공공서비스기관으로서 절대적인 내부정보 보호의 책임을 가지며 또한 그 책임을 제도적으로 수행하게 된다.

(4) 분산투자를 통한 위험절감

어떤 투자자를 막론하고 분산투자를 통한 위험절감에 주의를 기울이게 된다. 일반적으로 모든 자금을 하나의 증권에 투자하기보다는 포트폴리오를 구성함으로써 위험을 감소시킬 수 있다. 그러나 분산투자를 통한 위험감소효과를 얻기 위해서는 투자자들은 각 증권의 위험과 기대수익에 대한 추정을 해야 하며, 각 증권의 상관관계에 대해서도 알아야 한다. 또한 소액투자자가 직접금융시장을 이용할 경우 최소거래단위 등 많은 제약을 받으므로 이들이 포트폴리오를 구성할 때 많은 어려움이 따르게 된다.

금융기관은 고객에게 잘 분산된 포트폴리오를 제공함으로써 투자자들이 직접 투자할 때 발생하는 거래비용을 줄일 수 있으며 많은 투자자들의 자금을 모아 다양한 증권에 투자함으로써 잘 분산된 포트폴리오를 구성할 수 있다. 따라서 소액투자자들은 직접 증권에 투자하기보다는 금융기관을 통하여 간접투자함으로써 거래비용도 줄이고 포트폴리오의 위험분산효과도 얻을 수 있다.

즉, 금융기관은 대규모의 자금과 축적된 정보를 바탕으로 다양한 증권에 투자하여 잘 분산된 포트폴리오를 구축하고 금융기관 자신이 고객들에게 안전한 간접증권, 예를 들어 예금 등을 통하여 투자자들에게 분산투자의 효과를 제공한다.

(5) 지급제도의 관리

지금까지 논의된 금융기관의 역할은 종류나 형태에 관계없이 거의 모든 금융기관에 의하여 제공되는 것들이었다. 여기서는 금융기관의 종류에 따라 전문화된 금융기관의 주요 서비스에 대해서 논의하고자 한다. 우선 가장 중요한 서비스 중의 하나가 지급제도의 관리(management of payment system)인데, 이는 오랫동안 은행에 의해 제공되었다. 즉 은행은 당좌예금이라는 금융상품을 통해 자금의 교환뿐만 아니라 고객의 수입과 지출을 기록해 주는 기능까지 하는 것이다.

최근에는 지급제도의 혁신적인 변화가 일어나고 있다. 그 중 대표적인 예가 신용카드인데 이는 수표와 함께 매우 효율적인 지급수단이 되고 있다. 신용카드는 고객을 신용원천과 직접 연결시켜 주는 장점이 있고 또한 거래기록의 자동화라는 이점을 가져온다. 지급제도에 있어서 가장 혁신적인 변화는 전자자금이체제도

(EFTS : electronic funds trasfer system)가 될 것이다. 전자자금이체제도는 장거리간 자금이체를 신속히 해주고 금융서비스 제공에 드는 비용을 절감시키며 또한 많은 양의 정보를 낮은 비용으로 저장, 분석할 수 있는 이점이 있다. 이와 같은 지급제도의 발달은 현금보유에 따른 불이익을 제거함으로써 원활한 거래를 촉진시키고 나아가서는 생산과 소비를 촉진하여 국민경제에 큰 이익을 가져온다.

(6) 보 험

또 다른 전문화된 주요 서비스의 하나로 보험회사가 제공하는 보험을 들 수 있다. 보험의 기본적인 개념은 주식시장에서의 위험분산개념과 매우 유사하다. 개인이나 기업은 그들의 활동에 위험을 안고 있으며, 이러한 위험을 회피하고자 한다. 보험은 이러한 개인이나 기업에 대해 위험전가(risk transfer)기능을 제공한다.

경제적 관점에서 볼 때 이러한 종류의 위험전가(risk shifting)는 매우 바람직한 것이다. 왜냐하면 위와 같은 위험의 전가는 기업이 위험하다고 판단하여 투자하지 않으려는 생산활동에 기업들을 유인해주기 때문이다. 만약 기업소유주가 화재의 위험을 혼자 부담해야 한다면 그는 값비싼 설비투자를 하지 않을 것이다. 이와 같이 위험의 전가 혹은 보험은 사회적으로 유용한 기능을 제공한다.

2. 금융기관의 경영

금융기관은 유동성을 유지하면서 수익성을 극대화시켜야 한다. 최근에는 자금의 부족, 경쟁의 심화 등으로 효율적인 자산부채 관리의 중요성이 더 부각되고 있다.

경쟁이 심하지 않은 상태에서 자금을 충분히 확보할 수 있다면 금융기관은 유동성 확보를 위해 적정규모의 자금은 시장성 유가증권을 구입하는데 사용하고 나머지는 대출이나 투자를 하면 될 것이다. 그러나 자금확보가 날로 어려워지고 있는 상황에서 이와 같이 안일한 자금운영은 치열한 경쟁에서 뒤떨어지게 만든다. 따라서 어느 금융기관이건 적극적인 저축유도와 대출 및 투자정책을 통해서 높은 수익률을 실현해야 한다. 한편 적극적인 정책을 취하다 보면 금융기관은 자연히 위험에 노출된다. 따라서 위험을 지나치게 높이지 않으면서 수익성을 높이는 것이 금융기관을 운영하는데 자금관리의 관건이 된다. 금융기관의 자금관리에서 고려해야 할 요소들은 수익성, 유동성, 위험, 융통성(flexibility), 정부의 규제 등이 포함된다.

(1) 자산관리의 요소

1) 수익성(profitability)

금융기관은 사회와 경제에 매우 중요한 역할을 한다. 그러나 이러한 사실이 금융기관이 이윤추구 기업이 아니라는 것을 의미하는 것은 아니다. 몇 가지 예외를 제외하면 금융기관은 수익을 얻을 목적으로 자금을 투자하는 주주들에 의해 소유된다. 자본주의 경제하에서 기업의 목적은 흔히 주주 부의 극대화(maximization of shareholders' wealth)라고 정의되며, 주주들이 소유하는 주식의 가치는 기업의 수익성에 의해 결정된다. 따라서 금융기관이 자기자본을 유치하기 위해서는 주주들이 요구하는 적정수준의 수익을 보장해야 한다.

2) 유동성(liquidity)

유동성이란 모든 현금수요를 충족시킬 수 있는 능력을 말하는데, 이는 다른 비금융기업보다는 금융기관에 더욱 중요하다. 왜냐하면 금융기관은 예금의 인출이나 보험청구와 같은 불시의 현금수요에 대비하여 자금을 항상 준비하고 있어야 하기 때문이다 만일 금융기관이 유동성을 유지하지 못해 사람들의 현금수요를 충족시키지 못한다면 경제에 미치는 파급효과는 엄청나게 된다. 유동성을 유지하는 보조수단으로써 콜(call)시장을 이용할 수 있으나, 근본적으로는 신속하게 매각할 수 있거나 현금으로 교환될 수 있는 자산을 보유하고 있어야 한다. 따라서 금융기관은 유동성 요구를 충족시키기 위해 현금이나 시장성 있는 유가증권의 형태로 일정량의 자금을 반드시 보유해야 한다.

3) 위험(risk)

대부분의 금융기관은 자본의 기반이 취약하고 채무가 고정되어 있기 때문에 다른 기업과는 달리 자산가치의 감소에 매우 민감하다. 다른 형태의 기업, 예를 들면 제조업에는 큰 문제를 야기시키지 않을 정도의 자산가치 감소가 금융기관에는 파산을 가져올 수 있을 정도의 큰 위험이 될 수 있다. 따라서 금융기관은 위험에 항시 대비하여 효율적인 자산관리를 해야 한다.

4) 융통성(flexibility)

융통성은 위험과 수익 모두에 관계되는 중요한 개념이다. 융통성은 근본적으로 예기치 않은 변화에 대응할 수 있는 능력을 말하는데, 이러한 융통성을 제공할 수 있도록 자산을 관리함으로써 수익성을 높일 수 있고 위험을 감소시킬 수 있다.

5) 정부의 규제(regulation)

정부의 규제는 특정한 공공정책의 목적달성을 위해서 뿐만 아니라 금융기관의 안전과 유동성을 증진하기 위해 필요한 것이다. 정부의 규제는 대개 다음과 같은 세 가지 수단을 통해 달성된다.

① 금융기관이 보유하는 자산의 성격을 규정한다.

② 자산, 부채 및 자기자본간의 일반적 관계를 규정한다.

③ 공공정책의 수행을 성취할 수 있는 자산의 투자를 권장한다.

지금까지 자산관리의 중요성과 자산관리시 고려해야 할 요소들에 대해서 간단히 살펴보았다. 자산관리에서 추구해야 할 목적—수익성 및 유동성의 제고, 위험의 감소 등—이 파악되었으면 그 다음 문제는 이러한 목적을 어떻게 달성하느냐 하는 것이다. 다음에는 자산관리에서 추구해야 할 목적과 관련해 자산구성방법을 제시한다. 이러한 방법을 이해하는 데 있어서 주의해야 할 것은 한 가지 목적을 추구하다 보면 반드시 다른 목적의 성취와 상반되는 결과를 가져올 수 있다는 것이다. 이와 같이 목표 사이의 상충관계(trade-off)는 효율적 자산관리에서 나타나는 가장 큰 어려움이며 정확하고 합리적인 판단이 요구된다.

(2) 수익성 제고

일반적으로 수익성 제고의 실현을 위해서 금융기관은 자금의 비용보다 더 높은 수익률을 가져오는 자산에만 투자하게 된다. 이러한 기준을 충족시키는 투자 중에서 모든 다른 조건이 동일하다면 가장 큰 수익률을 가져오는 자산에 투자하게 될 것이다. 그러나 수익성 제고를 위해 수익률이 높은 장기자산에 투자하다 보면,

자연히 유동성을 놓치게 된다. 때에 따라 금융기관은 수익성보다 유동성이 중요한 경우가 있는데, 이는 금융기관이 고객의 자금인출요구에 즉시 응해야 하기 때문이다. 그러나 금융기관은 이윤을 추구하는 사기업의 성격을 가지므로 수익의 확보 없이는 장기적으로 지속할 수 없고 따라서 수익성에 대한 고려는 유동성 못지 않게 중요하다.

한편 금융기관의 수익성은 대부분 위험과 상치관계에 있게 된다. 즉 수익성제고를 위해서 금융기관은 필연적으로 높은 위험을 부담하게 된다. 따라서 수익성 제고에 있어 위험을 높이지 않고 유동성을 확보하면서 수익성을 높이는 것이 중요하다. 이와 같이 상반된 목적을 동시에 충족시켜 줄 수 있는 방법이 분산투자이다. 자산을 적당히 결합하여 투자할 경우 불필요한 위험(unsystematic risk)을 대부분 제거할 수 있으며, 또한 결합된 다양한 자산으로 인하여 유동성도 높게 유지할 수 있다.

(3) 유동성 확보

금융기관은 예금인출과 같은 불시의 자금수요를 충족시켜야 하는데, 만약 이러한 자금수요를 즉각적으로 충족시키지 못한다면 금융기관은 고객의 신뢰를 잃어버릴 것이고, 결국엔 망하고 말 것이다. 일반적으로 유동성이 높은 자산은 수익성이 낮고, 수익성이 높은 자산은 유동성이 낮다. 따라서 유동성과 수익성은 서로 상충되는 관계에 있게 된다. 그러므로 금융기관은 적정한 유동성 유지라는 제약하에서 이익극대화를 추구해야 한다.

금융기관의 유동성을 평가하기 위해서는 1차 유동성 준비금(primary liquidity reserve)과 2차 유동성 준비금(secondary liquidity reserve)을 구분하는 것이 필요하다.

모든 금융기관은 최저한도의 유동성 준비금을 보유해야 하는데, 이렇게 반드시 유지되어야 하는 준비금이 1차 유동성 준비금이다. 금융기관이 최저한도의 1차 유동성 준비금을 유지하지 못하게 되면 즉시 규제를 받게 될 것이다. 따라서 1차 준비금은 금융제도 전체적으로는 완충역할을 하지만 금융기관 개별적으로 충분한 유동성 자금을 제공해 주는 것은 아니다.

2차 유동성 준비금은 실제로 유동성 요구를 충족시키기 위해서 사용되는 자금이다. 이러한 자금은 대개 이자를 벌어들이고 추가자금이 필요할 때 즉시 현금으로 전환될 수 있는 시장성 유가증권의 형태를 가진다. 예를 들어 단기국고채, 은행인수어음, 콜자금 등이 대표적이다. 금융기관은 매일매일 이러한 증권을 사고 팔아 유동성 요구를 충족시킨다.

일반적으로 1차 유동성 준비금은 금융기관의 대차대조표를 통한 부채의 만기구조에 입각하여 결정된다. 즉 부채의 만기가 짧으면 유동성 준비금의 비율을 높이고 부채의 만기가 길면 유동성 준비금의 비율을 낮추는 것이다. 이러한 1차 유동성 준비금은 흔히 규제당국에서 지불준비금(required reserve)의 양을 결정할 때 사용한다. 2차 유동성 준비금은 현금흐름을 중심으로 분석된다. 과거의 현금유입(cash inflow)과 현금유출(cash outflow)의 변동성을 분석하고 이를 바탕으로 유동성 준비금을 결정한다. 현금흐름에 있어서 지속적인 감소가 예상되면 2차 유동성 준비금의 양을 증가시키고 증가가 예상되면 적절한 수준으로 감소시키게 된다.

일시적인 유동성 문제를 해결하기 위한 방법으로 2차 유동성 준비금 이외에도 차입을 통한 방법이 있다. 흔히 은행은 일시적인 유동성 수요를 충족시키기 위해 콜시장을 통해 은행간 자금을 차입한다. 한편 2차 유동성 준비금은 대개 단기적이고 위험도가 크지 않기 때문에 수익률이 비교적 낮다. 만약 이러한 자금을 줄이고 높은 수익을 가져올 수 있는 투자를 늘린다면 금융기관의 수익성은 향상될 수 있다.

이러한 관점에서 금융기관이 2차 유동성 준비금을 감소시킬 수 있는 방법은 크게 두 가지로 나누어진다. 첫번째 방법은 현금흐름에 대한 예측능력을 개선함으로써 현금유출에 대한 준비금을 감소시키는 것이다. 또 다른 방법은 헤징(hedging)이다. 헤징은 자산과 부채의 만기를 일치시킴으로써 달성될 수 있다. 그러나 이러한 방법들은 한계를 가지고 있으므로 금융기관은 보다 안전한 자금원천을 확보함으로써 유동성을 유지하는 것이 확실한 방법이다.

(4) 위험의 절감

금융기관은 그 성격상 자본구조에서 자기자본의 비율이 적기 때문에 자산가치의 변화에 특히 민감하다. 이와 같은 금융기관의 위험 중에서 이자율 위험(interest rate risk)과 신용위험(credit risk)이 가장 중요하다.

이자율 위험은 어떤 금융자산으로부터 나오는 고정수익흐름의 가치가 이자율

[그림 10-3] 금융기관의 현금흐름

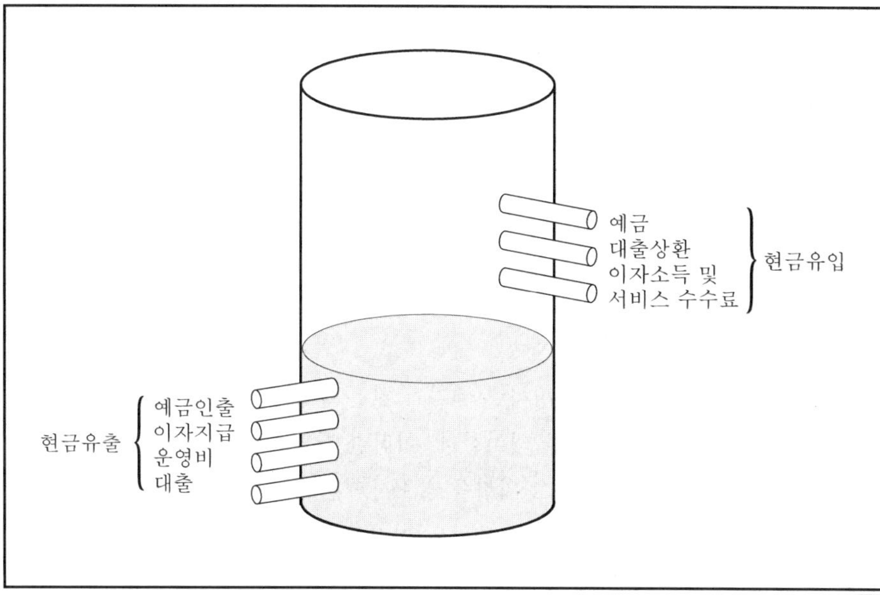

수준이 변화함에 따라 반대방향으로 변화하는 것을 의미한다. 예를 들어 매년 100원씩 지불하는 영구사채(perpetuity)의 경우 투자자들이 요구하는 수익률이 5%라면 그 가치는 2,000원이 된다. 그런데 투자자들의 요구수익률이 10%로 증가하면 영구사채의 가치는 1,000원으로 하락한다. 이자율 위험은 인플레이션율의 증가와 그에 따른 이자율의 불안정성으로 인해 금융기관의 자산관리에 점점 더 심각한 문제를 제기하는데, 이러한 문제는 금융기관의 자산이 부채보다 만기가 더 길다는 사실 때문에 더욱 가중되고 있다. 왜냐하면 단기차입하여 장기대출을 하는 금융기관의 성격상 급격한 이자율의 상승은 큰 손실을 가져다 주게 된다. 이러한 이자율 위험은 완전히 제거할 수는 없으나 자산과 부채의 만기를 대응시킴으로써 어느 정도 해결할 수 있다. 또한 예금기관은 장기예금의 확보를 통해 예치된 자금의 평균만기를 높여 이자율 위험을 제거할 수 있다. 이자율 위험을 극소화시키는 또 다른 방법은 변동금리대출(floating rate loan)이 있는데, 이 방법은 대출금리를 일반이자율의 수준과 연동시켜 이자율수준이 변할 때마다 대출금리를 조정함으로써 이자율 변동위험에 대비하는 것이다.

한편 신용위험은 금융기관이 투자한 자산 또는 대출의 원금 또는 이자를 제대로 받지 못할 가능성을 의미한다. 이러한 신용위험은 투자기업의 현금흐름의 변동성과 관련되어 있다. 따라서 금융기관의 대출은 적절한 신용평가가 필요하게 된다. 신용위험을 방지하기 위해서 금융기관은 국고채 등과 같이 신용위험이 거의 없는 증권에 투자할 수 있다. 그러나 이러한 증권들은 상대적으로 낮은 수익률을 가져온다. 따라서 신용위험의 제거를 위해서 금융기관들은 수익성 증가를 포기해야 할 경우도 있다.

(5) 융통성의 보유

금융기관 관리에 있어 융통성이란 예기치 않은 문제에 대처하거나 변화하는 금융환경에 적응할 수 있는 능력을 의미한다. 이러한 상황변화에 대처하는 능력은 자산관리에 있어서 수익성을 높이고 위험을 감소시키는 중요한 요인으로 작용한다.

금융기관에서 필요한 수준의 융통성은 적절한 자산 및 부채관리를 통해서 획득될 수 있다. 일반적으로 자산관리에서 융통성은 증권이나 대출의 만기구조의 관리와 시장성 있는 자산의 보유를 통해 얻을 수 있다. 만기가 짧은 증권이나 대출을 보유하게 되면 금융기관은 자주 새로운 투자결정을 할 수 있기 때문에 높은 융통성을 갖게 된다. 그러나 이러한 금융기관의 융통성은 아무런 비용없이 얻어지는 것은 아니다 만기가 짧은 증권이나 대출은 대개 수익성이 낮을 뿐 아니라 단기신용의 수요는 매우 제한되어 있다.

대출이나 투자증권의 일정비율이 일정한 기간 내에 만기가 도래하도록 자산포트폴리오를 구성하는 것은 수익성이 높은 장기자산을 포기하지 않고 융통성을 얻을 수 있는 한 방법이다. 또한 시장성 유가증권의 보유는 장기자금에 대한 투자를 가능하게 해주며, 동시에 융통성을 증가시킨다.

지금까지 살펴본 바와 같이 융통성은 금융기관의 관리에 있어 매우 중요한 개념이다. 융통성은 매우 동적인 기업환경에 존재하는 불확실성에 대비하는 능력으로써 금융기관이 변화하는 상황이나 새로운 기회의 출현에 대응하도록 자산과 부채를 적절히 관리함으로써 획득될 수 있는 것이다.

제11장 이자율 위험

금융기관의 가장 중요한 역할 중의 하나가 자산전환기능이다. 앞 장에서 살펴본 바와 같이 금융기관은 요구불예금과 같이 자금의 공급자들이 원하는 짧은 만기의 금융자산을 공급하고 이를 통하여 축적된 자금을 채권이나 대출의 형태로 장기적으로 자금의 수요자들에게 제공한다. 이러한 과정을 통하여 금융기관들은 필연적으로 자산과 부채의 만기불일치에 따른 이자율 위험에 직면하게 된다. 먼저 이러한 금융기관의 이자율 위험에 대해서 살펴보자.

1. 금융기관의 이자율 위험

금융기관의 이자율 위험은 금융기관의 자산과 부채의 만기가 불일치함에 따라 이자율이 변동할 때 금융기관의 자산의 가치와 부채의 가치가 서로 다르게 변동함으로 인해 발생하는 위험이다. 금융기관의 이자율 위험은 크게 재조달위험(refinancing risk), 재투자위험(reinvestment risk), 그리고 시장가치위험(market value risk)으로 나누어진다.

재조달위험은 금융기관의 자금조달 수단인 부채의 만기보다 자산의 만기가 더 길기 때문에 발생하는 이자율 위험이다. 예를 들어 현재 금융기관이 1년 만기의 CD를 발행하여 1억을 조달하고 이를 2년 만기로 기업에 대출한 경우를 생각해보자. 현재 1년 만기 CD금리는 9%라고 하자. 금융기관이 2년 만기 기업대출의 이자율을 10%로 설정한다면 금융기관은 연 1%의 차익을 얻을 수 있다. 그런데 이는 1

년 후에도 다시 동일한 금액의 CD를 9%로 재조달할 수 있다는 가정에서 계산된 것이다. 만약 1년 후 CD금리가 12%로 상승했다면, 금융기관은 2%의 손실을 볼 것이고, 전체적으로 1%의 손실을 나타내게 될 것이다.

이와 반대로 재투자위험은 금융기관의 자산의 만기가 부채의 만기보다 짧기 때문에 발생하는 이자율 위험이다. 위의 예와 반대로 현재 금융기관이 2년 만기 CD를 연 9%로 발행하여 이를 1년 만기로 기업에 10%로 대출한 경우를 생각해보자. 이 거래에서 금융기관은 연 1%의 수익을 기대할 것이다 그러나 1년 후 대출금리가 하락하여, 즉 재투자수익률이 7%로 하락하였다면, 금융기관은 2%의 손실을 볼 것이고, 전체적으로는 1%의 손실을 나타낼 것이다.

뿐만 아니라 금융기관의 자산이나 부채는 모두 금융상품이므로 이자율의 변화에 따라 시장가치가 변하게 된다. 모든 금융자산의 가치는 그 금융자산을 보유함으로써 얻게 되는 미래 현금흐름의 현재가치로 정의된다.[1] 따라서 이자율, 즉 할인율이 변하게 되면 금융자산의 가격은 변하게 된다. 여기에서 발생하는 이자율의 변화에 따른 금융자산의 시장가치의 변화를 시장가치 위험이라고 한다. 그런데 장기 금융자산이 단기 금융자산보다 이자율 변화에 대해 더 큰 폭으로 자산가치의 변화를 가져오게 된다. 따라서 보유하고 있는 자산과 부채의 만기가 불일치할 수

[그림 11-1] 재조달위험과 재투자위험

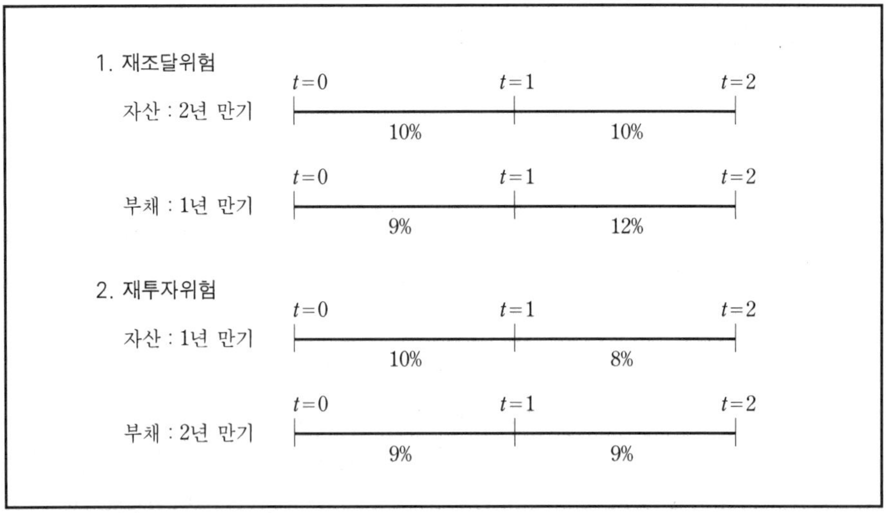

1) 이를 내재가치(intrinsic value)라고 한다.

밖에 없는 금융기관의 입장에서는 이자율 변화에 따른 시장가치 위험을 가질 수 밖에 없다.

2. 채권의 이자율 위험

지금까지는 금융기관 전체의 입장에서 이자율 위험에 대하여 논의하였다. 여기에서는 개별 자산(부채), 특히 채권에 대한 이자율 위험에 대해서 알아보도록 하자. 채권의 이자율 위험은 크게 가격위험(price risk)과 재투자위험(reinvestment risk)로 나누어진다.

(1) 가격위험

제4장에서 살펴본 바와 같이 채권의 가격은 채권투자로 얻게 되는 미래 현금흐름의 현재가치로 정의된다. 채권의 경우에는 미래 현금흐름이 이자와 원금으로 정해져 있으므로 매 기간에 받게 되는 이자와 만기에 받게 되는 원금의 현재가치의 합이 채권의 가격이 된다.

시장이자율 r이 주어졌을 때, 채권의 원금을 F, 매기 받게 되는 이자를 C, 그리고 만기까지의 기간을 T라고 하면, 채권의 가격 P는 다음과 같이 계산될 수 있다.

$$P=\frac{C}{(1+r)}+\frac{C}{(1+r)^2}+\cdots+\frac{C+F}{(1+r)^T}$$

예를 들어 현재 시장이자율이 9%라면, 만기 3년, 액면가 F=10,000원, 표면이자율이 8%인 국고채권의 가격은 $\frac{800}{(1+0.09)}+\frac{800}{(1+0.09)^2}+\frac{10,800}{(1+0.09)^3}=9,747$원으로 결정될 것이다. 그런데 만약 시장이자율 r=7%로 하락한다면 국고채권의 가격은 $\frac{800}{(1+0.07)}+\frac{800}{(1+0.07)^2}+\frac{10,800}{(1+0.07)^3}=10,262$원으로 상승하게 될 것이다. 반면 시장이자율 r=10%로 상승한다면 $\frac{800}{(1+0.1)}+\frac{800}{(1+0.1)^2}+\frac{10,800}{(1+0.1)^3}=9,503$원으로 하락하게 될 것이다. 즉 시장이자율이 변하면 채권의 가격도 따라서 변동하게 된다. 채권가격과 시장이자율은 역의 관계를 가지므로, 시장이자율이 상승하면 채권가격은 하락하고 시장이자율이 하락하면 채권가격은 상승한다. 이와 같은 가격의 변화를 채권투자에 있어서 가격위험이라고 한다.

(2) 재투자위험

시장이자율의 변화는 채권가격뿐 아니라 이표의 재투자수익률에도 영향을 미친다. 위의 예에서 시장이자율이 현재 9%에서 7%로 하락하는 경우 만기시점의 총 현금흐름의 변화를 계산해보자. [표 11-1]에서 알 수 있듯이 시장이자율이 하락하면 재투자수익률도 하락하여 채권투자의 만기시점의 현금흐름의 가치는 줄어든다.

이러한 채권의 재투자위험은 만기 이전에 시장이자율이 변동하면 언제든지 발생할 수 있다. 이 때 시장이자율의 변화에 대해 가격위험도 동시에 발생한다. 위의 예에서 시장이자율이 9%에서 7%로 하락했을 때 만기시점의 채권의 가치는 12,787원에서 12,696원으로 줄어들고 있다. 반면에 현재 시점에서 채권의 시장가치는 9,747원에서 10,262원으로 상승하고 있음을 확인할 수 있다. 따라서 가격위험과 재투자위험은 반대방향으로 나타난다. 그러나 그 변화폭은 일치하지 않는 것이 보통이다.

[표 11-1] 재투자수익률의 변화에 따른 현금흐름의 변화

시점	현금흐름	만기시점의 가치(9%)	만기시점의 가치(7%)
1	800	$800(1+0.09)^2=950.48$	$800(1+0.07)^2=915.92$
2	800	$800(1+0.09)^1=872$	$800(1+0.07)^1=856$
3	10,800	10,800	10,800
총현금흐름		12,622.48	12,571.92

3. 듀레이션(Duration)

듀레이션은 일종의 만기(time to maturity)개념이다. 우리가 제 4 장에서 살펴본 채권가격정리(bond pricing theorem)를 생각해보자. 채권가격정리에서 채권의 만기가 길어질수록 동일한 이자율 변동에 대한 채권가격의 변동은 커진다고 하였다. 즉, 단기채권보다 장기채권의 가격변동이 더 크다는 것이다. 따라서 만기가 길

수록 채권의 위험은 증가한다. 그렇다면 우리는 채권의 위험을 채권의 만기를 이용하여 나타낼 수 있을 것이다. 채권의 만기를 비교하여, 예를 들어 만기 2년의 순할인채와 만기 3년의 순할인채를 비교하면 만기 3년의 순할인채가 더 위험하다고 말할 수 있다. 하지만 동일한 만기를 갖는 순할인채와 이표채를 비교하면 어떤 채권이 더 위험하다고 말할 수 있을까? 같은 만기 3년을 가진 채권이라 할지라도 순할인채는 만기에 한 번 현금흐름이 발생하는 반면, 이표채는 정해진 기간마다 이자를 지급하고 만기에 원금을 지급하게 된다. 뿐만 아니라 동일한 만기의 이표채라 할지라도 표면이자의 크기가 다를 수 있다. 이러한 이유로 단지 만기만으로 채권의 위험을 비교하는 것은 적절하지 못하다. 듀레이션은 이와 같은 만기의 문제점을 극복하고 서로 다른 채권들의 위험을 동일한 기준에서 비교할 수 있게 하는 수정된 만기의 개념이다.

(1) 듀레이션의 계산

순할인채의 경우에는 만기를 이용하여 채권의 위험을 비교할 수 있다. 만기 1년의 순할인채와 만기 3년의 순할인채를 비교하면 만기 3년의 순할인채가 더 위험하다. 이제 이표채의 현금흐름을 살펴보자. 실제 이표채는 여러 만기의 순할인채의 집합으로 구성되어 있다. [그림 11-2]에서는 만기 3년, 액면가 10,000원, 표면이자율 10%인 이표채권의 현금흐름을 보여주고 있다. 만기 3년의 이표채는 만기 1년의 액면가 1,000원의 순할인채, 만기 2년의 액면가 1,000원의 순할인채, 그리고 만기 3년의 액면가 11,000원의 순할인채로 분해할 수 있다. 따라서 이 세 순할인채의 만기를 평균하여 이표채의 만기로 나타낼 수 있을 것이다. 그렇다면 남은 문제는 이 순할인채들의 만기를 어떻게 평균할 것인가의 문제이다. 여기에서 우리는 합리적인 가중치로 순할인채들의 가치를 사용할 수 있다. 순할인채들은 각각의 만기에서 현금흐름이 발생하므로 동일한 비교를 위해서는 현재시점의 가치로 환산해 주어야 한다. 시장이자율 $r=10\%$라고 하면 각 만기별 순할인채의 현재가치는 다음과 같이 계산된다.

$$\text{만기 1년의 순할인채의 현재가치} : P_1 = \frac{1{,}000}{(1+0.1)} = 909.1$$

$$\text{만기 2년의 순할인채의 현재가치 : } P_2 = \frac{1{,}000}{(1+0.1)^2} = 826.4$$

$$\text{만기 3년의 순할인채의 현재가치 : } P_3 = \frac{1{,}000}{(1+0.1)^3} = 8{,}264.5$$

따라서 이들 세 순할인채의 현재가치의 합에 대하여 각 만기의 순할인채의 현재가치를 가중치로 하여 세 순할인채의 만기를 평균한다면 우리는 이표채에 대하여 순할인채의 만기와 동일한 개념의 만기를 계산할 수 있다. 이러한 만기 개념이 듀레이션이다.

그런데 이미 짐작할 수 있듯이 이들 세 순할인채의 현재가치의 합은 이표채권의 원금과 이자, 즉 총현금흐름의 현재가치이므로 이표채권의 가격이 된다.[2] 따라서 우리는 듀레이션을 채권의 총현금흐름의 현재가치에 대한 각 시점별 현금흐름의 현재가치를 가중치로 한 가중평균만기로 정의할 수 있다. 위의 예에서 이표채권의 가치를 P라고 하면 듀레이션 D는 다음과 같이 계산될 수 있다.

[그림 11-2] 이표채의 현금흐름

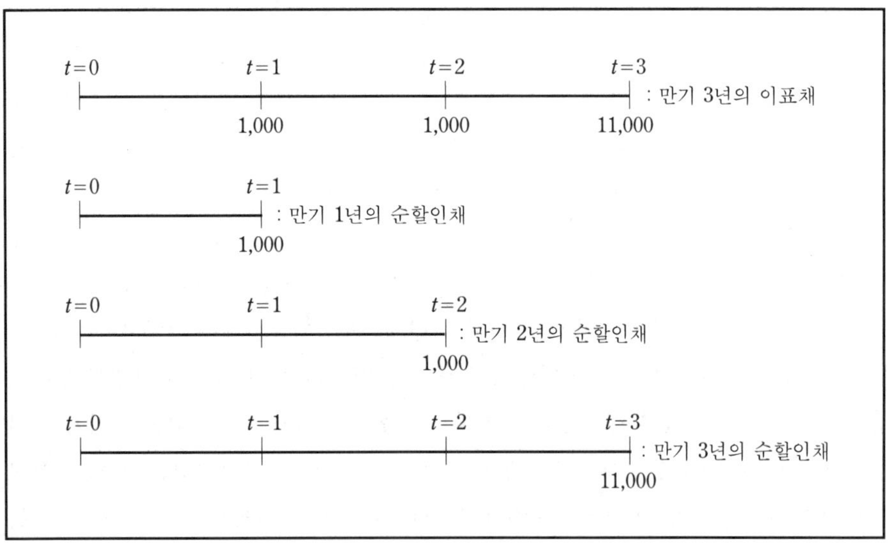

2) $P = \frac{1{,}000}{1.1} + \frac{1{,}000}{1.1^2} + \frac{11{,}000}{1.1^3} = 10{,}000$

$$
\begin{aligned}
D &= \frac{P_1}{P} \times 1 + \frac{P_2}{P} \times 2 + \frac{P_3}{P} \times 3 \\
&= \frac{909.1}{10,000} \times 1 + \frac{826.4}{10,000} \times 2 + \frac{8,264.5}{10,000} \times 3 \\
&= 2.7356
\end{aligned}
$$

일반적으로 채권의 듀레이션은 다음과 같은 식에 의해 계산될 수 있다. 채권의 만기를 n, 이자지급기간이 t번 발생한다고 하면,

$$
D = \sum_{t=1}^{n} \frac{CF_t/(1+r)^t}{\sum_{t=1}^{n} CF_t/(1+r)^t} \times t
$$

지금까지 살펴본 바와 같이 듀레이션은 순할인채의 만기 개념이다. 우리는 듀레이션을 계산함으로써 동일한 기준에서 서로 다른 채권의 위험을 측정할 수 있다. 즉 듀레이션이 긴 채권일수록 이자율 변화에 대해 더 크게 변동하므로 더 위험한 채권이라고 말할 수 있다.

(2) 듀레이션의 경제적 의미

우리는 앞에서 듀레이션이 채권의 위험을 나타내며, 듀레이션이 긴 채권일수록 이자율 변화에 더 크게 변동하므로 더 위험한 채권이라고 하였다. 실제로 듀레이션은 이자율의 변화에 대한 채권의 가격의 변화 정도를 나타낸다. 즉, 듀레이션은 채권가격에 대한 이자율 민감도(sensitivity) 또는 탄력성(elasticity)를 의미한다.[3)]

3) 먼저 채권가격 P를 이자율 r에 대해 미분하여 다음과 같이 정리해보자.

$$
\begin{aligned}
P &= \frac{C}{(1+r)} + \frac{C}{(1+r)^2} + \cdots\cdots + \frac{C+F}{(1+r)^n} \\
\frac{dP}{dr} &= (-1) \times \frac{C}{(1+r)^2} + (-2) \times \frac{C}{(1+r)^3} + \cdots\cdots + (-n) \times \frac{C+F}{(1+r)^{n+1}} \\
&= -\frac{1}{1+r} \left[\frac{C}{(1+r)} \times 1 + \frac{C}{(1+r)^2} \times 2 + \cdots\cdots + \frac{C+F}{(1+r)^n} \times n \right] \\
&= -\frac{1}{1+r} \cdot P \cdot \frac{1}{P} \cdot \left[\frac{C}{(1+r)} \times 1 + \frac{C}{(1+r)^2} \times 2 + \cdots\cdots + \frac{C+F}{(1+r)^n} \times n \right] \\
&= -\frac{1}{1+r} \cdot P \cdot D
\end{aligned}
$$

$$D = -\frac{\Delta P/P}{\Delta r/(1+r)} \qquad \text{(식 11-1)}$$

(식 11-1)에서 듀레이션은 이자율이 1% 변했을 때 채권가격이 몇 % 변하겠는가를 나타내는 채권가격의 이자율 민감도로 나타난다. 또한 (식 11-1)은 다음과 같이 표현될 수 있다.

$$\frac{\Delta P}{P} = -D \cdot \frac{\Delta r}{(1+r)} \qquad \text{(식 11-2)}$$

위의 식 (식 11-2)는 채권가격의 변화와 이자율 변화와의 관계를 나타낸다. (식 11-2)는 종종 다음과 같이 표현되기도 한다.

$$\frac{\Delta P}{P} = -D^* \cdot \Delta r$$

여기에서 $D^* = \frac{D}{(1+r)}$로 이를 수정 듀레이션(modified duration)이라고 한다. 이 식을 이용하면 우리는 이자율의 변화에 대한 채권가격의 변화 정도를 쉽게 계산할 수 있다. 위의 예에서 만기 3년, 액면가 10,000원, 표면이자율 10%인 이표채권의 듀레이션이 시장이자율 $r=10\%$일 때, 2.7356으로 나타났다. 시장이자율 $r=11\%$로 1% 상승했다고 하자. 그러면 채권가격의 변화는 다음과 같이 계산된다.

$$\frac{\Delta P}{P} = -2.7356 \cdot \frac{0.01}{(1+0.1)} = -0.0249 = -2.49\%$$

즉, 채권가격은 −2.49%만큼 하락한다. 따라서 채권가격은 현재의 10,000원에서 249원 하락한 9,751원이 될 것이다.[4)]

여기에서 $\frac{dP}{dr}$을 $\frac{\Delta P}{\Delta r}$로 표현하고 위 식을 정리하면, $\frac{\Delta P}{P} = -D \cdot \frac{\Delta r}{(1+r)}$

이 식을 듀레이션에 대해 정리하면 $D = -\frac{\Delta P/P}{\Delta r/(1+r)}$

4) 시장이자율이 11%일 때, 실제 채권가격은 $P = \frac{1,000}{1.11} + \frac{1,000}{1.11^2} + \frac{11,000}{1.11^3} = 9,756$원으로 계산된다. 이는 듀레이션을 이용한 위의 결과와 5원만큼의 차이를 보인다. 이러한 이유는 듀레이션을 이용하여 채권변화를 추정하는 식 (1)이 일종의 근사식이기 때문이다. 이와 관련된 자세한 사항은 보론의 볼록성(convexity)에서 자세히 언급하고 있다.

(3) 듀레이션의 결정요인

듀레이션의 계산공식에서 알 수 있듯이 채권의 듀레이션은 만기, 표면이자율, 그리고 시장이자율에 의해 결정된다. 여기에서는 채권의 만기, 표면이자율, 그리고 시장이자율의 변화에 따라 채권의 듀레이션이 어떻게 변화하는지에 대해서 살펴보자.

먼저 만기와 듀레이션과의 관계에서 채권의 만기가 길수록 채권의 듀레이션은 증가한다. 우리는 앞서 듀레이션이 일종의 만기개념이라고 하였다. 따라서 듀레이션과 만기는 비례한다. 만기와 관련하여 채권의 만기가 존재하지 않는 영구채권의 듀레이션은 어떻게 계산될 수 있을까? 영구채권의 듀레이션은 다음과 같이 계산된다.[5)]

$$D=\frac{1+r}{r}$$

예를 들어 현재 시장이자율이 10%라면 영구채권의 듀레이션은 $\frac{1.1}{0.1}=11$년으로 계산된다. 만약 시장이자율이 8%로 하락했다면 $\frac{1.08}{0.08}=13.5$년으로 계산될 것이다.

다음으로 표면이자율과 듀레이션과의 관계를 살펴보자. 채권의 표면이자율이 증가할수록 채권의 듀레이션은 줄어든다. 이러한 듀레이션의 특성은 순할인채와 이표채의 듀레이션을 비교하면 쉽게 파악할 수 있다. 순할인채의 듀레이션은 만기와 같다. 예를 들어 만기 3년의 순할인채의 듀레이션은 3년이다. 반면에 듀레이션의 계산에서 예로 살펴본 만기 3년 액면가 10,000원 표면이자율 10%의 이표채에 대해 시장이자율이 10%일 때의 듀레이션은 2.7356으로 나타난다. 따라서 표면이자율이 증가할수록 듀레이션은 적어진다는 것을 알 수 있다. 여기에서 순할인채와 비교하여 만기 이전에 현금흐름이 발생하는 이표채의 듀레이션은 반드시 만기보다 적어진다는 것을 알 수 있다. 따라서 동일한 만기의 순할인채와 이표채를 비교

---

5) 영구채권의 가격 $P=\frac{C}{r}$로 나타난다. 영구채권의 가격 P를 시장이자율 r에 대해 미분하면, $\frac{dP}{dr}=-\frac{C}{r^2}=-P\cdot\frac{1}{r}$이 된다. 이를 식 11-1과 비교하면, $\frac{dP}{dr}=-P\cdot\frac{1}{r}=-D\cdot P\cdot\frac{1}{1+r}$ 따라서, $D=\frac{1+r}{r}$

[표 11-2] 시장이자율과 듀레이션과의 관계

만 기	현금흐름의 현재가치		
	시장이자율 9%	시장이자율 10%	시장이자율 11%
1	$\frac{1,000}{1.09}=917.4$	$\frac{1,000}{1.1}=909.1$	$\frac{1,000}{1.11}=900.9$
2	$\frac{1,000}{1.09^2}=841.7$	$\frac{1,000}{1.1^2}=826.4$	$\frac{1,000}{1.11^2}=811.6$
3	$\frac{11,000}{1.09^3}=8,494$	$\frac{11,000}{1.1^3}=8,264.5$	$\frac{11,000}{1.11^3}=8,043.1$
채권가격	10,253.1	10,000	9,755.6
듀레이션	2.7390	2.7356	2.7321

하면 이표채의 듀레이션이 적으므로 순할인채의 위험이 더 크게 된다. 즉 이자율 변화에 대해 순할인채가 더 민감하게 반응하는 것이다.

마지막으로 시장이자율과 듀레이션간의 관계에 있어서 시장이자율이 증가할수록 듀레이션은 감소한다. [표 11-2]에서는 만기 3년 액면가 10,000원 표면이자율 10%인 이표채에 대해 시장이자율이 9%, 10%, 11%일 때 듀레이션의 변화에 대해 나타내고 있다. 동일한 만기와 표면이자율을 가진 채권에 대해 시장이자율이 증가할수록 듀레이션은 점점 줄어들고 있음을 확인할 수 있다.

4. 면역전략

(1) 채권포트폴리오 면역전략

면역전략이란 채권투자의 가치를 이자율 변동위험으로부터 회피하는 데 그 목적이 있다. 면역전략의 효과는 채권의 재투자위험과 가격위험을 균형 있게 조정함으로써 달성된다. 예를 들어 미래 일정시점에서 일정액의 현금이 필요한 경우를 생각해 보자. 미래 일정시점에 채권의 가치를 일정하게 유지하기 위해서 우선적으로 고려할 수 있는 투자방안은 순할인채이다. 즉 계획된 투자기간과 동일한 만기를 갖는 순할인채를 매입하면 투자의 만기에 계획된 금액을 이자율의 변동에 관계없이 얻을 수 있다. 따라서 완전한 이자율위험의 회피가 가능하다. 그러나 이표채(coupon債)를 이용하여 투자하는 경우 이자율위험의 회피는 완전하게 이루어지지 않는다. 이것은 앞에서 설명한 바와 같이 이자율 변동에 의해 발생하는 가격위험과 이표의 재투자위험 때문이다. 그런데 이 위험은 서로 반대방향으로 변화하게 된다. 즉 이자율이 상승하면 채권의 가격은 하락하며 이표의 재투자로부터 발생하는 수익은 증가한다. 반대로 이자율이 하락하면 채권가격은 상승하는 반면 이표의 재투자수익은 감소한다는 것은 앞에서 설명한 바와 같다. 만일 이러한 반대되는 가격의 움직임의 크기가 정확히 일치되어 서로 상쇄된다면 이 채권투자는 이자율의 변동위험에 대해 면역이 가능하다. 이것이 채권면역의 기본전략이다.

다음의 예를 통해 이를 살펴보자. 어느 투자자가 2년 후에 12,100원의 현금이 필요하며 이를 위해 10,000원의 채권투자를 고려하고 있다. 현재 수익률곡선은 수평이며 만기수익률은 10%로 일정하다. 그러나 1년 후에는 수평인 만기수익률이 현재와 같이 10%로 유지되거나 8% 또는 12%로 평행이동(parallel shift)할 가능성이 있다. 2년 만기, 10%의 표면이자율을 갖는 채권의 2년 후 현금흐름의 가능성은 다음과 같다.

[표 11-3]

	만기수익률		
	8%	10%	12%
원금수취액	10,000	10,000	10,000
1년 이자 재투자수익	1,080	1,100	1,120
2년째 이자	1,000	1,000	1,000
만기 현금흐름	12,080	12,100	12,120

[표 11-3]에서 알 수 있는 것처럼 이자율이 10%로 변화하지 않은 경우에만 의도했던 12,100의 금액이 보유기간 말에 실현된다는 사실을 알 수 있다. 이자율이 변화하는 경우에는 이표의 재투자수익률이 변화하기 때문에 완전한 면역이 이루어지지 못한다. 그러나 이번에는 만기가 2년보다 조금 긴 채권의 경우를 가정해보자. 10%의 표면이자율과 2.15년의 만기를 가진 채권이 있다. 이 채권은 만기에 원금 10,000원과 1년분 이자의 15%인 150원을 이자로 지급하게 된다. 나머지 1년 후와 2년 후의 이자지급 1,000원은 앞의 예와 같다. 이 경우 2년의 투자계획을 가

진 투자자는 만기가 되기 전에 이 채권을 매각하여야 한다. 만일 시장이자율이 8%가 된다면 만기를 0.15년 앞둔 2년 후 이 채권의 가격은 약 10,020원이 될 것이다. 즉 원금 10,000원과 0.15년 후의 이자 150원은 할인율로 8% 이자율을 사용하는 경우 3년 초에 10,020[6]이 될 것이다. 반대로 이자율이 10%에서 12%로 상승하는 경우 채권의 시장가격은 9,980[7]이 될 것이다. 따라서 2.15년의 만기를 가진 이 채권의 2년 후 실현되는 금액은 다음과 같다.

[표 11-4]

	만기수익률		
	8%	10%	12%
채권의 시장가격	10,020	10,000	9,980
1년 이자 재투자수익	1,080	1,100	1,120
2년째 이자	1,000	1,000	1,000
2년후 현금흐름	12,100	12,100	12,100

이 경우 채권은 모든 가능한 상황에서 같은 금액을 확보할 수 있게 되므로 완전 헤지[8]되었다. 2년 후의 채권가격의 변화는 첫해 이자의 재투자 수익률에 의해 정확히 상쇄되었다. 듀레이션공식을 사용하여 이 채권의 듀레이션을 계산해보면 다음과 같다.

$$D=\frac{\frac{1,000}{1.10}\times 1+\frac{1,000}{1.10^2}\times 2+\frac{10,150}{1.10^{2.15}}\times 2.15}{\frac{1,000}{1.10}+\frac{1,000}{1.10^2}+\frac{10,150}{1.10^{2.15}}}\fallingdotseq 2.0\text{년}$$

듀레이션이 의도한 보유기간과 동일하다. 만기수익률이 수평이고 이자율이 평행하게 변화하는 경우 듀레이션과 의도한 보유기간을 일치시킴으로써 채권은 언제나 면역이 가능하다는 것을 알 수 있다. 만일 채권의 듀레이션이 계획된 보유기간을 초과하는 경우 재투자위험은 0이 되지만 가격위험은 남아 있게 된다. 듀레이

6) $10,020\fallingdotseq\frac{10,000+150}{(1+0.08)^{0.15}}$

7) $9,980\fallingdotseq\frac{10,000+150}{(1+0.12)^{0.15}}$

8) 채권가격의 볼록성과 계산오차로 인해 약간의 차가 있음.

션이 계획된 보유기간보다 짧다면 일반적으로 재투자위험과 가격위험이 둘 다 존재하게 된다. 듀레이션과 투자기간이 같은 경우에만 위의 조건이 성립하는 경우에 완전 면역이 가능하다.

(2) 면역전략의 한계

1) 이자율 변동구조에 대한 확률과정(stochastic process)위험 발생

면역전략은 이자율 기간구조의 변동에 관한 정확한 정보가 선행조건이다. 그러나 실제로 이자율 변동에 대한 예측은 불가능하며 따라서 이에 대한 이자율 변동에 대한 확률과정(stochastic process)위험은 항상 존재한다. 따라서 면역전략시 구성채권의 듀레이션을 산출함에 있어 이자율의 기간구조에 대한 실증적인 규명이 선행되어야 할 것이다.

2) 투자기간의 사전 확정

앞서 살펴본 바와 같이 동일한 포트폴리오라 하더라도 투자기간에 따라 투자위험이 다를 수 있다. 그러나 일반적으로 투자시기 또는 투자금액을 회수하여 현금지급을 해야 할 시점이 언제나 예측될 수 있는 것은 아니다. 따라서 면역전략을 혼용하기 전에 투자기간을 결정하여야 하는 문제를 갖게 된다.

3) 포트폴리오 재조정에 따른 문제

일단 면역된 포트폴리오라고 하더라도 시간의 경과와 이자율의 변동에 따라 듀레이션 값이 변동되므로 면역효과가 감소하게 된다. 따라서 포트폴리오를 재조정해야 하며 그 때마다 채권교체에 따른 거래비용, 세금, 인건비 등이 발생하게 된다.

4) 다양한 발행조건을 갖춘 채권의 부족

면역전략이 보다 탄력적인 것이 되기 위해서는 구성채권의 듀레이션이 다양해야 한다. 이를 위해서는 표면이자율, 만기, 발행형태 등에 있어서 다양한 조건을 갖춘 채권이 필요하지만 실제로는 이러한 다양한 특성을 갖는 채권이 부족한 한계성을 갖게 된다.

보 론 볼록성(convexity)

듀레이션은 이자율 변동에 대한 채권가격의 변동을 의미한다. 볼록성이란 이자율 변동에 대한 듀레이션의 변화량을 측정하는 값으로 수학적으로 테일러확장(Taylor's expansion)의 2차 미분항에 해당된다. 일반적으로 사용되는 볼록성의 계산식은 다음과 같다.

$$Convexity = \frac{\sum_{t=1}^{n} \frac{(t-D)^2 \times C_t}{(1+r)^t}}{\sum_{t=1}^{n} \frac{C_t}{(1+r)^t}}$$

단, D=듀레이션
C_t=t시점의 현금흐름
r=시장이자율

즉, 볼록성이란 미래현금지급에 대한 잔여기간과 채권의 듀레이션의 차이를 제곱한 가중평균을 말한다.

이자율이 변화함에 따라 채권의 듀레이션은 변하게 된다. 이자율의 변화가 적을 경우에는 듀레이션의 변화가 적기 때문에 이자율의 변화에 대한 듀레이션의 변화율을 나타내는 볼록성은 무시할 정도로 적다. 그러나 이자율의 변화폭이 커지면 듀레이션의 변화폭 또한 커져서 볼록성은 무시할 수 없을 정도로 커진다. 즉, 이자율의 변화폭이 커질 경우에는 듀레이션만으로 이자율 위험을 모두 나타낼 수 없기 때문에 볼록성의 필요성이 대두되는 것이다.

채권의 가격과 수익률과의 관계를 그림으로 나타내면 [그림 11-3]과 같다.

이자율이 Δr만큼 증가할 때 채권의 가격 및 수익률은 다음 관계를 만족한다.

$$P_3 = P_2 + \underbrace{[P_2(-D)\ \Delta r]}_{\text{듀레이션에 의한 가격변화 예측분}} + \underbrace{C(\Delta r)^2 P_2}_{\text{볼록성에 의한 가격변화 예측분}}$$

즉, 이자율 변동에 따른 새로운 채권의 가격은 원래의 채권가격에 듀레이션에 의한 요인을 더하고 볼록성에 의한 요인을 추가함으로써 듀레이션만을 사용하여

[그림 11-3] 채권-가격과 수익률의 관계

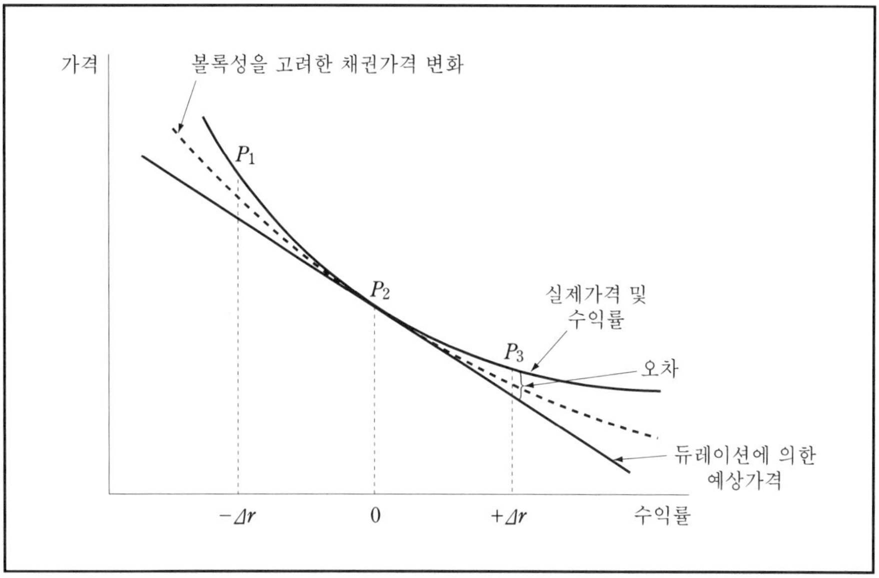

예측할 때보다 더 정확히 예측할 수 있음을 보여주고 있다.

채권의 가격에 영향을 미치는 제요인과 볼록성의 관계는 [표 11-5]와 같이 요약된다.

다음과 같은 채권을 고려해 보자. 액면가 10,000원, 표면이자율 10%, 만기가 5년인 채권의 이자율 위험을 듀레이션을 이용하여 측정한 후, 볼록성을 이용하여

[표 11-5] 채권가격변동요인과 볼록성의 관계

요 인		볼록성(convexity)
만 기		만기가 가까워짐에 따라 감소 각 이자지급 시점에서 불연속
표면이자율 (coupon rate)	단기채권(7년 미만)	표면이자율이 증가할수록 증가
	장기채권(7년 이상)	표면이자율이 증가할수록 감소
시장이자율	단기채권	시장이자율이 증가할수록 증가
	장기채권	시장이자율이 증가할수록 감소
순할인채		볼록성은 zero

좀더 정확한 채권의 가격변화량을 계산해 보자.

먼저, 듀레이션은 앞의 (2)식을 이용하여 계산하면 $D=4.17$년이 계산된다. 볼록성 C를 계산하여 보자.

$$C=\frac{\frac{(1+D)^2C_1}{(1+r)}+\frac{(2-D)^2C_2}{(1+r)^2}+\cdots+\frac{(n-D)^2(C_n+F)}{(1+r)^n}}{\sum_{t=1}^{n}\frac{C_t}{(1+r)^t}}$$

$$C=\frac{\frac{(1-4.17)^2\times 1{,}000}{(1+0.1)}+\frac{(2-4.17)^2\times 1{,}000}{(1+0.1)^2}+\cdots+\frac{(5-4.17)^2\times(1{,}000+10{,}000)}{(1+0.1)^5}}{10{,}000}$$

$$=1.878$$

채권의 가격을 이자율 r로 미분하여 2차 테일러 확장(Taylor's expansion)을 적용하면 다음과 같이 정리된다.[9)]

$$\frac{dP}{P}=\frac{dP}{dr}\cdot\frac{1}{P}dr+\frac{1}{2}\cdot\frac{d^2P}{d^2r}\cdot\frac{1}{P}(dr)^2$$

이 식에 의하면 총가격변화량은 듀레이션에 의해 예측가능한 부분과 볼록성으로 예측가능한 부분으로 구분할 수 있음을 의미한다. 듀레이션에 의해 예측가능한 채권의 가격변화량은

$$\frac{\varDelta P}{P}=-D\times\frac{\varDelta r}{(1+r)}$$

이므로 $\varDelta P$는 $10{,}000\times(-0.0379)=-379$가 된다. 한편 볼록성에 의해 예측가능한 채권의 가격변화량은

$$\frac{\varDelta P}{P}=C\times\varDelta r^2$$

이므로 $10{,}000\times 1.878\times(0.01)^2=1.878$이 된다.

한편, 이자율이 10%에서 11%로 상승하였을 경우의 실제의 채권가격은 9,630.4

9) 테일러 확장(Taylor's expansion)에 대해서는 A.C. Chiang, 'Fundarnetal Metsods of Mathmatical Economics, pp. 254—262(McGraw-Hill, 1984)를 참조할 것.

이다. 결국 볼록성을 함께 고려한 경우의 채권가격변화 예측값은 듀레이션만을 이용해 예측한 값 9,621보다 볼록성에 의한 채권가격변화 예측값 1.878만큼 더 정확히 예측된 것을 알 수 있다.

제12장 금융기관의 자산부채종합관리(ALM)

1. 금융기관의 자산 · 부채관리

금융기관의 자금관리방식은 금융 및 경제환경의 변화에 따른 금융제도, 관습, 규제의 변화, 금융혁신, 정보 및 통신산업의 발달 등에 따라 많은 변천을 거듭해 왔다. 금융기관의 자금관리방식은 그 초점을 어디에 두느냐에 따라 자산관리방식, 부채관리방식, 자산 · 부채종합관리방식으로 나뉜다.

자산관리방식이란 금융기관이 부채(자금의 조달)보다는 자산(자금의 운용)에 초점을 두고 자금을 관리하는 방법을 말한다. 즉 조성된 자금을 안정적이고 수익성 있는 자산에 어떻게 운용할 것인가에 자금관리의 초점을 둔다. 부채관리방식이란 금융기관이 자금관리의 중점을 자산보다는 부채에 두는 것이다. 이 방식은 장단기금리의 상승으로 은행이 대출재원을 확보하기 위하여 실세금리가 보장되는 예금상품의 개발 등의 수단으로 자금시장에 적극 참여하여 자금을 조달하는 과정에서 등장하였다.

1970년대의 에너지파동, 금리 및 환율의 급격한 변동으로 금융기관의 수지가 악화되자 금융기관들은 급격한 내외환경 변화에 보다 효과적으로 대처하고 수익성과 유동성을 동시에 안정적으로 확보하기 위해 노력하였다. 이러한 과정에서 종래의 자산이나 부채의 어느 일면만을 강조하는 자금관리방식은 지양되고 자산과 부채를 연계시켜 종합적으로 관리하는 보다 효율적인 자금관리기법이 개발되었는데, 이를 자산 · 부채종합관리방식이라 한다.

일반적으로 금융기관의 자산과 부채항목은 다음과 같은 간단한 대차대조표항목을 보면 쉽게 알 수 있다.

차변		대변	
자산	현금 투자자산 국공채 기타유가증권 대출 기타	요구불예금 정기예금 저축성예금 차입금	부채
		자본금 법정잉여금 유보이익 기타	자본

금융기관은 대차대조표상의 자산 및 부채변화를 계속해서 관찰 · 관리하여야 한다. 그러나 단기적으로는 모든 대차대조표항목을 원하는 대로 통제한다는 것은 현실적으로 매우 어려운 일이다. 요구불예금의 변화는 개별 은행의 입장에서 무작위적으로 발생하는 것이므로 통제하기 어렵다. 반대로 유가증권의 변화는 완전히 통제할 수 있는 항목이라 할 수 있다. 대차대조표항목을 은행이 통제할 수 있는 정도에 따라 앞과 같이 분류할 수 있다.

통제가능한 대차대조표 항목	초과지급 준비금(자산) 유가증권(자산) 양도성 예금증서(부채) 중앙은행 차입금(부채)
부분적으로 통제가능한 항목	대출(자산)
통제불가능한 항목	요구불예금(부채) 정기예금 및 저축성예금(부채) 자본계정(자본)

금융기관의 자산 · 부채관리가 시대별로 어떠한 과정을 거쳐 발전되고 있는가를 살펴보자.

(1) 금융기관의 자산관리시대

1960년대 이전에는 투자수단이 주로 예금 및 국채에 한정되어 있었고 은행들은 낮은 비용으로 안정적인 자금을 조달할 수 있었다. 따라서 저금리로 조달된 자금을 은행들은 대출, 현금 등의 자산에 배분하여 이익을 극대화하였다. 이는 자금조달이 안정적으로 가능하던 시기에 자산운용에 역점을 둔 방법이다. 자산관리방식은 금융기관의 대차대조표상 차변항목을 관리하는 것으로 이러한 자산관리의 대상이 되는 주요 자산은 다음과 같다.

① 1차준비금 법적 또는 일상적인 은행경영을 위해서 필요한 준비금으로 다른 자산과 다른점은 현금자산이며 은행에 직접적으로 수익을 가져오지 않는다는 점이다. 1차준비금인 현금자산은 현금과 예치금으로 구성되며 현금은 순현금과 타점권으로, 예치금은 지불준비금, 통안계정예치금 등으로 구성된다.

② 2차준비금 은행이 1차준비금 요구를 충족시킨 후 적절한 유동성 확보를 위해 보유하는 것으로 시장성유가증권이나 단기금융시장의 자산이 이에 해당된다. 2차준비금은 유동성의 확보 이외에도 수익을 실현하는 자산으로 주로 국공채 · 콜론, RP 등으로 구성된다.

③ 대 출 금융기관은 충분한 유동성을 확보한 후 금융기관의 수익성을 높여야 한다. 금융기관의 수익성을 높이기 위한 수단으로 대표적인 것이 대출이다. 그러나 수익률과 위험은 상충관계가 있기 때문에 위험이 큰 기업에 대출을 하게 되면 수익률은 향상되지만 위험이 증가하게 된다. 따라서 적절한 위험과 수익의 조합을 선택해야 한다.

④ 투 자 대출수요를 충족시킨 후 남은 잉여금으로 비교적 장기적인 투자를 해야 한다. 이러한 투자는 2차준비금 자산보다 만기가 길며 유동성보다는 수익을 얻기 위한 것이다.

(2) 금융기관의 자본 · 부채관리

1960년대 이후 금리가 상승함에 따라 고객들은 고금리를 선호하였다. 따라서 금융기관의 상품은 요구불예금에서 저축성예금으로 또한 은행예금에서 고금리를 보장하는 비은행예금으로 전환하였다. 이러한 이유로 은행의 저금리 대출자금원은 점차 줄어들었지만 자금의 수요는 이전보다 훨씬 증가하였다. 이 방식은 부족한 자금을 조달하기 위한 부채관리에 역점을 둠으로써 자산관리의 경우에 비해 은행의 수익성과 성장성을 중시한다.

① 금융기관의 자본계정

금융기관 주주의 지분 즉 소유권은 은행의 자본계정으로 나타나는데 이 계정은 자본금, 법정잉여금, 유보이익, 기타로 구성된다. 법정잉여금은 법적 개념이며 일반기업들의 이익잉여금계정과는 구분해야 한다. 법정잉여금은 은행이익을 특별한 법정 계정에 할당한 것이며 예금주를 보호하기 위한 것이다. 유보이익은 일반기업에서는 이익잉여금에 해당하는 것으로 계속해서 누적되는 과거의 이익이다. 기타는 불량채권에 대한 대손충당금, 주주에게 지급되지 않은 배당 등을 포함한다.

금융기관 자본금에 대해 규제기관은 예금주들을 보호하기 위해 전통적으로 높은 자본 대 자산비율을 요구해 왔다. 그러나 이러한 규제로 은행은 수익성을 높이는 데 많은 애로를 안게 된다. 자본금의 적정성에 대한 기준으로는 질적 기준과 양적 기준으로 구분할 수 있는데 질적 기준은 경영, 자산, 이익, 예금의 추세 등이며 양적 기준은 자본 대 총자산비율, 자본 대 위험자산비율 등을 들 수 있다.

② 금융기관의 부채계정

금융기관의 수익성은 부채가 크면 클수록 증가한다고 할 수 있다. 일반기업들과는 달리 부채 즉 예수금이 많을수록 자산의 운용폭이 크고 수익성은 증가한다. 금융기관의 부채는 은행예금과 차입금 두 종류로 구성된다. 은행예금에는 요구불예금과 정기, 저축성예금 등이 있으며, 차입금은 물론, 유로달러, Repo, CD 등이 있다.

(3) 금융기관의 자산부채종합관리(ALM)

브레튼우즈 체제의 붕괴로 환율이 급격하게 변동하고, 금리자유화로 인하여 금리변동폭이 확대되자 은행수익성의 불확실성이 고조되었고 자금의 조달비용이 상승하였다. 따라서 은행들은 금리 및 환율변동위험을 적절히 관리하기 위하여 자산이나 부채 하나의 항목만을 관리하던 방식에서 진일보하여 자산과 부채를 동시에 관리하는 자산부채종합관리(ALM: asset liability management)시대에 이르게 되었다.

2. ALM(자산부채종합관리)

ALM은 금융기관이 여러 가지 요소, 즉 금융환경, 경제전망, 시장위험 등을 고려하여 전반적인 목표나 정책 및 전략을 개발하고 평가하는 일련의 경영과정이라 할 수 있다. 또한 ALM은 은행이 직면하는 위험을 크게 유동성 위험, 신용위험, 이자율 변동위험으로 구분하고 이 중에서도 이자율 변동위험을 가장 중요한 위험으로 간주하여 이를 관리하는 과정이다. ALM은 자산이나 부채, 자본의 일면만을 보지 않고 이를 전체적인 면에서 종합적으로 관리하는 기법이다.

ALM은 기법으로는 이자율 위험을 관리하기 위한 갭 관리, 만기 갭 관리, 듀레이션 갭 관리법 등이 있으며 유동성 위험을 관리하기 위한 기법으로는 유동성 갭 관리법이 있다.

(1) 갭 관리법

갭 관리(Gap Management)는 금리의 변동국면에 따라 자산과 부채의 만기를 신축적으로 변동시킴으로써 금리변동에 따른 유동성 및 수익성 위험을 최소한으로 줄이고 금리변동을 수익성면에서 유리하게 이용하고자 하는 기법 중의 하나이다. 갭은 다음과 같이 정의한다.

GAP = RSA − RSL

GAP비율 = RSA/RSL

단, RSA(Rate Sensitive Assets): 금리민감자산
RSL(Rate Sensitive Liabilities): 금리민감부채

금리민감자산이란 금리 재설정이 이루어지거나 일정기간(보통 1년[1])을 많이 사용함) 내에 만기가 도달하는 자산이다. 금리가 재설정되면 금융기관은 보유하고 있던 자산에 다른 수익률을 적용해야 하기 때문에 이자율 위험에 노출되게 되는 것이다. 또한 금융기관이 보유하고 있던 자산이 만기가 도래했다는 것은 금리를

1) 1년을 많이 사용하는 이유는 회계연도가 보통 1년 단위로 이루어지기 때문이다.

재설정해야 한다는 말과 일맥상통한다. 예를 들어, 금융기관이 만기가 도래한 자금을 상환받아 다른 자산의 형태로 운용하기 위해서는 먼저 적용했던 수익률과는 다른 수익률을 적용하는 것이 일반적이기 때문이다. 금리민감자산의 예로는 우대금리를 적용받는 대출, 단기성 유가증권 그리고 일정기간 이내에 매도될 유가증권 등이다. 금리민감부채란 변동금리를 적용받는 수신상품으로서 CD, 유로달러 예수금, 단기 차입금, 콜론 그리고 RP 등을 말한다. 금리민감자산 혹은 부채를 결정하는 기준은 획일적인 것이 아니고 보통 1년 이내에 만기가 도래하거나 금리가 재설정되는가 여부가 중요한 결정기준이다.

갭 관리법을 사용하게 되면 수신이자율이나 대출이자율이 변화할 때 금융기관 수익의 변화량을 파악할 수 있다.

(사 례)

갑은행의 대차대조표 자산별 평균수익률이 다음과 같다고 하자. 이러한 상황하에서 갑은행의 GAP과 이자소득을 구하라. 그리고 모든 단기이자율이 1%상승할 경우의 순이자소득의 변화, 순이자마진(NIM: net interest margin)의 변화량 그리고 스프레드의 변화량을 구하라. 단, 모든 원리금은 계획대로 상환되며, 수익률 곡선은 평행하고 향후 시장이자율의 변동은 모든 금리가 동일하게 변한다고 가정하자.

	자 산	평균수익률	부 채	평균이자비용
금리민감	500,000	12%	600,000	9%
고정이자부	350,000	15%	220,000	8%
비수입/비지출	150,000		100,000	
자 본			80,000	
계	1,000,000		1,000,000	

A은행의 GAP = 금리민감자산(RSA) − 금리민감부채(RSL)

= 500,000 − 600,000

= −100,000

이자율이 변동하기 전의 이자소득 = 이자수입 − 이자비용

= $500,000 \times 0.12 + 350,000 \times 0.15 - 600,000 \times 0.09 - 220,000 \times 0.08$

= 40,900이 된다.

이자율이 1%로 상승하였을 때의 순이자소득은

$$= 500{,}000 \times 0.13 + 350{,}000 \times 0.15 - 600{,}000 \times 0.10 - 220{,}000 \times 0.08$$

$= 39{,}900$이 된다.

이자소득의 변화 $= -1{,}000$

위 결과로부터 다음을 유추할 수 있다. 첫째, GAP이 0이 아닐 경우에는 이자율이 변화할 때 은행의 이자소득은 변화함을 알 수 있다. 둘째, GAP이 0보다 작다는 것은 금리민감부채가 더 많음을 의미하므로 자산과 부채의 수익률이 동시에 상승할 경우에는 부채의 금리부담이 더 늘어나 은행의 수익성이 악화된다는 것을 알 수 있다. GAP > 0일 때는 반대의 현상이 일어날 것이다. 셋째, 자산과 부채의 수익률이 동시에 상승할 경우에는 GAP을 0보다 크게 하여 금리민감자산이 금리민감부채보다 많게 함으로써 수익률을 제고시킬 수 있음을 알 수 있다.

갭 관리법은 보통 갭(RSΛ RSL)을 0(영) 또는 갭 비율(RSA/RSL)을 1로 유지한다. 갭이 0인 경우 금리민감자산과 금리민감부채가 같음을 의미한다. 이 경우 금리가 변동하면 자산가치와 부채가치의 변화는 정확히 상쇄된다. 따라서 갭이 0이 되면 금리변동위험으로부터 헤지되었다고 할 수 있다. 갭이 클수록 금리변동위험에 보다 많이 노출되어 있다. 그러나 일반적으로 부채의 금리변동이 자산의 금리변동을 선행하여 양 금리가 동일한 폭으로 변동하는 데는 상당한 기간이 소요되므로, GAP이 0이라고 해서 금리변동위험으로부터 완전히 헤지되었다고 보기 어렵다.

갭 관리전략이 항상 0의 포지션을 요구하는 것은 아니다. 만약 금리상승이 예상될 경우 갭 포지션을 정(+)의 갭 포지션으로, 금리하락이 예상될 경우에는 부(−)의 갭 포지션을 취하면 이익을 얻을 수 있다. 이러한 갭 관리전략은 금리가 당초 예상한 대로 실현되었을 경우 이익을 얻을 수 있으나 금리가 예측과는 반대로 움직였을 경우에는 손해를 입게 된다.

수동적 갭 관리전략		갭(RSA−RSL)을 0에 가깝게 유지
능동적 갭 관리전략	금리상승 예상	갭(RSA−RSL)을 정(+)의 수준으로 유지
	금리하락 예상	갭(RSA−RSL)을 부(−)의 수준으로 유지

갭 관리는 다음과 같은 한계를 갖고 있다. 첫째, 갭 측정의 기준기간에 따라서

갭이 달라진다. 이러한 갭 관리의 한계를 극복하기 위해 도입된 ALM기법이 나중에 알아보게 될 만기 갭 관리법이다. 둘째, 갭을 계산할 때 금리민감자산과 금리비민감자산의 구분기준이 확실치 않다. 셋째, 각 금융상품이 금리변동에 따른 금리변화 속도가 서로 다를 때 이를 조정해야 하는 문제가 존재한다. 넷째, 금리변동에 따른 자산의 가치변화량을 알 수 없다. 이러한 갭 관리의 한계를 극복한 ALM기법이 듀레이션 갭 관리기법이다.

(2) 만기 갭 관리법

만기 갭 관리(Maturity Gap Management)란 금리가 재설정되거나 만기가 도래하는 기간별로 각 기간의 갭을 0으로 관리하는 방법이다. 갭 관리법이 특정 분석기간(예; 1년) 동안만의 갭을 관리하는 데 비해 만기 갭 관리법은 여러 기간으로 세분화하여(예: 30일 이내, 2~3개월 이내, 4~6개월 이내, 7~12개월 이내) 각 기간별 갭을 관리하는 것이다.

[그림 12-1]은 1개월 이내, 2~3개월, 4~6개월 그리고 7~12개월 이내 만기가 도래하거나 금리가 재설정되는 RSA와 RSL을 계산하여 기간별 갭을 나타낸 그림이다. [그림 12-1]에 의하면 만기별 갭이 1개월 이내 (+), 2~3개월(−), 4~6

[그림 12-1] 만기 갭

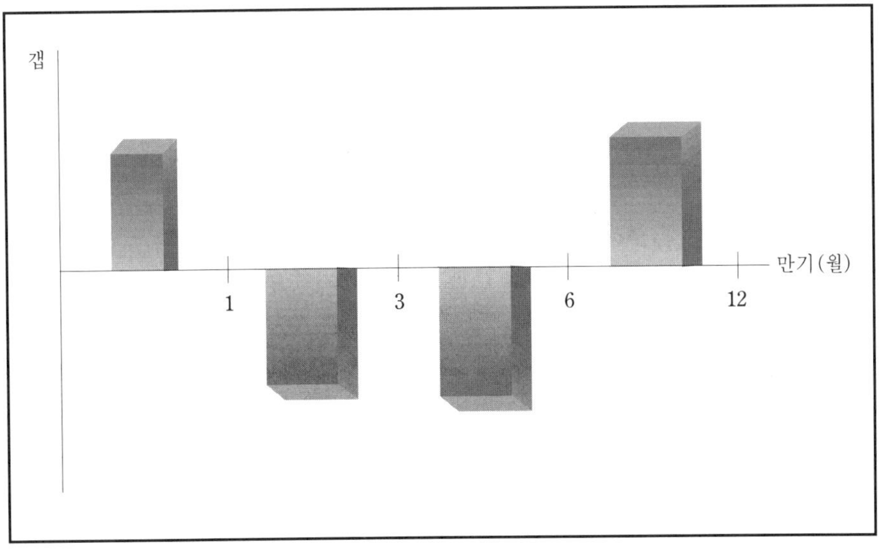

개월(−) 그리고 7∼12개월 (+)를 유지하고 있다. 따라서 만약 이자율이 상승한다면 1개월 이내와 7∼12개월 이내에는 순이자소득이 늘어날 것이라는 것을 예측할 수 있다. [그림 12-1]의 경우 이자율 위험을 헤지하는 것이 목적이라면 만기가 도래하기 전에 각 만기별 갭을 0으로 조정하면 될 것이다. 능동적(active) 면역전략을 사용한다면 이자율이 상승하리라 예측된다면 만기가 도래하기 전에 갭을 양(+)으로 유지하고, 이자율이 하락하리라 예측된다면 만기가 도래하기 전에 갭을 음(−)으로 유지하면 된다.

만기 갭 관리법은 특정 기간 동안의 금리위험 정도를 나타내 주는 장점이 있기 때문에 적시에 거시헤지[2]가 가능하다. 그러나 갭 관리법과 마찬가지로 기간별 갭 선정이 임의적이라는 단점이 있다.

(3) 유동성 갭 관리법

금융기관의 경영상의 중요한 과제 중의 하나가 유동성 확보이다. 금융기관의 유동성 관리를 목적으로 개발된 금융기관 경영관리기법이 유동성 갭 관리법이다. 유동성 갭 관리법은 만기 갭 관리법과 거의 유사하다. 다만 만기 갭 관리법은 기간별로 금리가 재설정되거나 만기가 도래하는 자산의 갭을 관리하는 데 비해 유동성 갭 관리법(Liquidity Gap Management)은 기간별로 만기가 도래하는 자산의 갭을 관리한다. [그림 12-2]와 같이 각 기간별 유동성 갭을 0으로 유지하게 되면 적정 수준의 수익성을 확보하면서 금융기관의 유동성 위험은 사라지게 된다. [그림 12-2]에 의하면 6개월 이내에는 만기가 도달하는 자산과 부채는 유동성 갭이 0과 가까운 값을 보이고 있으므로 6개월 이내에는 이 금융기관의유동성 위험은 없음을 의미한다.

그러나 6개월 이후에 만기가 도달하는 상품은 부채보다는 자산이 많은 것을 알 수 있다. 이는 금융기관이 수익성을 제고하기 위하여 금융자산을 적극적으로 운용하고 있음을 의미한다. 그러나 이 금융기관이 유동성 위험에 빠지지 않기 위해서는 시간이 흐름에 따라 만기가 짧은 자산을 확보하여 유동성 갭을 0과 가까운 수준으로 유지해야 한다.

---

2) 거시헤지란 대차대조표의 전 항목을 재구성하여 금리위험을 제거하는 헤지방법이다. 미시헤지는 일부 항목을 재구성하여 헤지하는 방법이다.

[그림 12-2] 유동성 갭

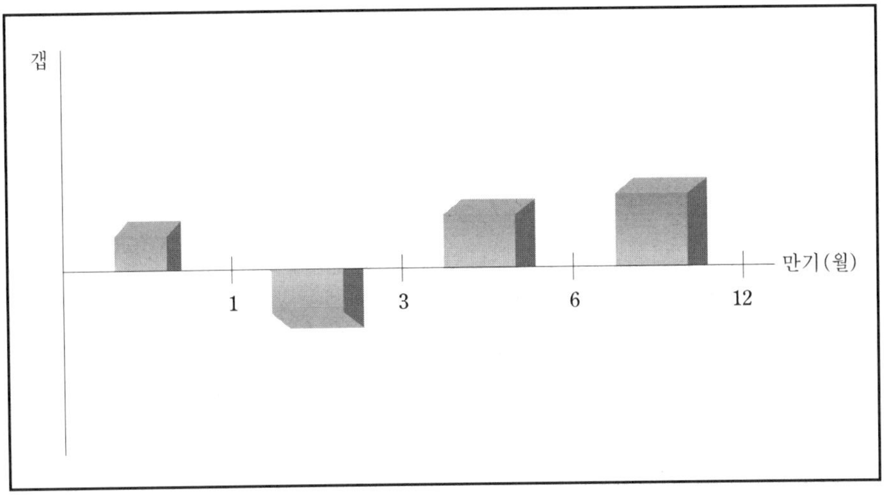

(4) 듀레이션 갭 법

이자율 변화에 대한 자산의 가격변화는 듀레이션에 의해 측정될 수 있다. 그렇다면 이자율 변화에 따른 금융기관(주주)의 富인 자본의 가치변화를 측청하는 방법에 대해 알아보자. 금융기관의 자본의 가치변화 역시 듀레이션을 사용하여 측정할 수 있다. 이러한 듀레이션의 개념을 이용한 ALM전략이 듀레이션 갭 법이다. 이자율이 변화함에 따라 금융기관의 자기 자본가치가 어떻게 변화하는가를 파악하기 위해서는 자기자본의 듀레이션을 먼저 계산하여야 하는데, 자기자본에 대한 듀레이션을 듀레이션 갭이라 한다.

포트폴리오의 듀레이션은 포트폴리오를 구성하는 각 자산의 듀레이션을 각 자산의 현가에 대한 총 포토폴리오 현가비율로 가중평균한 값과 같다.

자 산	대출액	이자율	만기	부 채	조달액	이자율	만기
현 금	100,000	0%	0년	요구불예금	200,000	0%	0년
상업대출(CL)	700,000	14%	3년	정기예금(TD)	320,000	11%	3년
주택대출(ML)	200,000	12%	2년	C D	400,000	10%	2년
				자 본	80,000		
합 계	1,000,000				1,000,000		

이러한 관계를 갑은행의 예를 통해 알아보자. 앞의 표는 갑은행의 대차대조표이다. 할인율인 현재 시장이자율은 10%이다.

각 상품별 발행조건은 다음과 같다.

① 상업대출은 원금의 14%에 해당하는 이표를 $t=1, 2, 3$ 시점에서 상환하고 원금은 $t=3$ 시점에서 상환된다(단, 모든 이자는 만기시점까지 14%로 재투자된다).

② 주택대출은 2년간에 걸쳐 균등상환된다.

③ 정기예금은 만기에 이자와 원금이 동시에 지급된다.

④ CD는 현재의 이자율 10%로 할인된 순할인채이다.

모든 원리금은 계획대로 상환되며, 수익률 곡선은 평행하고 향후 시장이자율의 변동은 모든 금리가 동일하게 변한다고 가정하자. 현금과 요구불예금은 투자자산이 아니므로 0%의 수익률을 실현하고 듀레이션은 0이다.

주택대출금이 균등분할 상환되기 위해서는 다음 식을 만족해야 한다. 즉, 2년 후에 원리금을 동시에 상환받는 경우와 1년말에 x를 상환받아 이를 재투자한 수익과 2년말에 상환받은 원리금의 합계는 동일해야 한다.

$$200{,}000 \times (1.12)^2 = x \times (1+0.12) + x$$

$$x = 118{,}340$$

즉, 매년 118,340의 주택대출금이 분할 상환되어야 한다.

각 상품별 시장가치를 현가식에 의해 계산하면 다음과 같다.

$$PV = \sum_{t=1}^{N} \frac{CF_t}{(1+R)^t}$$

단, CF_t: t시점에서의 현금흐름
R: 할인율(시장이자율)
N: 만기

상업대출의 시장가격 : $P_{CL} = \dfrac{700{,}000(1.14)^3}{1.1^3} = 779{,}174$

주택대출의 시장가격 : $\dfrac{118{,}340}{1.1} + \dfrac{118{,}340}{1.1^2} = 205{,}383$

정기예금의 시장가격 : $\dfrac{320{,}000 \times 1.11^3}{1.1^3} = 328{,}807$

CD의 시장가격 : $\dfrac{400{,}000 \times 1.1^2}{1.1^2} = 400{,}000$

각 자산의 듀레이션을 다음의 계산식에 의해 계산하여 보자.

$$D = \frac{\sum_{t=1}^{N} \frac{C_t}{(1+R)^t} \times t}{\sum_{t=1}^{N} \frac{C_t}{(1+R)^t}}$$

단, C_t: 이자지급액, 만기에는 이자와 원금
(t): 이자 또는 원금의 지급시기
N: 만기
R: 만기수익률

상업대출의 듀레이션 : $D_{CL} = \dfrac{\dfrac{700{,}000 \times (1.14)^3}{1.1^3} \times 3}{779{,}174} = 3$년

주택대출의 듀레이션 : $\dfrac{\dfrac{118{,}340}{1.1} \times 1 + \dfrac{118{,}340}{1.1^2} \times 2}{205{,}383} = 1.476$년

정기예금의 듀레이션 : $\dfrac{\dfrac{320{,}000 \times 1.11^3}{1.1^3} \times 3}{328{,}807} = 3$년

CD의 듀레이션 : $\dfrac{\dfrac{400{,}000 \times (1.1)^2}{1.1^2} \times 2}{400{,}000} = 2$년

상업대출금은 만기에 원리금 $700{,}000 \times (1.14)^3 = 1{,}037{,}080$을 상환받게 된다. 자산포트폴리오의 현금흐름을 요약하면 다음과 같다.

	$t=0$	$t=1$	$t=2$	$t=3$
현 금	100,000			
상업대출(CL)				1,037,080
주택지출(ML)		118,340	118,340	
합 계	100,000	118,340	118,340	1,037,080

위와 같은 현금흐름을 갖는 자산포트폴리오의 듀레이션은 다음과 같이 계산된다.

자산포트폴리오의 현가:

$$100{,}000+\frac{118{,}340}{1.1}+\frac{118{,}340}{1.1^2}+\frac{1{,}037{,}080}{1.1^3}=1{,}084{,}557$$

자산포트폴리오의 듀레이션:

$$D_A=\frac{100{,}000\times 0+\frac{118{,}340}{1.1}\times 1+\frac{118{,}340}{1.1^2}\times 2+\frac{1{,}037{,}080}{1.1^3}\times 3}{1{,}084{,}557}=2.43$$

갑은행의 자산포트폴리오의 듀레이션을 각 자산듀레이션의 가중평균으로 계산해 보자. 갑은행 자산포트폴리오를 요약 정리하면 다음과 같다.

자산포트폴리오	현 가	총자산에 대한 현가비중	듀레이션
현 금	100,000	0.092	0.000
상업대출	779,174	0.718	3.000
주택지출	205,383	0.189	1.476
소 계	1,084,557	1.000	

자산포트폴리오에 속한 각 자산듀레이션의 가중평균은 다음과 같다.

$$D_A=0.092\times 0+0.718\times 3.000+0.189\times 1.476=2.43$$

결국, 포트폴리오의 듀레이션은 포트폴리오에 속한 각 자산의 듀레이션을 각 자산의 현가에 대한 총 포트폴리오의 현가의 비중으로 가중평균한 값임을 알 수 있다.

$$D_p=\sum_{i=1}^{N} w_i\cdot D_i$$

단, D_p: 포트폴리오의 듀레이션
N: 포트폴리오에 속한 자산의 수
w_i: $\frac{i\text{자산의 시장가치}}{\text{포트폴리오 전체의 시장가치}}$
D_i: i자산의 듀레이션

부채 항목별 듀레이션은 순할인채와 같은 성질[3]을 가지므로 만기와 듀레이션은 같다.

부채포트폴리오	현 가	총부채에 대한 현가비중	듀레이션
요구불예금	200,000	0.215	0.00
정기예금(TD)	328,807	0.354	3.00
CD	400,000	0.431	2.00
소 계	928,807	1.00	

부채포트폴리오의 듀레이션 : $0.215\times0.00+0.354\times3.00+0.431\times2.00=1.924$

금융기관의 자기자본가치는 금융기관의 자산가치에서 부채가치를 차감한 값이 된다.

자기자본가치$(K)=$자산의 가치$(A)-$부채의 가치(D)

자기자본은 자산과 부채로 이루어진 포트폴리오라 할 수 있으므로 자기자본의 듀레이션 갭은 자산과 부채 듀레이션의 가중평균이 될 것이다.

$$D_A=\frac{K}{A}D_K+\frac{L}{A}D_L$$

$$\frac{K}{A}D_K=D_A-\frac{L}{A}D_L$$

$$D_K=\frac{A}{K}D_A-\frac{L}{K}D_L$$

듀레이션과 자산가치의 변화는 다음의 관계식을 만족한다.[4]

$$\frac{\Delta P}{P}=-(D)\times\frac{\Delta r}{1+r}$$

따라서 자산가치의 변화는 다음 식을 만족해야 한다.

3) 순할인채 듀레이션은 만기와 같다.
4) 제7장에서 자산가치의 변화량은 듀레이션 변화량과 이자율 변화량의 곱과 같았다.

$$\frac{\Delta K}{K} = -(D_K) \times \frac{\Delta r}{1+r}$$

위 식에 앞의 D_K식을 대입하면,

$$\frac{\Delta K}{K} = -\left(\frac{A}{K}D_A - \frac{L}{K}D_L\right) \times \frac{\Delta r}{1+r}$$

위 식의 양변에 K를 곱한 후 A로 나누면

$$\frac{\Delta K}{A} = -\left(D_A - \frac{L}{A}D_L\right) \times \frac{\Delta r}{1+r}$$

이때의 $D_A - \frac{L}{A}D_L$를 $DGAP_K$라 하면

$$DGAP_K = D_A - w \cdot D_L$$

자본의 듀레이션 갭($DGAP_K$)

$$DGAP_K = D_A - w \cdot D_L$$

단, D_A: 자산의 듀레이션
D_L: 부채의 듀레이션
A: 자산의 현재가치
L: 부채의 현재가치
K: 자본의 현재가치($A-L$)
w: 부채대 자산비율(L/A)

앞에서 언급된 $\frac{\Delta K}{A} = -\left(D_A - \frac{L}{A}D_L\right) \times \frac{\Delta r}{1+r}$식의 양변에 A를 곱하면 자본가치의 변동분은 다음 식을 만족하게 된다.

$$\Delta K = -DGAP_K \cdot A \cdot \frac{\Delta r}{1+r} \fallingdotseq -DGAP_K \cdot A \cdot \Delta r$$ [5)]

이러한 관계를 이용하여 이자율 변동에 따른 자본과 순이자소득 변화분과의 관계를 나타내면 다음과 같다.

---

5) ΔK와 Δr의 관계 즉, 이자율 변화량과 자본금의 변화량과의 관계를 유도하기 위하여 $\frac{\Delta r}{(1+r)}$과 Δr이 큰 차가 없으므로 $\frac{\Delta r}{(1+r)} = \Delta r$이라고 가정한다.

자본가치의 변동(ΔK)

$$\Delta K = -DGAP_K \cdot A \cdot \Delta r$$

갑은행의 자산과 부채의 듀레이션과 총시장가치는 다음과 같았다.

자산의 듀레이션(D_A) = 2.435년
부채의 듀레이션(D_L) = 1.924년
자산의 총시장가치(A) = 1,084,557년
부채의 총시장가치(L) = 928,807년

따라서 자기자본의 총시장가치는(K)는 155,750 = 1,084,557 − 928,807이다. 이상의 자료를 이용하여 자본의 듀레이션 갭을 구하면 다음과 같다.

$$\begin{aligned} DGAP_K &= D_A - w \cdot D_L \\ &= 2.435 - \frac{928,807}{1,084,557} \times 1.924 \\ &= 0.787 \end{aligned}$$

현재 갑은행의 듀레이션의 갭은 0.787으로 갑은행은 이자율 변동위험에 노출되어 있다고 할 수 있다. 만약 이자율이 0.1%(10 basis point) 상승한다면 갑은행의 자본가치는 어떻게 변화할 것인가?

이자율이 0.1% 변동하였을 때 실제가치 변동분과 $DGAP$를 이용한 자본가치 변동분을 비교하여 보자. 이자율이 변동하였을 때 자산 및 부채의 적용이자율은 이미 결정된 상태이므로 변화하지 않지만 할인율은 변동분을 적용해야 한다. 이자율이 0.1% 상승하였을 때의 자산 및 부채 각 항목의 시장가치를 앞의 예에서와 동일하게 계산한 결과는 다음과 같다.

상업대출의 시장가격 : $\dfrac{700,000(1.14)^3}{1.101^3} = 777,053$

주택대출의 시장가격 : $\dfrac{118,340}{1.101} + \dfrac{118,340}{1.101^2} = 205,108$

정기예금의 시장가격 : $\dfrac{320,000 \times 1.11^3}{1.101^3} = 327,912$

$$\text{CD의 시장가격} : \frac{400{,}000 \times (1.1)^2}{1.101^2} = 399{,}274$$

자 산	시장가치	적용이자율	부 채	시장가치	적용이자율
현 금	100,000	0%	요구불예금	200,000	0%
상업대출(CL)	777,053	14%	정기예금(TD)	327,912	11%
주택대출(ML)	205,108	12%	C D	399,274	10%
			자 본	154,975	
합 계	1,082,161			1,082,161	

결국, 이자율이 0.1% 변동하였을 때의 자본가치의 변동(ΔK)은 −775이다.

$$\begin{array}{lr} \text{이자율 변동 후의 자본가치} & 154{,}975 \\ -\text{이자율 변농 전의 자본가치} & 155{,}750 \\ \hline & = -775 \end{array}$$

듀레이션 갭을 이용하여 자본가치의 변동분을 예상하여 보자.

$$\Delta K = -DGAP_K \cdot A \cdot \frac{\Delta r}{1+r}$$

$$\Delta K = -0.787 \times 1{,}084{,}557 \times \frac{0.001}{1+0.1}$$
$$= -776$$

듀레이션 갭을 이용한 자본가치 변동량의 예상치와 실제 자기자본가치의 변동량은 1원의 차이가 있는데 이 차이는 볼록성(convexity)에 기인한 값이다. 위 결과가 의미하는 중요한 사실은 금융기관이 듀레이션 갭을 양으로 유지하였을 때 이자율이 상승하면 자본가치는 하락함을 알 수 있다. 이러한 사실은 능동적 면역전략을 수행하는 데 중요한 의미를 갖게 된다.

결국, 위의 사례에 의하면 이자율 변동에 따른 듀레이션과 자산, 자본가치의 관계는 역의 관계를 가진다. 즉 이자율이 상승할 경우 듀레이션이 클수록 자산, 자본의 가치는 감소한다. 따라서 이러한 관계를 이용하여 이자율 위험면역을 위한 자본(K)의 듀레이션 갭의 전략을 세울 수 있다.

(5) 듀레이션 갭 법을 이용한 면역전략

듀레이션 갭을 이용하여 자본의 가치를 관리하기 위한 수동적 전략은 자본의 듀레이션 갭($DGAP_K$)을 0(영)으로 유지하는 것이다. 자본의 듀레이션 갭이 0일 경우 이자율이 상승하거나 하락하여도 자본의 가치는 변하지 않는다.

듀레이션 갭을 이용한 헤지의 사례를 살펴보자. 갑은행의 사례를 이용하도록 한다. 현재 갑은행의 듀레이션 갭은 0.787로 이자율 위험에 노출되어 있다. 이자율 위험을 제거하기 위해서는 듀레이션 갭을 '0'이 되게 해야 한다. 듀레이션 갭이 '양수'(+)이므로 $DGAP_K = D_A - w \cdot D_L = 0$으로 만들기 위해서는 D_L을 크게 하거나 D_A를 줄여야 한다. 부채의 듀레이션을 크게 하여 이자율 위험을 헤지하기로 했다고 하자. 듀레이션 갭이 0이 되도록 하기 위해서는 다음 식을 만족해야 한다.

$$DGAP_K = D_A - w \cdot D_L = 0$$

$$2.435 - \frac{928,807}{1,084,557} D_L = 0$$

$$\therefore D_L = 2.843$$

부채의 듀레이션을 크게 하려면 듀레이션이 작은 부채를 매각하여 듀레이션이 큰 부채를 매입해야 한다. 2년만기 CD를 x만큼 매각하여 동일 액수의 5년만기 CD를 매입하기로 했다고 하자. 변경 전 갑은행 부채의 시장가격과 듀레이션은 다음과 같다.

부채포트폴리오	현 가	총부채에 대한 현가비중	듀레이션
요구불예금	200,000	0.215	0.00
정기예금(TD)	328,807	0.354	3.00
CD	400,000	0.431	2.00
소 계	928,807	1.00	

따라서 5년 만기 CD를 매입하였을 때의 부채포트폴리오의 듀레이션이 2.843이 되기 위해서는 다음 식을 만족해야 한다.

$$D_L = \frac{200,000}{928,807} \times 0 + \frac{328,807}{928,807} \times 3 + \frac{400,000 - x}{928,807} \times 2 + \frac{x}{928,807} \times 5$$

$$= 2.843$$

위 식을 정리하면 $3x = 854,178$이므로 $x = 284,726$이 된다. 따라서 A은행은 이자율 위험을 헤지하기 위해 2년 만기 CD를 284,726만큼 매각하여 5년 만기 CD를 매입해야 한다. 이러한 거래가 성립한 후의 갑은행의 부채포트폴리오는 다음과 같이 구성된다.

부채포트폴리오	현 가	총부채에 대한 현가비중	듀레이션
요구불예금	200,000	0.215	0.00
정기예금(TD)	328,807	0.354	3.00
CD(2년)	115,274	0.124	2.00
CD(5년)	284,726	0.307	5.00
소 계	928,807	1.000	

거래가 성립한 후의 자산 및 부채포트폴리오의 듀레이션은 다음과 같다. 자산포트폴리오는 아무런 거래가 없었으므로 듀레이션(D_A)은 2.435이다. 부채의 듀레이션(D_L)은 $2.84 = 0.215 \times 0.00 + 0.354 \times 3.00 + 0.124 \times 2.00 + 0.307 \times 5.00$로 목표한 부채의 듀레이션과 같아졌음을 알 수 있다.

포트폴리오 재구성 거래가 성립한 후의 듀레이션 갭($DGAP_K$)은 $0 = 2.435 - \frac{928,807}{1,084,557} \times 2.843$이다. 즉, 이자율 위험을 제거하기 위한 포트폴리오 재구성 거래가 성립한 후의 듀레이션 갭이 0이 되었으므로 이자율 위험은 제거되었다.

갑은행의 예를 통해 이자율이 0.1% 상승하였을 때의 자본가치 변동을 계산하여 보자. 이자율이 0.1% 상승하였을 때의 CD가격을 구해보자.

$$\text{CD(2년)} = \frac{115,274(1.1)^2}{(1.101)^2} = 115,065$$

$$\text{CD(5년)} = \frac{284,726(1.1)^5}{(1.101)^5} = 283,435$$

이자율이 0.1% 상승하였을 때의 다른 항목에 대한 시장가치는 갑은행의 이자율이 0.1% 상승하였을 때의 예와 동일하므로 그 결과를 그대로 사용하여 대차대조표를 작성하면 다음과 같다.

자 산	시장가치	적용이자율	부 채	시장가치	적용이자율
현 금	100,000	0%	요구불예금	200,000	0%
상업대출(CL)	777,053	14%	정기예금(TD)	327,912	11%
주택대출(ML)	205,108	12%	CD(2년)	115,065	10%
			CD(5년)	283,435	10%
			자 본	155,749	
합 계	1,082,161			1,082,161	

듀레이션 갭을 0으로 유지하지 않았을 때 이자율이 변화하면 자본의 가치가 변동한다는 사실을 앞의 예를 통해 알아보았다. 그러나 듀레이션 갭을 0으로 유지하였을 때 작은 수준의 이자율 변화[6]는 자본의 가치를 변화시키지 못함을 위의 예는 보여주고 있다. 즉, 이자율이 상승하지 않았을 때의 155,750과 1만큼의 차가 있는 155.749로 자본가치가 거의 변동하지 않았음을 알 수 있다.

듀레이션 갭을 이용한 능동적 전략은 이자율의 상승, 하락의 예상을 바탕으로 듀레이션 갭을 정(+)과 부(−)의 수준으로 유지시킴으로써 이자율 변화에 대한 예측이 맞았을 경우 자본의 가치를 증가시킬 수 있다. 만약 이자율의 상승이 예상된다면 자본의 듀레이션 갭을 부(−)의 수준으로 유지한다면 자본의 가치는 상승하게 된다. 그러나 이러한 능동적 전략은 이자율 변화에 대한 예측이 맞지 않을 경우 자본의 가치는 감소하게 되어 손실을 입게 된다는 문제가 있다.

수동적 듀레이션 갭 전략		듀레이션 갭을 0(零)에 가깝게 유지
능동적 듀레이션 갭 전략	금리상승 예상	듀레이션 갭을 부(−)의 수준으로 유지
	금리하락 예상	듀레이션 갭을 정(+)의 수준으로 유지

듀레이션 갭 전략은 다음과 같은 한계를 갖고 있다. 첫째, 자산, 자본 및 부채의 듀레이션 계산을 위하여 각 자산과 부채항목들이 시장가치를 정확하게 알 수 있어야 하나 실제로는 시장가치를 파악하기 어려운 항목이 많다. 둘째, 듀레이션 갭 전략을 사용할 경우 컴퓨터 시스템의 도입 등 고정비가 많이 든다.

6) 이자율의 변화량이 크면 듀레이션의 볼록성으로 인해 자본의 가치는 변화하게 된다. 목표자본가치와 '1' 만큼의 오차는 볼록성과 반올림(rounding error)에 기인한 것이다.

3. 환위험 관리

최근 금융시장이 개방화, 통합화되면서 금융기관의 환위험이 크게 증가하고 있다. 금융기관의 환위험은 외환거래, 외화대출, 외화표시 채권의 매입 및 발행 등에 의해서 발생한다. 이러한 금융기관의 환위험은 외화표시 자산과 부채의 크기, 그리고 외환시장에서의 금융기관의 포지션에 의해 평가될 수 있다. 아래에서는 금융기관의 환노출에 대해 자세히 분석하고 환위험 관리방법에 대해 설명한다.

(1) 금융기관의 환노출

금융기관의 환노출(foreign exchange risk exposure)은 크게 외환거래와 관련된 포지션과 외화표시 자산 및 부채의 크기에 의해 결정되어진다. 금융기관의 순환노출은 다음과 같이 정의된다.

순환노출＝(외화표시 자산－외화표시 부채)＋(외환 매입포지션－외환 매도 포지션)
＝순 외화표시 자산＋순 외환매입 포지션

만약 금융기관의 외화표시 자산과 부채의 크기가 동일하고 외환시장에서의 매입포지션과 매도포지션을 일치시킨다면 금융기관은 환위험에 노출되지 않을 것이다. 대부분의 금융기관들은 외환시장에서의 순매입 포지션은 거의 0에 가깝다. 이는 외환시장에서 금융기관들의 거래가 대부분 스왑(swap)거래에 해당되기 때문이다. 외환시장은 크게 현물시장(spot market)과 선물환시장(forward market)으로 구분되는데, 금융기관들은 주로 현물시장과 선물시장을 동시에 이용하는 스왑거래를 주로 한다. 스왑거래에서는 현물시장에서 매입포지션을 취했다면 선물환시장에서는 매도포지션을 취하는 것이 일반적이다. 만약 현물시장에 서 매도포지션을 취했다면 선물시장에서는 매입포지션을 취하게 된다. 따라서 전체적으로 금융기관들의 외환시장 순포지션은 0에 가깝게 된다. 반면 외화표시 자산과 부채와 관련된 환노출은 크게 증가하고 있다. 이는 각국의 금융시장이 개방화 및 통합화되면서 금융기관의 자금조달 및 투자활동이 전세계적으로 이루어지기 때문이다. 특히 유로시장을 통한 차입과 대출이 증가하고 있다. 또한 다국적 기업(multinational firm)에 의한 해외직접투자(foreign direct investment)와 뮤츄얼 펀드(mutual funds) 등을 통한 국제포트폴리오 투자의 급격한 증가도 한 원인이 되고 있다. 예를 들어 미국의 경우 연기금(pension fund)의 해외증권에 투자비율은 전체의 14%에 달하고 있으며, 생명보험의 경우에는 전체 자산의 약 10% 정도를 해외자산으로 보유하고 있다. 우리나라의 경우에도 외화표시 자산과 부채의 크기가 점차 늘어나고 있다.

(2) 외화표시 자산부채의 환노출

먼저 외화표시 자산과 부채를 가지고 있을 경우 금융기관이 어떠한 위험에 처하게 되는지 예를 통해 살펴보자. 아래 표에서는 한 금융기관의 대차대조표가 제시되어 있다.

자 산	부 채
기업대출 13억원(만기 1년, 한국) 기업대출 13억원(만기 1년, 미국) (달러 표시 대출)	CD 26억원(만기 1년, 한국)

이 금융기관은 한국에서 26억원의 CD를 발행하여 자금을 조달한 후 13억원은 한국기업에 대출하고 나머지 13억원은 달러표시로 미국기업에 대출하였다. 이 경우 금융기관의 자산과 부채의 듀레이션은 일치되어 있는 상태($D_A = D_L = 1$)이다. 그러나 외화표시 자산과 부채의 포지션에 대해서는 불일치되어 있다. 현재 한국에서 CD금리가 연 8%라고 가정하자. 한국에서의 1년 만기의 대출 이자율은 9%라고 하면 금융기관은 1%의 금리차를 마진으로 얻을 수 있다. 또한 미국에서의 1년 만기 대출 이자율을 12%라고 하자. 그러면 이 금융기관은 연 4%의 수익을 기대할 수 있을 것이다.

현재 환율을 \$1=₩1,300이라고 하면, 미국에 대출한 13억원의 달러표시 금액은 $\frac{1,300,000,000}{1,300} = \$1,000,000$이 된다. 따라서 1년 후 이 금융기관은 \$1,000,000 (1.12)=\$1,120,000의 원리금을 받을 수 있다. 이를 원화로 환산하면 \$1,120,000 ×1,300=1,456,000,000원이 된다. 따라서 달러표시 대출의 수익률은 다음과 같이 계산된다.

$$\frac{1{,}456{,}000{,}000-1{,}300{,}000{,}000}{1{,}300{,}000{,}000}=0.12=12\%$$

위의 결과를 바탕으로 금융기관 전체 수익률을 계산하면 0.5×9%+0.5×12%=10.5%가 된다. 따라서 CD금리 8%를 고려하면 연 2.5%의 순수익을 기대할 수 있다.

그런데 달러화에 대해 원화의 가치가 상승하여, 즉 원화의 평가절상이 발생하여 환율이 $1=₩1,200으로 하락했다고 하자. 그러면 이 금융기관은 달러 표시 대출에 대해 원화로 $1,120,000×1,200=1,344,000,000원의 원리금을 받는다. 따라서 이 때 금융기관의 수익률은 다음과 같다.

$$\frac{1{,}344{,}000{,}000-1{,}300{,}000{,}000}{1{,}300{,}000{,}000}=0.0339=3.39\%$$

이 때 금융기관 전체 수익률은 0.5×9%+0.5×3.39%=6.12%가 된다. 따라서 CD금리가 연 8%이므로 결국 −1.88%만큼의 순손실을 기록하게 된다.

반대로 환율이 평가절하되었을 경우에는 금융기관은 더 많은 이익을 실현하게 된다. 예를 들어 환율이 $1=₩1,400이라면 달러표시 대출의 수익률은 20.62%가 되고, 금융기관 전체의 순수익률은 14.81%로 증가할 것이다.

(3) 외화표시 자산부채 환위험 관리

이러한 금융기관의 외화표시 자산과 부채의 포지션 불일치에 따른 환노출에 대한 헤징방법은 크게 두 가지로 나누어 살펴볼 수 있다. 첫번째는 대차대조표 헤징(on-balance hedging)이고 두 번째는 파생상품을 이용한 헤징이다.

먼저 대차대조표 헤징에 대해서 살펴보자. 대차대조표 헤징은 외화표시 자산과 부채의 크기를 동일하게 만드는 것이다. 예를 들어 달러표시 대출에 대해 원화표시 CD로 자금조달을 하는 대신, 달러화 표시 CD를 발행하여 달러표시 대출에 대한 자금조달을 하면 된다. 만약 달러표시 CD금리가 연 10%라고 하면 이 금융기관의 대차대조표는 다음 표와 같이 나타날 것이다.

이 경우 원화대출에서 1%의 수익을, 달러표시 대출에서 2%의 수익을 얻을 수 있으므로 금융기관 전체의 수익은 0.5×1%+0.5×2%=1.5%의 수익을 달성할 수 있다. 만약 원화가 절상되어 환율이 $1=₩1,200으로 하락했다고 하자. 그러면 위의 예에서 계산되었듯이 달러표시 대출에서의 수익률은 3.39%로 떨어진다. 그러나 마찬가지로 달러표시 CD의 자본비용도 $\frac{\$1,000,000(1.10)\times 1,200-1,300,000,000}{1,300,000,000}$ $=1.54\%$로 떨어진다. 따라서 전체적으로는 $0.5\times 1\%+0.5\times(3.39\%-1.54\%)=1.43\%$의 순수익을 확보할 수 있다. 만약 원화가 평가절하되어 환율이 $1=₩1,400으로 상승한 경우에도 비슷한 결과를 가져올 것이다.

대차대조표 헤징 대신에 선물환 시장을 이용하여 환노출을 헤징할 수도 있다. 만약 현재 1년 만기의 원-달러 선물환이 $1=1,250에 거래되고 있다고 하자. 그렇다면 이 금융기관은 달러표시 대출과 동시에 만기에 받게 되는 원리금 $1,120,000만큼을 $1=1,250원에 달러 선물환을 매도하는 헤징전략을 세울 수 있다. 이런 선물환 매도를 통하여 이 금융기관은 1년 후 $\$1,000,000(1.12)\times 1,250=1,400,000,000$원의 원리금을 확정할 수 있다. 따라서 금융기관은 달러표시 대출로부터 7.69%의 수익을 보장받을 수 있으므로, 전체적으로는 8.35%의 수익을 나타낼 것이고 CD금리 8%를 고려하면 0.35%의 순수익을 기대할 수 있다 선물환 등의 파생상품에 대한 구체적인 내용은 제 5 편 파생상품에서 좀더 자세히 살펴보도록 하자.

자 산	부 채
기업대출 13억원(만기 1년, 한국) 기업대출 13억원(만기 1년, 미국) ($100만, 달러표시 대출)	CD 13억원(만기 1년, 한국) CD 13억원(만기 1년, 미국) ($100만, 달러 표시 CD)

연 습 문 제

1. 금융기관의 풀링효과에 대해 설명하시오.

2. 금융기관경영시 필요한 수익성제고와 유동성확보간의 상충관계에 대해 설명하시오.

3. 금융기관의 이자율위험은 어떤 것이 있는가?

4. 채권의 이자율위험에 대해 설명하시오.

5. 듀레이션에 영향을 미치는 요인들은 어떤 것이 있으며, 이와 듀레이션과의 관계를 그래프를 이용하여 설명하시오.

6. 듀레이션이 이자율 변화에 대한 채권가격의 탄력성임을 증명하시오.

7. 면역전략에 대해 설명하시오.

8. 듀레이션을 이용한 채권가격의 변화와 이자율 변동시 실제 채권가격의 변화에 대한 차이는 왜 발생하는가? 그 차이를 줄이기 위해 볼록성을 이용한다. 어떻게 하는지 설명하시오.

9. 액면가가 100,000원, 만기가 3년, 표면이자율이 10%, 시장이자율이 8%라고 할 때, 투자기간과 듀레이션이 동일하다면 이자율위험이 0이 됨을 증명하시오.

10. 금리민감자산(RSA)과 금리민감부채(RSL)를 정의하시오.

11. 다음은 어떤 금융기관의 대차대조표이다.

Asset		Liabilities	
현 금	1,000	정기예금	7,000
대 출 금	9,000	자 본 금	3,000

대출금의 만기는 5년이며 이자율은 15%, 정기예금의 만기는 3년이며 이자율은 10%이다. 이자는 매년 수취, 지급되며 재투자는 이루어지지 않는다고 가정하자.

(1) 만약 이자율이 모든 대출금과 예금에 대해 2% 하락한다면 금융기관의 수익에 어떤 변화가 일어나겠는가?

(2) 금융기관의 위험을 없애기 위해서는 자산·부채의 구조를 어떻게 변화시켜야 하는가?

12. 금융기관이 $DGAP_K=0$을 유지하면 금융기관은 이자율위험으로부터 벗어난다고 하는데 그 이유은 무엇인지 설명하시오.

13. 자산부채종합관리에서 GAP관리와 DGAP관리의 차이를 설명하시오. 그리고 어느 방법이 더 효율적이라고 생각하는지 설명하시오.

14. 가나은행의 시장가치 대차대조표 및 연간이자율은 다음과 같다. 다음의 물음에 답하여라. 단, 모든 자산과 부채는 매년 확정이자 수입/지급을 원칙으로 한다.

자 산		이자율	부 채		이자율
현 금	₩100,000		정기예금	₩520,000	9%
대 여 금	700,000	14%	회 사 채	400,000	10%
국 고 채	200,000	12%	자 본	80,000	
합 계	₩1,000,000		합 계	₩1,000,000	

〔참 고〕 각 자산과 부채의 만기

항목	대여금	국고채	정기예금	회사채
만기	3년	9년	1년	4년

(1) 각 자산과 부채항목의 듀레이션을 구하여라

(2) 자산과 부채의 듀레이션을 구하여라(단, 9년 만기의 국고채의 듀레이션은 5.97년).

(3) 자본의 듀레이션 갭을 계산하여라.

(4) 자본/자산의 듀레이션 갭을 계산하여라.

15. B은행의 자산 및 부채의 이자율과 듀레이션이 다음과 같다. 다음의 물음에 답하여라. 단, 모든 자산과 부채는 매년 확정이자 수입/지급을 원칙으로 한다.

자산	시장가치	이자율	듀레이션	부채	시장가치	이자율	듀레이션
현 금	₩100,000			정기예금	₩500,000	8%	1년
대여금	600,000	15%	1.87년	CD	400,000	10%	2.73년
국고채	400,000	11	3.43년	자본	200,000		?
합 계	₩1,000,000	15%	2.27년	합 계	₩1, 100,000		1.77년*

* : 부채의 듀레이션.

단, 현재시점에는 자산, 부채의 액면가치와 시장가치는 일치한다.

〔참 고〕 자산과 부채의 만기

항 목	대여금	국고채	정기예금	CD
만기	2년	4년	1년	3년

(1) 자본의 듀레이션 갭을 구하여라.

(2) 모든 이자율이 2% 상승할 경우 자산과 부채 각 항목의 시장가치 및 듀레이션을 구하여라.

(3) (2)에서 자본의 가치변동을 구하여라.

(4) 자본가치의 하락을 방지하기 위한 방법은 무엇인가?

(5) 현재 이자율수준에서 듀레이션 갭을 0으로 하기 위하여 부채의 구성을 조정하기 위한 방법으로 5년만기, 이자율 10% CD를 추가로 발행한다면, 자본가치변동을 헤지하기 위하여 발행해야 할 금액은 얼마인가? (단, 정기예금을 감소시킨 후 그 금액만큼 5년 만기 CD를 순할인 발행한다고 가정한다)

해답

11. (1) 은행수익은 40 감소

14. (1) 현금 듀레이션 : 0

대여금 듀레이션 : 2.65년

국고채의 듀레이션 : 5.97년

정기예금의 듀레이션 : 1년

회사채의 듀레이션 : 3.49년

(2) 자산의 듀레이션 : 3.05년

부채의 듀레이션 : 2.08년

(3) 자본의 듀레이션 갭 : 1.14년

(4) 자본/자산의 듀레이션 : 0.97년

15. (1) 자본의 듀레이션 갭 : 0.82년

(2) 자산과 부채의 시장가치와 듀레이션

현 금 : ₩100,000 D= 0년

대 여 금 : ₩580,977 D= 1.87년

국 고 채 : ₩376,204 D= 3.43년

정기예금 : ₩490,909 D= 1년

CD : ₩380,785 D= 2.73년

(3) 자본의 가치변동 ₩14,513하락

(4) 자본을 듀레이션 갭을 0으로 만들어야 하는데 이를 위해서는 자산의 듀레이션을 늘리거나 부채의 두레이션을 줄이는 방법을 이용할 수 있다.

(5) ₩225,250

제 5 편

파생금융

제13장

선 물 거 래

1. 선물거래

(1) 선물거래의 개념

선물계약(futures contract)이 무엇인가를 알기 위해서 선도계약(forward contract)이 무엇인가를 우선 알 필요가 있다. 선도계약이란 계약시점에서 결정된 가격으로 만기에 기초자산을 인도·인수하는 계약이다. 대금의 결제는 만기가 되어 자산을 인도·인수할 때 이루어진다. 예를 들어 농부가 배추를 심으면서 농산물 도매상과 계약을 맺어 수확기가 되면 포기당 1,000원에 수확한 배추를 모두 인도하기로 했다면 이러한 형태가 바로 선도계약이라고 할 수 있다. 이때 수확기의 배추가격에 상관없이 농부는 포기 당 1,000원의 가격에 배추를 팔 수 있다. 따라서 농부는 더 이상 배추의 가격변동에 대한 불만없이 생산량의 증대에 전력을 기울일 것이다. 반면 배추를 인수하기로 한 사람은 지급해야 할 배추가격이 1,000원으로 고정되어 있으므로 수확기의 배추가격이 1,000원 이상이면 이익을, 1,000원 미만이면 그 만큼의 손해를 보게 된다.

이러한 선도계약은 자산의 가격이 불리하게 변하더라도 안정적인 거래가 가능하다는 장점이 있다. 그러나 거래상대방을 찾기가 힘들고 거래가 이루어지더라도 어느 한쪽이 계약을 이행하지 않는 경우 제재할 방법을 찾기 힘들다는 단점이 있다. 따라서 이러한 단점을 극복하기 위해 선물계약이 만들어졌다.

선물계약은 현재시점에서 정한 가격으로 미래에 자산을 인수 · 인도한다는 점

[표 13-1] 선물거래와 선도거래의 비교

선물거래	선물거래	선도거래	성 격
시장형태	조직화된 거래소	은행간 전화망, 텔랙스 등 사적인 시장	유동성 결핍 해결
거래조건	표준화되어 있음	고객의 요구에 따라 조정	
기초자산	1선물에 대해 1이상 기초자산 가능	1 선도에 대해 1 기초자산	
거래이행 보증	청산회사가 보증	거래당사자의 신용도에 좌우	지급 불가능 위험해결
가격형성	매일형성	계약시 단 한번 형성	
증거금	초기증거금과 유지증거금 필요	원칙적으로 필요 없음 필요시 징수	
거래방법	공개경쟁입찰	당사자 간의 직접 계약	
시장성격	완전경쟁시장	불완전경쟁시장	
시장참가자	일반투자가 다수	한정된 수의 실수요자	
실물인도	2~3% 정도 실물인도	대부분 실물인도	거래비용 감소
경제적 기능	연속적 헤징기능	불연속적 헤징기능	
가격변동제한	1일 최대변동 제한 있음	제한 없음	

에서 기본적으로는 선도거래와 같은 형태의 거래이다. 그러나 수량, 규격, 품질 등을 표준화하여 일정 단위로 거래하도록 되어 있고 거래소에서 거래되므로 거래상대방을 찾기 쉽다. 또 계약의 불이행을 방지하기 위하여 거래소와는 별도로 청산소라는 기구를 두고 있으며 증거금제도와 일일정산을 통해 계약불이행의 가능성을 줄이고 있다.

한편 선도거래는 대부분 만기일에 실물의 인수도와 함께 청산이 이루어지는데 비해, 선물거래는 만기에 실제 거래액의 2~3%만이 실물로 청산될 뿐 나머지는 만기 이전에 반대매매를 통해 청산된다. 선도거래와 선물거래의 차이를 요약하면 [표 13-1]과 같다.

(2) 선물시장의 기능

선물시장은 미래의 현물가격을 예시하고 위험을 이전시키며 유동성을 증가시키는 기능을 한다. 이러한 기능을 통해 선물거래의 대상이 되는 기초자산의 수요 · 공급을 원활히 조절하고 가격을 안정시키는 역할을 한다.

1) 가격안정기능

선물시장에서 이루어지는 자유경쟁적인 가격결정 메커니즘은 현물시장에서 수요와 공급을 조절하는 역할을 한다. 수많은 시장참여자들은 나름대로의 개인적인 예측을 시장에 반영시키고 있다. 선물시장은 현재시점에 있어서 가장 광범위하고 다양한 정보를 집합시킨 시장이다. 또한, 통신수단의 발달로 어느 한 시점에서 결정된 선물가격은 거의 동시에 다른 선물시장에 영향을 미치고 있다. 따라서 일정한 시점에서 결정된 선물가격은 시간과 상황의 변동에 따라 수시로 변동하는 양상을 보여준다. 이와 같이 다양한 정보를 포함하고 있는 선물가격은 미래 특정 시점에 있어서 현물의 수요와 공급에 대한 예측치로서 현물가격에 대한 가격예시(price discovery)기능을 한다. 이러한 예시기능을 가진 선물가격은 생산자의 생산계획에 영향을 주어 미래 현물공급을 안정적으로 수행할 수 있도록 한다. 또한 장기적으로 현물가격이 안정적으로 결정되도록 하며, 현재 보유하고 있는 현물의 재고유지에 대한 지표로서 역할도 한다.

2) 위험 전가기능

선물시장의 주요한 참여자들은 위험을 회피하고자 하는 헤저(hedger)와 위험을 부담하고 이익을 얻으려는 투기자들(speculators)이다. 선물시장은 가격변화의 위험을 회피하고자 하는 헤저로부터 위험을 부담하고 이익을 추구하는 투기거래자들에게로 위험을 전가하는 수단을 제공한다. 헤저들은 선물거래를 통하여 미래에 필요로 하는 상품의 가격을 미리 확정함으로써 예상치 못한 가격변동의 위험을 회피할 수 있다. 이때 투자자들은 헤저들의 위험을 떠맡는 대가로 평균적으로 양의 이익을 벌게 되는데 이는 위험부담에 대한 대가(risk premium)라고 볼 수 있다.

3) 유동성 증가기능

선물거래는 증거금제도를 이용한 레버리지 전략이 가능하므로[1] 소규모의 자

1) 선물거래는 계약금액의 일부분만 증거금으로 납부하면 계약체결이 가능하다. 예를 들면 주가지수(KOSPI 200) 선물의 경우 1포인트에 50만원이므로 현재 주가지수가 100이라면 1계약의 크기는 50만원×100=5,000만원이지만, 이 금액의 15%, 즉 750만원만 증거금으로 납부하면 선물거래가 가능하다. 따라서 현물과 비교하여 동일한 금액에 대해 많은 계약체결이 가능하므로 선물거래는 레버리지 효과가 크다.

본으로 높은 수익률을 올릴 수 있는 투기적 구조를 가지고 있다. 따라서 선물시장은 투기성의 피해를 유발할 수 있다. 그러나 이러한 제도적 특성은 언제든지 선물거래를 가능하게 하여 전체적으로 시장의 유동성을 높이는 기능을 한다.

4) 시장의 효율성 제고

선물거래는 시장참여자들에게 보다 많은 정확한 정보를 제공할 수 있다. 첫째, 선물거래는 전문적으로 시장의 정보를 수집하여 평가하는 다수의 투기자들을 시장에 참여하게 함으로써 시장정보의 양과 질을 증대시킨다. 둘째, 선물시장은 정리 산재되어 있는 시장정보를 한곳에 집중시켜 시장참여자의 거래비용을 절감시킨다. 이러한 정보제공 기능을 통하여 선물거래가 시장의 효율성을 제고한다는 사실은 자원배분 측면에서 매우 중요하다. 시장에서 형성된 가격이 상품의 수급을 포함한 모든 경제변수들의 움직임을 잘 반영할 수 있을 때 자원이 효율적으로 배분, 이용된다.

(3) 선물계약의 구성요소

선물계약이 거래소에서 거래되려면 다음과 같은 여러 세부 사항이 먼저 결정되어야 한다.

1) 대상자산

선물계약은 특정자산을 사고 파는 계약이므로 대상자산이 있어야 한다. 선물계약의 대상 자산이 실물자산일 경우 상품선물이라 하고 대상자산이 금융상품일 경우 금융선물이라 한다. 대상자산이 농산물이나 광물과 같은 실물자산인 경우 상품마다 동일한 품질을 갖는다는 것은 불가능하다. 선물계약의 만기가 되어 계약대상인 상품의 인도 · 인수가 이루어질 경우 계약했던 것과 정확히 일치하지 않는 경우 거래당사자들 간에 분쟁이 생기게 된다. 따라서 계약대상이 되는 자산의 기준을 미리 결정하여 자산의 인수도가 이루어질 때 분쟁의 소지를 줄여야 한다.

상품선물과는 달리 대상자산이 금융상품인 금융선물의 경우에는 이미 상품의 표준화가 이루어져 있기 때문에 이러한 문제들이 발생하지 않는다.

2) 계약의 크기

한 계약당 거래되는 대상자산의 양을 얼마로 할 것인가를 결정하는 것은 매우 중요한 문제이다. 왜냐하면 한 계약의 크기를 크게 하면 거래참가자의 수가 줄어들게 되고 유동성이 떨어지는 반면 계약의 크기를 지나치게 작게 하면 거래에 따른 비용이 상승하여 선물거래의 유용성이 줄어들기 때문이다.

1계약을 어느 정도의 크기로 할 것인가는 거래당사자들에게 달려 있다. 즉 실제로 헤지를 하거나 투기를 하는 사람들에게 필요한 계약의 크기가 어느 정도인가를 고려하여 결정된다는 것이다. 실제로 일반적인 농산물 선물계약의 크기는 $10,000에서 $20,000 정도이나 금융선물계약의 경우는 이보다 더욱 커서 한 계약이 $100,000 정도의 크기를 갖는 경우도 있다. 우리나라의 경우 금선물계약 크기는 1kg으로 대략 1천 2백만원 내외이고 주가지수 선물계약 크기는 1포인트에 50만원으로 주가지수가 100일 경우 계약당 5천만원이 된다.

3) 인수 · 인도 조건

만기일에 자산의 인수 · 인도가 이루어지는 선도계약과는 달리 선물계약은 대부분 만기 이전에 반대매매를 통해서 계약을 상쇄시킨다. 따라서 선물계약의 인수 · 인도조건은 중요하지 않을 수 있다. 그러나 선물계약의 가격과 현물자산의 가격이 만기일에 동일해지는 관계가 있기 때문에 자산의 인수 · 인도조건은 사실상 중요성이 크다. 인수 · 인도조건에는 보통 만기가 되는 달이 언제인가를 표기하고 그 달의 어느 기간에 인수 · 인도가 이루어지는가를 표기하게 된다. 대부분 상품선물의 경우 인수 · 인도기간은 만기가 되는 한 달 내내이지만 상품에 따라 그렇지 않은 경우도 많다. 만기가 되는 달은 상품에 따라 또 거래소에 따라 다르게 결정된다. 예를 들어 CME(Chicago Mercantile Exchange)에서 거래되는 금융선물이나 우리나라 증권거래소에서 거래되는 주가지수선물은 3, 6, 9, 12월이 만기월이 되고 CBOT(Chicago Board of Trade)에서 거래되는 옥수수선물계약은 3, 5, 7, 9, 12월이 만기가 된다.

4) 가격표시

선물계약의 경우 대상자산에 따라 가격을 표시하는 방법이 다르다. 예를 들어 원유선물계약은 배럴당 미달러화 소수점 두 자리까지(즉, 센트까지) 표시하고 대두 선물계약의 경우는 부셸당 센트로 표시하며 1/4센트 단위로 표시하게 된다. 또 T-bond[2)]나 T-note의 경우는 1/32달러 단위까지 표시한다. 여기서 최소한의 가격변동폭, 즉 원유의 경우 1센트, 대두의 경우 1/4센트, T-bond선물의 1/32달러를 틱(tick)이라고 부른다.

(4) 선물시장의 구조적 특성

선물계약은 선도계약과 동질적이다. 즉 두 계약 모두 현재시점에서 결정된 가격으로 만기시점에서 상물이나 자산을 인도하는 계약을 의미한다. 선도계약은 거래내용이나 거래과정이 개별적이고, 표준화되지 않고 공적인 시장이 없으므로 계약불이행과 관련된 위험이 크다. 반면 선물계약은 선도계약의 계약불이행과 관련된 위험을 감소시키기 위해 여러 가지 제도적인 장치들을 갖는다. 이는 계약의 이행을 보장하려는 제도적 측면의 장치와 계약의 유동성을 높이고 가격변동을 완화하고자 하는 거래적 측면의 장치로 나뉜다. 전자에 속하는 것이 일일정산제, 거래증거금제도, 청산소제도 등이며, 후자에 속하는 것이 가격제한폭, 표준화된 계약, 조직화된 시장 등이다.

1) 조직화된 시장

선물거래와 선도거래의 가장 큰 차이점은 선물거래에 있어서는 공식적인 시장이 존재하여 모든 거래는 이 조직화된 거래소에서 이루어진다는 것이다. 선물시장은 상품이 거래되는 거래소, 청산결제를 위한 청산소, 그리고 선물거래중개회사 등으로 구성된다.

거래소는 선물계약거래가 경쟁적으로 공정하게 이루어질 수 있는 물리적 장소와 설비를 제공한다. 미국의 경우 선물거래소는 정부기관인 상품선물거래위원회의 감독과 규제를 받는다. 각 거래소에서의 실제 거래는 회원들에 의해서 이루어진다. 우리나라의 경우 선물회사와 증권회사들이 거래소의 회원이다.

청산소는 모든 선물거래에 대해 반대거래자 입장이 되어 손실금의 징수와 이

---

2) 미국의 재무성이 발행하는 채권(Treasury Bond)을 말하며 만기에 따라 T-bond, T-note, T-bill로 분류된다.

익금의 지불 및 만기시의 실물인수도를 담당한다. 따라서 선물시장에서의 거래는 참가자 개인과 개인의 거래가 아닌 개인과 청산소와의 거래로 변하게 된다. 거래 참가자들은 상대방의 신용도에 관계없이 안심하고 거래할 수가 있어 거래가 활성화되고 시장의 유동성이 증가한다. 청산소의 형태는 미국의 시카고 상품거래소, 일본, 우리나라 등과 같이 청산소가 거래소의 일부 부서인 경우와 시카고 증권거래소나 영국처럼 독립된 기관인 경우가 있다.

2) 표준화된 계약

선도거래와 선물거래의 또 다른 중요한 차이는 선물거래는 계약 자체가 매우 표준화된 조건으로 거래된다는 것이다. 표준화가 되는 조항은 선물계약의 기초자산의 수량과 품질, 계약단위, 계약만기, 만기시 기초자산의 인도 · 인수방법, 선물가격의 변화폭, 거래날짜와 시간 등이다.

일반적으로 시장에서 유통되는 상품의 동질성이 높으면 거래자들의 거래에 대한 이해가 높아져서 용이하게 거래가 성립되기 때문에 유동성이 높다. 이에 따라 선물거래는 유동성이 높아 거래자의 필요에 따라 현금화될 수 있는 가능성이 크다.

3) 일일정산제도

선도계약의 청산기간은 계약의 만기와 동일하다. 만기가 길면 길수록, 가격의 변동폭이 크면 클수록 계약이행과 관련된 위험이 증가한다. 예를 들면 7월 1일에 A가 만기 9월 21일에 행사가격 1,300₩/US$로 US$ 1,000,000을 인수하기로 하는 선물환계약을 B와 체결하였다고 하자. 만일 7월 2일 시점에서 환율이 1,310 ₩/US$로 변동하였다면 A의 선물환의 가치는 상승한다. 그러나 A가 선물환계약의 가치상승분을 실현시킨다면 83일을 더 기다리지 않으면 안 된다. 잔여 만기 동안은 선물환계약이 계약불이행위험에 노출되었다고 할 수 있다. 계약불이행위험은 계약의 만기까지 남은 기간과 계약으로 인하여 계약당사자의 손실에 비례한다. 이러한 위험을 방지하기 위한 방법 중의 하나는 가능한 한 계약이행기간을 단축시키는 것이다.

선물거래에서는 매일 기초자산가격의 변화에 따른 선물계약의 가격변화를 정산하여 계약의 이행과 관련하여 발생할 수 있는 위험을 감소시키고 있다. 이러한 제도를 일일정산제도라 한다.

4) 거래증거금제도

일일정산제도와 함께 선물계약의 계약불이행위험을 감소시키기 위하여 설정된 제도가 증거금제도이다. 증거금이란 미결제된 선물계약의 이행보증을 위해 선물거래 시작시 청산회사에 반드시 예치해야 하는 금액을 말한다. 구체적으로 선물계약의 가격상승시 매도자의 계약불이행가능성으로부터 매수자를 보호하고 가격하락시 매수자의 계약불이행위험으로부터 매도자를 보호하는 수단이 된다. 그러므로 증거금이란 선물거래의 지연 · 지급의 특성으로부터 비롯되는 계약불이행위험을 담보하는 담보금이다.

증거금에는 고객이 중개회사에 납부해야 하는 위탁증거금과 결제회원인 중개회사가 고객이나 비결제회원인 중개회사로부터 받은 위탁증거금의 일부를 청산소에 납부해야 하는 매매증거금이 있다. 이 중 고객에 관련이 있는 것은 위탁증거금이며, 위탁증거금에는 개시증거금과 유지증거금이 있다.

개시증거금이란 고객이 새로운 선물계약을 매입하거나 매도할 때, 매입자나 매도자 쌍방이 모두 부담하게 되는 증거금이다. 금액수준은 거래소가 가격수준, 변동성 등을 고려하여 정한다. 일반적으로 하루 동안의 최대 가격변동수준에서 결정된다. 만일 선물의 가격이 계속 하락하여 선물매입자의 증거금의 잔고가 일정수준 이하로 떨어지게 되면 중개회사는 고객에게 증거금을 당초의 개시증거금수준까지 충당할 것을 요구한다. 이때 기준이 되는 일정수준의 증거금이 바로 유지증거금이다. 즉 유지증거금이란 고객이 자신의 미결제 선물구좌를 유지하기 위해서 항상 유지해야 하는 최소한의 증거금이다. 유지증거금은 당연히 개시증거금보다 낮은 수준에서 결정된다. 거래소마다 다양하지만 대체로 개시증거금의 75% 정도이다. 만약 증거금수준이 유지증거금 이하로 떨어져서 재입금요청(margin call)을 당하면 개시증거금수준과 현재증거금(유지증거금 이하의)간의 차이만큼을 추가로 납부하여야 한다. 이 자금을 추가증거금이라 한다.

5) 청산소제도

일일정산제도나 거래증거금제도를 완비한 경우라 할지라도 청산소가 존재하지 않으면 선물계약의 계약불이행위험을 효과적으로 제거할 수 없다. 다시 말하면 선물거래자가 개별적으로 상대방의 계약이행 여부를 평가하는 데 드는 비용과 상대방이 계약불이행의사는 없지만 불가측한 상황의 발생으로 계약이 만기 전에 종료되는 경우에 발생하는 기회비용의 문제를 해결하기 위해 청산소가 있는 것이다. 청산소는 선물거래의 직접당사자는 아니지만 시장에서 이루어지고 있는 모든 거래에 개입한다.

6) 가격변동폭의 제한

위에서 열거한 제도적 측면의 장치가 존재하는 경우라도 선물가격의 변동과 관련하여 거래자들이 부담해야 할 손실이 증가함에 따라서 계약불이행이 발생할 가능성은 있다. 선물가격의 급격한 변동으로 인하여 추가증거금의 부담이 증가하면 계약자가 일방적으로 선물계약을 포기하는 경우는 위에서 서술한 장치로써는 해결할 수 없는 문제이다. 특히 미국의 증권시장이 1987년 10월 주가대폭락(Black Monday)을 경험한 이후 금융선물에 대하여 가격제한폭을 설정하자는 논의가 활발하였다. 상품선물의 경우는 가격제한폭을 설정하는 것이 보다 일반적인 현상이다. 가격제한폭이란 해당 선물의 거래를 제한하는 1영업일 내에서의 선물계약가격의 일정 범위수준을 말한다. 일정한 범위 내에서 선물가격의 변동을 제한함으로써 일일거래에 의하여 발생할 수 있는 손실의 최대 · 최소치를 설정하여, 거래자의 손실부담을 적정선에서 제한하고 계약불이행가능성을 가능한 한 억제하고자 하는 것이 가격제한폭 설정의 목표라고 할 수 있다.

(5) 금융선물시장의 발전

1848년 미국의 농산물집산지인 시카고 농산물상인들이 농산물수급과 가격의 주기적 변동을 완화하고 유통과정의 불합리성을 제거하기 위해 최초로 설립된 선물시장이 시카고 거래소이다. 그 후 1971년 달러화의 금태환 정지로 환위험이 증가하게 되자 시카고 상품거래소가 주요 6개국 통화에 대한 통화선물거래를 시작하였다. 다음 1975년에는 시카고 거래소에서 미국 정부보증 주택담보증권(CNMA)을 대상으로 하는 금리선물이 시작되었고, 그 후 단기재정증권, 장기재정증권, 예금증서 등의 금리선물이 추가로 개발되었다. 1982년에는 켄자스시티 상품거래소에서 value-line 지수선물을 시작하여 주가지수선물의 효시가 되었다. 그 후 더욱 활발하게 여러 가지 상품들이 개발되었다.

우리나라는 1996년 증권거래소에서 KOSPI 200지수에 대한 주가지수선물로 금융선물거래부터 시작되었다. 이후 1999년 선물거래소가 설립되어 금, 달러, 채권 등 다양한 선물거래를 하고 있다.

2. 금리선물

(1) 금리선물거래의 의의

금리선물거래는 시장금리변화로 인한 금융자산의 가격변화위험을 제거하고, 투자수익률을 높이기 위해 이자율과 관련 있는 금융자산(채권)을 계약매매하는 거래이다.

금리선물계약의 대상으로는 1975년부터 거래되고 있는 GNMA채권[3]을 비롯하여 미국 재무성에서 발행하는 채권인 Treasury Bill, Treasury Note, Treasury Bond, 그리고 양도성 예금증서(CD: certificate of deposit)가 있다. 1970년 미국 CME(Chicago Mercantile Exchange) 산하의 IMM(International Monetary Market)에 금리선물시장이 처음으로 개설된 이후 영국, 캐나다, 일본 등 세계 여러 나라에서 금리선물거래가 이루어지고 있다.

금리선물의 경우 각 거래소는 거래대상별로 인도결제일(3, 6, 9, 12월)을 미리 정해 두고 있으며, 거래단위가 표준화되어 모든 거래는 거래단위의 배수로 이루어진다.

다음의 [표 13-2]는 *The Wall Street Journal*에 기재된 1998년 11월 9일의 금리선물가격 중 일부이다.

표의 첫번째 줄이 나타내는 것은 선물계약의 종류이다. [표 13-2]는 미국재무성이 발행하는 채권인 T-bond의 선물가격을 나타내고 있다. 그 아래 첫째 열에 표시된 월별 분류는 만기를 나타내며, 두 번째 열의 Open(시가)은 당일 개장가, 다섯째 열의 Settle(종가)은 당일 종가, 그리고 세 번째와 네 번째 열의 High(고

3) Ginnie Mae라고도 한다. 미국 연방정부의 기관인 정부저당금고(Government National Mortgage Association: GNMA)에서 지급을 보증한 채권을 말한다. 금융기관은 정부기관이 보증한 저당대출(담보부 대출)을 일정한 규모로 묶어 그 저당자산을 담보로 하는 채권을 발행하여 유통시킴으로써 유동성을 증가시킬 수 있다.

[표 13-2] 금리선물 시세표

Interest Rate
Treasury Bond (CBT)-$100,000; pts. 32nds of 100%

	Open	High	Low	Settle	Change	Lifetime High	Lifetime Low	Open interest
Dec	125−18	127−02	125−06	126−30	+43	135−08	103−13	645,338
Mar99	125−09	126−23	124−27	126−20	+44	134−26	103−04	138,676
June	124−29	126−04	124−27	126−03	+45	134−02	110−07	3,323
Sept	…	…	…	125−18	+45	131−06	115−11	4,342

가), Low(저가)는 당일 최고가와 최저가를 나타낸다. Change(등락)는 전날의 종가와 비교한 가격변화를 나타내고 다음의 Lifetime High(최고가)와 Low(최저가)는 선물거래가 개시된 이래의 최고가와 최저가를 나타낸다. 또한 마지막 열의 Open interest는 아직 청산되지 않은 선물계약의 수인 미결제약정수를 나타낸다.

[표 13-2]의 첫 줄에서 T-Bond의 경우 $100,000는 선물계약 1단위의 거래금액이고, pts. 32nds of 100%는 최소단위가 1/32포인트인 액면금액의 백분율로 가격을 표시한다는 것이다. 여기에서 가격은 금융상품의 할인율을 지수화한 방식을 사용한다. 즉

$$\text{지수(index basis)} = (1 - \text{할인율}) \times 100$$

으로 계산한다.

예로 위의 표에서 98년 12월 만기 T-Bond 선물가격이 125-18로 표시되었다면 이는 T-Bond 선물가격이 액면금액인 $100,000의 $125\frac{18}{32}$%, 즉 $100,000×(125+18/32)/100=$125,562.50라는 것을 의미한다.

(2) 금리선물계약을 이용한 헤지거래

기초자산의 이자율 변동위험을 회피하기 위한 선물거래의 헤지원리는 간단하다. 한 기업이 미래시점에 금융자산을 매수해야 되기 때문에 발생하게 될 위험에 대해서는 그에 해당하는 금융자산의 일정량을 특정만기로 매수하는 선물계약을 체결하면 되는 것이다. 반대로 기업이 자산을 매도해야 한다면 선물계약을 매도하

면 될 것이다. 금리선물거래를 이용한 헤지방법을 다음 예를 통해 알아보자.

1998년 초에 A기업은 6월 1일 $1,000,000를 3개월 만기로 은행에서 차입한다는 계획을 가지고 있다. A기업의 신용도에 비추어 볼 때 LIBOR[4]+1%의 이자로 차입이 가능하다. 따라서 LIBOR 1% 상승시 마다 A기업이 추가로 부담해야 할 이자비용은 $1,000,000×(3/12)×0.01=$2,500이다. 이 때 노출되는 이자율 위험은 금리선물계약을 매입하여 헤지할 수 있다. 1월 2일 3개월 LIBOR를 5.5%라고 가정하자. 한편 금리선물시장에서 거래되는 6월 결제 90일 유로달러 이자율을 6.75%라고 한다면, 1월 2일의 선물가격은 93.25(=100−6.75)이다.

6월 1일 LIBOR가 6.5%에서 8%로 상승하였다고 하자. 이 경우 기업 A가 추가로 부담해야 할 이자비용은 $2,500×1.5=$3,750가 된다. 반면 이자율 상승은 선물거래에서의 이익을 가져온다. 이자율이 상승한 경우 선물가격의 변화는 100−8=92로 6.5%일 때보다 93.25−92=1.25 만큼 하락하여 $2,500×1.25=$3,125의 이익이 발생한다. 따라서 이 경우 순수한 추가 이자부담금액은 $3,750−$3,125=$625로 이자율 변동에 대한 위험을 선물금리(6.75%)로 고정시키는 헤지효과를 가져온다.

3. 통화선물

브래튼 우즈체제의 붕괴로 환율이 급격히 변동하게 되었다. 이러한 환위험을 헤징하기 위해 선물환과 통화선물이 사용될 수 있다. 은행이 이러한 환위험을 제거하고자 하는 이유는 환위험에 직면한 고객에게 서비스를 제공하기 위해서이고, 또 한 나라 이상에서 영업을 하는 은행의 경우 자신이 직면한 환위험을 회피하기 위해서이다.

환위험을 어떻게 제거하는가를 살펴보기 위해 다음의 예를 살펴보자.

2002년 1월 B기업은 미국에 자사제품을 수출하고 2달 후 3월에 2백만달러를 받을 예정이다. 현재의 환율은 ₩1,300/$인데 환율이 하락하는 경우 B산업은 큰

4) 런던은행간 대출금리(London Inter Bank Offered Rates)를 말하며 런던 금융시장에서 거래하는 국제은행 중 가장 신용도가 높은 은행들간에 자금을 대출할 때 적용되는 이자율로서 국제금리의 기준이 된다. 일반적으로 국제금리를 표시할 때는 기준금리인 LIBOR에 차입자의 신용도나 대출조건에 따라 얼마간의 가산금리(spread)를 붙이는 것이 일반적이다.

손실을 입게 된다. 환율하락의 경우 위험노출을 어떻게 헤징할 것인가?

(1) 선물환을 이용한 헤징

선물환을 가지고 환위험을 헤징하는 것은 아주 간단하다. 선물환시장에 가서 ₩1,300/$으로 2백만달러를 사고자 하는 상대방을 찾아야 한다. 찾았으면 그 상대방과 거래를 체결하면 된다. 2달 후에 환율이 어떻게 결정되는지에 관계없이 B산업은 2백만달러를 지급하고 26억원을 수취하면 되고 상대방은 26억원을 지급하고 2백만달러를 수취하면 된다. 그러나 이 선물환계약도 앞에서 보았듯이 유동성 결핍문제와 거래불이행위험이 존재한다.

(2) 통화선물을 이용한 헤징

통화선물을 가지고 환위험을 헤징하기 위해서 가장 먼저 해야 할 일이 계약수를 결정하는 일이다. 미 달러화 선물은 US $50,000단위로 거래된다. 그러므로 2백만달러를 매도하기 위해서는 $\frac{2,000,000}{50,000}=40$계약을 매도하여야 한다. 이러한 선물거래는 실제로 통화의 인도가 발생하는 것은 아니고 단지 그 차액만이 만기에 인수·인도되므로 만기환율을 임의로 설정하여 헤징을 올바르게 하였는지 살펴보자.

만기에 환율이 ₩1,200/$가 되었다고 하자. 그러면 선물매도로부터 차액인 $\$2,000,000 \times (1,300-1,200)=200,000,000$원을 지급받고 2백만달러를 현물시장에 가서 팔면 24억원으로 교환되어 실제로 우리가 얻게 되는 금액은 26억원이 된다.

통화선물시장과 선물환시장의 이용선택은 거래비용의 대소에 의해 결정될 것이다. 만일 S기업이 선물환시장에서 거래를 많이 하고 있어서 선물환계약이 상대적으로 거래비용이 적게 되면 선물환시장을 더 선호할 것이며, 반대로 선물환시장을 거의 사용하지 않을 경우에는 통화선물시장이 더 유리할 것이다.

4. 주가지수 선물

주식포트폴리오를 보유하거나 주식뮤츄얼 펀드에 투자한 경우에는 주식시장

위험 즉 주가변동으로 인한 위험을 제거하기를 희망한다. 이를 제거하기 위해 1982년에 주가지수 선물이 개발되었다. 다음에서는 주가지수 선물에 대해 자세히 살펴본다.

(1) 주가지수 선물계약

미국에는 여러 가지의 주가지수 선물이 있다. 그 중 가장 널리 사용되는 S&P 500지수 선물계약을 살펴보자. 이는 S&P 500을 대상지수로 선정하고 있다. 주가지수 선물계약은 1계약당 500개의 증권을 인도할 수는 없으므로 정산은 현금으로 이루어진다. 이러한 현금정산이 다른 선물계약과는 다른 특징이다. 이것은 또한 유동성을 높이고 매점의 가능성도 줄인다. S&P 500지수계약의 정산일에 현금인도액은 지수의 500배이다. 만일 지수가 정산일에 400이면 200,000달러가 인도된다. 가격공시는 포인트(pt) 단위이며, 1포인트의 변화는 계약가치가 500달러 변하는 것을 뜻한다.

우리나라 주가지수 선물시장은 1995년 4월부터 시험적으로 운영되기 시작하여 1996년 5월 3일 정식영업을 시작하였다. 거래대상지수는 KOSPI-200으로서 우리나라 증권거래소에 상장된 주식 중 주요 200종목을 포함한다. 기준시점은 1990년 1월 3일이고 이때의 기준지수는 100이다. 거래상품의 종류는 3월물, 6월물, 9월물, 12월물의 4가지가 있다. 이것은 각각 결산 시점을 의미한다. 즉, 3월물의 경우 매년 3월 두 번째 목요일에 결제를 하고 그 다음날부터 1년짜리 새로운 3월물 상품이 거래되기 때문에 시장에는 항상 4가지 종목의 지수선물상품이 존재하게 된다.

매매는 지수 1포인트당 50만원을 기본으로 이루어진다. KOSPI-200지수×500,000(원)이 1단위 계약시의 거래금액이 된다. 호가 단위는 0.05포인트이다. 주가지수 선물거래는 현물시장과 달리 매매 3일 후 인도결제가 이루어지는 것은 아니기 때문에 계약시 위의 거래금액을 일시에 부담하지는 않는다. 대신에 유지증거금과 일일정산제도라는 제도가 있어서 자금의 출입이 발생한다.

주가지수 선물거래를 위해서는 우선 매매중개회사(증권회사)에 계좌를 개설해야 하는데 이를 위해서는 최소 5백만원을 예탁하여야 한다. 또 거래개시증거금은 주문금액의 15%이며, 거래기간 중 일정수준 이상 유지되어야 하는 유지증거금률은 10%이다. 가격변동제한폭은 5%정률제이다. 투자한도도 제한을 받는데 회원과 기관투자가는 1,000계약, 일반법인은 100계약, 개인은 20계약이 투자한도이다.

실제로 어떻게 적용되는지를 알기 위해 다음의 예를 살펴보자. 한국의 주가지수 선물시장에서 철수는 2월 1일 6월물 계약을 100.3에 한단위 매도하였다. 이 매도계약은 철수가 6월말 만기일에 100.3×500,000의 현금을 인도받고 만기의 KOSPI-200지수×500,000의 현금을 지급하는 것을 동의하는 계약이다. 반면에 한단위 매입하는 것은 만기일에 100.3×500,000의 현금을 지불하고 KOSPI-200지수×500,000의 현금을 인도받는 것을 동의하는 계약이다.[5)]

그러므로 만일 한국의 주식시장에서 KOSPI-200지수가 99.9로 하락하였다면 계약의 매입자는 100.3×500,000=50,150,000원을 지불하고 99.9×500,000=49,950,000원을 받으므로 200,000원이 손실이 된다. 반면 계약의 매도자는 49,950,000원을 지불하고 50,150,000원을 받으므로 200,000원이 이익이 된다.

(2) 주가지수 선물을 이용한 헤징

금융기관의 경영자는 주식시장의 위험을 줄이기 위해서 주가지수 선물을 이용하는데 주가지수 선물은 자산포트폴리오의 체계적 위험을 줄이고 주가를 고정시키는 기능을 한다. 우리는 아래에서 어떻게 포트폴리오의 체계적 위험을 감소시키고, 어떻게 주가를 고정시키는지를 살펴본다.

1) 체계적 위험의 감소

자산의 포트폴리오는 분산에 의해 제거할 수 없는 위험인 체계적 위험을 가진다. 이는 β에 의해서 측정되는데 이것은 전체 시장가치변화에 대한 포트폴리오 수익의 민감도이다. 미국의 경우 전체 시장에 대한 대용변수로 S&P500지수를 사용한다. S&P500지수는 전반적인 시장상황에 관한 정보를 주기 때문에 대용지수로 문제가 없다. 이 대용지수와 포트폴리오의 수익의 민감도가 바로 β이다. 이는 S&P500지수의 1% 변화에 대한 포트폴리오 가치의 변화를 일컫는다. 한국의 선물시장의 경우에는 KOSPI-200지수를 사용하는 것이 가능하다.

2002년 7월 철수는 주식 1억 원의 포트폴리오가 KOSPI-200지수와 평균적으

---

5) 실제로는 차액만 지불 또는 지급받게 된다.

로 1대 1로 변동한다는 사실을 통계적으로 발견하였다. 이는 KOSPI-200지수가 10% 변동하면 포트폴리오의 가치도 평균적으로 10% 변동하는 것을 뜻하므로 $\beta=1$이 된다. 현재 2002년 6월물 KOSPI-200지수 선물계약이 100포인트에 거래되고 있다. 그렇다고 하면 철수는 주식포트폴리오의 체계적 위험을 제거하기 위해 얼마나 많은 KOSPI-200지수 선물계약을 매도하여야 하는가?

주식포트폴리오의 β가 1이므로 문제는 간단하다. 체계적 위험을 가진 포트폴리를 면역시키기 위해서 철수는 주가지수 선물 1억 원을 팔면 된다. 만기에 지정된 금액을 받고 주가지수에 따른 금액을 지불하면 되기 때문이다. 1997년 6월물 KOSPI-200지수 1계약의 크기는 500,000×100=50,000,000이 된다. 그러므로 계약수는 1억 원/50,000,000=2이다. 즉 KOSPI-200지수 선물 2계약을 매도하면 된다.

시장에서 KOSPI-200지수가 99.95로 떨어질 경우 체계적 위험을 잘 제거하였는지 알아보자. 먼저 주식포트폴리오가 평균적으로 0.05%만큼 하락하여 100,000,000×0.05%=50,000원의 손실이 있게 된다. 동시에 주가지수 선물계약으로부터 500,000×100×2=100,000,000을 받고 500,000×99.95×2=99,950,000을 지급하므로 50,000원의 이익이 생기게 된다. 따라서 이익과 손실이 전혀 없게 되어 체계적 위험까지 제거할 수 있다.

다음 주식포트폴리오의 β가 2인 경우에 계약수에 어떤 변화가 있을지를 생각해보자. β가 2라는 것은 KOSPI-200지수의 변화에 비해 주식포트폴리오의 가치는 평균적으로 2배가 변한다는 것이다. 그러므로 체계적 위험을 위해서 지수 선물이 2배가 필요하다는 것을 알 수 있다. 그러므로 계약수는 β에 비례하는 것을 알 수 있다. 그러므로 이 경우에 계약수는 β×1억 원/50,000,000=2×2=4이다. 즉 KOSPI-200지수 선물 4계약을 매도하면 된다.

시장에서 KOSPI-200지수가 99.95로 떨어질 경우 체계적 위험을 잘 제거하였는지 알아보자. 먼저 주식포트폴리오는 KOSPI-200지수에 비해 두 배의 변동을 보이므로 평균적으로 0.10% 하락한 것을 알 수 있다. 그러므로 100,000,000×0.10%=100,000원의 손실이 있게 된다. 동시에 주가지수 선물계약으로부터 500,000×100×4=200,000,000을 받고 500,000×99.95×4=199,900.000을 지급하므로 100,000원의 이익이 생기게 된다. 따라서 이익과 손실이 전혀 없게 되어 체계적 위험까지 제거할 수 있다.

2) 주식가격의 고정

예를 들어 시장이 현재 급격한 붐에 직면했다고 하자. 따라서 미래의 주식가격이 상승할 것으로 기대된다. 그러나 미래에 확실한 자금유입을 가지고 있고 이 자금을 가지고 주식을 사려고 하는데 현재의 가격으로 사기를 원한다. 이러한 경우 주가지수 선물을 사용하여 미래 주식가격상승위험을 제거할 수 있다. 즉 주가지수 선물을 사용하여 주식가격을 현재의 가격으로 고정시키는 효과가 있다.

2002년 1월 철수는 3월에 2억 불의 자금유입을 확신하고 있다. 현재의 KOSPI-200지수는 100인데 3월의 지수는 100.4가 될 것으로 예상된다. 그러나 철수는 현재의 지수 100으로 주식을 사고자 한다. 이 경우 철수는 3월 말 KOSPI-200지수선물을 매입하면 된다. 그렇게 하면 예상자금유입액을 지급하고 만기에 KOSPI-200지수로 환산한 금액을 받고 그 자금으로 주식포트폴리오를 사면 된다. 이때 매입해야 할 선물계약수는 200,000,000/(500,000×100)=4이다.

만일 시장의 KOSPI-200지수가격이 100.5가 되었다고 하자. 이때 철수는 주가지수 선물매입으로 인해 2억 원을 지불하고 4×500,000×100.5=201,000,000을 받게 되어 1,000,000원의 이익이 생긴다. 따라서 유입금액 2억 원과 합친 2억 1백만 원을 가지고 주식포트폴리오를 사면 된다.

제14장 옵션시장

1. 옵션의 개요

(1) 옵션의 정의

옵션은 일정 기일 안에 미리 정해진 가격으로 특정 자산을 구입하거나 팔 권리를 말한다. 이때 권리의 대상이 되는 주식, 채권, 선물계약, 이자율, 외국통화 등을 기초자산(underlying asset)이라 하고, 미리 정해진 가격을 행사가격(strike price, exercise price)이라고 한다.

옵션의 발행자 혹은 매도자(option writer)는 옵션이 행사될 경우 그 발행내용을 꼭 이행해야 하는 의무를 가지며, 옵션의 매입자(option buyer)는 옵션의 행사에 대한 권리를 가진다. 옵션은 특정 자산을 사거나 팔 권리이므로 가치를 갖는데 이를 옵션 프리미엄(option premium) 혹은 옵션가격(option price)이라고 한다.

옵션의 종류에는 여러 가지가 있다. 먼저 옵션은 옵션의 권리내용에 의해 콜옵션(call option)과 풋옵션(put option)으로 구분된다. 이때 미리 정해진 가격으로 미래의 특정일(혹은 그 이전)에 자산을 살 수 있는 권리를 콜옵션(call option)이라 하고, 자산을 팔 수 있는 권리를 풋옵션(put option)이라 한다. 예컨대 어떤 투자자가 3개월 후에 1억원에 입주할 수 있는 아파트 입주권을 500만원에 구입하였다고 하자. 이 때 아파트 입주권은 콜옵션이라고 볼 수 있으며 옵션의 가격, 즉 프리미엄은 500만원이 된다. 3개월 후 아파트의 시장가격이 1억 원 이상이면 이 옵션은 행사되며 1억원 미만이면 행사되지 않는다. 옵션의 경우 개인들간의 일반 상거래와는 달리 옵션보유자(option holder)에게 계약의 이행 또는 포기에 관한 모든 권리가 부여된다. 따라서 옵션보유자는 약속한 날짜에 계약의 내용대로 이행하는 것이 불리한 것으로 판단되면 옵션의 행사를 포기할 수 있으며 자신에게 유리하다고 판단되는 경우에만 계약을 이행할 것을 요구한다.

다음 콜옵션과 풋옵션은 권리의 행사일에 따라 유러피언 옵션(European option)과 아메리칸 옵션(American option)으로 구분된다. 아메리칸 옵션은 만기일 이전에 옵션보유자가 언제든지 권리를 행사할 수 있는 옵션이다. 반면 유러피언 옵션은 계약시 정해 놓은 만기일에만 권리의 행사가 가능한 옵션이다. 옵션보유자의 입장에서는 유러피언 옵션에 비해 아메리칸 옵션을 보유하는 것이 더 유리하다. 아메리칸 옵션은 만기일까지 자신에게 유리한 상황이 한 번이라도 발생하면 권리를 행사할 수 있기 때문이다.

옵션은 기초자산이 무엇인지에 따라 주식 옵션(stock option), 지수 옵션(index option), 외환 옵션(foreign currency option), 금리 옵션(interest rate option), 선물 옵션(futures option) 등으로 구분할 수 있다. 주식 옵션은 개별 주식에, 지수 옵션은 주가지수에, 외환 옵션은 특정한 통화에 기초를 둔 옵션이다. 금리 옵션은 채권을 기초로 하여 발행된 옵션이며, 선물 옵션은 선물계약을 대상으로 발행된 옵션이다.

미국의 경우 옵션시장에 대한 규제는 증권거래위원회(SEC: security exchange commission)와 상품선물거래위원회(CFTC: commodity futures trading commission)로 이원화되어 있다. 전자는 주식옵션은 규제하고 후자는 선물옵션을 규제한다. 규제는 옵션의 발행자가 계약이행의무능력이 있는가와 사기방지, 시장조작방지에 주안점을 두고 이루어진다. 우리나라는 증권선물위원회에서 규제한다.

(2) 옵션의 기본

1) 옵션매입과 옵션발행

옵션매입자는 옵션발행자에게 일정한 대가(옵션프리미엄 혹은 옵션가격)를 지급하고 옵션을 매입한 사람을 말한다. 즉, 옵션매입자는 거래의 상대가 되는 옵션발행자에게 만기일이나 그 이전에 특정 자산을, 정해진 가격으로 사거나 팔 수 있는 권리를 보유하게 되는 것이다. 물론 이러한 권리를 취득하기 위해서는 옵션발행자에게 대가를 지급해야 하며, 이러한 권리를 표준화하여 거래소에서 일정한 방식으로 거래할 수 있도록 한 것이 옵션거래이다. 옵션매입자는 옵션권리의 취득에 의해 옵션매도자에게 정해진 기간에 옵션계약의 내용에 대한 이행을 청구할 수도 있으며, 반대로 자신에게 불리한 경우 옵션계약을 포기할 수 있다.

반대로 옵션발행자는 옵션의 거래시점에 옵션매입자에게 권리를 양도하면서 일정한 프리미엄을 받는다. 그에 대한 대가로 미리 정해진 조건에 자산을 매입하거나 매도하는 거래의 상대방이 되어야 할 의무가 발생한다.

즉, 옵션의 매입자는 옵션프리미엄이라는 일정한 대가를 지불하고 일방적인 권리만을 보유하며, 옵션발행자는 만기일까지 프리미엄을 수수한 대가로 옵션매입자의 요구에 응해야 하는 의무를 부담하게 된다. 이와 같이 옵션 계약내용에 대한 이행의 요구권이 전적으로 옵션보유자에게만 주어진다는 것이 다른 일반적인 상거래나 선물, 선도거래와의 가장 큰 차이점이다.

2) 기초자산

옵션계약의 대상이 되는 상품을 기초자산(underlying assets)이라 한다. 옵션매입자는 옵션매도자에게 옵션프리미엄을 지불하고 일정한 기일에 특정한 상품을 정해진 가격으로 매입하거나 매도할 수 있는 권리를 취득하는 계약을 체결하는데, 이 특정 상품을 기초자산이라 하는 것이다.

옵션거래의 대상이 되는 기초자산은 크게 곡물, 축산물, 귀금속 등과 같은 일반적인 상품(commodity)과 주식, 채권, 주가지수, 통화 등과 같은 금융상품으로 구분할 수 있다. 농산물, 축산물, 광물과 같은 일반 상품에 대한 옵션을 상품옵션(commodity option)이라 하며, 금융상품을 대상으로 하는 옵션거래를 금융옵션(financial option)이라 한다.

3) 만 기 일

옵션매입자가 옵션의 권리를 행사할 수 있는 마지막 날을 만기일(expiration date)이라 한다. 만기일 이후에 옵션거래와 관련한 모든 권리와 의무는 소멸되어 옵션을 매도한 사람은 옵션보유자의 요청에 응할 의무가 사라지게 된다. 따라서 만기일은 옵션매입자가 옵션계약의 권리를 상실하는 날이 되며, 반대로 옵션발행자는 옵션계약에 따른 의무에서 벗어나는 날이 된다.

만기일은 선물거래에서와 마찬가지로 옵션의 종류나 거래소에 따라 다르게 정해지나 대개 옵션 만기월의 특정한 날(예를 들어 우리나라 주가지수 옵션시장은 만기월의 두 번째 목요일)로 정해진다.

4) 행사가격

옵션보유자가 옵션을 행사하여 기초자산을 매입, 매도하는 경우 지불해야 하는 금전적인 대가를 행사가격(strike price or exercise price)이라 한다.

콜옵션의 경우에는 옵션매입자가 권리를 행사하여 자산을 취득하는 경우, 옵션발행자로부터 자산을 인수하면서 대가로 지급해야 하는 금액을 의미하며, 풋옵션의 경우에는 옵션계약의 이행을 통해 기초자산을 옵션발행자에게 이전하면서 받을 수 있는 금액이 된다. 콜옵션의 경우에는 행사가격이 낮은 옵션이, 풋옵션의 경우는 행사가격이 높은 옵션이 더 큰 가치를 갖는다.

5) 내가격과 외가격

옵션의 중요한 특징은 그것이 의무(obligation)가 아니고 권리(rights)라는 점이다. 따라서 옵션보유자는 자신에게 이득이 되는 경우에만 권리를 행사하게 되며, 불리한 경우에는 권리를 포기할 수 있다.

콜옵션은 행사가격에 기초자산을 매입할 수 있는 권리이므로, 기초자산의 시장가격이 행사가격보다 낮다는 것은 시장에서 싸게 거래되고 있는 기초자산을 비싼 값으로 매입할 수 있는 권리를 가지고 있다는 것을 의미한다. 이러한 권리는 가치가 없다.

이와 같이 옵션의 권리를 행사하는 것이 이득이 되지 않는 상태를 외가격(OTM: out-of-the-money) 상태라 하고 이때의 옵션을 외가격(外價格)옵션이라 부른다. 풋옵션의 경우는 기초자산의 시장가격이 행사가격보다 높은 경우가 외가격옵션이 된다.

옵션의 행사가격이 기초자산의 시장가격과 동일하여 옵션을 행사하거나 행사하지 않는 경우가 무차별한 경우를 등가격(等價格)상태라 하며 이러한 옵션을 등가격옵션(at-the-money option ; ATM option)이라 한다.

한편, 시장에서 기초자산의 가격상황이 옵션을 행사하는 것이 유리한 경우, 즉 콜옵션의 경우에는 기초자산의 시장가격이 행사가격보다 높은 상태, 풋옵션의 경우에는 기초자산의 시장가격이 행사가격보다 낮은 상태를 내가격(內價格)상태라 하며 이러한 옵션을 내가격옵션(in-the-money option ; ITM option)이라 한다.

거래소에서 거래되는 옵션의 행사가격은 내가격옵션과 등가격옵션, 외가격옵션의 모든 상황으로 정해진다. 예를 들어 미국의 경우 주식옵션은 주가가 $12인 경우 콜옵션의 행사가격은 $10, $12 $\frac{1}{2}$, $15, $17 $\frac{1}{2}$, $20으로 정해진다. 이 경우 행사가격이 $10인 옵션은 행사가격이 주식의 시장가격보다 낮으므로 내가격옵션이 되며 나머지는 반대로 외가격옵션이 된다. 물론 내가격옵션의 프리미엄은 옵션 행사시에 얻을 수 있는 이익보다는 큰 금액으로 결정된다. 즉 시장가격이 $12인 주식에 대해 행사가격이 $10인 콜옵션의 가격은 $2보다는 큰 금액으로 결정되므로 옵션계약이 체결된 후 즉시 행사되는 경우는 발생하지 않는다.

6) 옵션거래의 이익과 손실

옵션은 현재 현물을 보유하고 있거나 미래에 현물을 매입해야 하는 경우 미래의 가격변동에 따른 손익과는 다른 형태의 손익을 제공하게 된다.

먼저 옵션의 만기에 콜옵션의 가치에 대해 살펴보자. 콜옵션은 미래 특정일에 정해진 행사가격으로 자산을 살 수 있는 권리라고 하였다. 따라서 콜옵션의 경우 옵션 만기에 기초자산의 가격(S)이 행사가격(X)보다 높다면($S>X$), 콜옵션의 보유자는 옵션을 행사할 것이므로 이 때 콜옵션의 가치는 ($S-X$)가 된다. 반면 시장에서 기초자산의 가격이 행사가격 이하라면($S \leq X$), 옵션은 행사되지 않을 것이고 이 때 옵션의 가치는 0이 된다.

따라서 콜옵션 매입자의 경우 기초자산의 가격이 행사가격보다 낮다면 옵션을 행사하지 않으므로 옵션을 처음 취득할 때 지불해야 할 옵션가격(프리미엄)만큼의 고정적인 손실을 입게 되고, 기초자산 가격이 행사가격보다 높을 경우 옵션을 행사하여 기초자산 가격의 상승폭과 비례한 이익을 실현할 수 있어 손익곡선의 기울기는 45°가 된다.

콜옵션매도자의 손익은 매입자의 손익과는 반대로 나타난다. 기초자산 가격이 행사가격보다 낮다면 옵션이 행사되지 않으므로 옵션매도시 수취한 옵션가격만큼이 이익으로 실현된다. 그러나 기초자산 가격이 행사가격보다 높아진다면 옵션이 행사되어 이로 인한 손실은 기초자산 가격의 상승과 비례하여 실현된다. 콜옵션매입자(매도자)의 손익을 그래프로 나타내면 [그림 14-1]과 같다.

[그림 14-1] 콜옵션 거래의 이익과 손실

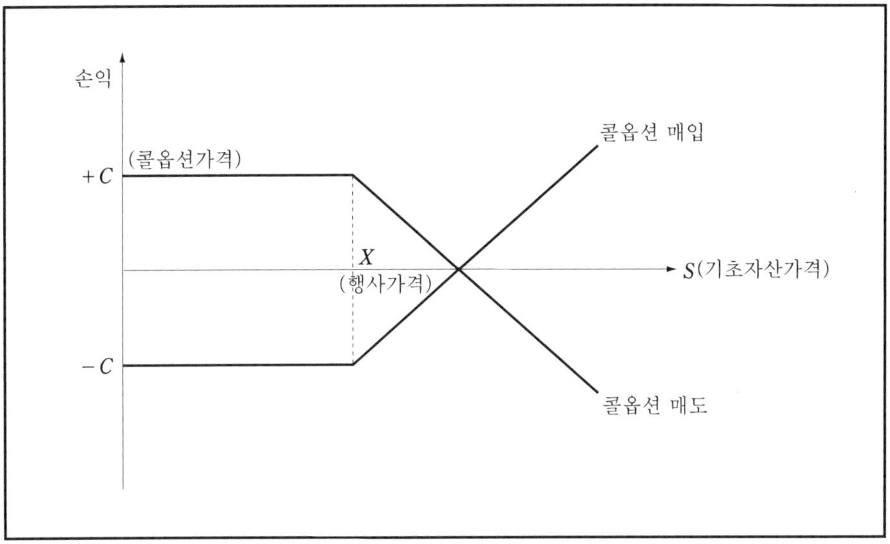

[그림 14-1]에서 콜옵션거래에서 나타나는 이익과 손실의 여러 특징들을 발견할 수 있다. 우선 콜옵션매입자가 입을 수 있는 최대 손실은 옵션가격(프리미엄)을 한도로 제한된다는 것이다. 콜옵션매도자의 경우는 실현가능한 최대 이익이 옵션가격이 된다. 반면 콜옵션매입자의 최대 이익(콜옵션매도자의 최대 손실)은 이론적으로 무한대가 가능하다. 콜옵션거래자의 손익분기점(breakeven point)이 되는 기초자산의 가격은 매입자와 매도자 모두 옵션의 행사가격에 옵션프리미엄을 더한 값이 된다. 마지막으로 중요한 사실은 콜옵션매입자와 매도자의 손익의 합은 항상 0이 된다는 사실이다. 따라서 옵션거래는 영합게임(zero-sum game)의 형태로 시장 전체에서 순이익이나 순손실은 존재하지 않는다.

이제 풋옵션에 대해 알아보도록 하자. 풋옵션은 미래 특정일에 정해진 행사가격으로 자산을 팔 수 있는 권리라고 하였다. 따라서 만기에 풋옵션의 가치는 시장에서 기초자산의 가격(S)이 행사가격(X)보다 낮을 경우($S<X$), 옵션이 행사되어 그 가치는 $(X-S)$로 나타난다. 기초자산의 가격이 행사가격 이상이라면($S \geq X$), 옵션이 행사되지 않으므로 그 가치는 0이 된다.

풋옵션 역시 처음 취득할 때 옵션가격(프리미엄)을 지불해야 하므로 풋옵션매입자의 경우 기초자산 가격이 행사가격보다 높다면 옵션을 행사하지 않고 옵션프

[그림 14-2] 풋옵션거래의 이익과 손실

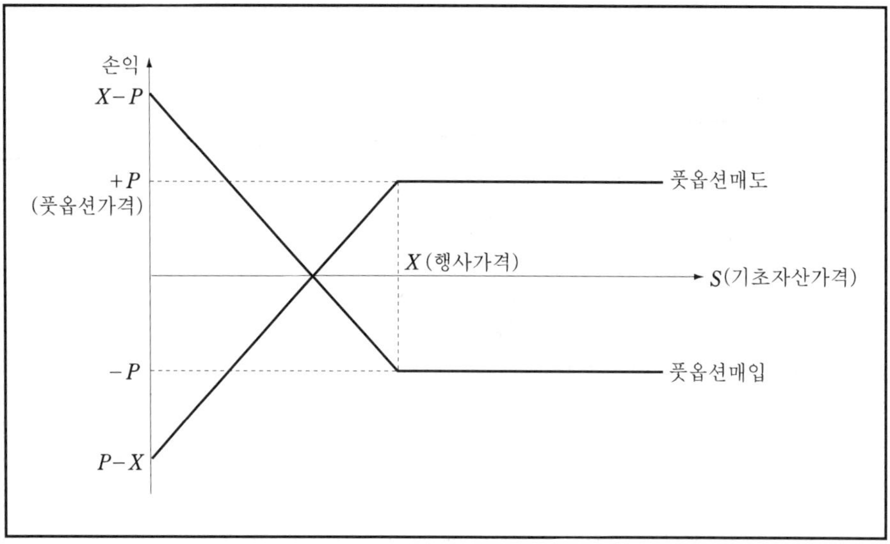

리미엄만큼의 손실을 입을 것이고, 기초자산 가격이 행사가격보다 낮을 때는 기초자산 가격의 하락폭과 비례하여 이익이 증가하게 된다. 반대로 풋옵션매도자는 기초자산 가격이 행사가격보다 높을 경우 옵션프리미엄만큼의 이익을 취하게 되고 기초자산 가격이 행사가격보다 낮아지게 되면 그 하락폭과 비례하는 손실을 입게 된다. [그림 14-2]를 통해 풋옵션거래자들의 손익을 손쉽게 살펴볼 수 있다.

풋옵션매입자의 최대 손실폭은 콜옵션매입자와 마찬가지로 옵션가격(프리미엄)으로 제한된다. 풋옵션매도자의 최대 이익 역시 옵션가격이 됨을 알 수 있다. 풋옵션매입자의 최대 이익은 이론적으로 행사가격에서 옵션프리미엄을 차감한 값이 될 것이다. 풋옵션매도자의 입장에서는 이 값이 이론적인 최대 손실이 된다. 또 풋옵션거래자의 손익분기점이 되는 기초자산의 가격은 옵션의 행사가격에서 옵션프리미엄을 뺀 값임을 알 수 있다. 풋옵션 역시 콜옵션과 마찬가지로 영합게임(zero-sum game)의 형태로 풋옵션매입자와 매도자의 손익을 합하면 항상 0이 된다.

2. 옵션의 기능

옵션은 그 자체가 우수한 투자대상일 뿐만 아니라 다른 금융상품과 결합하여 다양한 형태의 현금흐름을 제공하여 투자자에게 다양한 투자기회를 만들어 주기 때문에 단기간에 널리 이용되었다. 이러한 옵션의 투자기회는 크게 기초자산에 관한 것과 옵션 자체에 관한 것으로 나누어 볼 수 있다. 옵션(콜옵션의 경우)은 기초자산의 가격상승에 따른 이익을 보며 가격하락시에 손실을 줄일 수 있다. 이러한 옵션의 기능은 다음과 같다.

첫째, 옵션은 주식이나 채권투자에 비하여 적은 금액으로 투자하여 큰 효과를 볼 수 있는 레버리지 기능이 있다.

둘째, 옵션은 기초자산의 불리한 가격변동에 대한 헤징수단으로 사용된다. 일반적으로 주식에 투자하는 경우 주가가 오르면 높은 수익을 얻을 수 있지만, 반대로 주가가 하락하면 큰 손실을 볼 수 있다. 이에 비하여 콜옵션을 매입하면 급격한 주가하락위험을 보호받을 수 있다.

셋째, 옵션시장은 미래의 가격정보에 대한 기대치를 직접적으로 제공하지는 못하지만 그 대신 기초자산가격의 변동성에 관한 간접적인 정보를 제공함으로써 현물시장의 위험을 평가하는 데 많은 도움을 준다.

넷째, 옵션시장은 여러 가지 메커니즘을 통하여 현물시장과 연결되어 있으므로 증권시장의 효율성을 높이는 데 기여한다. 옵션거래의 용이함과 낮은 거래비용은 차익거래를 더욱 쉽게 해주며, 빠른 가격조정을 가능하게 하여 증권시장의 전반적인 효율성을 증대시킨다.

다섯째, 옵션시장은 거래상 여러 가지 이점을 제공해 주는데 그 중 하나는 거래비용의 절감이다. 이는 옵션거래가 현물거래 대신 또는 현물포지션을 보충하는 좋은 수단으로 이용된다. 또한 옵션시장은 현물시장에 비해 유동성이 높다. 이는 옵션시장에서의 투자는 현물시장에서의 투자에 비해 작은 자본으로 투자가 가능하므로 옵션시장은 쉽게 대량거래를 할 수 있기 때문이다. 이로 인해 옵션시장은 일반적으로 매우 높은 유동성을 가지며 쉽게 더 많은 투자를 끌어들일 수 있다.

3. 옵션과 선물계약의 비교

옵션과 선물은 위험을 관리할 수 있는 대표적인 파생상품들이다. 그런 옵션과 선물이 어떤 점에서 차이를 보이는지 다음의 예를 들어 알아보기로 하자.

옵션과 선물의 특징을 비교하기 위해서 미국 재정증권(T-bond)을 기초자산으로 하는 선물과 옵션을 고려하자. 선물계약은 100,000달러의 액면가액을 가진 6월만기 재정증권을 115 즉 115,000달러로 매입하는 계약이다. 옵션은 재정증권에 대해서 발행되고 다음과 같은 성질을 가진다. 먼저 옵션의 만기는 재정증권선물의 만기와 같은 6월이고 행사가격은 115이다. 둘째로 유러피언 옵션이므로 만기에만 행사가능하다. 마지막으로 옵션의 가격은 선물계약과 동일하게 포인트 단위인데 1 포인트는 1,000달러이다. 그리고 이 옵션가격은 2,000달러이다.

(1) 선물매입과 콜옵션매입

선물을 매입한다는 것은 미래 만기시점에 기초자산을 매입한다는 것이고 콜옵션을 매입한다는 것은 만기에만 재정증권을 살 권리를 구입한다는 것이다. 그러므로 이 두 가지는 재정증권을 매입한다는 측면에서 비교의 대상이 된다.

먼저 선물의 경우를 살펴보자. 이자율이 상승하여 재정증권의 가격이 115 이하가 된 경우 선물은 항상 정해진 가격 115로만 재정증권을 살 수밖에 없으므로 시장에 나가서 살 경우에 비해 그 차액 즉 (재정증권의 시장가격−115)×1,000이 손실이 된다. 선물은 의무이므로 이 손실을 꼭 보게 된다.

이자율이 하락하여 재정증권의 가격이 115 이상이 된 경우 선물은 마찬가지로 정해진 가격 115로 재정증권을 구입하는 반면 시장에서는 115 이상으로만 구입할 수 있으므로 이 경우에는 선물에서 (재정증권의 시장가격−115)×1,000의 이익을 얻는다.

다음 콜옵션의 경우를 살펴보자. 콜옵션을 매입하기 위해서는 가격을 지불하여야 한다. 여기에서 옵션의 가격은 2,000달러이다.

이자율이 상승하여 재정증권의 가격이 115 이하가 된 경우 옵션을 행사하게 되면 정해진 가격 115로만 재정증권을 사는 반면 시장에서는 115 이하로 살 수 있

[표 14-1] 선물매입과 콜옵션매입의 경우 이익손실표

이익(손실)	재정증권의 가격	
	115 이하	115 이상
선물매입	(시가−115)×1,000	(시가−115)×1,000
콜옵션매입	−2,000	(시가−115)×1,000−2,000*

* 117 이상일 경우에만 이익.

[그림 14-3] 선물매입과 콜옵션매입의 경우 이익손실

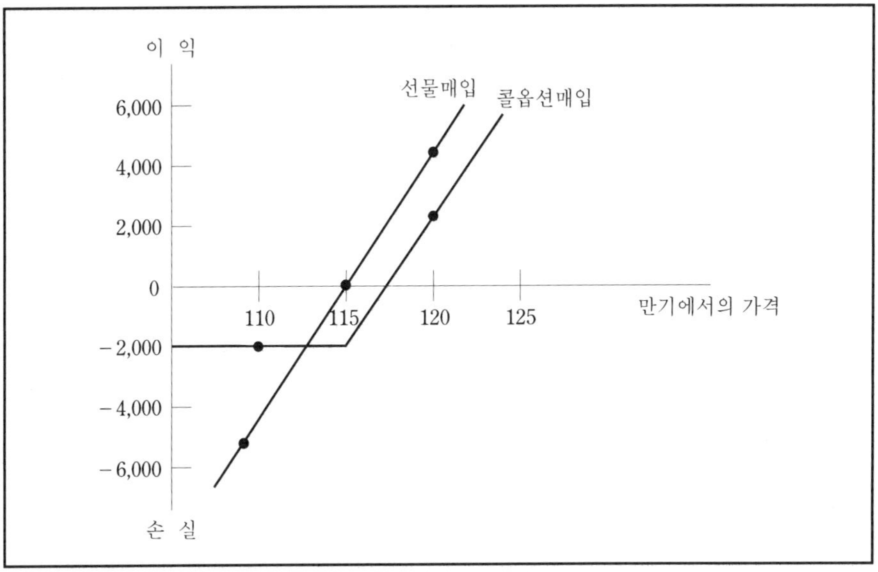

기 때문에 옵션을 행사하게 되면 손해가 되므로 옵션을 행사하지 않을 것이다. 그러므로 옵션 구입을 위한 금액 즉 옵션 가격만 손실이 된다. 따라서 재정증권의 가격이 115 이하인 경우 손실은 2,000달러이다.

이자율이 하락하여 재정증권의 가격이 115 이상이 된 경우 옵션을 행사하게 되면 정해진 가격 115로만 재정증권을 구입하는 반면 시장에서는 115 이상으로만 구입할 수 있으므로 옵션을 행사하는 것이 이익이 된다. 그렇지만 이미 옵션가격을 2,000달러를 지급하였으므로 (재정증권의 시장가격−115)×1,000−2,000이 받는 금액이 되므로 시장가격이 117 이상이 되면 이익이 된다.

이를 표와 그림으로 살펴보면 [표 14-1] 및 [그림 14-3]과 같다.

(2) 선물매도와 풋옵션매입

선물을 매도한다는 것은 미래 만기시점에 기초자산을 매도한다는 것이고 풋옵션을 매입한다는 것은 만기에만 재정증권을 팔 권리를 구입한다는 것이다. 그러므로 이 두 가지는 재정증권을 매도한다는 측면에서 비교의 대상이 된다.

먼저 선물의 경우를 살펴보자. 이자율이 상승하여 재정증권의 가격이 115 이하가 된 경우 선물은 항상 정해진 가격 115로만 재정증권을 팔 수 있고 시장에 나가서는 115 이하로 팔 수 있으므로 선물을 이용하여 파는 것이 상대적으로 이익이다. 그러므로 이때의 이익은 (115－재정증권의 시장가격)×1,000이다.

이자율이 하락하여 재정증권의 가격이 115 이상이 된 경우 선물은 정해 진 가격 115로 재정증권을 매도하는 반면 시장에서는 115 이상으로 팔 수 있으므로 선물은 상대적으로 손실을 본다. 선물에서의 손실은 (115－재정증권의 시장가격)×1,000이다. 선물은 의무이므로 이 손실을 꼭 보게 된다.

다음 풋옵션의 경우를 살펴보자. 먼저 풋옵션을 매입하기 위해서 가격을 지불하여야 한다. 여기에서 옵션의 가격은 2,000달러이다.[1)]

이자율이 상승하여 재정증권의 가격이 115 이하가 될 경우 옵션을 행사하게 되면 정해진 가격 115로만 재정증권을 파는 반면 시장에서는 115 이하로 팔 수 있기 때문에 옵션을 행사하게 되면 이익이 된다. 그렇지만 이미 옵션 가격 2,000달러를 지급하였으므로 (115－재정증권의 시장가격)×1,000－2,000이 받는 금액이 되므로 시장가격이 113이하가 되면 이익이 된다.

이자율이 하락하여 재정증권의 가격이 115 이상이 된 경우 옵션을 행사하게 되면 정해진 가격 115로 재정증권을 매도하는 반면 시장에서는 115 이상으로 매도할 수 있으므로 옵션을 행사하는 것이 손실이 된다. 그러므로 옵션을 행사하지 않는다. 그렇지만 이미 옵션을 구입하기 위해 옵션가격 2,000달러를 지급하였으므로 손실은 2,000달러가 된다.

이를 표와 그림으로 살펴보면 [표 14-2] 및 [그림 14-4]와 같다.

---

1) 동일한 조건인 경우 풋옵션의 가격은 콜옵션의 가격보다 낮은 것이 일반적인다. 이는 가격하락에는 한도가 있기 때문이다 그러나 여기에서는 계산의 편의를 위해 같게 설정하였다.

[표 14-2] 선물매도와 풋옵션매입의 경우 이익손실표

이익(손실)	재정증권의 가격	
	115 이하	115 이상
선물매도	(115－시가)×1,000	(115－시가)×1,000
풋옵션매입	(115－시가)×1,000－2,000*	－2,000

* 113 이하일 경우에만 이익.

[그림 14-4] 선물매도와 콜옵션매입의 경우 이익손실

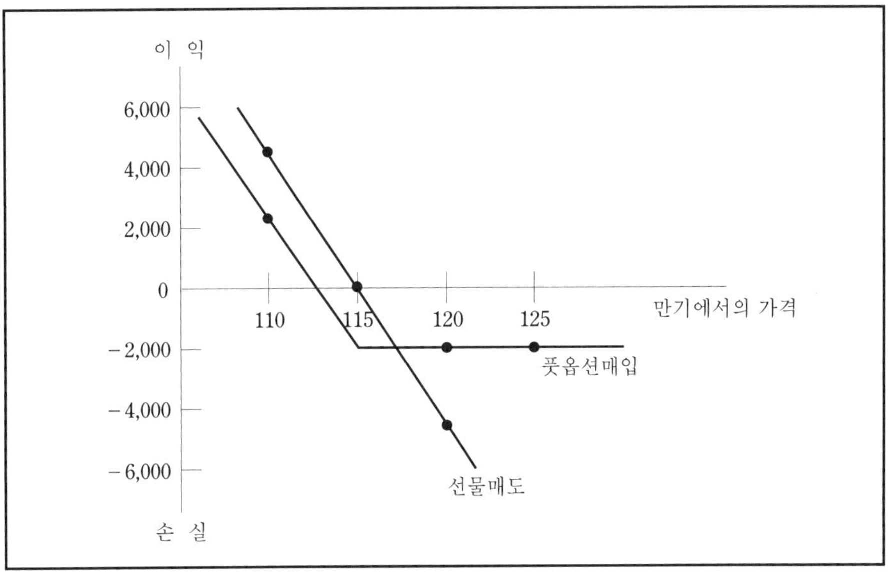

(3) 선물과 옵션의 차이점

선물과 옵션의 대비를 토대로 하여 선물과 옵션의 차이점에 대해 알아보자.

먼저 이익함수에서 차이를 보인다. 앞에서 살펴본 것과 같이 선물은 매도나 매입의 경우 항상 선형함수인 데 비해 옵션은 행사가격에서 꺾이는 함수이다. 선물매입의 경우 기초자산의 가격이 증가하면 이익이 증가하고 선물매도의 경우 기초자산의 가격이 하락하면 이익이 증가한다. 옵션은 행사가격을 전후하여 다르게 나타난다. 콜옵션 매입의 경우 기초자산의 가격이 행사가격보다 높으면 행사하여

이익을 보고(옵션가격을 고려하지 않음) 행사가격보다 낮은 경우에는 행사를 하지 않는다. 풋옵션 매입의 경우 기초자산의 가격이 행사가격보다 낮으면 행사하여 이익을 보고(옵션가격을 고려하지 않음) 행사가격보다 높은 경우에는 행사를 하지 않는다.

두 번째로 계약에 대한 초기투자액이 다르다. 선물은 증거금계좌에 증거금을 납입하여야 하는 반면 옵션은 옵션에 따른 권리를 구입하기 위해 옵션가격을 지불한다.

세 번째로 계약상 요건에 따른 것이다. 선물은 일일정산이므로 매일 자금조정이 필요한 반면에 옵션은 만기에 있어서만 자금이 필요하다.

4. 옵션가격의 결정요인

옵션가격에 영향을 미치는 요인에는 기초자산의 가격, 행사가격, 기초자산수익률의 분산, 무위험수익률, 만기 등이 있다. 여기에서는 콜옵션과 풋옵션을 중심으로 이러한 요인들이 옵션가격결정에 미치는 영향을 살펴보기로 한다.

첫째, 다른 조건이 모두 동일한 경우 기초자산의 가격이 높으면 콜옵션의 가격은 상승한다. 이는 콜옵션이 기초자산을 정해진 가격에 살 권리이므로 기초자산의 가격이 높으면 높을수록 만기에 이익을 얻을 확률이 크게 된다. 반면 풋옵션의 경우는 기초자산의 가격이 낮을수록 풋옵션의 가격이 높다. 이는 풋옵션이 기초자산을 정해진 가격에 팔 권리이므로 기초자산의 가격이 낮으면 낮을수록 만기에 이익을 얻을 확률이 크게 된다.

둘째, 행사가격이 높으면 콜옵션의 가격은 하락한다. 행사가격이 높게 되면 콜옵션이 이익을 보는 구간이 줄어들게 되어 콜옵션의 가격은 하락하게 된다. 반면 풋옵션의 경우는 행사가격이 높을수록 풋옵션의 가격이 상승한다. 행사가격이 높게 되면 풋옵션이 이익을 보는 구간이 늘어나게 되어 풋옵션의 가격은 상승하게 된다.

셋째, 기초자산의 가격 혹은 수익률분산(volatility)이 크게 되면 콜옵션과 풋옵션의 가격은 상승한다. 콜옵션의 경우는 기초자산의 가격이 높으면 높올수록 풋옵션은 기초자산의 가격이 낮으면 낮을수록 옵션가격이 높게 되는 것을 앞에서 보았다. 기초자산의 분산이 크게 되면 콜옵션의 경우 기초자산의 가격이 아주 높은 경우가 발생할 수 있고, 풋옵션의 경우 기초자산의 가격이 아주 낮은 경우가 발생할 수 있으므로 이러한 때에 행사를 하면 큰 이익을 볼 수 있다. 그러므로 콜옵션과 풋옵션의 가격이 상승하게 된다.

넷째, 시장이자율이 높으면 콜옵션의 가격은 상승하나, 풋옵션의 가격은 하락한다. 콜옵션은 정해진 가격을 주고 살 권리이기 때문에 시장이자율이 높을수록 지급하는 가격 즉 행사가격의 현재가치는 하락하게 되고 만기에 있어 기초자산의 가격은 변함이 없으므로 이익을 더 많이 얻게 되기 때문에 콜옵션의 가치는 커지게 된다. 반면 풋옵션은 정해진 가격에 팔 권리이다. 그러므로 행사를 하면 정해진 가격 즉 행사가격과 기초자산의 가격의 차이가 이익액이 된다. 여기에서 기초자산의 가격은 정해진 것으로 보면 행사가격의 가치가 크면 이익을 많이 얻을 수 있다. 그러나 행사가격은 만기에 받을 금액이므로 현재시점의 가치인 현재가치로 판단하기 위해서는 시장이자율로 할인하게 된다. 그러므로 시장이자율이 높게 되면 풋옵션 행사로 인한 이익이 감소하게 되므로 풋옵션의 가치도 하락하게 된다.

마지막으로, 만기가 길면 길수록 콜옵션의 가격은 상승한다. 콜옵션은 만기가 길면 길수록 기초자산의 가격이 행사가격보다 높을 가능성이 커지게 되고, 또한 지불하는 대가의 현재가치가 작게 되어 이익을 얻을 확률이 커지게 되므로 콜옵션의 가격이 상승한다. 반면 풋옵션은 만기에 대한 효과가 모호하다. 만기가 길수록 기초자산의 가격이 행사가격보다 낮을 가능성이 커지는 반면 만기에 받을 행사가격의 현재가치는 작아지게 되어 이 둘이 서로 다른 방향으로 작용하므로 이익이 될

[표 14-3] 옵션가격의 결정요인

결정요인	영 향 – 가격변동	
	콜옵션	풋옵션
기초자산의 가격	+	−
행사가격	−	+
기초자산의 분산	+	+
무위험 이자율	+	−
만기	+	(+)

* +는 옵션과 결정요인이 같은 방향으로 영향을 미친다. 반면 −는 반대방향으로 영향을 미친다.
** 풋옵션의 경우 만기에 대한 효과는 모호하지만 실증결과는 +의 관계를 보인다.

수도 있고 손실이 될 수도 있다. 그러나 실증결과는 만기에 따라 증가하고 있다.

이상의 옵션가격에 영향을 미치는 요인들을 종합하여 [표 14-3]과 같이 나타낼 수 있다.

제15장 스　왑

1. 스왑거래의 개요

(1) 스왑거래의 의의

스왑(swap)거래란 두 거래당사자가 미래의 현금흐름을 일정기간 동안 교환하기로 약정한 계약을 말한다. 다시 말해 거래 쌍방이 특정 시점에서 각각 비교우위를 가질 때 이점을 적정선에서 나누어 가짐으로써 서로 이득을 얻는 거래이다. 보통 스왑거래는 기업의 채무와 관련된 현금흐름을 교환함으로써 자금조달비용을 절약하고 자기가 원하는 자금조달방법을 선택한다. 스왑거래는 1981년부터 거래가 시작된 비교적 최신의 금융기법으로 환율 및 금리 변동위험을 헤지하고 금융비용을 절감하는 수단으로 활성화되기 시작했다. 이는 또 각국 시장의 불완전성, 외환통제, 세금차별 등에 대처할 수 있게 하며, 자본시장간의 금리차이를 이용한 차익거래도 가능하게 한다.

스왑거래는 거래소가 아닌 장외시장에서 개별적인 형태로 계약이 체결되고 계약내용이 당사자의 합의에 의해 결정된다는 점에서 선도거래와 유사하다. 그러나 선도거래의 결제일은 한 시점인 반면, 스왑은 정해진 기간 동안 약정일마다 현금흐름을 교환하는 것이다. 따라서 스왑은 각 약정일을 만기일로 하는 여러 개의 선도계약으로 구성된 포트폴리오라고 할 수 있다.

(2) 스왑거래의 경제적 효과

1) 차입비용의 절감

개별기업들은 신용도의 차이에 따라 상이한 차입조건을 가지고 있다. 이러한 경우 각 기업들은 신용도 차이와 지역간 시장 여건의 차이에서 오는 상이한 거래조건에 비교우위 상황을 이용하여 서로 차입비용을 절감할 수 있다.

2) 금융상품개발

선물과 옵션시장에서는 장기계약이나 유동성이 낮은 통화에 대한 계약은 거래되지 않는다. 따라서 위험헤지, 차익거래 등이 어렵다. 이 경우 스왑을 이용하면 원하는 거래를 할 수 있다. 다시 말해 스왑을 이용하여 새로운 금융상품을 개발하거나 선물이나 옵션에 대한 보완적인 상품을 창출할 수 있다.

3) 위험의 헤지

기업들은 스왑을 이용하면 이자율과 환율변동에 따른 위험을 헤지할 수 있다. 이는 자신의 포지션과 반대인 상대와 스왑거래를 함으로써 가능하다. 또 선물이나 옵션 등이 단기간 헤지에 이용되는데 비해 스왑을 이용하면 5~10년에 걸친 장기간 헤지도 가능하다.

4) 시장규제의 회피

스왑은 각국의 조세, 금융, 외환상의 규제를 회피하는 수단으로 이용할 수 있다. 해외로 진출한 다국적기업이 현지에서 벌어들인 이익은 현지국의 세제나 통화정책으로 인해 본사에 용이하게 송금될 수 없다. 이때 스왑시장을 이용하여 현지통화를 필요통화로 전환할 수 있다. 상대국의 유리한 세제를 이용하기 위해 스왑을 이용할 수도 있다.

이러한 효과를 발휘하는 스왑은 크게 금리스왑(interest rate swap), 통화스왑(currency swap), 그리고 양자를 결합한 혼합스왑(cocktail swap) 등으로 구분된다. 다음에서 이들에 관해 더욱 구체적으로 살펴보기로 한다.

2. 금리스왑

금리스왑(interest rate swap, plain vanilla swap, coupon swap)은 스왑거래의 가장 기본적인 형태로서 동일 통화로 표시된 채무를 부담하고 있는 두 당사자가 일정기간 동안 이자지급의무를 교환하여 부담하기로 약정한 계약을 말한다. 금리스왑거래는 채권을 자산 혹은 부채로 가지고 있는 시장참여자들이 현재의 채권포트폴리오를 유지하면서 이 채권포트폴리오로부터의 현금흐름 방식만을 변형시키고자 하는 목적으로 이용된다.

스왑거래는 거래 쌍방이 되는 차입자들이 특정의 자금시장에서 비교우위를 가지고 있을 때 이를 이용하여 자기가 원하는 자금을 보다 저렴한 비용으로 조달하는 방법이라고 할 수 있다. 일반적으로 은행과 일반 기업간에 많은 거래가 발생한다. 이때 은행은 일반기업에 비해 고정금리시장에서 유리한 조건으로 차입할 수 있지만 자산-부채관리를 위해 변동금리부 자산에 대하여 변동금리부채를 원한다. 반면 일반기업은 변동금리시장에서 보다 유리한 조건으로 차입할 수 있지만 고정금리를 선호한다. 이러한 경우 금리스왑거래를 이용하면 이자율 변동으로부터 발생하는 위험을 제거할 뿐만 아니라 보다 낮은 차입비용으로 각각 선호하는 자금을 조달할 수 있다. 여기서 이자지급의무에 대한 교환은 채무스왑이라고 하고, 이자수취권리에 대한 교환은 채권스왑이라고 하여 구분하기도 한다.

한편 금리스왑계약은 금융위험 관리기능 관점에서 거래소 시장에 상장된 금리선물계약보다 다음과 같은 비교우위를 갖고 있다.

첫째, 금리스왑은 사적합의에 의한 자유로운 계약이므로 시장참여자가 가지고 있는 포트폴리오의 편입자산 혹은 부채의 내용이나 기간에 맞추어 비교적 정확하게 금리변동위험을 헤지할 수 있다. 반면에 금리선물은 표준물만을 대상으로 하므로 T-Bond, T-Bill, Eurodollar 등에 연계된 자산 혹은 부채포트폴리오를 정해진 인수도 월에 맞추어 헤지할 수밖에 없다.

둘째, 금리스왑은 사적합의에 의한 자유로운 계약이므로 금리변동위험의 헤지기간을 장기간 설정할 수 있다. 통상 금리스왑계약은 1년 내지 10년 사이에서 만기를 설정한다 즉, 금리스왑계약은 장기간의 금리변동위험을 헤지하는 데 유효하게 활용될 수 있다. 반면에 거래소시장에 상장되어 있는 선물계약은 주로 1년 이

내의 금리변동을 헤지하는 데 적합하다. 그런데 금리스왑부분에서도 최근에는 6개월 내지 2년 미만의 만기를 가지는 단기스왑계약의 거래도 크게 증가하는 추세를 보이고 있다.

한편, 금리스왑계약은 금융위험 관리기능의 관점에서 거래소시장에 상장된 금리선물계약에 비해 다음과 같은 단점을 가지고 있다.

첫째, 금리스왑은 사적합의에 의한 자유로운 계약이기는 하나 조건에 맞는 계약당사자를 찾기가 쉽지 않다. 하지만 최근에 와서는 전문금융기관들이 금리선물계약의 중개역할을 담당하면서 이와 같은 문제점이 상당부분 해소되고 있다.

둘째, 금리스왑은 사적합의에 의한 개별당사자간의 계약이므로 계약이행이 보장되지 않는다. 하지만 전문금융기관이 자신이 소개한 금리스왑계약의 이행을 보증하면서 이와 같은 문제점이 상당부분 해소되고 있다.

셋째, 금리스왑은 체결된 계약의 헤지 또는 매도 등이 어려워 유동성이 제약되고 있다. 하지만 전문금융기관이 스왑계약의 딜러역할까지 수행하면서 이와 같은 문제점이 상당부분 완화되고 있다.

다음은 이와 같은 여러 종류의 스왑거래에 대해 살펴보기로 한다.

(1) 쿠폰스왑과 기준금리스왑

1) 쿠폰스왑(변동금리와 고정금리간 스왑)

금리스왑거래에 적용되는 이자율은 시장에서 형성된 금리를 참조하여 기업의 신용도에 따라 정해지게 된다. 신용도가 높은 기업은 고정금리로 차입하든 변동금리로 차입하든 신용도가 낮은 기업에 비하여 저렴한 이자율로 차입이 가능하다. 그런데 단기의 변동금리보다 장기의 고정금리가 신용도에 민감하게 반응하기 때문에 변동금리는 고정금리에 비해서 신용도의 차이에 따른 금리차이가 적게 나타난다. 따라서 신용도가 높은 기업은 신용도가 낮은 기업에 비하여 고정금리와 변동금리 모두에서 절대 우위에 있지만 변동금리보다 고정금리에서 상대적으로 비교우위를 갖게 되고, 신용도가 낮은 기업은 고정금리보다 변동금리에서 비교우위를 갖게 된다. 이러한 경우 두 회사는 각자 비교우위에 있는 자금시장을 이용하여 자금을 차입하고 이자지급을 교환하는 스왑계약을 체결하여 차입비용을 절감할 수 있다. 또한 당사간에 적용하는 금리를 적절히 책정함으로써 차입비용의 절감에

[표 15-1] 신용도에 따른 기업의 차입조건

	기업 A	기업 B	금리스프레드
신 용 도	AAA	BBB	
고정금리	10.40%	11.50%	1.10%
변동금리	6개월 LIBOR+0.25%	6개월 LIBOR+0.75%	0.50%

따른 이익을 상호간에 적절히 배분할 수 있다.

다음의 예를 통해 두 기업 A와 B가 스왑거래를 통해 얻게 되는 차익거래이익과 비용절감 효과를 살펴보기로 한다.

현재 국제금융시장에서 신용도가 높은 기업 A와 신용도가 낮은 기업 B의 차입조건이 [표 15-1]과 같이 주어져 있다고 하자. 이 경우 신용도가 높은 기업 A가 고정금리시장과 변동금리시장 모두에서 기업 B보다 저렴한 이자율에 차입할 수 있으므로 기업 A는 절대우위에 있고 기업 B는 절대열위에 있다. 즉, 어느 시장에서 자금을 차입하더라도 회사 B에 비하여 저렴한 비용으로 자금을 차입할 수 있는

[표 15-2] 스왑거래로부터의 이익

	회사 A	회사 B
자금차입계약		
고정금리	10.4%	
변동금리		6개월 LIBOR+0.75%
스왑계약		
회사 A		
고정금리수취	10.45%	
변동금리지급	6개월 LIBOR	
회사 B		
변동금리수취		6개월 LIBOR
고정금리지급		10.45%
실제차입비용	LIBOR−(10.45%−10.4%) =LIBOR−0.05%	10.45%−[LIBOR−(LIBOR+0.75] =11.20%
비교가능한 차입비용	=LIBOR+0.25%	11.50%
차입비용 절감분	0.30%	0.30%

것이다. 그런데 기업 A는 기업 B에 비하여 고정금리 시장에서는 1.10%의 우위를 가지고 있고 변동금리시장에서는 0.50%의 우위를 가지고 있으므로 기업 A는 고정금리시장에서 비교우위를, 기업 B는 이와 반대로 변동금리시장에서 비교우위를 갖는다고 볼 수 있다.

이 경우 기업 A는 고정금리시장에서 10.40%의 이자율로 자금을 차입한 후, 6개월 LIBOR를 지급하고 10.45% 고정금리를 수취하는 조건으로 스왑계약을 체결하였다. 기업 B는 변동금리시장에서 LIBOR.+0.75%로 자금을 차입하여 기업 A와 스왑거래를 하였다. [표 15-2]는 이러한 거래의 결과로서 두 회사 모두 차익거래 이익 0.30%를 얻을 수 있음을 알 수 있다.

금리스왑은 위험관리 수단으로 이용될 수 있다. 앞의 예에서와 같이 기업 B는 변동금리시장을 이용하여 6개월 LIBOR+0.75%로 차입한 후, 고정금리 10.45%를 지급하기로 하는 스왑세약을 맺었다고 하자 이때 기업 B는 시장금리의 변화에 관계없이 11.20%의 고정된 이자율로 차입한 것과 같은 결과를 보여준다. 즉, 변동금리시장을 이용할 때 직면할 수도 있는 이자율 변동위험을 헤지하는 효과를 얻을 수 있다.

또한 금리스왑은 계약당사자가 처한 특수한 여건으로 특정한 자금시장을 선호하는 경우에 접근수단을 제공한다. 예를 들어 높은 신용도를 가진 금융기관의 경우 고정금리시장을 통해 상대적으로 저렴한 자금을 사용할 수 있는데도 대출이 변동금리를 기준으로 운용된다면, 변동금리차입을 선호할 것이다. 반면 기업은 비용이 저렴한 고정금리시장을 통한 차입을 선호하지만 국제적으로 인정되는 신용도가 낮아 변동금리로 차입하는 게 일반적이다. 이 경우 신용도가 높은 금융기관은 고정금리로 차입을 한 연후에 일반 기업의 변동금리채무와 교환하도록 하는 스왑거래를 체결하여 특정자금시장에의 접근을 가능하게 할 수 있다.

2) 기준금리스왑(basis rate swap)

기준금리스왑이란 변동금리 산정이 상이한 두 종류의 채무에 대한 금리스왑의 일종이다. 1개월 LIBOR와 6개월 LIBOR 혹은 LIBOR와 CP금리간 스왑거래 등에 널리 이용되고 있다.

기준금리스왑이 가능한 이유는 쿠폰스왑에서와 마찬가지로 차익거래이익이 있기 때문이다. 고정금리와 변동금리간의 비교우위에 기초한 앞서의 차익거래이익과는 달리 기준금리스왑에서는 상이한 변동금리 자금시장에서 채무자 각각의 신용도가 반영된 금리차이로 인해 차익거래이익이 발생한다.

예를 들어 A회사는 현재 변동금리를 지불해야 하는 채무가 있으며 이자지급은 LIBOR를 기준으로 한다고 하자. 이 경우 기업 A는 이를 CP기준의 변동금리로 전환하고 싶다고 할 때, 이와 반대되는 포지션을 취하는 기업 B와 스왑을 하게 되는데, 이를 기준스왑이라고 한다. 이를 통해 기업 A는 CP시장에서 채권발행시 예상되는 여러 가지 장애를 회피하면서도 CP이자율로 발행한 것과 같은 효과를 얻을 수 있다. 이때 기업 A는 LIBOR자금시장에서의 비교우위가 있고 기업 B는 CP자금시장에서 비교우위가 있다면 스왑거래를 통해서 두 회사 모두 차익거래를 얻을 수 있다.

(2) 기타의 금리스왑

1) 역금리스왑(interest rate swap reversals)

역금리스왑이란 두 거래 당사자가 금리스왑을 하는 중에 시장금리의 변화가 발생하는 경우 이제까지 취하던 포지션과 반대방향으로 다른 3자와 스왑을 하는 것이다.

예를 들면, 기업 A는 기업 B로부터 $100,000,000에 대한 이자액을 LIBOR(4%)로 받고 ₩200,000,000에 대해 고정이자율 8%를 지급하는 스왑을 체결하였다고 하자. 시장금리가 상승하여 동일한 부채에 대한 고정금리가 10%로 증가되었다면 기존의 포지션과 반대방향으로 제3자와 새로운 스왑계약을 체결한다. 이렇게 되면 기업 A는 기업 B로부터 받을 $4,000,000를 기업 C에게 주고 기업 C로부터 받은 10%의 고정금리 중 8%를 기업 B에게 지급함으로써 2%의 차익을 얻을 수 있다([그림 15-1]).

[그림 15-1] 역금리스왑의 예

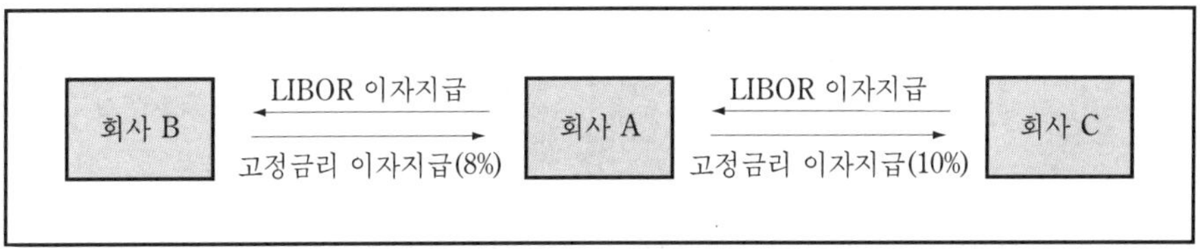

2) 미니 맥스스왑(mini-max swap)

미니맥스스왑은 이자율의 상·하한선의 범위를 미리 정하는 스왑으로 1985년 미니맥스 유로채의 발행에 따라 시작된 거래이다. 이 스왑거래는 보통의 스왑거래에 앞에서 배운 금리상하한 계약이 부가된 것으로 생각하면 이해하기 쉽다.

미니맥스 유로채를 발행하는 경우 발행자는 LIBOR+고정스프레드(fixed spread)를 이자로 지급하게 되는데, 이때 이자율은 일정한 상한선과 하한선 사이에서 존재해야 된다는 규정을 적용받는다.

3) 혼합스왑(cocktail swap)

혼합스왑은 중개은행이 개입하여야만 가능한 거래로, 금리와 통화스왑이 혼합된 형태로 나타나는 것이 특징이다. 예를 들어 다음 상황을 가정해 보자.

① 미국기업 A는 변동금리의 자금조달이 고정금리보다 우위에 있어 비용절감 효과가 크지만, 여러 가지 규제적인 상황 때문에 고정금리로 차입을 한다고 하자.

② 세계은행은 신용도가 높은 미국시장에서 유리한 조건의 고정금리로 $ 차입을 할 수 있지만, 일본에서 고정금리부 ¥에 대한 과다한 채무를 지고 있어 상환압박을 받고 있다. 따라서 세계은행은 ¥에 대한 채무상환을 위해 고정금리부 $를

[그림 15-2] 혼합스왑의 예

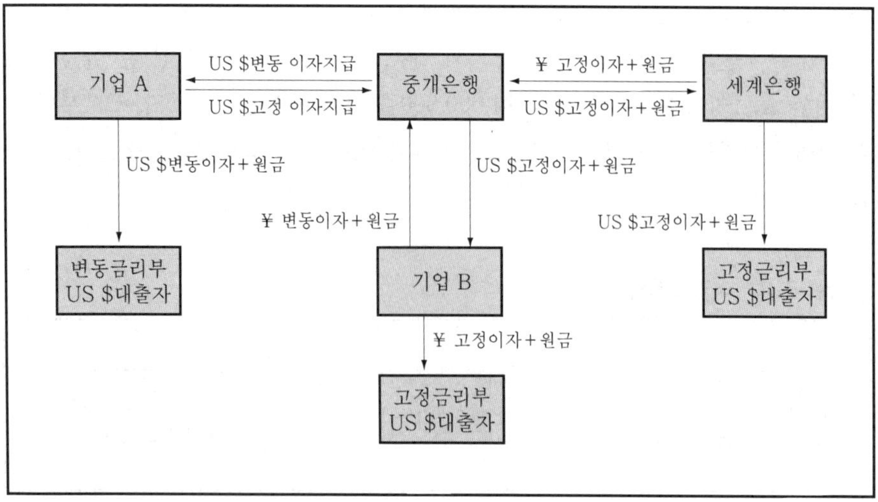

고정금리부 ¥으로 전환하여 차입하려 한다.

③ 다국적기업 B는 $시장보다 ¥시장에서 높은 신용이 인정되어 유리한 조건으로 고정금리부 ¥을 조달할 수 있으나, 현재 변동금리부 $표시 채무를 지고 있으며 이에 대한 상환방법으로 ¥표시 고정금리 채무를 $표시 변동금리부 채무로 전환하려고 한다.

위 사정을 감안하여 체결한 스왑거래의 내용은 다음과 같다.

기업 A: ① $시장에서 변동금리로 자금 차입
② 스왑 중개은행과 $변동금리 인수, 고정금리지급의 스왑계약 체결

기업 B: ① ¥시장에서 고정금리로 자금 차입
② 스왑 중개은행과 변동금리부 $를 받고 고정금리부 ¥을 지급하는 스왑거래 체결

세계은행: ① 고정금리부로 $차입
② 중개은행과 고정금리부 $를 지급, 고정금리부 ¥을 받는 통화스왑 체결

결과적으로 기업 A, B, 세계은행은 각자가 원하는 현금흐름을 얻을 수 있고, 중개은행 역시 수수료와 각 거래에서 발생하는 차익을 얻게 되어 시장 참여자 모두에게 이익이 된다. [그림 15-2]는 위 거래의 결과로 스왑거래를 청산할 때 나타나는 자금흐름을 도시한 것이다.

4) 스왑션(swaption)

스왑과 옵션의 복합형태로 스왑거래에서 변동금리 지급의무가 있는 거래당사자가 특정이자율을 상회하거나 하회하는 변동이자율에 대해 변동금리를 고정금리로 전환할 수 있는 권리를 부여하는 금융거래방법이다. 스왑션 매입자가 약정금리보다 상회하는 시장금리에 대해 옵션권리를 행사하면, 그 차액에 대해 상대방으로부터 환급받고, 약정금리보다 하회하는 경우 차액을 지급함으로써 결과적으로 특정금리에 채무를 고정시키는 효과를 가져온다.

스왑션을 이용한 거래의 예를 살펴보자.

현재 기업 A는 6개월 후, 5년 만기 자금을 변동금리인 LIBOR+2%로 차입하려 한다. 한편 자금차입 시점에서 변동금리를 12%의 고정금리로 전환하는 스왑거래를 체결하였다고 하자. 이런 계약을 체결한 기업 A는 결과적으로 6개월 후 스왑

[그림 15-3] 금리상환계약

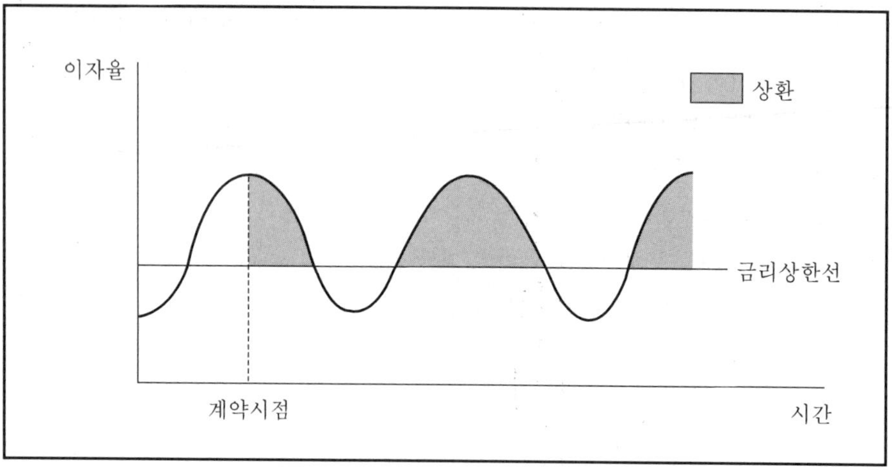

을 행사할 수 있는 옵션권리를 사는 것과 같다.

6개월 후 고정금리가 11%라면, 기업 A는 스왑션 행사를 포기하고 당시에 형성된 고정금리를 이용하여 스왑거래를 체결한다. 그러나 고정금리가 13%라면, 기업 A는 스왑션을 행사하여 고정금리 12%와 교환하는 스왑거래를 하게 될 것이다.

스왑션은 금리 상한/하한 계약과 유사하지만, 이자율 변동에 따른 권리행사 시점의 선택이 스왑션 매입자에게 부여되어 있고, 이자율 하락에 따른 이익을 얻

[그림 15-4] 스 왑 션

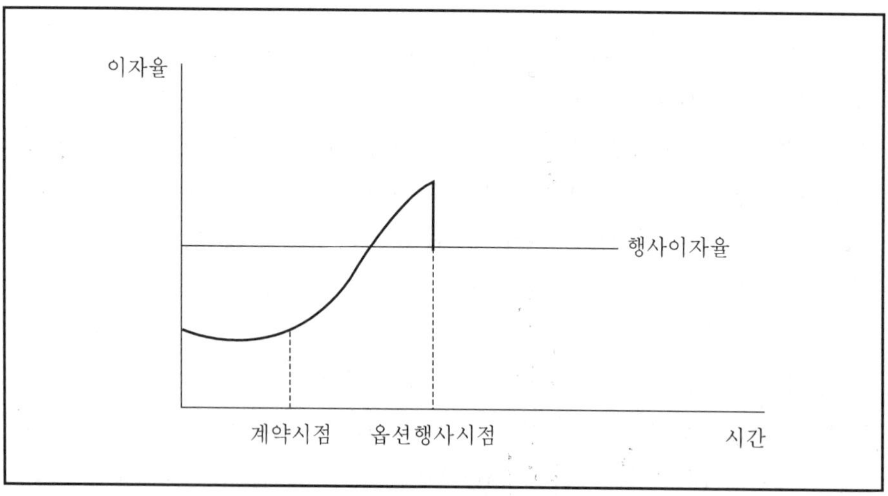

을 수 없다는 점에서 서로 다르다.

[그림 15-3]은 금리상한계약을 매입한 투자자의 금리상한선과 상환이자액을 표시 한 것이다. 즉 금리상한선을 상회하는 시장이자율에 대해서는 매도자가 해당 금액만큼 매입자에게 상환해야 한다는 것을 뜻한다. 따라서 계약의 행사시점은 시장 이자율의 변동에 의해 정해지고, 금리상한선에 못미치는 시장이자율에 대해서는 해당 이자율이 적용되어 이익을 얻을 수 있는 길이 보장되어 있다.

스왑션은 [그림 15-4]에서 보는 것과 같이 행사 시점은 만기 이전에 임의로 결정할 수 있다. 그러나 스왑션이 행사되고 난 이후에는 행사이자율만을 적용하기 때문에 이자율 하락으로부터 발생하게 될 수도 있는 이익을 얻을 수 없다.

3. 통화스왑

통화스왑거래란 단기외환시장에서 어떤 통화의 교환시 발생하는 환포지션의 위험을 피하기 위하여 현물환거래와 선물환거래를 결합하여 환위험을 헤지하는 기법이다. 즉 일정액의 현물환율 매입(또는 매도)하는 동시에 동액의 선물환을 매도(또는 매입)하는 경우를 말한다. 스왑거래는 매각 시점의 현물환율을 기준율로 하여 특정통화를 매각함과 동시에 재매입함으로써 매각과 재매입 시점을 달리할 경우 야기될 수 있는 환율변동위험을 사전에 회피할 수 있다. 따라서 스왑거래는 금리차익거래 포지션조작 및 외화자금조정거래시에 많이 활용되고 있는바, 반드시 선물환거래와 수반해서 성립되기 때문에 그에 따른 대부분의 원리는 선물환거래와 비슷하다.

(1) 통화스왑거래의 동기 및 목적

통화스왑거래의 동기 및 목적은 금리차익거래 및 외화자금조달과 관련하여 환위험을 배제하고자 할 경우에 생긴다.

1) 환차손 커버부 금리차익거래(covered interest arbitrage)

통화스왑거래의 대부분은 금리차익거래와 관련하여 환위험을 배제하고 소기

[그림 15-5] 환차손 커버부 금리차액거래

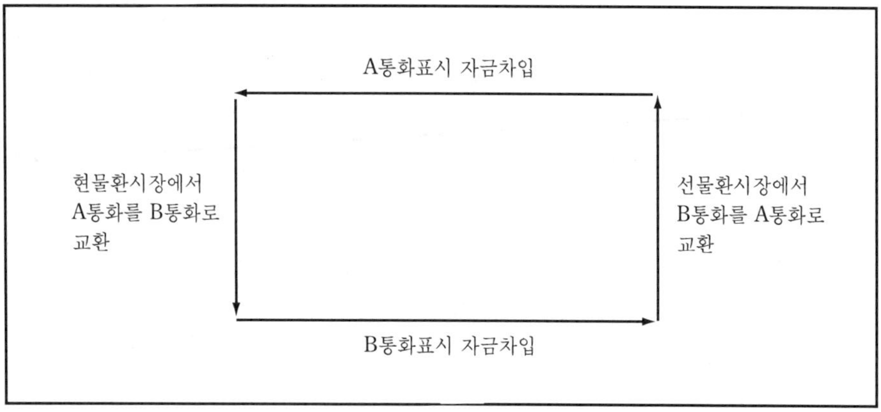

의 금리차익을 사전 확보하기 위한 소위 환차손 커버부 금리차익거래에 활용되고 있다. 금리차익거래시에는 물론 단순선물거래(outright forward transaction)를 이용할 수도 있으나 이 경우 현물환율이 변동될 위험이 있으므로 금리차익거래시에는 주로 스왑거래를 활용하고 있다.

[그림 15-5]는 가장 일반적인 스왑거래인 현물거래 대 선물환거래의 스왑거래를 통하여 A,B간의 금리차익을 확보하는 과정을 보여 주고 있다. A통화표시 자금을 일정기간 차입한 후 B통화로 스왑함으로써 우회적으로 B통화를 조달할 수 있다. B통화표시 자금의 유효조달비용은 A통화에 대하여 할증(저금리)인 경우에는 A통화 조달금리로부터 스왑이익을 차감한 것이며, B통화가 A통화에 대하여 할인(고금리)인 경우에는 A통화 조달금리에 스왑원가를 가산한 것이 된다. 만약 이와 같이 산출된 B통화의 유효조달비용보다 높은 수익으로 B통화를 운용할 수 있다면, 결과적으로 "B통화 운용수익−B통화 유효조달비용" 만큼의 순이익을 실현할 수 있을 것이다.

그러면 이러한 과정을 원화(₩)와 일본 엔화(¥) 사이의 관계를 예로 들어 살펴보자. 시장에서 다음과 같은 자료가 주어졌다고 가정하자.

현물환시장에서의 원화의 환율: ¥0.0800/₩
원화의 3개월 만기 선물환율: ¥0.0795/₩
원화의 선물환 할인율(1년기준)

$$\frac{¥0.0795\text{만} - ¥0.0800}{¥0.0800} \times \frac{12}{3} \times 100 = -2.5\%/\text{년}$$

우리나라의 3개월 만기 채권수익률: 5.00%/년

일본의 3개월 만기 채권수익률: 1.5%/년

거래비용: 0.15%

거래규모 ₩8,000,000 또는 ¥1,000,000

위의 예에서 ₩와 ¥의 3개월 만기 채권수익률의 차이는 3.5%이나 선물환 시장에서 ₩2.5% 밖에 할인이 되지 않았다. 즉 시장이 균등상태에 있지 않다. 여기서 재정거래자는 이자율의 차이에서 오는 이익이 환율의 차이에서 오는 손해보다 크기 때문에 이자율이 높은 통화를 이용하여 이익을 얻게 된다.

차익거래자는 다음의 과정을 통하여 이익을 얻게 된다.

현　재

1단계: ¥1,000,000을 이자 0.375%(연 1.5%)에 3개월 동안 빌린다.

2단계: 빌린 ¥1,000,000을 현물환율 ¥0.0800/₩에 교환하여 ₩12,500,000을 받는다.

3단계: ₩12,500,000을 수익률 1.25%(연 5%)의 우리나라 정부발행채권에 3개월 동안 투자한다.

4단계: 3개월 동안 받을 이자 ₩156,250(₩12,500,000×1.25%)을 포함한 ₩12,656,250을 3개월 만기 선물환율 ¥0.0795/₩에 판다.

5단계: 거래비용 ¥1,500(¥1,000,000×0.0015)을 지불한다.

3개월 후

6단계: 우리나라 정부발행채권을 ₩12,656,250에 다시 판다.

7단계: 선물환율 ¥0.0795/₩에 ₩12,656,250을 주고 ¥1,006,172을 받음으로써 선물환거래를 수행한다.

8단계: 1단계에서 빌린 ¥1,000,000에 대한 원금과 이자 ¥1,003,750(¥1,000,000+¥3,750)을 갚는다.

위의 8단계를 거치면서 다음과 같이 ¥922의 위험이나 비용없는 이익을 얻을 수 있다.

선물환거래로 받는 돈	¥1,006,172
빌린 ¥에 대한 원금과 이자 지급	−1,003,750
거래비용	−1,500
순이익(세금공제 전)	¥ 922

현물환의 매도 및 매입이 동시에 일어나는 이 스왑제도를 통하여 외국은행 국내지점은 본지점계정 차입으로 환위험의 부담 없이 원화자금조달을 할 수 있고, 한국은행은 이를 외화자금조달의 한 수단으로 이용할 수 있으며, 국내 외환은행은 이를 이용함으로써 자금재조달 및 외화예수가 용이하다.

그러나 이 스왑제도는 외국은행 국내지점 및 국내 외국환은행의 외화자금 조달 및 운용과 원화운용 그리고 금리차를 고려하여 일정률의 수익이 보장되는 환매율을 적용하여 줌으로써 한국은행의 외화조달 및 외국환은행지점에 대한 원화영입자금 공급을 주목적으로 하고 있으므로 환위험 헤지가 1차적 목적인 본래의 스왑거래와는 다르다.

2) 외화자금조정거래

이는 외국환은행의 일시적인 자금부족조정의 수단으로 스왑거래를 이용하는 경우이다. 예를 들어 어느 은행이 일정기간에 파운드화 자금이 부족한 반면 미국달러 자금에 여유가 있다고 하자. 이때 미국달러를 대가로 파운드화 현물환을 매입함과 동시에 같은 금액의 파운드화 선물환을 매도한다. 그러면 선물환의 포지션은 현물의 매입과 상계되어 환율변동에 따른 위험부담 없이 파운드화 자금의 일시적 부족을 커버할 수 있게 된다. 또는 기업이 운영상 외화를 일정기간 동안 교환하여 보유해야 하는 경우 해당 기간동안의 환율등락으로부터 위험을 제거키 위해 상대국 기업이나 또는 자신의 자회사, 은행 등과 통화스왑(교환)계약을 체결할 수 있다.

(2) 스왑거래의 유형

1) 약정거래에 따른 통화스왑의 유형

거래의 약정형태에 따라서 스왑거래에는 단기적 스왑, 현물환 대 선물환스왑,

선물환 대 선물환스왑의 세 유형이 있다.

초단기스왑은 현물환을 매각함과 동시에 결제일을 달리하는 현물환 또는 만기 7일 이내의 선물환을 재매입하기로 약정한 거래를 말한다 경우에 따라서는 익일결제 현물매각과 동시에 익일 현물환을 매입하는 1일스왑이 성행하기도 한다. 이와 같은 초단기스왑(특히 one-day swap)은 외환시장 딜러들의 외환 · 포지션변동에 따른 현금흐름 과부족조정을 위하여 크게 활용되고 있으며, 은행간 스왑거래의 약 60%를 차지하고 있다.

현물환 대 선물환스왑은 현물환을 매각함과 동시에 장래의 특정기일 또는 특정기간(1주일 이상)에 선물환을 재매입하기로 약정한 거래로서 스왑거래의 전형적인 형태이다. 재매입선물환의 결제일은 단순선물환거래(outright forward transaction)의 경우와 같이 당사자간의 특약에 의하여 장래의 특정 기일로 할 수도 있으나, 일반적으로는 매각일의 익영업일로부터 1개월, 2개월, 6개월, 1년(regular 또는 even date)으로 하고 있다.

한편 스왑거래는 특정통화를 기준으로 하여 볼 때 현물매도 · 선물매입(spot sale, forward purchase)스왑과 현물매입 · 선물매도(spot purchase, forward sale)스왑으로 나누어 볼 수 있다. 현물매도 · 선물매입스왑이란 자금 여유가 있는 통화를 현물환으로 매각(swap out)함과 동시에 선물환으로 재매입하는 경우를 말하며, 현물매입 · 선물매도스왑이란 자금부족상태의 통화를 현물환으로 매입(swap in)함과 아울러 선물환으로 매도하는 경우를 말한다.

선물환 대 선물환스왑이란 특정통화를 선물환(예, 3개월 만기)으로 매각함과 동시에 결제일을 달리하는 선물환(예, 6개월 만기)을 재매입하기로 약정한 거래로서 금리차익거래와 관련된 가장 복잡한 형태의 스왑거래이다. 이 거래는 환위험을 커버함과 동시에 2개국 통화간의 현존 금리차 및 향후 금리전망에 의거, 선물환 매도 · 매입기간을 달리함으로써 기간별 선물환할인 또는 할증의 차익을 기대하는 거래를 말한다. 이와 같은 스왑은 형식적인 환차익보다는 실질적으로 양국통화간의 금리차익을 기대한 단기자금거래(money market operation)를 뒷받침해 주는 외환매매기법으로서, 대출 · 투자자금을 대출 또는 투자기간보다 짧은 단기스왑으로 조달 · 충당한 후 동 스왑거래를 적기에 갱신(rollover)하는 기법으로 활용된다.

이외에도 한국은행과 외국환은행간의 스왑거래가 있다. 우리나라 외국환은행은 해외에서 조달한 외화자금 및 대외계정과 은행계정(A/C with foreign bank)에서 예수받은 외화예금을 원화를 대가로 한국은행에 환매조건부로 매각할 수 있고, 또한 외국은행 국내지점도 국내에서의 영업에 소요되는 자금을 조달하기 위하여 일정한도 내에서 환매조건으로 한국은행에 매각할 수 있다.

현물환의 매도 및 매입이 동시에 일어나는 이 스왑제도를 통하여 외국은행 국내지점은 본지점계정 차입으로 환위험의 부담 없이 원화자금조달을 할 수 있고, 한국은행은 이를 외화자금조달의 한 수단으로 이용할 수 있다. 또한 국내 외국환은행은 이를 이용함으로써 자금의 재조달 및 외화예수가 용이하게 된다.

그러나 이 스왑제도는 외국은행 국내지점 및 국내 외국환은행의 외화자금조달 및 운용과 원화운용 그리고 금리차를 이용하여 일정수준의 수익이 보장되는 환매율을 적용함으로써 한국은행의 외화조달 및 외국환은행 지점에 대한 원화영업자금의 공급을 주목적으로 하고 있으므로 환위험 헤지가 주요 목적인 본래의 스왑거래와는 다르다

2) 거래형태에 따른 통화스왑의 유형

거래형태에 따른 통화스왑의 유형은 비교적 초기의 형태인 상호융자와 상호직접융자가 있고 최근 개발된 기법인 직접통화스왑이나 고정금리 통화스왑, 변동금리 통화스왑, 역통화스왑, 2중통화스왑, 통화옵션스왑 등이 있다. 다음에서는 각 스왑의 형태와 특징에 대해 자세히 알아본다.

① 상호융자(parallel loan)

상호융자는 서로 다른 국가에 모기업이 있고 각각 상대국에 자회사가 있는 경우에 성립된다. 즉 모기업 소재국의 상대방 자회사에 현물환율로 환산한 같은 금액, 같은 만기의 자국통화표시 자금을 자국의 시장금리로 대출해 주는 형태의 거래이다. 따라서 상호융자를 통해 두 모기업을 외환위험에 따른 현금흐름의 변동성을 어느 정도 헤지할 수 있다.

이러한 상호융자의 예로 미국에 자회사를 두고 있는 우리나라의 고려기업과 우리나라에 자회사를 두고 있는 미국의 Nice기업을 가정해 보자. Nice는 고려기업과 미국지사에 달러화자금 100만달러를 제공하고 동시에 고려기업은 Nice의 한국자회사에 동일한 금액의 원화자금인 12억원을 제공한다(환율은 $ 1:₩ 1,200이라고 하자). 또한 서로에게 제공한 자금의 이자는 미국의 고려기업 자회사가 Nice에게 미국의 금리에 해당되는 연리 9%를, Nice의 한국 자회사가 고려기업에게 우리

[그림 15-6] 상호융자의 예

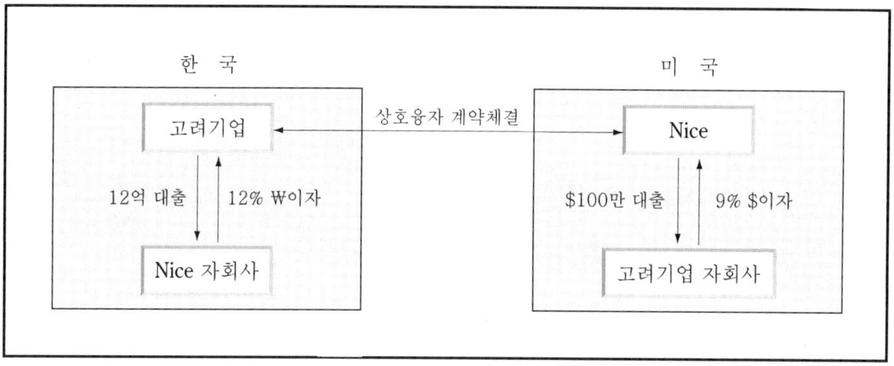

나라 금리에 해당되는 연리 12%를 지급하기로 하는 계약을 체결한다. 이렇게 함으로써 상호융자계약이 성립된다. 이러한 과정은 [그림 15-6]에서 쉽게 알 수 있다.

이때 이자는 특정기간마다(예를 들면 6개월) 정해진 이자율로 지급되는데 이렇게 함으로써 모기업이 직접 자금을 투자하는 데 따른 환위험을 제거하고 자회사가 독자적으로 현지에서 자금을 조달하는 데 따른 자금조달비용도 줄일 수 있다.

이러한 상호융자는 모기업으로 하여금 외환위험을 어느 정도 헤지시켜 주는 장점을 가지고 있지만 이 방법을 사용하는 데는 몇 가지 문제점이 있다. 우선 채무불이행 위험으로서 거래상대방이 도산할 가능성이 있기 때문에 실제로 상호융자는 대차대조표에 과대계상되어 나타난다. 또한 상호융자방식은 거래상대방이 도산하거나 채무를 이행하지 못할 경우라도 계약을 이행하여야 하며 환율변동으로 인해 상대방이 환차손을 입을 경우 보상해 주어야 한다는 단점이 있다.

② 상호직접융자(back – to – back loan)

상호직접융자는 자회사를 개입시키지 않고 본사간에 직접적으로 융자가 이루어진다는 점에서 상호융자와 다르며, 그 외의 점에서는 상호융자와 유사하다. 즉 [그림 15-7]에서와 같이 상호융자와는 달리 상대국에 있는 자회사를 통하지 않고 본사간의 직접거래를 통하여 자금을 대출하는 거래를 말한다.

③ 직접통화스왑(straight currency swap)

직접통화스왑은 상호융자에서 한걸음 더 발전된 금융기법으로 두 거래자간에 서로 필요로 하는 상대국 통화자금을 현물환율을 적용하여 매매하고 미래의 정해진 날에 그 당시의 현물환율이나 기간중의 환율변동에 관계없이 동일금액을 역으

[그림 15-7] 상호직접융자의 예

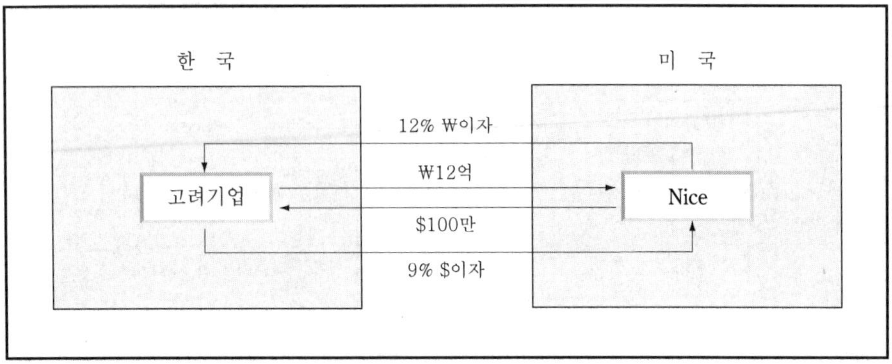

로 재매매하는 거래방식이다. 따라서 직접통화스왑은 상호융자와는 달리 서로 상대방에게 자국통화를 빌려 주는 것이 아니라 자국통화를 판매하는 것이며, 만기에는 원금을 재매각해야 하는 계약을 수반하게 된다.

직접통화스왑은 상호융자거래에서는 행사할 수 없었던 상계권(상대방이 계약을 이행하지 않을 경우 대응하여 계약을 이행하지 않을 수 있는 권리)을 행사할 수 있으므로 본사에 대한 상환보증과 같은 번거로운 절차가 필요없다. 또한 이자지급시 이자율이 낮은 나라의 당사자가 높은 나라의 당사자에게 양국의 이자율 차이만큼의 이자를 지급하면 된다.

앞에서 살펴본 고려기업과 Nice의 예를 들면, 고려기업이 Nice에게 12억 원을, Nice는 고려기업에게 100만달러를 판매하여 스왑계약기간 동안 고려기업은 Nice에 대해 100만달러에 대해 연리 9%의 이자를 지급하고 Nice는 12억원에 대

[그림 15-8] 직접통화스왑의 예

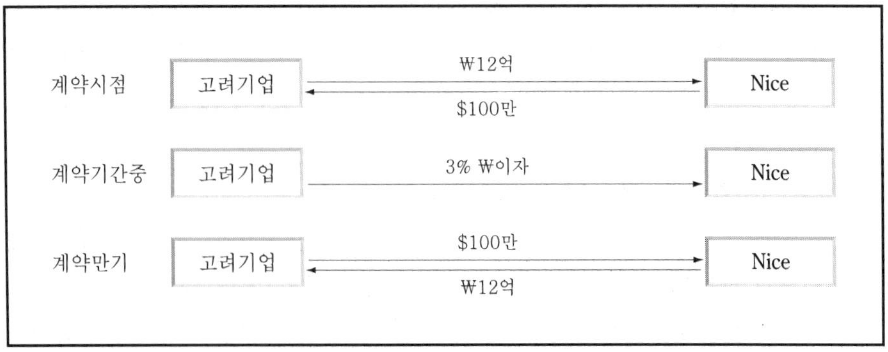

한 이자 12%를 지급하게 된다. 이때 고려기업은 이자를 지급하지 않고 Nice는 고려기업에게 양국 이자율의 차이인 3%만을 지급함으로써 이자지급거래는 완료된다. 또한 만기가 되면 만기 시점의 현물환율과는 관계없이 고려기업은 Nice에게 100만달러를, Nice는 고려기업에게 12억원을 재매각하는 의무를 갖게 된다. 이러한 과정은 [그림 15-8]에서 알 수 있다.

④ 고정금리통화스왑(fixed rate currency swap)

고정금리통화스왑이란 두 거래 당사자가 보유하고 있는 타국환 고정금리 채무의 원리금상환의무를 서로 교환하기로 약정하는 거래를 말한다.

일반적으로 통화스왑이란 서로 다른 통화를 갖는 쌍방이 고정금리 부채를 갖는 경우, 환율변동에 따른 위험을 헤지하기 위해 연속적으로 현금흐름을 교환하는 금융기법이다. 이때의 현금흐름은 금리스왑과 달리 이자의 교환뿐만 아니라 원금의 재교환을 포함한다.

고정금리통화스왑 거래는 1981년 세계은행과 IBM 사이에 처음으로 이루어졌다. 당시 IBM은 DM과 SFr표시의 부채를 $표시 부채로 있고 세계은행은 $표시 채권을 발행하였는데 통화분산의 목적으로 이를 DM과 SFr표시 통화로 교환하고자 하였다. 따라서 두 당사자는 고정금리통화스왑을 이용함으로써 서로의 목적을 달성할 수 있었다. 세계은행은 발행채권 $200,000,000과 IBM이 보유한 DM300,000,000 채권을 교환하기로 하였다. 연간 $ 이자율은 10.00%이고, DM에 대한 이자율은 8.50%였다. 계약과 동시에 미국시장에서 세계은행이 발행한 채권액 $200,000,000과 IBM이 차입한 DM300,000,000을 교환하였다.

계약이 존속하는 동안 세계은행은 $200,000,000에 대한 이자액($200,000,000 ×0.1=$20,000,000)을 받고, IBM은 DM300,000,000×0.085= DM25,500,000을 받았다. 만기일에 이르러 원금상환이 이루어졌는데, IBM은 $200,000,000을 세계은행에 돌려 주고 DM300,000,000을 건네 받았다.

위의 거래를 통하여 환위험 회피는 물론 차입이 불가능한 특정통화에 대해서도 자금을 조달할 수 있었다.

⑤ 변동금리통화스왑(floating to floating currency swap)

고정금리통화스왑 거래가 활발해짐에 따라 상대적으로 규모가 작은 변동금리시장에 대한 시장참가자들의 관심이 확대되었으며, 이러한 결과로 나타난 것이 변동금리통화스왑이다. 변동금리통화스왑은 거래당사자가 각각 보유한 변동금리 채

[그림 15-9] 변동금리 통화스왑의 예

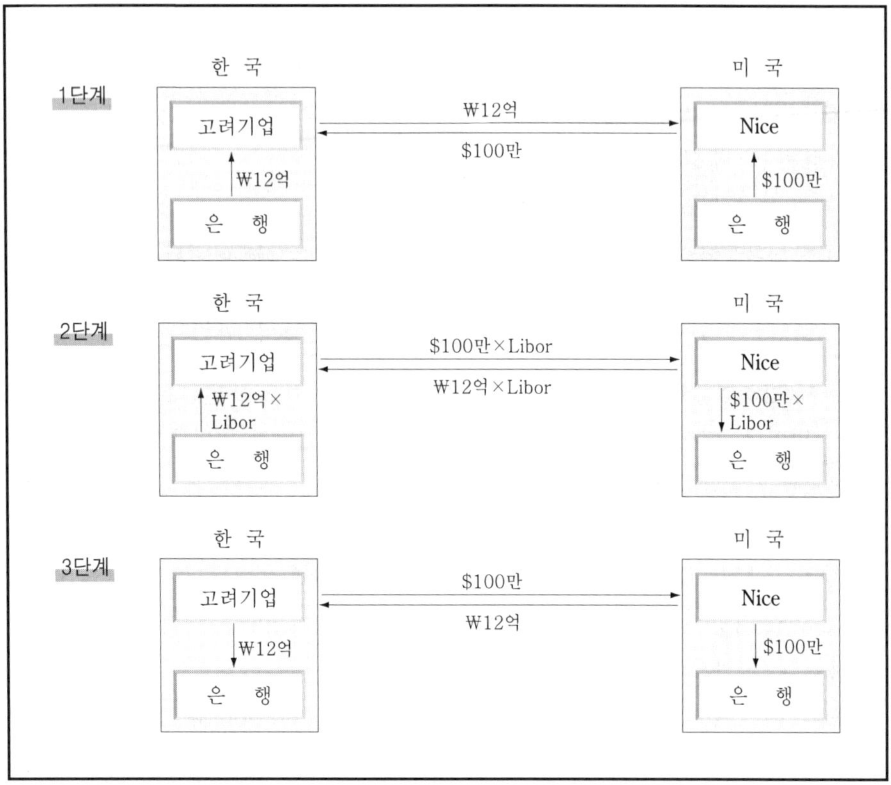

무에 대한 원금 및 이자지급액의 교환이라는 점에서 고정금리로 거래되는 고정금리통화스왑과 다르다.

변동금리통화스왑을 이용하면 자금차입자는 A국 통화표시의 변동금리 부채를 B국 통화표시의 변동금리 부채로 전환할 수 있다. 또한 변동금리시장에서 차입에 대한 비교우위를 갖는 금융기관은 다른 나라의 변동금리시장과 거래를 활발히 할 수 있게 되므로 변동금리스왑을 이용하면 국제자본시장 참가가 쉬워지게 된다.

변동금리통화스왑의 예를 살펴보기 위해 앞에서 사용한 예를 다시 한번 생각해 보자. 고려기업은 미국 자회사에서 필요한 100만달러를, Nice는 한국의 자회사에서 필요한 자금 12억원을 변동금리로 조달하고 싶어한다. 두 회사 모두 본국의 거래은행에서 LIBOR금리로 자금조달이 가능하다고 하자.

이러한 경우 첫번째 단계로 두 회사 모두 본국에서 자금을 차입하여 이 자금을 상호교환한다. 두 번째로 이자지급일마다 두 회사는 이자를 상호교환해서 지급한다. 즉, 고려기업은 100만달러×LIBOR를, Nice는 12억원×LIBOR를 이자로 상대방에게 지급하게 된다. 마지막으로 계약의 만기가 되면 원금을 상호교환함으로써 거래가 종결된다. 이 과정은 [그림 15-9]에 잘 나타나 있다.

⑥ 역통화스왑(currency unwind swap)

스왑거래를 하는 경우 국제금융시장에서 금리와 환율이 갑자기 크게 변동하면 자산에 대한 대규모의 시장재평가손익이 발생하게 된다. 따라서 일부 스왑거래자들은 환율 또는 금리의 변동이 일어난 경우 통화에 대한 환위험노출을 막고 이익을 실현시키기 위한 방법으로 처음 거래한 스왑과 반대방향으로 다시 스왑계약을 체결할 수 있는 역통화스왑을 개발하였다.

예를 들어 12억원의 부채를 가지고 있는 우리나라의 성은무역은 미국의 A사와 현행환율 $1:₩1,200으로 통화스왑을 체결함으로써 부채를 100만달러의 미국 달러화표시 부채로 전환하였다. 그러나 1년 후 환율이 $1:₩1,000으로 변동하였다면 이때 성은무역은 10억원의 부채를 가지고 있던 미국회사 B와 환율 $1:₩1,000으로 다시 스왑계약을 체결하여 달러표시 부채를 원화표시 부채로 전환할 수 있다. 따라서 성은무역은 역통화스왑을 통해 원래 보유하고 있던 12억원의 부채를 10억원으로 줄일 수 있게 된다. 이러한 과정은 [그림 15-10]에 잘 나타나 있다.

[그림 15-10] 역통화스왑의 예

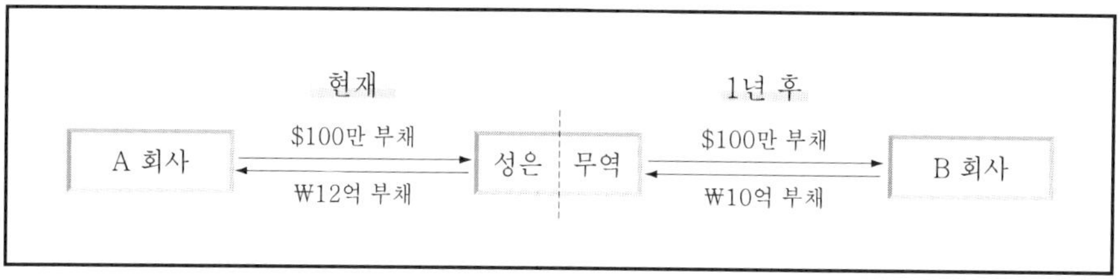

⑦ 이중통화스왑(dual currency swap)

이중통화스왑은 발행표시 통화와 상환 및 쿠폰이자가 서로 다른 통화로 표시된 부채간의 스왑계약이다. 예를 들어 스왑을 발행할 때는 미국달러로 하고 원리금의 상환은 독일 마르크화로 하는 방식이다. 이중통화스왑은 1981년에 최초로 유로채시장에서 거래되었는데 발행가는 스위스 프랑(SFr)으로 표시되었으며, 쿠폰이자 및 상환가격은 미국달러화로 표시하도록 정해졌다.

⑧ 통화옵션스왑(currency option swap)

통화옵션스왑은 스왑의 원금에 대해서 일정기간 내에 상대방이 유리한 현물환율을 선택할 수 있는 권리를 주는 스왑계약으로서 1985년에 프랑스은행인 Credit Commercial de France가 최초로 만들었다. 통화옵션스왑의 경우 원금에 증감이 있더라도 이자율은 변하지 않는다. 통화옵션스왑은 변동금리부채권을 약정된 환율과 금리로 타국통화표시의 고정금리채로 전환할 수 있는 권리를 부가한 스왑이라고 할 수 있다.

연습문제

1. 선물거래와 선도거래의 차이점을 설명하시오.

2. 옵션가격의 결정요인을 설명하시오.

3. 기업 A는 변동이자율로 차입하는 것을 선호하고 기업 B는 고정이자율로 차입하는 것을 선호하고 있다. 각 기업에 관한 이자율이 아래과 같이 주어져 있을 때 다음에 답하시오.

	고정이자율	변고정이자율
기업 A	4%	LIBOR+1%
기업 B	8%	LIBOR+2%

금융기관이 1%의 스왑거래이익을 원한다고 할 때, 두 기업에 모두 이익이 되는 스왑전략을 제시하시오.

4. 선물계약이 선도계약과 구별되는 가장 큰 특징은 계약의 불이행을 방지하기 위한 여러 가지 제도적 장치를 가지고 있다는 점이다. 어떠한 제도들이 있는가?

5. 선물이나 옵션과 같은 파생금융상품의 거래는 주식이나 채권과 같은 금융상품을 직접 거래하는 것보다 레버리지가 크다고 한다. 그 이유는 무엇인가?

6. 고정금리 통화스왑과 변동금리 통화스왑에 대해 설명하고 그 차이점을 설명하시오.

7. '콜옵션을 발행하는 것과 풋옵션을 매입하는 것은 손익면에서 동일한 거래이다' 라는 주장에 대해 당신의 의견을 밝히시오.

8. 모든 옵션의 가격은 0보다 크다. 그 이유를 설명하시오.

9. 옵션은 소모성자산(wasting assets)이라고 한다. 옵션의 시간가치와 관련하여 이것의 의미를 설명하시오.

10. 한 투자자가 냉동오렌지쥬스에 대해 선물 2계약을 매입하려고 한다. 한 계약은 15,000파운드이다. 현재의 선물가격은 파운드당 160센트이며 개시증거금(initial margin)은 계약당 6,000달러, 유지증거금(maintenance margin)은 계약당 4,500달러이다. 어떤 가격변화가 마진콜(margin call)을 발생시키겠는가?

11. 투자자 A는 미국 세계무역센터 테러로 인하여 지수가 하락할 것으로 예상하여 10월 18일에 KOSPI 200 지수선물에 1억원을 투자하였다. 2001년 12월 선물은 60포인트에 거래되고 있다. 그리고 투자자 B는 A와 동일한 금액으로 같은 만기의 풋옵션에 투자하였다. 행사가격이 60포인트인 이 풋옵션은 0.24 포인트에 거래되고 있다. 증거금과 거래대금은 현금으로 거래되고 있다. 만약 만기에 KOSPI 200지수가 각각 50포인트와 70포인트가 될 경우에 어느 투자자가 더 유리한지 비교하시오.

12. 우리기업은 은(silver)에 대해 선물 10계약을 계약당 2,500만원으로 2003년 7월 7일 매입하였다. 선물 1계약은 은 5,000온스로 표준화 되어 있다. 우리기업이 참가한 거래소에서는 개시증거금(initial margin)을 계약당 200만원, 유지증거금(maintenance margin)을 계약당 150만원을 요구하고 있다. 우리기업은 개시증거금을 납입하였다.

(1) 계약당일의 정산가격이 은 1온스당 4,950원 일때 선물거래의 손익을 구하시오. 증거금의 추가납부는 얼마가 필요한가?

(2) 2003년 7월 8일의 정산가격이 은 1온스당 4,850원일때 7월 8일의 손익을 구하시오. 7월 8일의 증거금잔액은 얼마인가? 추가로 납부해야 하는 증거금은 얼마인가?

(3) 2003년 7월 9일에 은에 대한 선물계약을 5계약을 4,850원에 매각하고 매각금액과 5 계약에 대한 증거금은 전액 인출하였다. 매각 다음 날인 7월 10일 정산가격은 은 1온스당 4,740원일 때 선물거래의 손익과 추가납부할 증거금은 얼마인가?

(4) 선물이 선도계약에 비해서 낮은 지급불능위험을 갖는 제도적 이유를 설명하시오.

13. 우량은행은 현재 변동금리 LIBOR+1%에 의해 수익이 발생하는 액면금액 1,000,000달러인 자산을 보유하고 있다. 우량은행의 자금운용담당자는 이자율이 하락할 것을 우려하여 부채를 변동금리로 차입하려고 한다. 우량은행은 현재 자금시장에서 고정금리 12%, 변동금리 LIBOR+0.5%로 달러화를 차입할 수 있다. 한편 일진기업은 현재 자금시장에서 고정금리 15%, 변동금리 LIBOR+1%로 달러화를 차입할 수 있다. 일진기업은 현재 고정금리로 차입하길 원하고 있다. 양사의 자금담당자는 아래와 같은 스왑계약을 이용하는 방법을 논의하고 있다. 고려되고 있는 스왑은 액면금액 1,000,000달러에 대해 LIBOR+1.25%, 고정금리 14%를 교환하는 계약이다.

(1) 우량은행과 일진기업은 어떤 차입방법에 비교우위가 있는가? 비교우위를 이용하여 스왑계약을 만들어 보아라.

(2) 스왑계약을 체결한다면 양사는 얼마만큼의 금리비용을 부담하게 되는가?

(3) 우량은행과 일진기업의 스왑으로 인한 이득을 계산하시오.

해답

10. 한 계약당 1,500달러 하락시 마진콜 발생

11. 50 point 일 경우, 투자자 A의 이익 : 111,110,000
투자자 B의 이익 : 4,066,670,000
70 point 일 경우, 투자자 A의 손실 : 111,110,000
투자자 B의 손실 : 100,000,000

12. (1) 추가증거금의 납부가 필요치 않다.
(2) ₩7,500,000
(3) ₩2,750,000

13. (1) 우량은행이 고정·변동금리에 절대우위를 가지고 있지만 우량은행은 고정금리에 비교우위를 일진기업은 변동금리에 비교우위를 가진다. 우량은행

은 비교우위가 있는 고정금리 12%로 차입하여 변동금리로 차입하여 고정금리 14%를 우량은행에 지급하고 변동금리 LIBOR+1.25%를 수취하는 스왑계약을 맺는다.

(2) 우량은행 : (LIBOR−0.75%)
일진기업 : 13.75%

(3) 우량은행 : 1.25%
일진기업 : 1.25%

제 6 편

통화이론

제16장 통화관리

일반적으로 일국의 통화량 수준은 경기변동이나 인플레이션 등 거시경제의 주요 변수들에 영향을 미치게 된다. 따라서 어떻게 통화량을 적절히 조절하고 관리하느냐 하는 것은 국가경제에 중대한 영향을 주기 때문에 통화량의 결정과정 및 정부의 통화관리정책을 제대로 이해하는 것은 중요하다. 총통화의 공급은 기본적으로 그 나라의 중앙은행이 본원통화공급의 조절을 통하여 통제하게 된다.

본 장에서는 화폐공급의 가장 중요한 주체이자 통화관리의 전담 기구인 중앙은행의 특성과 본원통화의 변화와 민간은행의 신용창출과정을 통한 총통화공급의 메커니즘을 살펴보고 중앙은행이 본원통화를 조절하는 방법과 통화관리를 수행하는 절차에 대해서 알아보고자 한다.

1. 중앙은행

효과적인 화폐공급과 건전한 경제운영을 위해 대부분의 국가에서는 중앙은행을 그 나라의 통화금융정책의 주체로 인식하여 국가기구로 두고 있다. 정부조직의 틀 속에서 증앙은행이 차지하는 지위와 역할 및 권한은 나라에 따라 차이가 있지만 대체로 경제가 발전하고 정치 · 사회가 안정된 선진국일수록 중앙은행의 기능과 역할을 중요시하고 있다. 이는 중앙은행이 단순히 은행권을 발행하는 데 그치지 않고 통화가치를 안정시키면서 자금을 효율적으로 배분하는 등 국민경제의 안정과 성장을 촉진시키는데 크게 기여하고 있기 때문이다. 여기에서는 중앙은행 고유의 경제적 기능은 무엇이며 그 조직과 운영은 어떻게 이루어지는지에 대해 살펴보고자 한다.

(1) 중앙은행의 기능

중앙은행의 업무는 기본적으로 규제 · 권고 · 시장조작 등을 통하여 주어진 기능을 수행하는 것이다. 중앙은행의 태동기에는 일반은행들이 자신들의 권익 옹호를 위해 설립한 사적 기관에 불과하였으나 화폐경제와 시장메커니즘이 발전하고 인플레이션이나 공황 등 경제 · 사회적인 시련을 겪으면서 통화나 금융의 구조와 제도가 점차 고도의 기능을 요구하게 되어 현재에 와서는 국가의 경제정책을 수행하는 공공기관으로서의 위상을 갖추게 되었다. 즉 중앙은행은 통화신용의 핵심적 주체로서 건전한 통화를 공급하고 효율적인 시장메커니즘을 유지하려고 노력하는 공적 기관이라고 정의할 수 있다.[1)]

중앙은행의 기능은 시대적 변천 및 각 국가가 처하고 있는 사회 · 경제적 상황에 따라 그 중요성이 상이하다. 더욱이 각 기능들이 상호보완적 성격이 짙다는 점에서 이들에 존재하는 복합적 성격을 파악해야 할 필요가 있다. 루사(Robert V. Roosa)[2)]는 중앙은행의 성격을 수동적 성격과 능동적 성격으로 분류하였다. 수동적 성격이란 재화가 생산 · 소비되는 과정에서 유발되는 주기적 자금과부족이나 예상치 못한 자금압박으로부터 금융체제를 보호하는 일이다. 즉 실물경제의 변동하는 자금수요에 적합한 통화와 신용을 탄력적으로 증감시키는 기능을 한다. 최종적 대부자로서의 기능, 신용통제기능, 어음교환업무 등이 수동적 성격과 관련된 업무라고 할 수 있다. 반면 능동적 기능은 생산능력의 신장 등 경제 규모의 확대에 맞추어 통화와 신용량에 적절한 조정을 가하는 것이다. 최근 들어 중앙은행의 업무가 완전고용 · 경제성장 등 일반적 국민경제의 목적까지 수행하게 되면서 중앙은행의 적극적인 참여가 자연스럽게 요구되었다. 은행권의 독점적 발행 기능, 지불준비금 관리, 경제성장을 위한 자금 조달 및 운용, 대외균형의 조정 등이 중앙은행의 능동적 성격을 나타내는 업무라고 할 수 있다. 이러한 복수의 기능 또는 권한

1) 西川元彦, "中央銀行 一セソラルキソグの 歷史ヒ理論"(東洋經濟新聞社, 1984).
2) Robert V. Roosa, "Federal Reserve Operations in the Money and Government Securities Markets" (Federal Reserve Bank of New York, 1956), pp. 2～3.

은 각국의 경제적 · 정치적 · 역사적 환경에 따라 중요성의 정도가 달리 주어지지만, 어느 나라이든 중앙은행이 경제운영에 중추적 역할을 하는 데는 이의가 없다.

최근에 들어 와서 각국의 중앙은행은 물가안정 · 고용안정 등과 같은 보다 일반적인 경제적 기능을 발휘하게 됨으로써 그 기능이 다변화되고 있다. 중앙은행의 활동내용을 나타내는 대차대조표를 이용하여 중앙은행의 기능과 그 실제 모습을 보다 쉽게 살펴볼 수 있다. 중앙은행의 대차대조표는 차변에 금 · 외화 · 어음 · 국채 등이, 대변에는 중앙은행권 · 정부예금 · 민간예금 · 자본금 등이 계상된다.

1) 화폐발행

중앙은행이 은행권, 즉 화폐를 발행하면 이로부터 야기되는 책임은 중앙은행이 지게 된다. 따라서 중앙은행권은 대차대조표상에 부채항목으로 계상된다. 여기서 중요한 것은 대차대조표에 기재되지 않고 중앙은행 금고 안에 보유하고 있는 은행권은 돈도 자산도 아닌 종이조각에 불과하다는 점이다. 중앙은행의 창구를 떠나 민간은행 앞으로 발행될 때 비로소 은행권 즉, 통화로서의 기능을 가지게 된다. 중앙은행의 본원통화공급은 이와 같이 은행권계정의 증감을 통하여 이루어진다.

2) 은행의 은행

민간은행의 지급준비금은 중앙은행에 예금형태로 예치되어 중앙은행의 부채항목에 계상된다. 즉 시중은행들은 중앙은행에 자신들의 은행계정을 갖게 됨으로써 중앙은행은 '은행의 은행'이라는 명칭을 얻게 되었다. 중앙은행은 평상시엔 은행의 은행으로서 일반업무를 하지만 신용체계의 붕괴위기에 직면하게 될 경우 여타 금융기관에 자금지원을 통해 이를 방지하는 응변적 공적 업무를 수행하게 된다. 중앙은행은 시중은행들이 고객의 인출요구에 대응할 수 없을 경우 어음을 매입함으로써 최후의 대여자(lender of last resort)로서의 역할을 수행하게 되었다. 한편 중앙은행은 시중은행의 계정을 보유함에 따라 시중은행의 대출업무에 관여할 수 있게 되어 공인된 권력을 확보하고 시중은행에 대한 통제권한도 갖게 되었다. 비협조적인 일반은행에 대해서는 자금지원을 중단할 수 있으며 평시에도 해당 은행의 계정을 폐쇄할 수 있는 제재권한을 갖게 되었다. 이것이 바로 오늘날 중앙은행 업무수행의 주요 수단인 도덕적 권고(moral persuasion)를 할 수 있는 힘의 바탕이다.

3) 정부의 은행

어느 나라에서도 정부의 국고금이 타은행에 예치되지 않고 정부예금으로서 중앙은행에 집중되어 있다. 즉 중앙은행의 국고금의 공적 예수기관으로서 국고금을 관리하고 정부가 국고금이 부족할 경우에는 정부에 대출(여신)을 행하기도 한다. 따라서 중앙은행은 정부의 은행이라고 불린다. 정부지출은 통상 중앙은행앞수표(국고수표) 또는 지급지시서로 행하는데, 중앙은행을 공공은행이라고 했던 역사적 배경의 하나가 여기에 있다.

4) 통화신용정책 수행

중앙은행은 자금흐름의 일차적 운용자로서 통화조절기능을 갖는다. 중앙은행은 실물경제의 무수한 거래에 소요되는 지금에 과부족이 초래되지 않고 통화를 조절함으로써 자금흐름의 양적 균형을 도모한다. 즉 일국의 생산투자를 계속적으로 유지 또는 촉진시키기 위해 경제자금이 특별한 장애없이 효과적으로 조달될 수 있도록 하여야 한다. 더불어 자금흐름의 왜곡으로 경제의 불균형 성장이 일어나지 않도록 자금흐름의 질적 균형도 중앙은행이 주도해야 할 목표이다. 효율적인 자금흐름이란 사회의 보유 유동자금이 기업의 생산자금으로 전환되어 경제의 부를 창출하고 이렇게 창출된 부가 다시 사회에 공정히 그리고 신속하게 분배되는 현상이다. 자금흐름이 정상적으로 경제 각 부문에 골고루 배분되지 않고 특정 부분에 편중되면 경제 전체가 영향을 받아 실물경제의 발전에 왜곡이 일어난다. 중앙은행은 이런 면에서 자금흐름의 정상화를 감시하는 기능을 수행한다. 이러한 기능은 후술한 중앙은행의 중립성과 밀접한 관계를 갖는다.

또 중앙은행은 신용의 통제기능을 한다. 중앙은행의 기능이 국민경제에 미치는 영향이 점차 커지는 과정에서 중앙은행의 중요 업무로 부각된 것이 신용의 통제이다. 경제의 총신용량은 곧 총통화량과 직결되는 것이고 따라서 물가와 신용공여가 상호 밀접한 관련을 갖고 있는 것으로 인식됨에 따라 신용량을 통제하는 것은 물가수준을 통제하는 수단이 되었다. 따라서 이러한 신용량 통제가 통화가치의 안정과 유지라는 중앙은행의 중심 이념에 부합토록 하는데 핵심적 역할을 하게 된다.

위와 같은 통화조절과 신용통제의 기능은 오늘날 중앙은행이 수행하는 기능

중에 가장 중요하게 부각되고 있는 것들이라 할 수 있다. 중앙은행이 이러한 통화신용정책을 수행하는 중요한 수단은 지불준비금정책과 할인율정책 및 공개시장조작정책 등 간접조절방식과 금융기관에 대한 직접규제가 있다. 직접규제수단은 장기적으로 자금흐름의 왜곡 등 경제적 폐해를 유발할 수 있으므로 간접관리수단을 활용할 조건이 미비되었을 경우에만 보조적으로 활용되는 것이 일반적이다. 할인율 조정이나 공개시장조작 등은 통화량 변화에 따른 물가 및 고용상황 등을 통제하는 데 효과적이며 공정한 방법이라고 생각됨에 따라 중요한 정책도구로 부상하게 되었다. 이러한 직·간접적인 통화신용조절 수단은 모두 중앙은행이 통화발행의 주체가 되고 은행의 은행으로 공인된 권력을 확보하게 됨으로써 가능해졌다고 할 수 있다.

5) 외환관리

중앙은행은 외환시장에서 공식적으로 외환정책을 수행하며 국가의 외환보유고를 관리하고 필요한 외환규제도 행하게 된다. 이에 따른 외국의 중앙은행과의 긴밀한 협력을 중앙은행의 주요 업무 중 하나로 포함시키고 있다.

(2) 중앙은행의 조직과 운영

중앙은행은 정책의사결정을 담당하는 정책결정기관과 여기서 결정된 정책을 수행하는 집행기관, 정책수행을 감독하는 감사기구로 이루어져 있다. 중앙은행의 조직을 구성하는 데 있어서 이와 같이 삼권분립과 유사한 원리를 적용한 것은 통화가치의 안정을 통해 국민경제를 건전하게 발전시킨다는 중대한 임무를 부여받은 중앙은행으로 하여금 통화신용정책을 민주적으로 수립하고 동시에 여기서 결정된 정책을 효과적으로 집행하기 위한 것이다.

1) 정책결정기관

자유경제체제를 바탕으로 하고 있는 국가에 있어서 중앙은행은 건전통화의 공급, 즉 통화가치의 안정을 통해 국민경제의 안정과 발전을 촉진하고 나아가 국민복리의 증진을 뒷받침하는 데 있어 필수적이고 중요한 역할을 하고 있다. 이러한 이유로 대부분의 국가에서는 중앙은행의 운영을 어떤 특정인이나 집단 또는 몇몇 사람에게 맡기도록 허용되어서는 안 된다고 하는 인식을 공통적으로 가지게 되었다. 이러한 추이는 서구의 모든 중앙은행들이 처음에는 민간출자은행으로 출발했다가 차츰 국유화되거나 주주들의 권한행사가 억제되는 방향으로 바뀌어 온 중앙은행의 발전과정에서도 볼 수 있다.

대부분의 국가에서는 중앙은행에 합의제기관인 정책결정기관을 두고 이 기관으로 하여금 중앙은행의 정책을 민주적인 방식으로 수립토록 하고 있다. 또 이를 통해 부당하고 자의적인 정치적 압력과 외부간섭의 가능성을 배제함으로써 중앙은행의 운영과 정책수립 및 최종적인 감독에 대한 책임과 권한을 부여하고 있는 것이다. 이러한 정책결정기관으로 미국은 연방준비제도이사회(The Board of Governors of the Federal Reserve System), 독일연방은행은 중앙은행이사회(The Central Bank Council), 영란은행은 이사회(Court of Directors), 그리고 우리나라의 경우 금융통화위원회를 가가 설치하여 운영하고 있다.

이러한 독자적인 정책결정기관의 설치는 특히 통화제도가 금본위제도에서 관리통화제도로 바뀐 이후 두드러졌다. 즉 관리통화제도로의 이행에 따라 중앙은행의 통화신용에 관한 정책결정을 통화가치의 안정을 위협하는 세력으로부터 되도록 멀리하고 언제나 중립적인 입장에서 다루어야 할 필요성이 강력하게 대두되었다. 또한 각국의 경제구조가 고도화되고 복잡해짐에 따라 중앙은행이 그 목적달성을 위해 보유해야 할 정책수단도 다양해졌으며, 따라서 중앙은행의 정책결정기관의 권한을 강화시키고 정부로부터 중립성과 독립성을 유지시키려는 노력도 꾸준히 전개되어 왔다.

이와 같은 경향에 맞추어 우리나라를 포함하여 전후에 새로 제정되거나 개정된 각국의 중앙은행법을 보면 중앙은행의 책임과 권한을 명확히 하여 정부와의 책임관계를 구분하고 있다. 또 종래 관습 · 전통 또는 비공식적인 정의에 의해 규율되어 온 정부와 중앙은행의 관계에 있어서도 최근엔 금융정책의 중요성에 대한 일반의 인식이 높아짐에 따라 중앙은행의 정책결정기관을 민주적으로 운영하고 그 권한도 강화시킴으로써 중앙은행이 그 기능상 국가기구 내부에서 특수한 지위를 부여받고 있다.

한편 정책결정기관의 구성원은 경제 및 사회 각계의 지식과 이익이 골고루 반영되도록 각계에서 선출하고 있다.

그리고 정책결정기관의 구성원으로 정부 대표가 참여하는 경우가 있는 데 이는 중앙은행이 수립하는 통화신용에 관한 중요 정책을 사전에 정부 대표와 논의하여 중앙은행과 정부 사이에 긴밀한 협조와 정책의 일치를 기대하자는 데 목적이 있다. 그러나 이 제도는 실제 운영 여하에 따라 정부에 의한 통화신용정책에의 간섭이 가능하다는 문제가 있어 대부분의 선진국에서는 이를 채택하지 않고 있다. 즉 미국 · 영국 · 프랑스 등의 나라에서는 정부 대표의 참여를 허용하지 않고 있으며 독일 · 일본 등은 정책결정기관에 정부 대표의 참여를 인정하여 회의에서 토론 및 발언을 허용하고 있으나 의결권은 부여하지 않고 있다.

우리나라 정책결정기구인 금융통화위원회도 경제 각계의 대표에 의해서 운영되는 합의제 의결기구로서 그 구성은 [표 16-1]과 같다. 금융통화위원회의 의장은 대통령이 임명한 한국은행 총재가 겸임하고 나머지 6인의 임명직 위원은 각 추천기관의 추천을 받아 대통령이 임명한다. 우리나라의 경우 구성원의 일부를 정부기관에서 추천토록 하고 있으며 정부대표가 회의에 참석하여 발언할 수 있고 재정경제부 장관에게 금통위 의결사항에 대한 재의요구권도 부여하고 있다.

대부분의 중앙은행에서 정책결정기관은 통화금융정책을 국민경제의 요청에 적합하도록 수립 · 지시 또는 감독하는 포괄적인 권한을 가지고 있으며 그 외에도 금융기관 및 점포의 신설인가 등과 같은 금융행정에 관한 권한과 금융기관에 대한 감독 및 검사 등 준사법적인 권한도 아울러 관장하는 경향이 보편화되어 있다.

정책결정기관의 중요한 권한을 열거하면 다음과 같다.

첫째, 중앙은행의 정책결정기관이 가지고 있는 가장 중요한 권한은 그 나라의 통화신용에 관한 정책수립과 신용질서의 확립을 위한 모든 조치를 마련하는 것이다. 이는 자본주의를 채택하고 있는 세계 각국의 공통된 점이며 통화신용의 양적 조절을 위한 재할인율정책 · 공개시장조작 · 지급준비율정책 그리고 질적 수단으로

[표 16-1] 금융통화위원회의 구성

의 장	한국은행 총재
임명직	재경부장관 추천 1인 한국은행 총재 추천 1인 금융감독위원회 위원장 추천 1인 대한상공회의소 회장 추천 1인 전국은행연합회 회장 추천 1인 한국증권업협회 회장 추천 1인

금융기관의 신용 및 금리수준에 대한 정책을 정책결정기관에서 수립하게 된다.

둘째, 중앙은행의 정책결정기관은 중앙은행의 권한과 의무를 수행하는 데 필요한 규정 · 규칙을 제정하기 때문에 준입법적인 권한이 부여되어 있다고 할 수 있다. 즉 정책결정기관은 통화가치의 안정과 신용질서의 유지를 위한 중앙은행의 고유권한과 의무를 수행하는 데 필요한 각종 규정을 제정 · 시행할 수 있는 권한을 가지고 있다.

셋째, 중앙은행은 상업금융기관의 건전경영을 유지하고 신용질서를 확립하기 위해 금융기관에 대한 검사 및 감독 등과 같은 준사법적인 권한을 가진다. 그러나 중앙은행의 발전과정을 통해 볼 때 금융기관 업무에 대한 검사 및 감독 그리고 이에 대한 각종 제재 등과 같은 금융행정적인 사항이 중앙은행의 고유업무이었던 것은 아니었다. 즉 20세기 초까지만 하여도 중앙은행은 정부의 위탁업무를 수행하는 민간은행으로서의 성격이 강하였기 때문에 은행의 건전경영 여부에 대한 감독은 정부가 직접 수행하거나 중앙은행과는 별도로 준독립기관을 설치하여 은행업무를 검사 · 감독하도록 하였다. 그러나 1930년대 이후 각국이 관리통화제도로 이행하면서 중앙은행이 국가기관으로서의 지위를 확보하게 됨에 따라 은행업무에 대한 검사 · 감독권이 중앙은행으로 점차 이관되거나 정부와 분담하는 경향이 나타났다. 특히 1930년대 이후 새로이 중앙은행과 은행감독제도를 도입한 국가의 경우 금융기관에 대한 검사 및 감독업무를 거의 예외없이 중앙은행에서 담당하도록 하고 있다.

넷째, 중앙은행의 정책결정기관은 금융기관 및 점포의 신설인가와 같은 금융행정에 관한 권한을 가지는 것이 보통이다. 이는 금융시장의 공정한 경쟁질서를 유지하여 은행경영의 건전화를 도모하고 금융시장의 혼란을 사전에 방지하기 위한 것이다.

이외에도, 중앙은행의 정책결정기관은 일반적으로 중앙은행의 업무운영 및 관리에 관한 지시 및 감독권한을 행사하고 있다.

2) 집행기관

중앙은행은 정책결정기관이 수립한 통화신용에 관한 정책을 이 기관의 지시 및 감독하에 수행하는 집행기관을 가지고 있다. 중앙은행의 집행기관은 크게 단일인격으로 구성되는 단독제와 다수인격으로 구성되는 합의제로 구분된다. 단독제는 우리나라를 비롯하여 미국 · 프랑스 · 일본 등에서 채택하고 있으며 합의제는 영국 · 독일 등의 국가에서 채택하고 있다.

대부분의 국가에서 정책결정기관은 다수인의 합의제를 원칙으로 하여 구성하고 있는 데 비하여 집행기관은 나라에 따라 단독제 또는 합의제로 구성하고 있다. 그 이유는 정책결정기관이 의결기관이라는 점에서 민주주의 원칙에 의해 다수인의 의사결정을 합의제 형식으로 운영하는 것이 합리적이기 때문이다. 그러나 집행기관은 정책결정기관의 결정사항을 충실하게 집행하는 것이 목적이므로 그 구성원에 있어 단독제로 할 것인지, 합의제로 할 것인지는 나라마다 다른 특성과 이 양자가 가지는 장·단점을 비교하여 채택하고 있다.

중앙은행의 집행기관은 정책결정기관이 수립한 모든 통화신용에 관한 정책의 집행과 중앙은행의 대표자 및 행정관리자로서 일반적인 대내외 사무집행을 관장한다. 집행기관은 금융정책의 집행에 있어 공개시장조작 등 전통적인 통화신용정책만으로 그 목적을 달성할 수 없는 상황하에서는 간접적인 조절수단, 즉 선택적 신용조절, 도의적 설득 및 창구지도 등의 운용에 관한 권한을 가지는 것이 일반적이다.

3) 감사기구

감사기구는 정책결정기관에서 수립한 통화신용정책과 중앙은행의 운영 · 관리

[그림 16-1] 한국은행의 조직도

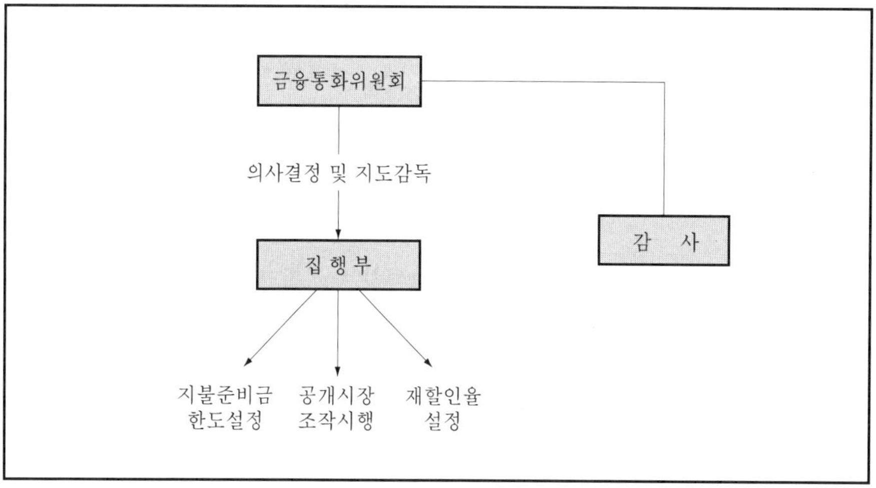

에 관한 사항을 집행기관이 어떻게 집행하는가를 감독하고 검사하는 기능을 수행한다. 이러한 감사제도를 운영하는 것은 중앙은행의 업무를 공정하고 합리적으로 수행토록 하는 데 그 목적이 있다. 미국 · 독일 등 일부 국가를 제외하고 대부분의 국가에서 중앙은행의 감사기구를 제도화하고 있는데, 단일인격으로 구성되거나 또는 합의제로 운영되고 있다. 미국 · 독일 등 일부 국가에서는 중앙은행 내부에는 감사제도가 없고 중앙은행 외부의 다른 기관, 즉 연방회계검사원이나 공인회계사에 의해 감사를 받고 있다. 감사범위는 주로 경리감사에 국한되는 것이 보통이다.

우리 나라나 일본 등의 국가에서는 경리감사뿐만 아니라 업무감사까지 포함한 중앙은행의 모든 업무에 대한 감사까지 감사가 담당하도록 하고 있다.

2. 통화공급

총통화의 공급은 중앙은행에서 화폐발행의 형태로 공급하는 본원통화와 예금은행에서 본원통화를 기초로 신용창출과정을 통하여 공급하는 예금통화로 이루어진다.

우선 중앙은행의 직접적 통제하에 있는 본원통화의 정의 및 본원통화량에 영향을 주는 변수들에 대해 살펴본다. 다음 본원통화의 변화가 어떤 메커니즘을 통해 예금통화의 공급에 영향을 주는가를 알아본다. 일반적으로 중앙은행이 발행한 본원통화는 금융기관의 신용창출과정을 거쳐 총통화공급에 변화를 가져온다. 따라서 금융기관의 신용창출메커니즘을 살펴봄으로써 예금통화의 공급과정을 분석한다.

(1) 본원통화

중앙은행은 지폐 및 동전 등 화폐를 발행하는 독점권을 가지고 있다. 중앙은행이 발행하여 유통되는 화폐는 중앙은행이 갖고 있는 대정부은행 또는 은행의 은행으로서의 기능에 의해 그 규모가 영향을 받게 된다. 예로 중앙은행이 정부발행채권을 매입하면 정부는 일단 그 대금을 중앙은행의 정부예금계정에 예치하게 된다. 여기서 정부가 대금지불을 위하여 예금계정에서 자금을 인출하면 화폐공급이 늘어나게 된다. 이러한 과정은 중앙은행이 일반예금은행에 자금을 대출할 때도 일어난다. 이 경우 현금이 직접 대출되는 것이 아니라 예금은행이 중앙은행에 예치하고 있는 지급준비금계좌의 잔고가 높아지게 된다.

다음 예금은행이 예금을 인출하여 기업 · 가계 등 민간에 대출해 줌으로써 화폐가 발행되는 효과가 일어나게 된다. 그리고 민간에 대출된 자금 중 일부는 은행예금형태로 다시 예금은행으로 환류되고 환류된 자금 중 지급준비금을 공제한 잔여부분은 다시 민간에 대출된다. 이러한 일련의 과정이 계속될 경우 궁극적으로 중앙은행이 추가적인 화폐발행을 하지 않고서도 은행의 보유예금이 늘어나고 통화량이 늘어나게 된다.

중앙은행 발행화폐량과 예금은행의 지급준비금은 통화량에 영향을 주는 통제가능한 대표적 변수이다. 따라서 중앙은행의 화폐발행고와 은행의 지급준비금을 합친 개념을 본원통화라 한다. 이는 중앙은행의 직접적 통제하에 있으면서 총통화의 기본적인 변동요인으로 작용한다.

1) 본원통화의 원천

중앙은행이 공급하는 본원통화의 원천을 파악하기 위해서는 중앙은행의 대차대조표를 살펴볼 필요가 있다. [표 16-2]는 중앙은행의 대차대조표를 계정과목을 중심으로 약식으로 표기한 것이다.

① 자산항목

본원통화의 개념 및 이를 통한 화폐공급의 파악을 위해 대차대조표 구성항목을 살펴보도록 하자. 우선 중앙은행의 자산은 대체로 다음과 같은 항목으로 이루어진다.

[표 16-2] 중앙은행의 대차대조표

차 변	대 변
증 권	중앙은행권
할인여신	은행예치금
회수과정현금항목	정부예치금
보유금 · SDR 및 외환	외환 및 기타 예치금
기타 보유자산	이연현금항목
	기타 중앙은행보유 부채 및 자본

증　권　정부발행증권 · 은행인수어음(BA) 등을 포함하여 중앙은행이 보유하고 있는 증권을 총칭한다. 증권보유총액은 중앙은행의 공개시장 조작에 의해 조절되게 된다. 증권은 일반적으로 중앙은행보유자산의 대부분을 차지한다.

할인여신　중앙은행이 은행 등에 대부한 자금으로 총액은 중앙은행이 설정한 이자율(할인율)에 의해 영향을 받게 된다.

회수과정현금항목　중앙은행의 수표청산과정에서 발생하는 항목이다. 수표가 결제를 위해 중앙은행에 제시되었을 경우 중앙은행은 이를 발행은행에 건네주고 중앙은행에 예치된 해당 은행의 은행예치금, 즉 지준금에서 동 금액을 공제하여 자금을 회수하게 된다. 이들 자금이 회수되기 전의 수표는 회수과정의 현금항목이 되며 중앙은행의 자산이 된다.

보유금 · SDR 및 외환　특별인출권은 국제통화기금(IMF)이 국제채무의 청산을 위해서 금을 대체할 목적으로 발행하여 각국 정부에 분배한 신용통화이다. 보유금 및 SDR계정과 보유외환을 합친 액수가 대외준비금이 된다.

기타 보유자산　중앙은행이 보유하고 있는 유형자산 등이 포함된다.

② 부채항목

한편 부채항목의 주요 구성은 다음과 같다.

중앙은행권　중앙은행이 발행한 중앙은행권의 총액으로 민간보유현금과 은행보유 지불준비금(시재금)으로 분류된다.

은행예치금　은행이 예금채무에 대한 지급준비를 위하여 중앙은행에 예치한 예금으로 지준예치금이라고도 불린다. 이 예치금과 은행보유지불준비금을 합한 액수가 은행의 총지불준비금이 된다.

정부예치금　정부가 중앙은행에 예치한 예금을 말한다. 정부의 재정수입과 재정지출은 모두 이 계정을 통하여 이루어진다.

외환 및 기타 예치금　외국정부나 중앙은행, 세계은행이나 UN 등 국제기구, 정부 대행기관 등의 예치금을 말한다.

이연현금항목　회수과정현금항목처럼 중앙은행의 수표청산과정에서 발생한다. 수표가 중앙은행에 청산을 위해 제시될 경우 수표를 제시한 은행에 즉각적으로 자금을 대여하진 않는다. 대신에 미리 설정한 시간 한도 내에서 은행에 자금을 대여할 것을 약속한다. 이러한 약속이 이연현금항목이며 중앙은행의 부채가 된다.

기타 중앙은행부채 및 자본계정　대차대조표 부채항목 어디에도 속하지 않는 기타 부채와 중앙은행의 자본계정을 말한다.

③ 본원통화

이상에서 중앙은행의 자산과 부채의 주요 항목에 자산과 부채의 주요 항목에 대해 간단히 살펴보았다. 이제 본원통화의 개념으로 돌아가 보자.

본원통화(B)는 시중에 유통되고 있는 유통통화(C)와 은행의 총지불준비금(R)을 더한 개념으로 이는 중앙은행권(즉 화폐발행액)과 은행의 지준예치금을 합한 것이 된다. 즉,

B=민간보유현금(C)+은행의 총지급준비금(R)
=민간보유현금+은행보유지준금+은행예치금
=중앙은행권+은행예치금

위 식은 본원통화의 구성을 설명한다. 그러나 이 식은 본원통화의 결정요소, 즉 본원통화의 원천에 대해서는 구체적 내용이 없다. 이를 파악하기 위해서는 대차대조표의 차변-우변 등식 관계를 이용해야 한다. 중앙은행권과 은행예치금이 중앙은행의 부채항목이므로 차변에서 기타 대변항목을 차감하면 중앙은행권과 은행예치금의 합을 본원통화의 원천을 나타내는 항목들이 포함되도록 표기할 수 있다. 즉,

중앙은행권+은행예치금=증권+할인여신+회수과정현금항목
+보유금 · SDR · 외환+기타 보유자산−정부예치금−외환 및 기타 예치금−이연현금항목−기타 중앙은행 부채 및 자본

한편 중앙은행의 수표청산과정에서 나타나는 회수과정현금항목과 이연현금항목의 차이를 플로트(float)라 한다. 따라서 본원통화는 다음과 같이 8개의 원천에 의해 구성되는 것으로 요약할 수 있다. 즉,

B=증권+할인여신+플로트+보유금 · SDR · 외환
+기타 보유자산−정부예치금−외환 및 기타 예치금
−기타 중앙은행 부채 및 자본

2) 본원통화의 조절

위에서 본원통화의 원천, 즉 본원통화의 결정요소는 8개로 파악되었다. 처음의 5개 항목은 본원통화의 증가를 가져오는 요소이며 뒤의 3개 항목은 본원통화의 감소를 가져오는 요소이다. 이제 이들이 어떻게 본원통화의 변화를 가져오는지 살펴보기 위해 T계정을 이용하도록 한다. T계정은 두 시점 사이에 발생한 변화만을 나타내는 대차대조표의 간단한 형태이다. T계정은 기업장부에 거래의 결과를 표시하기 위해 흔히 사용되는데, 자산의 변화는 T계정 왼쪽에, 부채의 변화는 오른쪽에 기입한다.

T계정의 사용에 있어서 주의해야 할 점이 두 가지 있는데, 첫째는 T계정은 단지 대차대조표의 변화만을 나타낸다는 것이다. 위의 예에서 원래의 은행대차대조표는 매우 상세하고 복잡할 것이나 T계정은 모든 다른 항목을 제외시킴으로써 분석을 용이하게 한다. 둘째로 대차대조표의 대차가 같아야 하는 것과 마찬가지로 T계정의 대차는 같아야 한다.

① 본원통화의 증가요인

이제 본원통화의 변화를 가져오게 하는 메커니즘을 T계정을 이용하여 살펴보자. 우선 본원통화의 증가를 가져오는 요인을 본원통화의 구성요소별로 나누어 살펴보면 다음과 같다.

증 권 중앙은행보유증권의 변화가 어떻게 본원통화에 변화를 가져오는지를 살펴보기 위해 다음과 같은 경우를 생각해 보자. 중앙은행이 은행 A로부터 100원의 증권을 매입했다고 한다. 은행 A는 증권매각대금 100원을 수령하게 되는데, 이는 동 금액만큼 은행 A의 지불준비금(은행예치금)이 증가함으로써 이루어지게 된다. T계정을 이용하여 동 거래를 기록하면 다음과 같다.

중앙은행

자산		부채	
증 권	+100	지준금	+100

A 은 행

자산		부채	
증 권	−100		
지준금	+100		

한편 중앙은행은 비은행기관으로부터 증권을 매입할 수 있다. 예를 들어 투자회사 B로부터 증권을 매입하고 매입대금을 현금으로 지불할 경우 거래는 다음과 같이 표기된다.

중앙은행			
증 권	+100	현 금	+100

투자회사 B			
증 권	−100		
현 금	+100		

위의 예에서 어느 경우든지 본원통화 100원의 증가를 가져온다. 첫번째 예에서는 은행예치금, 즉 지준금의 증가로 본원통화가 증가되었으며, 두 번째 예에서는 현금, 즉 화폐발행에 의한 중앙은행권의 증가로 본원통화가 증가된다. 따라서 어떤 형태이든 중앙은행의 증권매입은 동 금액만큼 본원통화의 증가를 가져온다.

할인여신　중앙은행이 은행 A에 100원의 할인여신을 행할 경우, 중앙은행에 설정된 은행 A의 구좌에 100원이 예입되게 되어 은행예치금 100원 늘어나게 된다.

중앙은행			
할인여신	+100	지준금	+100

A 은 행			
지준금	+100	할인여신	+100

결국 지준금 100원이 증가하는 형태로 본원통화 100원이 증가하게 된다. 따라서 할인여신의 증가는 동 금액만큼 본원통화의 증가를 가져온다.

보유금 및 SDR　중앙은행에서 금의 매입 및 매각은 본원통화에 영향을 주게 된다. 중앙은행이 G회사로부터 100원어치의 금을 매입했다고 하자. 중앙은행은 금의 매입대금을 G회사 주거래은행의 G회사계정에 예치를 한다. 따라서 중앙은행의 금매입은 G회사 주거래은행의 지준금을 100원만큼 증가시킨 결과를 가져오게 된다.

중앙은행			
금	+100	지준금	+100

G사 주거래은행			
지준금	+100	요구불예금	+100

증권매입의 공개시장조작이 본원통화를 증가시키는 것처럼 금매입이 본원통화를 증가시키는 것은 놀라울 게 없다. 한때는 금매입 · 매각이 본원통화를 조절하는 주요 수단이었으나 현재는 현저히 이용이 줄어들었다.

특별인출권(SDR)은 국제거래의 결제수단으로 금과 동일한 효력을 지니고 있으므로 중앙은행이 이를 획득할 경우 본원통화는 증가하고 중앙은행의 T계정은 금의 경우와 유사하게 된다. 따라서 금 및 SDR계정의 증가는 동일액만큼 본원통화를 증가시킨다고 할 수 있다.

플 로 트 중앙은행의 수표청산과정에서 회수과정현금항목과 이연현금항목의 차를 말하며 이는 수표청산과정에서 발생된 금융권의 지준금 수준의 순증가를 뜻한다. 수표결제과정은 중앙은행이 수표를 제시한 은행의 중앙은행계정의 지준금을 수표액만큼 증가시키고 수표발행은행의 지준금을 하락시킴으로써 이루어진다. 이론상으로 플로트는 항상 영(zero)이 되어야 한다. 그러나 이는 거래가 동시에 그리고 신속하게 발생한다는 가정 아래 성립하는 것이다. 실제로 수표발행은행의 지준금을 감소시키기 전에 수표지급은행의 지준금을 증가시키는 경우가 일반적이다.

플로트개념을 보다 명확히 이해하기 위해 다음과 같은 경우를 살펴보도록 하자. 갑씨는 A은행 발행수표를 취득해서 이를 자신의 거래은행인 B은행에 입금시켰다. B은행은 수표결제를 위해 중앙은행에 제시함으로써 다음과 같은 중앙은행의 대차대조표가 성립하게 된다.

중앙은행

회수과정현금항목	+100	이연현금항목	+100

100원의 이연현금항목은 중앙은행이 B은행으로부터 수표결제요청이 있을 경우 미리 설정한 일정기간 한도(대개 이틀 이내) 내에 B은행의 은행예치금을 100원 증가시킬 것을 약속함으로써 발생한 부채이다. 한편 회수과정현금항목 100원은 당수표를 A은행에 지급을 위해 제시할 경우 A은행의 은행예치금을 100원 감소시키게 되므로 중앙은행의 자산이 된다.

이런 면에서 금융권전체의 지준금수준은 결코 변동이 없다. 왜냐하면 회수과정현금항목과 이연현금항목의 변동액이 동일하게 되어 플로트가 전혀 발생하지 않기 때문이다. 그러나 청산과정에서 중앙은행이 기한 내에 동 수표를 A은행에 제시하지 못할 경우 중앙은행은 약속대로 일단 B은행의 은행예치금에 100원을 예치하여 주고 이를 이연현금항목과 상쇄시킨다. 따라서 중앙은행의 T계정은 다음과 같이 된다.

중앙은행

회수과정현금항목	+100	지준금(B은행의 은행예치금)	+100

이 경우 플로트는 100원이 되고 동액만큼 금융권의 지준금은 증가하게 된다. 이를 다시 정리하면 중앙은행은 A은행으로부터 자금을 회수하지 못한 상태에서 B은행에 수표대금을 결제하였으므로 중앙은행이 플로트에 해당하는 무이자로 B은행에 대출한 셈이 된다. 따라서 지준금 및 본원통화를 증가시키는 것이다.

그러나 궁극적으로 중앙은행이 동 수표를 A은행에 제시하고 A은행의 은행예치금을 100원을 감소시키고 회수과정현금항목을 없애게 되므로 이러한 '대출'은 어디까지나 일시적 성격을 띠게 된다. 그러므로 최종적인 중앙은행의 T계정은 다음과 같다.

중앙은행

		지준금(B은행의 은행예치금)	+100
		지준금(A은행의 은행예치금)	−100

수표청산과정은 최종적으로 금융권의 지준금수준에 어떤 변화도 야기하지 않는다. 단지 특정 은행의 지준금이 다른 은행의 지준금으로 이전될 뿐이다. 그러나 청산과정에서 일시적으로 일어나는 시차로 지준금이 증가될 수 있으며 매일 결제되는 수표가 수천억 원에 이르는 것을 고려할 경우 플로트가 본원통화에 미치는 영향을 무시할 수 없다.

기타 중앙은행보유자산 중앙은행이 무형자산 등 기타 자산을 구입하는 것은 증권의 공개시장매입과 동일한 효과를 가져온다. 중앙은행이 설비를 구입하고 대금을 지불할 경우 설비판매업자가 동 대금을 은행 A에 예치한다면 동 금액만큼 지준금은 증가하게 된다.

중앙은행

설비자산	+100	지준금	+100

A 은 행

지준금	+100	요구불예금	+100

② 본원통화의 감소요인

이제 본원통화를 감소시키는 요인을 구성요소별로 나누어 살펴보자.

정부예치금 세입이나 국채발행을 통해 정부가 보유하게 되는 자금은 초기에 상업은행의 세금 및 대부계정이라고 부르는 계정에 속해 있다가 정부가 지출을 할 때 수표발행목적으로 중앙은행의 정부예치금계정에 예치된다. 예를 들어 정부가 정부발주공사대금으로 100원을 지급하고자 할 경우 동 금액을 다음과 같이 상업은행의 세금 및 대부계정에서 중앙은행의 정부예치금계정으로 이전시키게 된다.

정 부

상업은행예금(세금 및 대부계정) −100	
중앙은행예금(정부예치금계정) +100	

한편 상업은행은 정부예금 중 100원이 인출되고, 동인출자금이 중앙은행에의 지준예치금계정을 통하여 결제되므로 T계정은 다음과 같이 변화한다.

상업은행

지준금	−100	정부예금	−100

또한 중앙은행은 정부예치금이 100원 증가한 데 반해 지준금이 100원 줄어들었으므로 T계정의 변화는 다음과 같다.

중앙은행

	지준금	−100
	정부예치금	+100

따라서 정부예치금의 증가는 지준금을 감소시키고 나아가 본원통화를 감소시킨다. 그러나 정부예치금의 변화는 대체로 예측가능하며 특히 대개가 일시적 성격을 지니고 있으므로 장시간에 걸친 본원통화의 변화를 유발하는 주요인은 아니다.

외환 및 기타 예치금 상업은행계정으로부터 자금이 중앙은행으로 이전되는 과정에서 이들 예치금이 증가할 경우 이는 정부예치금의 증가와 동일한 결과를 가져온다. 따라서 이들 예치금의 증가는 본원통화의 감소를 가져온다.

기타 부채 및 자본 예를 들어 상업은행이 중앙은행 발행채권(예로 통화안정증권)을 매입하여 중앙은행의 부채가 증가하였다고 하자. 이 경우 동일액만큼 은행예치금이 줄어들게 되고 금융권의 지준금은 하락한다. 따라서 기타 부채의 증

[표 16-3] 제결정요인의 변화 및 본원통화의 반응

결정요인의 변화		본원통화의 변화
증권	↑	↑
할인여신	↑	↑
플로트	↑	↑
기타 보유자산	↑	↑
보유금·SDR 및 외환	↑	↑
정부예치금	↑	↑
외환 및 기타 예치금	↑	↑
기타 부채 및 자본금	↑	↑

가는 본원통화의 감소를 가져온다.

지금까지 우리는 본원통화의 변화를 가져오는 8개의 결정요인에 대해 구체적으로 살펴보았다. 이를 정리한 것이 [표 16-3]이다.

일반적으로 분원통화의 결정요인 중 가장 큰 비중을 차지하고 있는 것은 중앙은행보유증권으로 이는 공개시장조작(시장에서 매입 또는 매도)에 의해 완전히 통제가능한 것이다. 플로트나 정부예치금 등 중앙은행에 의해 통제되지 않는 결정요인들은 대부분 단기간의 본원통화 변동을 가져오는 요인이다. 이들 변동은 대체로 예측가능하며 또한 공개시장조작에 의해 상쇄될 수 있다. 따라서 이들 요인들이 단기적인 변동을 유발하는 것은 사실이나 중앙은행의 본원통화 통제력을 약화시킬 정도는 아니다.

(2) 신용창출

앞에서 우리는 본원통화의 정의 및 결정요인에 대해 살펴보았다. 그러나 일반적으로 통화라고 할 때는 본원통화가 아닌 M_1, M_2[3] 등을 지표로 삼는 것이 일반적이다. 본원통화를 원래 상태의 고무풍선이라 할 경우 이를 불었을 때 커진 상태의 고무풍선을 통화라 할 수 있는데, 이때 풍선을 불어 커지게 할 수 있는 힘이 바로 은행이 갖고 있는 신용창조기능이다. 여기에서 과연 은행의 신용창조기능이 어

3) M_1, M_2 등은 본원통화에다 예금은행에서 신용창조기능에 의해 창출된 예금통화를 합한 통화의 개념이다. M_1은 예금통화 중 요구불예금만을, M_2는 저축성 예금까지 포함한다는 점에서 차이가 있다(보다 자세한 내용은 1장 참조).

떻게 가능하며 이에 따라 통화가 어떻게 팽창되는지에 대해 살펴보도록 한다.

1) 신용창조의 기본과정

은행의 신용창조과정을 이해하기 위해서 현실적으로 여러 가지 복잡한 요소를 일단 제거하여, 현실을 단순화하는 가정을 하기로 한다. 물론 이와 같은 가정은 비현실적이긴 하나 단순화된 모형을 통해 신용창조과정의 기본적 성격을 명확히 살펴볼 수 있다. 그 다음 가정을 하나씩 제거함으로써 보다 현실적인 모형으로 접근하도록 한다. 분석을 단순화하기 위한 최초의 가정은 다음과 같다.

가정 1 : 모든 은행은 요구불예금에 대해 일정률(5%)의 지불준비금을 보유해야 한다.

가정 2 : 모든 경제단위는 그들의 현금유입을 모두 요구불예금의 형태로 예입한다.

가정 3 : 모든 은행은 예금 중 지불준비금을 제외한 이용가능한 모든 자금을 전부 수익자산(대출 및 투자)으로 운용한다. 즉 은행은 초과지불준비금을 보유하지 않는다.

가정 4 : 은행은 요구불예금만 취급하며 정기예금은 없다.

이와 같은 가정하에서 우선 중앙은행이 1,000원의 정부채를 구입했다고 가정하자. 그러면 일단 중앙은행은 정부채의 구입대금을 딜러에게 지급함으로써 본원통화를 1,000원 증가시키게 된다. 이때 그 딜러는 가정 2에 따라 1,000원을 모두 예금할 것인데, 그가 예금한 은행을 A은행이라 하자. 이 거래가 성립됐을 경우 중앙은행과 A은행의 대차대조표의 변화는 다음과 같다.

중앙은행			
정부채	1,000	지불준비금	1,000

A 은 행			
준비금	1,000	요구불예금	1, 000

A은행의 경우 현금과 요구불예금이 모두 1,000원씩 증가했다. 다음 여기서 A은행은 가정 1과 3에 따라 행동하게 되는데, 가정 1에 따르자면 은행은 새로운 예금의 5%만을 준비금으로 보유하고 있어야 하며 또한 가정 3에 의해 모든 초과준비금을 수익자산에 투자해야 한다. 따라서 A은행은 950원의 초과준비금을 대출 등

으로 운용해야 하는데, 갑이란 사람에게 그 돈을 대출했다고 가정하자. 이때 A은행의 T계정은 다음 표와 같을 것이고, 이제 은행 A는 5% 지불준비금을 보유하고 초과준비금을 보유하지 않음으로써 최초의 가정을 모두 충족시킨다.

A 은 행

준비금	50	요구불예금	1,000
대 출	950		

그러면 갑에게 대출한 950원은 어떻게 될까? 갑은 A은행에서 대출받은 자금 950원을 을이 갖고 있는 부동산을 매입하기 위해 사용했다고 하자. 을은 가정 2와 4에 따라 부동산대금 950원을 현금통화(currency) 또는 정기예금의 형태로 보유할 수 없고 반드시 그가 거래하는 은행 B에 요구불예금의 형태로 보유해야 한다. 그러면 은행 B의 대차대조표 변화는 다음 표의 (a)와 같게 될 것이다.

(a) B 은 행

준비금	950	요구불예금	950

(b) B 은 행

준비금	48	요구불예금	950
유가증권	902		

이제 은행 B의 T계정은 처음 A은행의 T계정의 경우와 비슷한 입장이 된다. 즉 950원의 요구불예금에 상응하는 950원의 준비금을 보유하고 있는 현상태에서 은행 B는 준비금으로 48원(950원의 5%)만을 남기고 나머지 902원을 대출이나 투자에 이용하여야 한다. 따라서 B은행은 902원의 초과준비금을 시장성유가증권 구입에 사용했다고 하자. 이 경우 B은행의 대차대조표는 위 표의 (b)와 같이 되고 다시 균형상태에 도달하게 된다.

B은행에 유가증권을 매각한 사람은 902원의 자금을 받게 된다. 이때 이 자금은 다시 가정 2와 4에 의해 은행, 이를테면 C은행에 요구불예금으로 들어가게 되고, C은행의 T계정은 은행 A와 B의 최초의 T계정과 똑같은 입장이 된다. 물론 C은행은 준비금으로 45원(902원의 5%)만 남기고 대출 및 투자를 857원(902−45)만큼 늘림으로써 은행 A, B와 같은 식으로 행동한다. 다음 표는 은행 C의 T계정을 나타낸 것이다.

(a) C 은 행

준비금	902	요구불예금	902

(b) C 은 행

준비금	45	요구불예금	902
대출 및 투자	857		

분명히 857원은 또 다른 은행에 예금될 것이고, 이와 같은 과정은 계속 반복될 것이다. 이러한 과정의 전체적인 효과를 파악하기 위해 은행제도전체에 어떠한 일이 발생했는가 알아보자. 이를 알기 위한 가장 간편한 방법은 은행 A, B, C의 T계정을 합해서 하나의 통합된 T계정을 만드는 것이다. 다음 표는 A, B, C 세 은행의 통합된 새로운 T계정을 나타낸 것이다.

준비금	143	요구불예금	2,852
대출 및 투자	2,709		
	2,852		2,852

위 표에서 보아야 할 것은 세 은행 A, B, C의 총요구불예금이 최초 중앙은행의 정부채 매입대금, 즉 본원통화공급액 1,000원에 비해 2,852원으로 증가했다는 것이다. 즉 처음 1,000원의 예금이 이제는 2,852원이 된 것이다. 이와 같이 요구불예금이 예금은행에 의해 창조되는데, 요구불예금은 예금통화로써 화폐(money)이기 때문에 은행은 화폐를 창조하는 역할을 한다고 말할 수 있는 것이다. 이러한 화폐(요구불예금)는 은행의 대출 및 투자활동의 부산물로서 나타나는 것이다.

그러면 은행의 신용창조과정이 계속될 경우 어떻게 되는가? 이에 대한 해답을 얻기 위해 위 표의 요구불예금 2,852원을 고려해보자. 이 금액은 은행 A, B, C의 예금을 합한 것이다. 즉 1,000, 950, 902의 숫자를 합한 것이다. 그러면 이 숫자는 어떻게 나온 것일까? 첫번째 숫자(1,000) 다음의 수는 이전 수에 19/20(95%)를 곱한 것이다. 이에 따라 신용창조과정이 계속될 경우 은행의 총요구불예금은 다음과 같은 수열에 의해 표시될 수 있다.

$$1{,}000$$
$$1{,}000\times(19/20)$$
$$1{,}000\times(19/20)^2$$
$$\vdots$$

이와 같은 식이 계속될 경우 그 식은 무한등비수열이 되고, 그 합은 다음과 같이 계산된다.

$$1{,}000+1{,}000\left(\frac{19}{20}\right)+1{,}000\left(\frac{19}{20}\right)^2+\ \cdots\ =\frac{1{,}000}{1-\frac{19}{20}}=20{,}000$$

일반적으로 지불준비금(즉 본원통화공급)이 처음 ΔB만큼 변했을 경우 총요구불예금의 변화는 다음과 같은 식에 의해 결정된다.

$$\Delta D=\Delta B+\Delta B\cdot r+\Delta B\cdot r^2+\cdots\ =\frac{\Delta B}{1-r}=\frac{\Delta B}{R_D}\text{[4]}\qquad\text{(식 16-1)}$$

ΔD : 총요구불예금의 변화
ΔB : 본원통화량의 증가량
R_D : 요구불예금의 지불준비율
r : $1-R_D$

이제 우리는 앞의 예로 돌아가 얼마나 많은 예금이 창조되었는가 알 수 있다. (식 16-1)에 숫자를 대입하면

$$\Delta D=\frac{\Delta B}{R_D}=\frac{1{,}000}{0.05}=20{,}000$$

이 된다. 즉 앞에서 세운 가정에 따를 경우 총요구불예금의 변화는 20,000원이 된다. 여기서 가정 1—지불준비금은 5%로 고정되어 있다는 가정—은 이미 완화되었다. 즉 윗식은 원하는 어떤 수준의 지급준비율도 R_D에 대입함으로써 가정 1의 제거를 가능하게 한다. 그러므로 R_D가 1/10이라면 ΔD는 10,000이 되고, R_D가

---

4) 이 식은 다음과 같이 유도된다.

$\Delta D=\Delta B+\Delta B\cdot r+\Delta B\cdot r^2+\cdots=\lim_{n\to\infty}(\Delta B+\Delta B\cdot r+\Delta B\cdot r^2+\cdots+\Delta B\cdot r^{n-1})$

괄호안의 식을 S라 하면 $S=\Delta B+\Delta B\cdot r+\Delta B\cdot r^2+\cdots+\Delta B\cdot r^{n-1}$ ——— ①

①의 양변에 r을 곱하면 $r\cdot S=\Delta B\cdot r+\Delta B\cdot r^2+\cdots+\Delta B\cdot r^n$ ——— ②

①식에서 ②식을 제하면

$(1-r)S=\Delta B-\Delta B\cdot r^n$

$\quad=\Delta B(1-r^n)$

따라서 $S=\dfrac{\Delta B(1-r^n)}{1-r}$ 그러면 $\Delta D=\lim_{n\to\infty}\dfrac{\Delta B(1-r^n)}{1-r}=\dfrac{\Delta B}{1-r}$

r은 1보다 작고 $r=1-R_D$이므로

$D=\dfrac{\Delta B}{R_D}$ 가 된다.

1/4이라면 ΔD는 4,000이 된다. 일반적으로 R_D와 ΔD, 즉 지불준비율과 요구불예금은 반비례의 관계가 성립한다. 이 식은 통화공급결정에 작용하는 기본적인 과정을 설명해 준다는 점에서 매우 중요하다.

2) 가정의 현실화

앞에서 우리는 중앙은행에서 본원통화의 변화가 어떻게 예금통화를 창출시키는지, 즉 은행에서 신용창조의 기본과정을 살펴보고 지불준비율과 요구불예금의 관계식을 도출하였다. 그러나 이 식은 단지 현실단순화가정(가정 2~4)하에서만 타당하다. 즉 신용창조과정의 기본원리를 잘 설명해 주나 단순화된 모형에만 적용할 수 있기 때문에 비현실적인 상태로 남아 있는다고 볼 수 있다. 따라서 이러한 현실단순화과정을 완화하였을 경우 신용창조기능과 화폐공급이 어떻게 달라지는지 살펴볼 필요가 있다.

현금누수(cash drain) 이제 우리는 앞에서 세운 가정 중 두 번째 가정을 완화시켰을 때 ΔD식이 어떻게 수정되는지를 보고자 한다. 여기에서 우리는 그러한 수정의 일반적 성격을 평가하고자 하는 것이므로 가정 2를 단순현실성을 갖는 새로운 가정으로 대치한다. 이에 따라 요구불예금이 변화할 때 사람들은 요구불예금의 일정한 비율을 현금으로 보유한다고 가정하자. 예를 들어 사람들은 새로운 요구불예금의 5%는 항상 현금으로 보유한다고 보는 것이다. 수학적으로 이 관계는 다음과 같이 표현할 수 있다.

$$K = \frac{\Delta C}{\Delta D}$$

K : 현금보유비율
C : 사람들이 보유하는 현금의 양
D : 요구불예금

사람들은 요구불예금의 일정한 비율을 현금으로 보유한다고 가정했기 때문에 은행이 대출이나 투자를 할 때마다 대출되거나 투자된 전금액이 다른 은행에 모두 재예금되는 것이 아니다. 따라서 항상 대출금액의 일부가 은행의 준비금으로부터 누수(drain)되어 시중에 유통되는 현금으로 전환된다. 다시 말해 최초의 지불준비금 변화량이 이제는 현금과 은행준비금으로 분할되는 것이다. 이를 식으로 표현하면

$$\Delta B = \Delta D \cdot R_D + \Delta C$$

와 같이 되는데, $\Delta D \cdot R_D$(요구불예금의 변화×지불준비율)는 은행에 남아 있는 ΔB의 양이고, ΔC는 현금으로 전환되는 ΔB의 양이다.

이제 요구불예금의 변화량은 어떻게 결정되는가 알아보자. 현금보유비율을 나타내는 K에서 현금의 변화량 ΔC는

$$\Delta C = \Delta D \cdot K$$

로 표현할 수 있고, 이 식을 ΔB식에 대입하면

$$\Delta B = \Delta D \cdot R_D + \Delta D \cdot K = \Delta D(R_D + K)$$

가 되고, 양변을 $R_D + K$로 나누면

$$\Delta D = \frac{\Delta B}{R_D + K} = \Delta B \frac{1}{R_D + K}$$

이 된다. 이 식과 앞서 유도한 ΔD와는 매우 비슷한 형태를 갖고 있는데, 유일한 차이는 이 식의 우변의 분모에 현금보유비율 K가 추가되는 것이다. K는 양의 값을 갖는 수이기 때문에 ΔD는 현금누수가 없을 때보다 있을 때 항상 작게 된다. 이를 확인하기 위해 앞의 예에 K를 넣어 계산해보자.

$K = 5\% = 1/20$로 ΔD식에 대입하면

$$\begin{aligned}\Delta D &= 1{,}000\left(\frac{1}{1/20 + 1/20}\right)\\ &= 1{,}000\left(\frac{1}{1/10}\right)\\ &= 1{,}000 \cdot 10\\ &= 10{,}000\end{aligned}$$

이 된다. 즉 현금의 유출은 은행의 신용창조능력을 20,000에서 10,000으로 줄이게 된다. 그러면 최초의 준비금변화량(ΔB) 1,000은 어떻게 된 것일까? ΔB식을 반복하면

$\Delta B = \Delta D \cdot R_D + \Delta C$이고

$\Delta D \cdot R_D = 10{,}000(1/20) = 500$이므로

$\Delta C = 500$

이 된다. 다시 말해 원래의 1,000 중 500은 은행의 준비금이 되고, 나머지 500은 현금으로 유출된 것이다. 분명히 현금보유비율이 크면 클수록 은행의 신용창조능력은 약해지고, ΔD는 R_D와 역의 관계에 있듯이 K와도 역관계에 있다.

은행의 신용창조과정을 이해하기 위해 우리가 처음 설정한 모형에서는 경제 내에서 오직 요구불예금형태의 화폐만 존재한다고 가정했기 때문에 화폐공급(money supply)의 변화는 바로 요구불예금의 변화가 되었다. 그러나 이제 우리는 현금유출의 가정을 했기 때문에 화폐공급의 변화는 요구불예금의 변화와 같게 되는 것이 아니라 요구불예금의 변화와 현금변화의 합이 된다. 즉 ΔM을 화폐공급의 변화라 하면

$$\Delta M = \Delta D + \Delta C$$

가 된다. ΔC식을 이 식에 대입하면,

$$\Delta M = \Delta D + \Delta D \cdot K = \Delta D(1+K)$$

가 되고, 또한 ΔD식을 이 식에 대입하면 ΔM은

$$\Delta M = \frac{\Delta B}{R_D + K}(1+K) = \Delta B \frac{1+K}{R_D + K}$$

로 표현할 수 있다. 이 공식—화폐공급 증가에 대한 공식—에 대해서 앞에서 든 예를 적용해 보자. 앞에서 사용한 수를 대입하면

$$\begin{aligned}\Delta M &= 1{,}000\left(\frac{1+1/20}{1/20+1/20}\right)\\ &= 1{,}000\left(\frac{21/20}{2/20}\right)\\ &= 10{,}500\end{aligned}$$

이 된다. 즉 화폐공급은 10,500—10,000은 요구불예금, 500은 현금—으로 증가한 것이다. 여기서 현금보유비율을 계산해보면

$$K = \frac{\Delta C}{\Delta D} = \frac{500}{10{,}000} = 1/20$$

로 앞에서 가정한 바와 같다.

초과지불준비금 가정 3, 즉 은행은 법적으로 요구되는 준비금 이상으로 초과하여 지불준비금을 보유하지 않는다는 가정은 그렇게 비현실적인 가정은 아니다. 왜냐하면 초과지불준비금을 보유할 경우 그만큼 수익성은 낮아지며, 따라서 은행은 필요 이상으로 비수익성자산을 보유하려 하지 않을 것이기 때문이다. 그러나 몇몇 은행 특히 소규모은행은 초과준비금이 항상 0이 되도록 관리하는 비용이 너무 크다고 생각하기 때문에 준비금부족의 불이익에 대한 쿠션(cushion)으로서 일정량의 초과준비금을 유지한다. 또한 초과준비금의 증감은 통화정책당국에 매우 중요한 문제이기도 하므로 모델에 초과지불준비금의 가정을 도입했을 때 은행의 신용창조노력이 어떻게 수정되는가를 알아보는 것은 의미 있는 일이 될 것이다.

은행이 초과준비금을 보유했을 경우 은행의 신용창조능력에는 어떠한 변화가 있는가를 알기 위해서 먼저 은행이 보유하고자 하는 초과준비금량에 대해 어떤 가정이 필요한데 은행은 요구불예금의 일정비율을 초과준비금으로 보유한다고 가정하자. 이를 수학적으로 표현하면 다음과 같다.

$$X = \frac{\Delta E}{\Delta D}$$

X: 초과지불준비율
E: 은행이 보유하는 초과준비금의 양
D: 요구불예금

이제 ΔB는 요구지불준비금 · 현금 · 초과지불준비금의 세 가지로 나누어지기 때문에

$$\Delta B = \Delta D \cdot R_D + \Delta C + \Delta E$$

와 같이 된다. 또한 윗식에 의하면

$$\Delta E = \Delta D \cdot X$$

로 표현할 수 있고, ΔC와 ΔE식을 ΔB에 대입하면

$$\begin{aligned} \Delta B &= \Delta D \cdot R_D + \Delta D \cdot K + \Delta D \cdot X \\ &= \Delta D (R_D + K + X) \end{aligned}$$

를 얻을 수 있다. 이 식의 양변을 R_D+K+X로 나누어 요구불예금의 변화량을 구하면 다음과 같다.

$$\Delta D=\Delta B\frac{1}{R_D+K+X}$$

이 식은 현금누수와 초과준비금을 모두 고려했을 때 은행의 신용창출과정을 나타내는데, 앞서 유도한 ΔD식과 비슷하다. 단지 차이점은 초과지불준비율 X가 분모에 추가로 있다는 것이다. 그리고 X도 K나 R_D와 마찬가지로 ΔD와 역의 관계에 있다.

그러면 초과지불준비금의 가정을 했을 경우 화폐공급은 어떻게 결정되는가? 초과준비금은 화폐에 속하지 않으므로 우리는 앞 절에서의 ΔM식을 그대로 사용할 수 있다. 즉 $\Delta M=\Delta D+\Delta C=\Delta D(1+K)$에다 위에서의 ΔD식을 대입하면 화폐공급의 변화량 ΔM은

$$\Delta M=\Delta B\frac{1+K}{R_D+K+X}$$

와 같이 된다. $X=5\%=1/20$이라 가정하고 또한 현금유출의 경우 예로 든 수 $\Delta B=1{,}000$, $R_D=1/20$, $K=1/20$을 대입하면

$$\Delta M=1{,}000\frac{1+1/20}{1/20+1/20+1/20}$$
$$=1{,}000\frac{21/20}{3/20}=7{,}000$$

이 된다. 앞에서와 같이 원래의 $1{,}000(\Delta B)$에 대하여 ΔD를 구하고 이 값을 위의 ΔB식에 대입하면 $333(\Delta D\cdot R_D)$은 필요지불준비금으로, $333(\Delta D\cdot K)$은 현금으로, $333(\Delta D\cdot X)$은 초과준비금으로 구분됨을 알 수 있다.

정기예금 끝으로 우리는 네 번째의 가정—은행은 요구불예금만 취급하며 정기예금은 취급하지 않는다—을 제거하고자 한다. 분석을 위해 가정 4를 사람들은 요구불예금에 대한 일정비율을 정기예금으로 보유한다는 가정으로 대치하여 보자. 수학적으로 이와 같은 가정은

$$t = \frac{\Delta T}{\Delta D}$$

t : 정기예금보유비율
T : 정기예금
D : 요구불예금

과 같이 표현할 수 있다. 그러나 여기에서 정기예금에 대한 지불준비율을 R_T라 하자. 그러면 정기예금에 대해 은행이 보유하는 준비금은 $\Delta T \cdot R_T$가 될 것이고, 위의 t식에서 우리는 $\Delta T = \Delta D \cdot t$ 임을 알 수 있음으로 다음과 같은 식을 얻을 수 있다.

$$\Delta T \cdot R_T = \Delta D \cdot t \cdot R_T$$

이제 은행준비금이 최초로 늘어난 양, ΔB는 네 가지의 사용목적을 갖게 되는데, 요구불예금에 대한 지불준비금, 현금유출, 초과준비금, 정기예금에 대한 지불준비금이 그것들이다. 즉

$$\Delta B = \Delta D \cdot R_D + \Delta C + \Delta E + \Delta T \cdot R_T$$

여기에 ΔC, ΔE 및 ΔT식을 대입하면

$$\begin{aligned} \Delta B &= \Delta D \cdot R_D + \Delta D \cdot K + \Delta D \cdot X + \Delta D \cdot t \cdot R_T \\ &= \Delta D(R_D + K + X + tR_T) \end{aligned}$$

가 되고, 이 식의 양변을 $R_D + K + X + tR_T$로 나누면 요구불예금의 변화량은 다음과 같이 된다.

$$\Delta D = \Delta B \frac{1}{R_D + K + X + tR_T}$$

이 식은 우리가 검토한 신용창조과정 중 가장 복합적인 식으로 현금누수 · 초과준비금 · 정기예금을 모두 고려한 것이다. 다시 말해 최초에 세운 네 가지 가정을 모두 완화시켰을 때의 공식이다. 이 식은 앞의 ΔD식에 비해 tR_T가 분모에 추가된 것이다. 또한 앞의 경우와 마찬가지로 tR_T는 ΔD와 역관계에 있다.

현금누수나 초과준비금 가정의 경우와 마찬가지로 정기예금이 분석에 포함됐을 때 화폐공급의 변화를 검토해볼 필요가 있다. 그러나 정기예금이 분석에 포함됐을 때 화폐공급변화의 결정은 화폐에 대한 정의를 두 개의 서로 다른 경우로 나

누어 생각해야 한다. 즉

M_1 = 요구불예금 + 현금

M_2 = 요구불예금 + 현금 + 정기예금이므로,

각각의 정의에 대해 화폐공급결정식을 유도해보자.

정기예금을 화폐공급에서 제외시키는 M_1의 경우는 앞의 경우와 같은 방법으로 유도할 수 있다.

$\Delta M_1 = \Delta D + \Delta C$이고

$\Delta C = \Delta D \cdot K$이므로

$$\Delta M_1 = \Delta D + \Delta D \cdot K$$
$$= \Delta D(1+K)$$

가 된다. 여기에 ΔD를 대입하면

$$\Delta M_1 = \Delta B \frac{1+K}{R_D+K+X+tR_T}$$

로 된다. 정기예금 대 당좌예금의 비율 t를 1, 정기예금에 대한 지불준비율을 2% = 1/50이라 가정한 다음, 초과준비금가정의 경우 예로 든 수 $\Delta B = 1{,}000$, $R_D = 1/20$, $K = 1/20$, $X = 1/20$, $R_T = 1/20$을 이 식에 대입하면

$$\Delta M_1 = 1{,}000\left(\frac{1+1/20}{1/20+1/20+1/20+1\times 1/50}\right) = 6{,}176$$

로 된다. 이 숫자(6,176)를 앞의 결과와 비교하면 정기예금의 도입은 M_1 공급량을 7,000원에서 6,176원으로 감소시킴을 알 수 있다. 또한 원래의 1,000(ΔB)에 대한 추적을 하는 것은 흥미 있는 일인데, 이는 $\Delta T \cdot R_T$ 식을 이용하여 ΔD를 구하고 이를 ΔB식에 대입함으로써 얻을 수 있다. 이와 같이 했을 때 $\Delta D = 5{,}882$가 되고 원래의 1,000 중 294($\Delta D \cdot R_D$)는 요구불예금의 준비금, 294($\Delta D \cdot X$)는 현금, 294 ($\Delta D \cdot X$)는 초과준비금, 118($\Delta D \cdot tR_T$)은 정기예금에 대한 준비금으로 나누어진다.

한편, 정기예금이 포함되는 M_2의 경우에는

$\Delta M_2 = \Delta D + \Delta C + \Delta T$이고,

$\Delta C = \Delta D \cdot K$, $\Delta T = \Delta D \cdot t$이므로
$\Delta M_2 = \Delta D + \Delta D \cdot K + \Delta D \cdot t = \Delta D(1+K+t)$가 된다.

여기에 ΔD를 대입하면 ΔM_2는 다음과 같이 결정된다.

$$\Delta M_2 = \Delta B \frac{1+K+t}{R_D+K+X+tR_T}$$

여기에 M_1의 경우 사용한 수를 대입해보면

$$\Delta M_2 = 1{,}000\left(\frac{1+1/20+1}{1/20+1/20+1/20+1\times 1/50}\right) = 12{,}058$$

로 M_1의 6,176보다 5,882가 크다. 이러한 차이는 전적으로 화폐에 대한 정의에서 기인한 것이다. 즉, 가정에서 $t = \Delta T/\Delta D = 1$이므로 $\Delta T = \Delta D$가 되며, 이미 $\Delta D = 5{,}882$임을 알고 있으므로 $\Delta T = 5{,}882$가 된다. 그리고 이 5,882가 M_1가 M_2의 차이($M_2 - M_1 = 12{,}058 - 6{,}176 = 5{,}882$)가 되는 것이다. 물론 ΔB의 분배는 M_1, M_2 두 가지 경우에 모두 동일하다.

3) 통화승수

지금까지 우리는 은행의 신용창조기능과 통화량의 변화에 대해서 세부적으로 검토해보았다. 어떤 현상을 이해하기 위해선 그 과정의 세부까지 파악하는 것이 항상 중요하나 일단 그것을 이해하고 나면 현상을 좀더 일반적으로 파악하는 것이 필요하다. 따라서 여기서는 통화량의 결정공식을 통화승수라는 개념을 이용하여 보다 간단히 나타낼 수 있음을 살펴본다.

우선 분석의 편의를 위해 ΔM_1을 다시 써 보자.

$$\Delta M_1 = \Delta B \frac{1+K}{R_D+K+X+tR_T}$$

이 식은 최초의 은행준비금변화량(즉 본원통화공급변화량) ΔB와 나머지 부분의 두 가지 요소로 구분할 수 있다. 여기서 ΔB를 제외한 나머지 부분을 m_B라고 정의하자.

$$m_B = \frac{1+K}{R_D+K+X+tR_T}$$

그러면

$$\Delta M_1 = m_B \cdot \Delta B$$

이로부터 총통화량에 대한 관계식

$$M_1 = m_B \cdot B$$

를 얻는다. 여기에서 B는 중앙은행에서의 원천적인 화폐발행액, 즉 본원통화(monetary base)가 되며, m_B를 통화승수(money multiplie)라고 한다. 이 식에서 총통화량 M_1은 본원통화를 기준으로 했을 경우의 통화승수(m_B)를 곱한 것으로 나타낼 수 있음을 알 수 있다.

한편 M_1을 통화승수를 이용하여 나타내는 데 있어서 본원통화를 기준으로 하지 않고 은행의 총지급준비금(R)을 이용하여 나타낼 수도 있는데, 이러한 접근방법을 지준금기준(reserve base)이라 한다. 지준금기준에 의한 총통화의 결정식은 다음과 같이 쉽게 유도할 수 있다. 우선 m_B를 위의 M_1식에 대입하면

$$M_1 = B\frac{1+K}{R_D+K+X+tR_T}$$

가 된다. 여기서 통과승수의 분모를 D를 분모로 하는 비율의 형태로 고치면

$$M_1 = B\frac{1+K}{\dfrac{D \cdot R_D+C+E+D \cdot tR_T}{D}}$$

여기서 $D \cdot tR_T = TR_T$이고, $R = DR_D + E + TR_T$[5]이므로

$$M_1 = B\frac{1+K}{\dfrac{R+C}{D}}$$

5) 은행의 총지급준비금(R)은 필요지급준비금과 초과지급준비금(E)으로 구분될 수 있으며, 필요지급준비금은 요구불예금에 대한 필요지급준비금($D \times R_D$)과 정기예금에 대한 필요지급준비금($T \times R_T$)의 합으로 이루어진다.

여기서 $B=R+C$[6]를 대입하면

$$M_1=D(1+K)$$

로 된다.

그리고 우변에 $R/R(=1)$을 곱하면

$$M_1=R\frac{1+K}{\frac{R}{D}}=R\frac{1+K}{R_D+X+tR_T}$$

을 얻을 수 있다(왜냐하면 앞에서 $R=DR_D+E+D\cdot tR_T$이고 $E/D=X$이므로). 이 식 우변의 비율은 본원통화기준(monetary base)이 아닌 지준금기준(reserve base)에 의한 방법이 사용되었을 때의 통화승수이다. 위의 두 M_1식을 비교해보면 알 수 있듯이, 두 통화승수는 매우 비슷하며 유일한 차이는 현금보유비율 K가 지준금기준에 의한 통화승수의 분모에는 나타나지 않는다는 것이다. 따라서 우리는 지준금기준이 사용됐을 때의 총통화결정식을 다음과 같이 표현할 수 있다.

$$M_1=m_R\cdot R$$

$$m_R=\frac{1+K}{R_D+X+tR_T}$$

본원통화기준에 의한 방법을 사용할 것인가 또는 지준금기준에 의한 방법을 사용할 것인가는 단지 편의의 문제이고 분석의 목적에 따라 선택하여 사용할 수 있다. 본원통화에 의한 방법은 중앙은행이 가져오는 최초의 변화에 초점을 기울이는 장점이 있다. 예를 들면 ΔB는 중앙은행이 정부채권을 매입한 결과이다. 지준금기준에 의한 방법은 K가 없기 때문에 간단할 뿐만 아니라 또한 은행의 준비금이 화폐공급의 결정에 중대한 역할을 한다는 사실을 부각하는 이점이 있다.

---

6) 본원통과(B)는 은행의 총지급준비금(R)과 사람들이 보유하는 현금(C)을 합한 것으로 정의된다(이 장 2.(1) 본원통화 참조).

3. 통화 및 신용관리의 도구

중앙은행은 통화관리를 전담하는 공적기관으로서 본원통화의 조절을 통해 이를 수행하게 된다. 중앙은행에 의해 변화된 본원통화량은 곧 은행의 신용창출과정에 영향을 미침으로써 총통화공급에 변화를 가져온다. 따라서 통화개념에 있어 본원통화는 원자의 핵과 같으며 그 핵을 관리하는 경제대리인이 바로 중앙은행인 것이다.

중앙은행이 통화공급을 조절하기 위해 이용하는 주요 수단은 크게 세 가지가 있다. 첫째로 본원통화에 직접적 변화를 가져오는 공개시장조작(open market operation), 둘째로 중앙은행이 금융기관에 대부하는 할인여신량의 조절을 통해 본원통화에 변화를 가져오는 할인율정책(discount rate policy), 마지막으로 통화승수에 영향을 주는 요구지준율정책(reserve requirements) 등이 있다. 중앙은행이 수행하는 위의 정책들은 국가경제에 중대한 영향을 주기 때문에 중앙은행이 실제로 이들 정책을 어떻게 행사하며 각 정책이 얼마나 효율적인가 하는가를 살펴보아야 한다.

(1) 공개시장조작 정책

공개시장조작은 중앙은행이 금융시장에서 은행을 포함한 민간투자를 대상으로 유동성이 높은 국공채 등 증권을 매매하여 은행의 지준금을 증감시킴으로써 통화정책의 중간목표[7]인 통화량이나 이자율을 일정수준으로 유지하고자 하는 수단이다. 국공채 등 유가증권의 공개시장 매입은 본원통화를 늘림으로써 통화공급을 팽창시키며 역으로 공개시장 매각은 본원통화를 줄임으로써 통화공급을 수축시킨다.

통화정책수단으로서 이러한 공개시장조작은 중앙은행의 필요에 따라 조작시기 및 규모를 신축적으로 결정할 수 있을 뿐만 아니라 금융시장에 미치는 충격이 작고 그 정책효과는 크기 때문에 다른 정책수단, 즉 할인율정책이나 요구지준율정책에 비해 효율적인 정책수단으로 평가되고 있다. 더구나 다른 정책수단들이 시장메커니즘을 통하지 않고 정책당국이 인위적으로 규제 및 조정하는 형태이기 때

7) 통화정책의 목표에 대해서는 본장 4. 통화관리의 수행에서 상세히 다루게 된다.

문에 이러한 규제에서 오는 기대하지 않은 효과가 적지 않다. 따라서 국공채시장의 규모가 크고 거래가 활성화 되어 있는 국가에서 공개시장조작을 주된 통화정책수단으로 사용하고 여타의 정책수단은 보조적 수단으로 사용하는 것이 일반적이다.

공개시장조작은 크게 능동적 시장조작과 수동적 시장조작의 두 가지 형태로 분류할 수 있다. 능동적 공개시장조작(dynamic open market operation)은 은행의 지준금(reserve)수준에 변화를 주어 본원통화를 의도적으로 변경하는 것이며, 수동적 공개시장조작(defensive open market operation)은 중앙은행에의 정부예치금이나 플로트(float) 등과 같은 비통제변수가 바람직하지 않은 방향으로 움직일 경우, 중앙은행이 개입하여 이를 상쇄하기 위한 차원에서 이루어지는 것이다.

중앙은행은 국공채시장에서 증권의 매입 · 매도를 통해 공개시장조작을 하게 되는데, 미국의 경우 특히 정부발행증권(T-Bill)이 대종을 이루고 있다. 우리나라의 경우는 한국은행이 통화안정증권과 정부가 발행한 재정증권을 예금은행 · 산업은행 · 투자신탁회사 · 종합금융회사 · 증권회사 등 기관 투자가에 매매함으로써 공개시장조작을 수행하고 있다. 그러나 통화안정증권은 T-Bill과는 달리 중앙은행의 채무이기 때문에 이자지급 등에 따라 통화량 조절에 교란이 생길 수 있으며, 발행시 경매체제(auction system)에 의해 가격형성이 되지 않으므로 기관투자가에게 할당하는 형식의 강압적 배분에 의존하고 있다. 공개시장조작의 대상으로서 적절한 증권의 요건은 첫째로 활발한 유통시장이 존재하여 유동성(liquidity)이 풍부하여야 하며 시장에 거래되고 있는 증권의 수가 많아서 중앙은행에 의한 대규모의 거래로 인해 가격의 급격한 등락이 없어야 한다.

때때로 공개시장조작은 증권의 직접적 매각이나 매입(straight purchase or sale), 즉 단순매매에 의해 이루어지는 경우도 있으나 환매계약(repurchase agreement)이나 역환매계약(reverse repurchase agreement)을 체결하는 경우가 대부분이다. 단순매매는 시중유동성의 장기적 조절수단으로서 유동성의 과부족이 비교적 장기간 지속될 것으로 예측될 경우에 활용된다. 따라서 주로 성장통화의 공급이나 과잉유동성의 조절목적으로 이용된다. 반면 환매계약이나 역환매계약은 시중유동성의 일시적 · 단기적 조절수단으로서 중앙은행의 예측불가능한 요인에 의해 유동성 과부족현상이 발생하였을 경우 이를 완화시키기 위해서 활용된다. 환매계약이란 중앙은행이 증권을 매입할 때 일정기간 후(보통 1주일 미만) 매각자가 이를 다시 매입할 것을 약속하는 것으로 통칭 repo라고 부른다. 역으로 역환매계약이란 중앙은행 이 증권을 매각할 때 일정기간 후 중앙은행이 이를 다시 매입할 것을 약속하는 계약이다.

공개시장조작은 다른 통화정책도구에 비해 다음과 같은 장점을 가지고 있다.

첫째, 공개시장조작은 중앙은행이 직접적으로 주도하고 통제하는 유일한 통화관리도구이다. 이러한 통제권은 예를 들어 할인율정책 등에서는 볼 수 없는 성질의 것이다. 할인율정책에서 중앙은행은 일반은행이 할인여신을 청구할 경우, 이를 일정한 할인율조건에서 수락 또는 거부할 수 있으나 직접적으로 할인여신의 총량을 통제할 수는 없다.

둘째, 공개시장조작은 통화관리를 매우 신축적(flexible)으로 운용할 수 있다. 원하는 본원통화의 변화량이 많든 적든 관계없이 증권을 매각 또는 매입함으로써 목표를 달성할 수 있다.

셋째, 공개시장조작은 상황에 따라 통화관리를 용이하게 반전(reversal)시킬 수 있다. 공개시장조작에 실수가 있어 목표통화량과 괴리가 발생할 경우 즉각적으로 증권의 매각·매입을 통해 이를 조정할 수 있다. 예를 들어 초과공개시장매입으로 인해 통화량이 과도하게 증가하였을 경우 즉각적인 공개시장매각을 통해 이를 수정할 수 있다.

넷째, 공개시장조작은 통화관리를 매우 신속하게 수행할 수 있다. 즉 행정절차로 인해 적기를 놓치는 경우가 거의 없다. 중앙은행은 목표통화량을 결정하면 다른 행정절차를 거치지 않고 곧바로 증권시장에서 이를 수행할 수 있다.

한편 공개시장조작이 정책수단으로서 효율성을 지니기 위해서는 다음과 같은 여건이 선행되어야 한다. 우선 조작대상이 되는 국공채 또는 이와 유사한 성격을 지닌 유가증권의 유통시장이 잘 발달되어야 한다. 즉 유통시장의 규모가 상당한 수준에 달하고 거래가 활성화되어 있어야 하며, 중앙은행에서의 공개시장조작이 유가증권의 가격이나 이자율에 큰 영향을 미치지 않도록 시장의 폭과 깊이가 커야 한다. 다음으로 금융자산의 만기구조에 따라 이자율 체계가 형성되는 금융환경이 조성되어야 한다. 시장에서 형성되는 다양한 금리를 포괄적으로 반영하여 장단기 금리의 연계성과 변동 추이를 나타내는 합리적인 이자율의 만기구조(term structure of interest rates) 확립은 공개시장조작의 효율성 제고에 있어서 아주 중요한 여건이 된다.

(2) 할인율정책

중앙은행은 은행의 은행으로서 상업은행에 대한 자금지원제도를 가지고 있는데, 이러한 자금지원은 통상 재할인창구(discount window)의 운용을 통해 이루어진다. 재할인창구를 통한 자금지원은 주로 상업은행이 기업으로부터 할인한 어음을 중앙은행에서 다시 할인해 주는 재할인방식과 국공채 등 증권이나 어음을 담보로 하는 담보대출방식으로 이루어진다. 미국에서는 담보대출방식으로 운용되고 있으며 우리나라를 포함한 여타 대부분의 나라에서는 두 가지 방식이 모두 이용되고 있다.

통화관리수단으로 활용되는 할인율(또한 재할금리)은 중앙은행이 재할인창구를 통하여 상업은행에 자금지원시 부과하는 이자율이다. 할인율정책은 주로 할인율의 조정을 통해 지원자금의 총량, 즉 할인여신량을 변화시키고 나아가 본원통화 및 총통화를 변경시키는 정책이다. 즉 할인여신의 증가는 본원통화의 증가를 의미하여 통화공급을 팽창시키게 되며, 반대로 할인여신의 감소는 본원통화의 감소를 의미하여 통화공급을 수축시키게 된다.

중앙은행이 할인여신의 총량을 조정하는 방법으로는 두 가지가 있다. 첫째는 할인여신의 가격이라 할 수 있는 할인율을 변경시키는 방법이며, 둘째로는 중앙은행의 할인여신 담당부서(재할인창구)가 할인여신의 종류와 한도를 정하여 총량을 직접 관리하는 방법이다.

중앙은행이 할인율을 변경시켜 할인여신량을 조정하는 메커니즘은 수요의 법칙에 따른다. 할인율의 상승은 중앙은행으로부터의 차입비용을 높이게 되어 은행들의 차입수요, 즉 할인여신량을 감소시키게 된다. 또한 할인율의 하락은 중앙은행으로부터의 차입비용을 낮춤으로써 할인여신량을 증가시키게 된다.

한편 할인여신의 총량을 직접 관리하는 방식은 중앙은행이 상업은행에 대한 할인여신의 종류를 정하고 종류별 한도를 정하여 금융기관에 대해 적정하다고 판단되는 규모의 자금을 인위적으로 할당하게 된다.

중앙은행은 이러한 각종 할인여신의 총량을 직접 통제함으로써 할인율 조정정책과 병행하고 있다. 그런데 중앙은행은 이들 할인여신이 오용되는 것을 방지해야 한다. 예를 들어 시중금리보다 할인율이 낮을 경우 은행은 이 여신자금을 증권이나 부동산 등에 투자하여 재테크에 활용할 수 있다. 따라서 중앙은행은 할인여신의 운용대상을 제한하고 있으며 또한 할인여신을 이용할 수 있는 기회의 수를 제한하고 있다. 만약 과도하게 은행이 이들 여신을 이용할 경우, 중앙은행은 미래에 이들 여신의 청구를 거절할 것임을 경고하게 된다.

그러므로 은행이 할인여신을 이용할 경우 부담해야 하는 차입비용은 다음의 두 가지를 생각할 수 있다. 첫째는 할인율, 즉 이자비용이다. 둘째로는 할인여신을 이용하게 됨으로써 미래에 이를 다시 이용할 수 있는 기회가 줄어드는 것과 "도덕적 권유"(moral persuasion)라고 불리는 여신자금의 운용에 대한 제한이 그것이다.

한편 중앙은행의 할인율정책은 정보효과(information effect)[8]를 가지고 있다. 즉 할인율의 변경은 중앙은행이 앞으로 통화정책을 어떻게 주도할 것인가 하는 정보를 시장에 전달하게 된다. 따라서 만약 금리를 높여 경제 팽창을 제한하려 할 경우 할인율을 상향조정함으로써 이러한 의도를 시장에 전달한다. 이러한 신호는 경제팽창을 통제하는 데 일조(一助)를 하게 된다. 왜냐하면 미래에 통화공급이 수축될 것으로 시장이 기대하기 때문이다.[9]

그러나 일반적으로 할인율변경의 정보효과는 오용될 소지가 크기 때문에 득보다는 실이 많은 것으로 알려지고 있다. 예를 들어 시중금리보다 할인율이 낮을 경우 할인여신총량은 증가하게 된다. 이때 중앙은행은 경제팽창을 완화시킬 의도가 아니라 단지 과도한 할인여신을 줄일 목적으로 할인율을 시중금리수준으로 상승시킨다. 그러나 시장은 이를 중앙은행이 긴축정책으로 전환하는 것으로 잘못 인식하게 된다. 그러므로 중앙은행은 미래의 통화정책 의도를 시장에 전달하고자 할 경우 할인율의 정보효과에 의존하기보다는 직접적으로 이를 공표하는 것이 보다 바람직한 방법이라고 할 수 있다.

이에 반해 할인율정책의 단점으로는 크게 두 가지가 지적되고 있다. 첫째로는 앞서 말한 바와 같이 할인율의 변경이 오정보를 시장에 전달함으로써 중앙은행의 정책에 대한 시장의 지각을 혼란시킬 수 있다는 것이다. 둘째로는 중앙은행이 할인율을 일정수준으로 고정시킬 경우 시중금리가 변동함에 따라 시중금리와 할인

8) 정보효과는 대리인비용 개념과 함께 최근에 발전된 정보경제학(economics of information)의 산물이다. 즉 일반경제인과 특정 분야의 전문경제인 사이에 정보의 불균형(informational asymmetry)이 존재할 경우 전문경제인은 적절한 동기가 부여된다면 자신이 지니고 있는 내부정보를 시장에 전달하는 도구(예를 들어 배당이나 증권발행 등)를 가지고 있다는 것이다.

9) Modigliani와 Miller는 신호전달이란 시장의 지각(perception)을 변화시키는 행위라고 표현했다.

율의 차(스프레드) 역시 변동하게 된다는 것이다. 이러한 변동은 곧 의도하지 않았던 할인여신총량의 증감을 초래하게 되며 따라서 통화공급의 불필요한 변동을 가져오게 된다. 즉 중앙은행이 완전한 인위적 통제권을 확보하고 있는 공개시장조작과는 달리 할인율정책은 부분적인 통제권만이 부여됨으로써 의도하지 않은 방향으로 국면이 전개될 소지가 있다. 예를 들어 중앙은행은 할인율을 하락시켜 예금은행을 유인할 수는 있으나 할인여신을 청구하도록 강요할 수는 없다. 이는 마치 말을 물가에 데려다 놓을 수는 있어도 강제로 물을 먹게 할 수는 없는 것과 마찬가지로 할인율정책이 갖고 있는 한계성을 나타내는 것이다. 또한 시장상황이 바뀌었을 경우 공개시장조작처럼 신속한 정책의 반전(reversal)을 기대할 수 없는 취약점이 있다. 이에 따라 일부 경제학자는 통화정책도구로서의 할인율정책에 의문을 제기하고 있다.

이에 따라 보다 완곡한 대안으로 제시된 것이 할인율의 변동을 시중금리의 변동에 묶어두어야 한다는 주장이었다. 이러한 견해의 일종으로 과태료할인율개념(penalty discount rate concept)이라는 주장이었다. 이는 할인율을 시중금리보다 일정률 이상 높게 페깅(pegging)(예를 들어 할인율을 T-Bill 이자율보다 3% 포인트 높게 설정)하고 모든 은행은 동 할인율로 원하는 만큼 차입할 수 있도록 하는 내용이다.

할인율을 시중금리에 묶어 두는 방법은 여러 가지 장점을 가지고 있다. 첫째, 중앙은행은 할인여신을 통해 계속적으로 최후의 대여자로서의 기능을 발휘할 수 있다. 둘째, 시장금리와 할인율의 차, 즉 스프레드의 변동이 완전 제거됨으로써 할인여신량 변동의 상당 부분을 제거할 수 있다. 셋째, 과태료할인율 개념에서 주장하는 바와 같이 할인율을 시중금리보다 높게 설정할 경우 차입비용의 상승으로 은행이 재테크를 하기가 용이하지 않으므로 감시비용(monitoring cost)의 절감 및 행정적 관리업무를 간소화할 수 있는 장점이 있다. 넷째, 할인율이 시중금리에 따라 자동적으로 변하므로 중앙은행의 의도에 대한 오정보 효과를 제거할 수 있다.

이상과 같은 여러 장점으로 인해 많은 경제학자들이 할인율의 변동을 시중금리에 묶어두는 주장을 지지하고 있다. 실제로 미국의 경우 이러한 주장이 부분적으로 실무에 도입되어 할인율의 시계열적 추이가 시장금리의 추이를 거의 반영하고 있다.

(3) 요구지불준비금정책

지불준비율제도는 상업은행에 대하여 예금채무의 일정비율(지준율이라고 함) 해당액을 법령에 의하여 시재금이나 중앙은행에의 예치금으로 보유토록 하는 제도이다. 이러한 제도는 초기에는 예금자보호를 목적으로 제도화되었으나 그 후 통화관리수단으로 발전하였다.

이러한 지준율의 변경은 앞에서 보았듯이 통화승수의 변화를 가져와 통화공급에 영향을 준다. 지준율의 상향조정은 주어진 본원통화량에서 예금총액을 감소시켜 통화공급의 수축을 가져온다. 반대로 지준율의 하향조정은 예금창출이 확대되어 통화공급이 팽창되게 된다. 미국의 경우 1930년대 이후 연방준비제도가 지준율을 설정할 수 있는 권한을 확보하게 되었으며 이후 통화공급에 강력한 영향력을 행사하는 것으로 인정되고 있다. 실제로 지준율의 변화는 통화공급에 막대한 변화를 가져다 주기 때문에 중앙은행은 부득이한 경우가 아니면 이를 통과관리의 수단으로 이용하는 데 주저해 왔다.

지준율정책의 주요 장점은 모든 은행에 균등한 영향력을 행사할 수 있으며 통화공급에 강력한 영향을 줄 수 있다는 점이다. 그러나 지준율의 변경이 통화공급에 강력한 영향을 준다는 사실은 장점보다는 단점이 더 많은 것으로 일반적으로 인식되고 있다. 왜냐하면 통화공급을 소폭으로 변화시키고자 할 경우 지준율의 변경으로는 이를 기대할 수 없기 때문이다. 예를 들어 현재 요구불예금이 4,000억원이라면 지준율의 0.5% 포인트 상승은 초과지준금(대출가능자금)을 20억 원 감소시키게 된다.[10] 이러한 초과지준금의 감소는 창출된 예금통화를 승수효과에 의해 더욱 크게 수축시키므로 총통화공급은 20억 원보다 훨씬 더 줄어들게 된다. 물론 통화공급을 소폭 변경시키고자 할 경우 지준율을 극도로 작게 변경시킴으로써(예를 들어 0.001%) 이를 달성할 수 있으나 이 경우 지준율변경에 따른 관리비용을 부담해야 하므로 정책의 실효성이 없다. 따라서 지준율정책은 목표변화량을 정확히 조절할 수 있는 능력이 결핍되어 있다. 이는 다이아몬드를 자르기 위해 큰 망치를 이용하는 경우로 비유되곤 한다.

지준율정책의 또 다른 단점은 지준율을 올릴 경우 초과지준금을 적게 보유하

10) 4,000억원×0.5%=20억원. 즉 20억 원만큼 더 요구기준금으로 보유하여야 하므로 동액만큼 은행들의 대출가능자금이 줄어들게 된다.

고 있는 은행에 유동성부족문제를 야기할 수 있다는 데 있다. 따라서 일반적으로 지준율을 상향조정할 경우 중앙은행은 공개시장매입이나 할인여신창구를 보다 개방시킴으로써 초과지준금을 적게 보유하고 있는 은행들이 입게 될 타격을 극소화시킨다. 또한 지준율의 변동은 은행이 직면하는 불확실성을 고조시켜 유동성관리를 어렵게 만드는 단점도 있다.

따라서 총체적으로 볼 때 지준율의 변경은 바람직한 통화관리의 도구라고는 볼 수 없으며 실무적으로도 빈번히 사용되지는 않고 있다. 이로 인해 지준율정책을 수정하기 위한 대안이 크게 두 가지 제시되었다. 하나는 요구지불준비금을 완전히 철폐하는 것이고 다른 하나는 예금액의 100%를 모두 요구지불준비금으로 설정하는 것이다.

중앙은행은 지준금에 대해 이자를 지급하지 않으므로 요구지불준비금은 은행예수금에 대한 일종의 세금으로 볼 수 있다. 왜냐하면 요구지불준비금만큼의 예금액이 시중에 대출될 수 없으며 이에 따라 수익을 창출 못하는 기회비용이 발생하기 때문이다. 이에 따라 일부 경제학자는 이것이 불합리하다고 간주하고 요구지불준비금 제도를 완전히 폐지해야 한다고 주장했다. 이 경우 신용창출 기본과정에서 총요구불예금의 변화량 $\varDelta D = \varDelta B / R_D$의 분모가 0이 되므로 $\varDelta D$는 무한대가 된다. 그러나 보다 세련된 형태의 화폐공급증가식을 살펴보면 R_D가 0이라도 화폐공급증가는 무한대로 발산하지 않는다. 은행들은 요구지불준비금제도가 없더라도 예금의 인출에 대비하여 자발적으로 지준금을 보유하려고 할 것이다.

요구지불준비금제도의 존속을 지지하는 학자들은 이 제도가 통화승수를 보다 안정되게 하며 따라서 통화공급의 관리를 보다 용이하게 한다고 주장한다. 그러나 이러한 상반된 견해에 대한 실증적 증거가 아직은 명료하지 않은 관계로 요구지불준비금제도의 존속은 쉽게 결론지을 수 있는 문제가 아니다.

한편 프리드만은 요구지불준비금이 예금액의 100%가 되어야 한다고 주장했다.[11] 100%의 요구지불준비금제도하에서는 통화공급과 본원통화가 동일하게 되어 중앙은행이 총통화를 완전히(strictly) 통제하게 되는 장점이 있다.

그러나 이러한 제도는 몇 가지 문제점을 안고 있다. 우선 은행은 예금총액이 전액 요구지불준비금으로 전환되므로 초과지준금을 보유할 수 없게 되어 대출을

---

11) Milton Friedman, *A Program for Monetary Stability*(Fordham University Press, New York, 1960).

할 수 없게 된다. 따라서 대출은 다른 금융기관에 의해 이루어지게 된다. 이러한 금융권의 재조직은 막대한 비용을 발생시킬 뿐만 아니라 요구지불준비금을 보유할 필요가 없는 금융기관은 수신액을 높이기 위해 당좌예금과 같은 금융상품을 개발할 것이다. 이러한 결과로 중앙은행은 공식적 통화공급(official money supply)을 완전히 통제하게 되지만 경제적으로 의미 있는 통화공급(economically relevant money supply)에 대한 중앙은행의 통제권은 오히려 약화되게 된다 왜냐하면 당좌예금 성격의 금융 상품을 개발하게 된 비은행권 금융기관이 대출을 전담하게 되어 신용팽창 기능을 발휘하게 되지만 이들은 중앙은행의 통제를 받지 않기 때문이다.

4. 통화관리의 수행

앞에서 우리는 통화관리를 수행하기 위한 도구들에 대해 살펴보았다. 이제 여기서 생기는 문제는 제 통화관리도구를 이용하여 중앙은행이 실질적으로 얼마나 효율적으로 통화공급을 관리할 수 있는가 하는 것이다.

이러한 문제를 살펴보기 위해 우리는 중앙은행이 설정한 통화관리의 목표와 이를 수행하기 위한 전략을 살펴보기로 한다. 또한 이에 따른 통화관리 결과의 평가에 대해 살펴보기로 하자.

(1) 통화관리의 목표

1) 고용증대

고용증대는 다음의 두 가지 측면에서 그 중요성이 인식된다. 첫째 높은 실업률은 사람들로 하여금 재정적 압박에 시달리게 하여 개인적 자긍심의 손상과 범죄율의 증가를 야기시킨다. 둘째로 실업이 심화될 때 경제체제 내에 유휴노동력과 유휴자원이 발생되게 되어(공장의 폐쇄나 미사용설비 등) 결과적으로 생산(나아가 GDP)의 손실을 초래하게 된다.

이 경우 고용증대가 바람직하다고 판단될 때 어느 정도의 고용수준을 적정하다고 말할 수 있겠는가? 또한 어떤 수준에서 경제가 완전고용에 이르렀다고 할 수 있겠는가?

완전고용이란 모든 사람이 일자리를 가지고 있는, 즉 실업률이 0인 상태를 말한다고 볼 수 있다. 그러나 이러한 정의는 마찰적 실업(frictional unemployment)[12]이라 부르는 어느 정도의 실업이 오히려 경제에 유익하다는 사실을 도외시했다는 점에서 문제가 있다. 예를 들어 노동자가 좀더 나은 일자리를 구하고자 할 경우, 그 기간 동안에는 실업상태에 있게 된다. 또는 경우에 따라서 노동자는 진학이나 여가생활 등 여타 활동을 위해 당분간 자발적으로 직장을 그만 둘 수도 있다. 또한, 그가 다시 일자리를 얻기로 결정한 경우에도 일자리를 구하기 위해서는 어느 정도 시간이 요구되게 마련이다. 약간의 실업이 경제전체로 보아 오히려 유익하다는 개념은 임대아파트시장에서 아직 임대되지 않은 아파트가 존재하는 것이 경제전체로 보아 유익하다는 개념과 그 성격이 비슷하다. 즉 임대아파트를 구하려 할 경우 만약 빈 아파트의 비율이 과도히 낮을 경우 적정한 아파트를 찾는 데 많은 시간 및 비용이 요구될 것이다. 마찬가지로 실업률이 과도히 낮을 경우 자신이 바라는 일자리를 얻기가 매우 힘들어 많은 시간과 비용이 요구되므로 어느 정도의 실업은 필요악이라 하겠다.

그러므로 높은 수준의 고용이라는 통화정책의 목표는 경제 내에 실업이 전무한 상태가 아니라 어느 정도의 실업을 유지하여 노동의 수요와 공급이 일치하는 균형상태를 추구하는 것을 의미한다고 할 수 있다. 이러한 실업률수준을 자연실업률(natural rate of unemployment)이라 부른다.

이상의 정의는 상당히 설득력이 있는 것으로 보이지만 구체적으로 어느 정도의 실업률수준에서 완전고용이라고 할 수 있는가 하는 문제가 제기된다. 1930년대 대공황의 경우 미국의 실업률은 한때 20%를 상회한 적이 있는가 하면 1960년대 초에는 적정한 실업률을 4%로 너무 낮게 책정함에 따라 물가상승을 부추긴 적도 있다. 최근의 분석에 의하면 적정자연 실업률을 6% 정도로 추정하고 있으나 이 추정치 역시 불확실하며 논란의 여지가 있다. 한편 직원모집에 대한 정보를 보다 효과적으로 전달한다든지 직업훈련 등을 강화하는 등 적절한 정부의 뒷받침이 선행된다면 자연실업률을 하향조정할 수 있을 것이다.

---

12) 노동자가 정보수집활동을 위해 실업상태에 있는 경우를 마찰적 실업이라 한다. 이러한 개념은 자본재나 토지 등 기타 재화에도 적용되며 여타 개념의 실업과는 달리 경제적 비효율성을 의미하지 않는다는 데 그 특색이 있다. 즉 불확실한 현실 세계에서 수요 · 공급의 변화에 대처하기 위한 조정행태라는 측면에서 불가피한 실업이라고 할 수 있다.

2) 경제성장

지속적 경제성장이란 통화정책의 목표는 고용증대와 밀접한 관련성을 갖고 있다. 일반적으로 기업들이 생산성을 향상시키고 경제 성장에 박차를 가하기 위해 자본설비에 투자를 늘리는 상황에서는 실업률이 낮은 것이 보통이다. 역으로 기업들의 공장가동률이 저조하고 자본설비에의 투자가 저조할 때 실업률은 높게 된다. 이처럼 두 목표가 서로 밀접한 관련성을 가지고 있다고 볼 때 기업의 투자의욕을 진작시키고 이에 필요한 투자재원 확보를 겨냥한 통화정책이 시행될 수 있다.

3) 물가안정

지난 20여 년간 많은 경제학자들이 인플레이션의 사회적 · 경제적 제비용을 강조해 왔으며 물가안정을 경제정책의 주요 목표로 인식하고 이를 위해 많은 관심을 기울여 왔다.[13] 우선 인플레이션은 경제 내의 불확실성을 고조시킨다. 즉 전반적인 물가수준이 변할 때 재화나 용역의 가격에 내재하고 있는 정보를 해석하기가 어려워지므로 소비자 · 기업 · 정부는 의사결정을 하기가 매우 힘들게 된다.

또한 인플레이션은 미래에 대한 계획입안을 어렵게 한다. 예를 들어 인플레이션이 극심할 경우 소유자금을 얼마만큼 소비하고 저축할 것인지, 또 소비를 어떻게 배분할 것인지를 결정하기가 용이하지 않다. 이외에도 인플레이션은 일반대중의 구매력을 무차별적으로 감소시킴으로써 실질소득 격차를 심화시키고 사회적 갈등을 고조시킨다. 여기서 일정그룹의 구성원은 물가상승폭만큼 임금인상을 보전하기 위해 다른 그룹과 충돌하게 되며 이러한 과정에서 인플레이션은 더욱 악화될 수 있다.[14]

4) 이자율 안정

금리의 안정이 요구되는 것은 금리의 변동이 경제 내의 불확실성을 초래하여

---

13) 1960~1970년대의 만성적 악성인플레이션은 경제학의 주류를 케인즈학파에서 통화론자로 변경시켰다. 통화론자들은 인플레이션의 원인규명 및 이에 대한 치유책을 통해서 각광을 받기 시작했으며 이는 1980년대 레이거노믹스(Reaganomics)의 프레임을 설정한 공급중시 경제학이 대두될 때까지 계속되었다.

14) 인플레이션과 임금상승은 교대로 서로를 부추기는 힘이 있는데, 이를 임금-물가 소용돌이(wage-price spiral)라고 한다.

미래에 대한 계획수립을 어렵게 만들기 때문이다. 예를 들어 주택시장에서 금리의 변동은 주택수요자로 하여금 구매시점의 결정을 어렵게 할 뿐만 아니라 주택공급자로 하여금 주택공급수의 결정을 어렵게 한다. 따라서 이자율의 안정화는 물가안정과 함께 주요 통화정책의 목표로 인식된다.

5) 금융시장 안정

중앙은행 설립의 취지 중 하나는 중앙은행의 도입이 금융체제의 안정을 도모한다는 것이었다. 중앙은행제도가 금융시장의 안정을 가져올 수 있는 이유는 중앙은행이 최후의 대여자로서의 기능을 발휘함으로써 금융공황을 방지할 수 있다는 것이다.

한편 이자율의 안정 역시 금융시장의 안정을 도모하는 데 일조를 한다. 이자율의 급격한 등락은 금융기관이 직면하는 불확실성을 제고시키기 때문이다. 과도한 금리의 상승은 특히 장기성채권이나 담보부채권을 소유하고 있는 금융기관(예를 들어 저축대부조합이나 상호저축은행 등)에 막대한 자본손실을 안겨주어 이들의 재정상태를 악화시킨다.

이상에서 살펴본 고용증대, 경제성장, 이자율 및 금융시장의 안정 등 통화정책의 여러 목표는 서로 부합되는 경우가 있는 반면에, 때에 따라서 서로 대립되는 경우도 있다. 예를 들어 경제가 활황의 국면으로 접어들고 실업률이 하락할 경우 물가와 이자율은 상승하게 마련이다. 이때 중앙은행이 이자율의 상승을 억제하기 위해 채권을 대량매입하여 통화량을 증가시킬 경우 이자율은 하락하게 되나 본원통화 및 이로 인한 통화공급의 팽창이 유발되어 물가가 상승하게 된다. 그렇다고 해서 인플레이션을 억제하기 위해 중앙은행이 통화공급을 줄일 경우 이자율 및 실업률은 다시 상승하게 된다. 이러한 목표간의 대립은 중앙은행의 의사결정을 매우 어렵게 만든다. 따라서 어떤 목표를 우선적으로 고려해야 할 것인가 하는 문제는 결국 경제가 처하고 있는 상황에 따라 달라지게 되며 이로 인한 부작용을 극소화하도록 부대조치가 취해져야 한다.

(2) 중앙은행의 전략

중앙은행은 공개시장조작 등 일련의 정책도구를 통하여 물가안정이나 고용증

[그림 16-2] 중앙은행의 전략

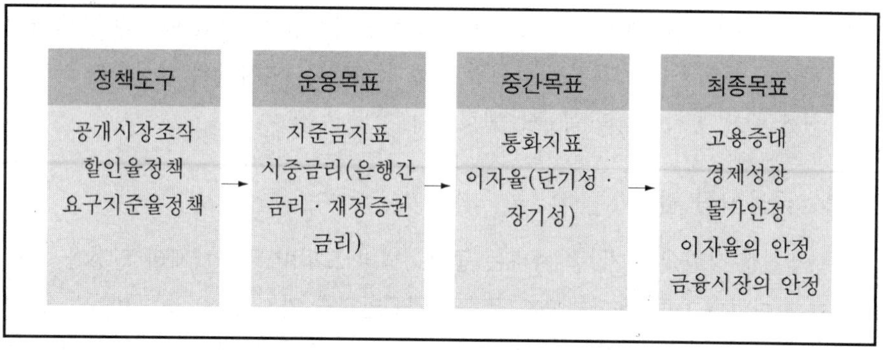

대 등의 목표를 궁극적으로 추구한다. 그러나 중앙은행이 실제로 조작할 수 있는 정책변수는 일부 금융변수에 불과하고 또 정책의 시행에서부터 그 효과발생에 이르기까지 파급경로(transmission channels)가 길고 복잡하여 최종목표의 달성 여부에 장기간(보통 1년 이상)의 불확실성이 존재하게 된다. 따라서 중앙은행은 정책도구의 시행 후 이들 정책의 수행결과가 최종목표를 달성하는 방법으로 나아가고 있는지에 대한 중간평가가 필요하며, 이러한 평가결과에 따라 당초의 정책을 변경하거나 일부 수정하는 등의 조치가 강구된다.

이에 따라 대부분의 국가에서 중앙은행은 통화정책도구와 최종목표 사이에서 정책효과를 매개하는 금융변수들로써 정책운영목표를 별도로 설정하여 이를 통해 정책효과의 침투 여부를 확인하고 이들 변수의 조절을 통해 최종목표를 달성하고자 하는 전략을 추구하게 된다. 정책운영목표로서 어떤 금융변수를 선택하여 이용하는가는 국가마다 다소 차이가 있으며 또 경제 및 금융환경의 변화에 따라 달라져 왔다. 여기서는 미연준의 경우를 중심으로 살펴보고자 한다.

미연준(FRB)의 통화정책 운영목표는 중간목표(intermediate target)와 운용목표(operating target)로 다시 구분되는데, 이러한 목표와 정책도구 및 최종목표의 관계를 도시한 것이 [그림 16-2]이다.

미연준(FRB)은 우선 목표실업률이나 목표물가수준 등의 최종목표를 설정한 이후 이러한 최종목표와 밀접한 관련을 가지고 직접적으로 영향을 미칠 수 있는 금융변수를 선정하게 되는데 이를 중간목표라고 한다. 중간목표는 운용목표에 비하여 통화정책도구와의 연계성은 다소 떨어지나 최종목표와의 연계성은 비교적 높다. 통화총량(monetary aggregates: M_1, M_2, M_3 등)이나 이자율(단기성 및 장기성)

과 같은 지표가 이러한 중간목표로 이용된다.

그러나 이 변수들 역시 공개시장조작과 같은 중앙은행의 정책도구에는 직접적인 영향을 받지 않는다. 따라서 중앙은행은 정책도구에 의해 보다 직접적이고 정확한 관리 · 조절이 가능한 또 다른 금융변수를 운용목표로 설정하게 된다. 이와 같은 운용목표에는 지준금(reserve aggregates)[15]이나 시중금리(은행간이자율이나 재정증권이자율) 등의 지표가 있는데 이들은 중간목표에 비하여 최종목표변수와의 직접적인 관계는 약하다. 미연준(FRB)은 1970년대 초반까지 중간목표만을 가지고 통화정책을 수행하여 왔으나, 그 후 경제 및 금융구조가 보다 복잡해짐에 따라 정책도구와 중간목표 사이의 연계성이 떨어지게 되자 운용목표를 새로 도입하여 통화정책의 효율성을 도모하게 되었다.

중앙은행이 위와 같은 전략을 추구하는 것은 간접적으로 최종목표를 겨냥하는 것보다 이러한 중간목표들을 겨냥하여 최종목표를 추구하는 것이 보다 용이하기 때문이다. 더욱이 운용목표와 중간목표를 사용함으로써 그들의 정책이 옳은 방향으로 나아가고 있는가를 고용이나 물가수준 등 최종목표의 결과가 나타날 때까지 기다릴 필요없이 이전에 파악할 수 있게 되어 정책수정의 효율성을 높이는 장점이 있다.

이상과 같은 중앙은행의 전략 전개과정을 간단한 예를 들어 살펴보도록 하자. 중앙은행이 설정한 고용 및 물가수준이 명목 GDP성장률 5%(최종목표)에 해당한다고 가정하자. 이 경우 중앙은행이 판단하길 명목 GDP성장률 5%는 통화지표 M_1의 4% 증가(중간목표)에 의해 달성될 수 있으며 또한 M_1의 4% 증가는 본원통화 3.5%의 증가(운용목표)에 의해 기대될 수 있다면 중앙은행은 본원통과 3.5%의 증가를 위한 공개시장조작(중앙은행 정책도구)을 수행하게 된다. 이와 같은 정책의 수행 며칠 후 본원통화의 증가가 너무 느리다고(예를 들어 2%) 판단될 경우 중앙은행은 추가적인 공개시장매입을 통해 이를 수정할 수 있다. 이후 중앙은행은 이러

15) 지준금지표로는 총지준금(total reserves) · 비차입지준금(non-borrowed reserves) · 차입지준금(borrowed reserves) · 본원통화(monetary base) 및 비차입본원통화(non-borrowed base) 등이 있다. 상업은행의 총지준금은 시재금과 대중앙은행예치금의 합으로 이루어지는데, 이를 공급형태별로 구분하면 차입지준금과 비차입지준금으로 나누어진다. 차입지준금이란 중앙은행으로부터 재할인창구를 통해 차입한 할인여신을 말하며, 비차입지준금은 총지준금 중 차입지준금 이외에 페더럴 펀드시장 및 중앙은행의 공개시장조작 등에 의해 조달한 지준금을 말한다. 따라서 중앙은행이 운용목표로 비차입지준금을 설정한다는 것은 공개시장 조작을 통하여 공급하는 지준금의 목표를 설정한다는 것과 같은 의미가 된다. 한편 비차입 본원통화는 본원통화에서 차입지준금을 제외한 것이다.

한 정책이 얼마만큼이나 통화공급을 증가시키는지 그 추이를 관찰하게 된다. 만약 M_1이 너무 빠르게 (예를 들어 7%) 증가했다면 중앙은행은 이를 낮추기 위해 공개시장매각 등을 수행하게 된다.

이상에서 보면 중앙은행의 전략수행과정은 중앙은행이 직접적 통제권을 가지고 있는 변수에서 출발하여 직접적 통제권이 없는 최종목표 사이에 연결고리로서 일련의 변수들을 설정함으로써 정책결과의 추정을 보다 용이하게 하여 적절한 수정을 가할 수 있도록 하는 구조를 가지고 있다.

(3) 목표의 선정

우리는 앞에서 정책운용목표(운용목표 및 중간목표)로 이용하는 금융변수는 크게 ① 이자율지표와 ② 총량지표(통화총량 또는 지준금총량)로 구분할 수 있음을 볼 수 있다. 앞의 예에서 중앙은행은 5%의 명목 GDP성장을 달성하기 위해 4%의 M_1 증가를 중간목표(통화총량지표)로 설정하였다. 그러나 M_1 증가 대신 3개월 재정증권 이자율을 8%로 낮추는 중간목표(이자율지표)를 설정하여 동일한 목적을 추구할

[그림 16-3] 통화지표를 목표로 할 경우의 결과

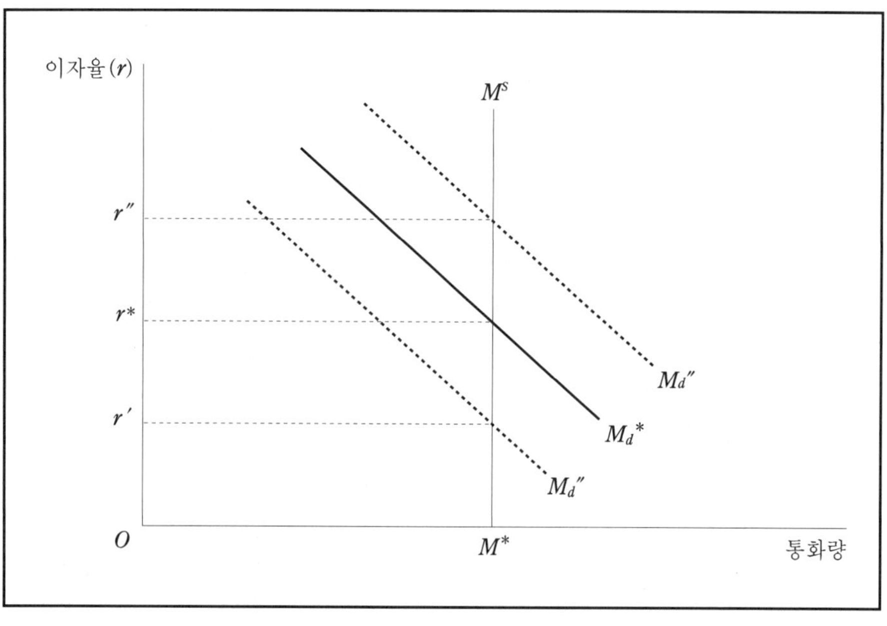

수도 있다고 하자. 그렇다면 중앙은행은 과연 이들 두 종류의 목표를 동시에 추구할 수 있겠는가하는 문제가 대두된다. 이에 대한 해답은 "아니다"이다. 화폐시장의 수요 · 공급분석을 적용하면 왜 중앙은행이 둘 중 하나만을 선택해야지 양자 모두를 채택할 수 없는지를 파악할 수가 있다.

먼저 통화총량지표를 목표로 선택하였을 경우 왜 이자율을 통제할 수 없게 되는지에 대해 알아보자. [그림 16-3]은 화폐시장의 수요 · 공급곡선을 나타내고 있다. 중앙은행은 화폐수요곡선이 M_d^*와 같기를 기대하고 있으나 예기치 않은 실물시장의 상황변화나 물가수준의 변동으로 M_d'와 M_d'' 사이에서 변동을 하게 된다.

만약 중앙은행이 목표로 설정한 M_1의 4% 증가가 M^*의 통화공급을 가져오게 된다면, 이자율은 r^*가 될 것이다. 그러나 그림에서 볼 수 있는 바와 같이 통화공급이 M_d'와 M_d'' 사이에서 변동하게 되므로 이자율 역시 r'와 r'' 사이에서 변동하게 된다. 따라서 통화총량지표를 목표로 설정하게 되면 이자율 r^*를 중심으로 상당폭으로 변동하게 된다.

한편 [그림 16-4]는 이자율을 r^*수준으로 설정하는 목표를 선택할 경우의 화폐수요 · 공급곡선을 나타내고 있다.

[그림 16-4] 이자율을 목표로 할 경우의 결과

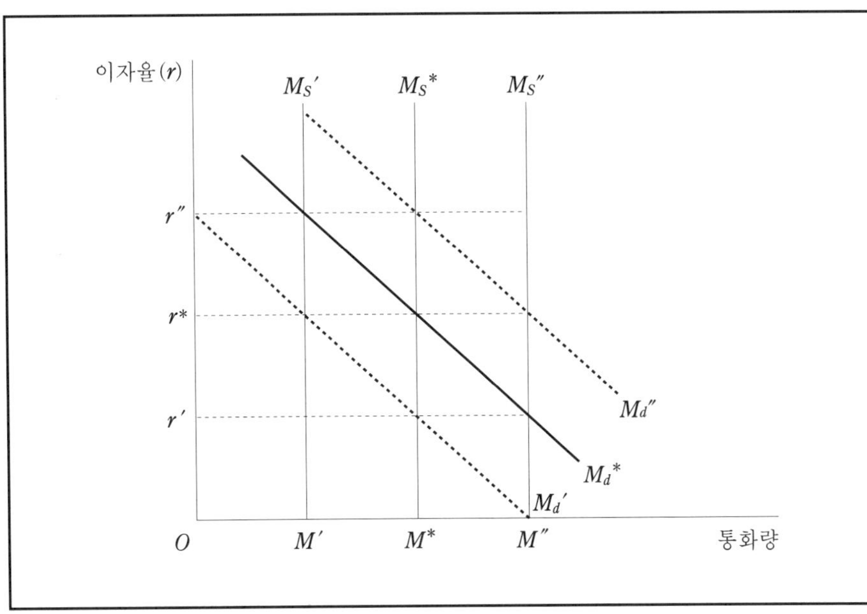

여기서도 역시 중앙은행은 화폐수요곡선이 M_d^*가 되길 기대하지만 실물시장이나 물가수준, 경제의 화폐소유에 대한 선호도 등이 예기치 않은 변화를 일으킬 경우, M_d'와 M_d'' 사이에서 변동을 하게 된다. 만약 수요곡선이 M_d'로 하향이동한다면, 그 때 이자율은 r^*아래로 하락(r')하게 된다. 이 경우 채권가격은 상승하게 된다. 이때 중앙은행은 목표이자율을 달성하기 위해서 보유채권을 매각함으로써 채권가격을 다시 하락시키고 이자율을 이전의 수준으로 복귀하도록 노력한다. 이러한 공개시장매각은 r^*에서 균형이자율이 성립토록 하기 위해 통화공급이 M_S'로 줄어들 때까지 계속되게 된다.

반대로 만약 화폐수요곡선이 M_d''로 상향이동할 경우에는 이자율이 상승하게 되고 채권가격은 하락하게 된다. 중앙은행은 이자율을 다시 r^*수준으로 하락시키기 위해 채권을 매입함으로써 채권가격은 다시 상승하게 되고 이자율은 하락하게 된다. 이러한 공개시장매입 역시 r^*에서 균형이자율이 성립할 때까지 계속되며 이러한 결과 통화공급은 M_S''로 늘어나게 된다. 따라서 중앙은행이 이자율을 목표로 설정할 경우 본원통화와 같은 지준금지표의 변동뿐만 아니라 통화공급의 변동을 유발하게 된다.

이상의 수요 · 공급분석을 통해 알 수 있는 것은 이자율지표와 통화총량지표는 서로 상대방 변수의 변동요인이 되어 양립할 수 없다는 것이다. 중앙은행은 두 목표 중 하나를 추구해야 하며 양자 모두를 좇을 수는 없다. 따라서 목표변수의 선정을 위해서는 어떤 기준(criteria)이 요구되게 된다. 다음은 이에 대해 살펴보도록 하자.

(4) 목표변수의 선정기준

중간목표선정의 기준은 중앙은행전략의 존립 이유에서 실마리를 찾을 수 있다. 즉 전술한 바와 같이 중앙은행의 전략 전개과정의 기본구조는 통제가능한 변수에서 출발하여 직접 통제권이 없는 변수로 연결시키는 데 있다. 직접적으로 최종목표를 추구하지 않고 이러한 중계적 변수를 설정하는 것은 최종변수가 운용상의 목표가 되기에는 무언가가 결핍되어 있기 때문이다. 따라서 최종목표에 결핍되어 있는 이러한 속성이 바로 중간목표의 선정기준이 된다고 볼 수 있다. 이러한 기준으로서는 크게 세 가지가 대두되고 있는데, 측정가능성(measurability)과 중앙은행의 통제가능성(controllability), 그리고 최종목표에 대한 영향력의 예측가능성(predictability) 등이 바로 그것이다.

1) 측정가능성

중간목표가 필요한 이유는 정책방향이 올바로 나가지 않을 때 이러한 사실을 중간목표를 통해 훨씬 더 신속하게 알 수 있기 때문이다. 따라서 중간목표는 보다 신속하고 정확한 측정가능성을 보유하고 있어야 한다. 중앙은행이 M_1의 4% 증가를 중간목표로 선정한 경우 M_1을 빠르고 정확하게 측정할 수 없다면 아무 소용도 없을 것이다. 일반적으로 통화총량에 대한 자료는 몇 주 정도의 시차로 얻을 수 있으며, 이자율에 대한 자료는 즉각적으로 얻을 수 있다. 이에 반해 최종목표 변수인 GDP 등은 분기별로 파악할 수 있으며 아무리 빨라도 한 달 이상의 시차가 요구되게 된다. 더블어 GDP에 대한 자료는 통화총량이나 이자율 등의 자료에 비해 매우 부정확하다. 따라서 GDP 등의 최종목표와 비교해 볼 때 통화총량이나 이자율과 같은 중간목표는 중앙은행의 정책이 올바른 방향으로 전개되고 있는지에 대한 정보를 보다 명확히 전달해 준다고 볼 수 있다.

한편 이자율과 통화총량지표를 비교해 볼 때 일견 보기에는 이자율이 통화총량지표에 비해 보다 측정이 용이하므로 우수한 중간목표변수로 보인다. 즉 이자율에 대한 자료는 통화총량에 대한 자료에 비해 보다 빠르게 얻을 수 있을 뿐만 아니라 측정이 보다 정확하며 통화총량과는 달리 거의 수정을 할 필요가 없다. 그러나 위에서 말한 이자율은 명목이자율로서 GDP와 직접적으로 관계되는 실질차입비용으로 보기 어렵다. 실질차입비용은 통상 실질이자율(=명목이자율−기대인플레이션율)로 대변되나 안타깝게도 기대인플레이션율을 직접적으로 측정할 수 있는 방법이 없으므로 그 측정이 용이하지 않다. 따라서 통화총량이나 이자율 모두 어느 정도 측정상의 문제점을 가지고 있으므로 중간목표변수로 어떤 것을 선정해야 할 것인지에 대한 명확한 답변은 없다.

2) 통제가능성

한편 중간목표로서 유용하게 이용되기 위해서는 중앙은행이 이를 효과적으로 통제할 수 있어야 한다. 만약 중앙은행이 이들 중간목표변수를 통제할 수 없다면 중앙은행정책이 무언가 잘못 전개되고 있다는 사실이 감지되더라도 아무 도움이 되지 못한다. 왜냐 하면 이를 다시 정상적인 궤도로 복구시킬 방도가 없기 때문이다. 중앙은행은 명목 GDP에 대한 직접적 통제권을 거의 가지고 있지 않기 때문에 어떻게 정책도구를 변경시켜야 하는지에 대한 아무런 지침도 주지 못한다. 이에 반해 중앙은행은 통화총량이나 이자율 등에 대해서는 상당한 통제권을 가지고 있다.

앞서의 통화공급과정이나 통화정책도구 등에서 볼 수 있는 바와 같이 중앙은행은 완전하지는 않지만 통화공급에 강력한 영향력을 행사할 수 있다. 또한 중앙은행은 공개시장조작을 통해 채권가격에 직접적인 영향을 줌으로써 이자율을 통제할 수 있다. 그런데 중앙은행은 이자율은 직접적으로 통제할 수 있는 반면 통화공급에 대해서는 완전한 통제권을 가지고 있지 않으므로 통제가능성의 측면에서는 이자율이 총통화량지표에 비해 우수한 것으로 말해지곤 한다. 그러나 중앙은행은 기대인플레이션을 통제할 수 없으므로 실질이자율에 대한 통제권 역시 완전하다고 볼 수 없다. 따라서 이자율과 통화총량지표의 상대적 우위는 통제가능성의 측면에서도 명확한 답변을 기대하기 어렵다.

3) 예측가능성

중간목표로서 변수가 지녀야 할 가장 중요한 특성은 이들의 변화가 최종목표에 어떤 영향을 미칠 것인지를 파악할 수 있는 예측가능성이다. 일례로 중앙은행이 다른 나라의 특정 재화가격 동향을 빠르고 정확하게 측정할 수 있으며 또한 이를 완전히 통제할 수 있다고 하자. 그러나 그것이 국내 GDP나 물가에 영향을 주지 않는다면 무슨 소용이 있겠는가? 이 경우 외국의 특정 재화가격을 통제함으로써 국내의 실업률이나 물가수준에 영향을 줄 수 있으리라 기대하기는 어려울 것이다. 이는 중간목표와 최종목표간에 합리적으로 기대할 수 있는 인과관계(causality) 내지 개연성이 부족하기 때문이다.

최종목표에 영향을 미칠 수 있는 능력은 중간목표의 유용성과 직접적인 관련성을 맺고 있다. 따라서 통화총량이나 이자율 등의 중간목표변수가 과연 생산성이나 실업률 · 물가수준 등과 같은 최종목표와 연계성을 가지고 있는지에 대한 논란은 경제학의 주요 이슈로 부각되어 왔다. 그러나 대체로 실증분석은 이들 변수간에 상당한 연계성이 있음을 나타내었으며 이에 따라 통화총량이나 이자율을 중간목표변수로 사용하는 것을 지지하고 있다.

지금까지는 중앙은행의 정책운영목표 중 중간목표의 변수선정기준에 대해 알아보았다. 그러면 또 다른 목표인 운용목표의 선정기준은 어떠한가?

운용목표변수의 선정 역시 중간목표변수의 선정과 같은 기준하에 이루어지게 된다. 그러나 여기서 중요시되는 것은 운용목표변수는 최종목표가 아니라 중간목표를 겨냥하여야 한다는 것이다. 즉 운용목표변수는 중간목표에 영향을 미칠 수 있는 예측가능성을 보유하고 있어야 한다. 따라서 가장 효과적이라고 판단되어 선정된 중간목표에 보다 예측가능한 영향력을 미칠 수 있는 변수가 운용목표로 선정되어야 한다. 만약 선정된 중간목표가 이자율이라면 이의 모태가 되는 은행간이자율이나 재정증권이자율 등의 시중금리가 운용목표로 선정되어야 할 것이다.

한편 선정된 중간목표가 통화총량지표라면 또한 통화총량지표의 주축을 이루는 지준금지표가 운용목표로 선정되는 것이 타당할 것이다. 따라서 시중금리를 선정할 것이냐 아니면 지준금지표를 선정할 것이냐 하는 문제는 양자 모두 측정가능성이나 통제가능성면에서 큰 문제가 없으므로 중간목표변수의 선정에 맞추어 판단하는 것이 효과적일 것이다.

제17장 화 폐 수 요

사람들이 특정 시점에 보유하고자 하는 화폐의 총량을 화폐수요(demand for money)라고 한다. 우리는 이미 앞 장에서 통화공급의 결정과정과 통화공급의 변화가 경제변수들에 영향을 미치므로 중요한 경제정책도구로 이용됨을 살펴보았다. 이와 마찬가지로 화폐수요의 변화 역시 주요 경제변수의 변화를 초래하므로 이자율을 비롯한 경제균형을 설명하는 이론적 기반이 된다. 따라서 화폐수요가 어떠한 요인들에 의해 결정되는지, 즉 사람들이 왜 화폐를 보유하고자 하는지에 대해 밝히는 것은 중요하다. 이 장에서는 화폐수요에 대한 중요한 이론들을 고전학파의 화폐수요이론과 케인즈의 유동성선호설 및 케인즈학파에 의한 발전과정 그리고 프리드만의 신화폐수량설을 중심으로 살펴보고자 한다.

1. 고전학파의 화폐수요이론

(1) 화폐수량설

화폐수량설(quantity theory of money)은 피셔(Irving Fisher)[1] 등 고전학파들에 의해 전개된 이론으로서 총소득의 명목가치(nominal value)가 어떻게 결정되는가를 설명하는 거래수량설이다. 이 이론은 총소득이 결정된 상황에서 얼마나 많은 화폐가 필요한가를 설명해 줄 수 있으므로 화폐수요이론을 도출하는 데 이용할 수

1) Irving Fisher, *The Purchasing Power of Money*(The Macmillan Company, New York, 1911).

있다.

피셔의 이론은 화폐의 유통속도(velocity of money)에 대한 개념정의에서 시작된다. 이 이론은 우선 화폐의 유통속도(V)를 화폐의 회전율, 즉 화폐 한 단위가 주어진 기간 동안 평균적으로 몇 번 거래에 이용되었는가를 나타내는 것으로 정의된다. 이 정의에 따르면 화폐의 유동속도는 총산출물의 명목가치(Y=실질산출량(y)×가격(P)으로 명목소득과 동일한 개념)를 화폐의 총량(M: 화폐공급량)으로 나눈 것이다. 즉,

$$V = \frac{P \cdot y}{M} = \frac{Y}{M}$$

화폐의 유통속도를 위와 같이 정의한 경우, 윗식의 양변에 M을 곱하여, 하나의 항등식인 교환방정식(equation of exchange)을 얻을 수 있다.

$$MV = Py$$ [2)]

이 교환방정식은 통화량에 주어진 기간 동안 공급된 화폐가 거래에 사용된 횟수를 곱한 값이 그 기간에 소비된 산출물과 서비스의 명목가치, 즉 명목소득과 같아야 한다는 것이다. 이 교환방정정식은 그 자체로는 하나의 항등식에 불과하지만 화폐수량설을 도출하는 데 유용하게 이용될 수 있다. 화폐수요이론에 들어가기 전에 화폐의 유통속도와 총산출물에 대한 피셔의 가정을 살펴보자. 피셔는 화폐의 유통속도 V는 개인의 상거래에 영향을 줄 수 있는 거래제도(institution)나 거래관습에 따라 결정된다고 보았다. 피셔는 이러한 거래관습과 거래제도가 오랜 기간에 걸쳐 천천히 변화하기 때문에 화폐의 유통속도 V는 단기간 동안에는 일정하다고 보았다. 만약 V가 단기적으로 일정하다면 명목소득(Py)은 단지 통화량에 의해서만 결정될 것이다. 또한 그는 고전학파의 전통에 따라 생산은 항상 완전고용 상태에서 이루어지고 있다는 가정하에 실질국민소득 y도 단기적으로는 일정하다는 가정을 추가하였다. V와 y가 일정하다면 앞의 교환방정식에서 물가와 통화량은 서로 비례한다는 것을 의미한다. 이처럼 본래의 화폐수량설은 단기에 있어서 물가와 통

2) 원래 피셔의 교환방정식은 총거래량의 명목가치(PT)로 표시되어 있다. 즉 피셔의 실제 교환방정식은 $MV=PT$이다(단 P: 매거래량의 평균가격, T: 주어진 기간 동안의 거래수, V: 화폐의 거래유통속도). 여기서 거래수 T는 경제가 완전고용 생산수준 일 때 그 상한이 결정되며 생산량의 증가에 따라 거래량도 증가한다. 따라서 실질소득 y를 T 대신 사용하여 소득거래 중심의 교환방정식으로 바꿀 수 있다.

화량 사이에 비례적인 관계가 있음을 주장하는 물가이론이라고 할 수 있다.

위에서 지적한 바와 같이 피셔의 주된 관심사는 물가와 통화량 사이의 관계였지 화폐수요를 설명하려는 것이 아니었다. 그러나 피셔의 화폐수량설은 결과적으로 화폐수요가 명목소득(Py)에 비례하여 결정된다는 화폐수요이론을 함축하고 있다. 교환방정식의 양변을 V로 나누면,

$$M = kPy, \text{ 단, } k = \frac{1}{V}$$

이 된다. 화폐시장이 균형을 이룰 경우 사람들이 보유하고 있는 화폐의 양은 화폐의 수요와 일치할 것이다. 따라서 이 식은 M을 화폐수요함수(money demand function) M^d로 바꿀 수 있다.

$$M^d = kPy$$

이 관계식이 화폐의 수요와 어떤 관계가 있는가에 대해 알아보자. V가 단기적으로 일정하므로 k 역시 단기적으로 일정하게 된다. 따라서 거래량(=명목소득(Py))이 주어질 경우, 이에 따라 사람들의 화폐수요량(M^d)이 결정된다. 결론적으로 피셔의 화폐수량설에 따르면 화폐의 수요는 소득의 함수일 뿐 이자율은 화폐수요에 영향을 주지 않는다는 것이다. 이것은 피셔가 화폐의 기능을 단지 교환의 수단으로 보았기 때문이다. 사람들이 단지 거래를 수행하기 위하여 화폐를 보유할 경우, 거래량은 경제에서 생산된 명목소득에 의해 결정되고 만약 거래습관 등이 단기적으로 일정하여 k가 일정하다면 화폐의 수요는 소득에 의해서만 영향을 받게 될 것이다.

(2) 현금잔고수량설

현금잔고수량설(quantity theery of cash balance)은 피셔(I. Fisher)와 같은 시기에 마샬(A. Marshall), 피구(A. Pigou) 등 케임브리지(Cambridge)학파의 경제학자들에 의해 정립된 이론이다. 그들은 화폐수요를 거래수준과 거래관습으로 설명하려는 피셔와는 달리 사람들이 얼마만큼의 화폐를 보유하려 하는가 하는 화폐보유 동기의 시각에서 문제의 접근을 시작하였다. 그러므로 케임브리지학파의 모형

은 개인의 화폐보유결정을 중요시하고 있으며 거래제도나 거래관습에 의하여 화폐보유량이 전적으로 결정되지는 않는다고 주장한다. 이것은 피셔와는 달리 화폐수요를 결정함에 있어 이자율의 영향을 완전히 무시하지 않았음을 의미한다.

케임브리지학파는 화폐를 보유하려는 동기를 크게 두 가지로 보았다. 첫째, 사람들은 거래를 수행하기 위하여 화폐를 보유한다는 것이다. 이것은 화폐의 기능 중 가장 기본적인 교환의 매개체 역할에 초점을 둔 것이다. 이들은 화폐의 수요가 거래량(명목소득을 의미)과 비례관계에 있다는 피셔의 이론에 동의하기는 하나 거래량 자체가 화폐수요를 결정하는 유일한 요인은 아니라고 주장하였다. 둘째, 가치저장수단의 하나로 화폐를 보유한다는 것이다. 사람들은 부(wealth)가 증가함에 따라 부의 저장수단으로 많은 자산을 보유하려 할 것이므로 자산의 한 종류인 화폐의 보유량도 증가될 것이라고 주장하였다. 부는 명목소득과 비례관계에 있으므로 화폐의 수요는 명목소득에 비례한다.

케임브리지학파는 화폐의 수요는 명목소득과 비례관계가 있다고 결론 짓고 화폐수요함수를 다음과 같이 표시하였다. 명목국민소득(Py)에 대하여 사람들이 보유하고자 하는 통화비율을 k라 하고 보유하고자 하는 현금잔고(cash balance), 즉 통화수요를 M^D라 하면

$$M^D = kPy, \text{ or } \frac{M^D}{P} = ky$$

가 된다. 이 식이 현금잔고방정식이며, k를 마샬 k(Marshallian k)라 한다. 현금잔고방정식은 마샬을 중심으로 한 케임브리지(Cambridge)학파에 의하여 사용되었기 때문에 흔히 케임브리지 방정식이라고도 불린다.

이 식은 피셔의 화폐수요함수와 동일하나 그 내용상 많은 차이점이 있다. 즉, 사람들은 화폐보유량을 결정할 수 있고 k가 단기적으로도 변동할 가능성이 있다는 것이다. 사람들의 화폐보유수준은 화폐의 가치저장기능에 따라 다른 자산의 수익률에 의해 결정되는데 만약 다른 자산의 수익률이 변한다면 k가 변할 가능성이 있으며 이것은 화폐수요가 이자율에 의해 영향을 받을 수 있음을 의미한다.

교환방정식과 현금잔고방정식은 둘다 통화의 유통속도(V)가 일정하므로 통화의 수요가 국민소득의 크기에 의해 결정된다고 본다. V를 일정하다고 가정하는 것은 케인즈의 유동성선호설, 프리드만의 신화폐수량설과는 다른 점이다. 케인즈는

V가 이자율에 민감하게 반응하기 때문에 통화수요가 소득은 물론 이자율의 함수라고 주장하였다. 프리드만은 V가 이자율에 반응한다는 것에 동의하지만 그 반응정도가 미미하며 통화수요는 주로 소득의 함수라고 주장했다.

2. 케인즈의 유동성선호설

우리는 이미 '제 6 장 이자율 결정이론'에서 케인즈의 유동성선호설에 입각한 이자율 결정과정을 살펴본 바 있다. 앞에서는 화폐수요가 이자율과 역의 관계에 있음을 대략적으로 설명하고 화폐수요와 화폐공급이 일치하는 화폐시장의 균형점에서 균형이자율이 성립한다고 하였다. 여기서는 케인즈가 화폐수요에 대해 연구한 자세한 이론적 전개과정을 알아본다.

케인즈(John Maynard Keynes)는 그의 저서[3]에서 화폐의 유통속도가 일정하다는 고전학파의 주장을 반박하면서 화폐수요에 있어 이자율의 영향을 강조한 화폐수요이론을 발표하였다. 유동성선호이론(liquidity preference theory)이라 불리는 그의 이론은 케임브리지학파처럼 사람들이 왜 화폐를 보유하려 하는가 하는 의문을 시발점으로 하고 있으나 케임브리지학파 등 고전학파의 이론과 비교해 볼 때 화폐수요의 결정요인을 보다 정교하고 미시적인 접근방식을 통해 파악하고 있다.

(1) 화폐수요의 동기

화폐는 그 자체로는 아무런 수익을 가져오지 못하는 재화이지만 필요할 경우 원하는 재화나 서비스로 손쉽게 교환할 수 있는 특징 즉 유동성(liquidity)을 갖고 있다. 케인즈는 사람들이 화폐를 보유하려는 동기가 이러한 유동성을 선호하는 경향을 갖고 있는데서 출발한다고 보았다.

케인즈는 사람들이 화폐를 보유하려는 동기를 거래적 동기(transaction motive), 예비적 동기(precautionary motive), 그리고 투기적 동기(speculative motive)의 3가지로 구분하고 각 동기에 상응하는 화폐수요가 존재한다고 하였다.

---

3) John Maynard Keynes, "The General Theory of Employment, Interest and Prices," 1936.

1) 거래적 · 예비적 화폐수요

케인즈는 고전학파 특히 케임브리지학파처럼 사람들이 매일매일의 거래를 수행하기 위해 화폐를 보유하며 이러한 거래적 동기는 화폐수요의 결정에 중요한 역할을 한다고 보았다. 이는 화폐의 지불수단으로서의 기능을 중시하는 것으로서 거래적 화폐수요란 일상생활에서 일어나는 거래를 원활히 수행하기 위해 보유하는 화폐잔고를 의미한다. 보통 개인의 수입은 일정한 간격을 두고 발생하지만 소비나 영업활동을 위한 지출은 거의 항상 빈번하게 발생하게 마련이다. 따라서 이러한 수입과 지출의 시차로 인해 사람들은 일정잔고의 화폐를 보유해야 할 필요가 생긴다.

케인즈는 거래적 화폐수요가 소득의 크기와 비례관계에 있다고 생각하였다. 즉 거래목적을 위해 자신의 소득 중 일정 부분을 화폐로 보유한다는 것으로 이는 고전학파의 화폐수요이론을 따른 것으로 볼 수 있다. 그리고 화폐의 유통속도라는 개념은 거래적 화폐수요에 대응하는 것이라 보았다.

고전학파의 화폐보유동기보다 한걸음 더 나아가 그는 사람들이 미래의 불확실한 위험에 대비하기 위하여 화폐를 보유하는 것을 예비적 동기라 불렀다. 즉 사람들은 가까운 미래에 일어날지도 모르는 질병이나 사고, 계획에 없던 영업기회 등 예기치 못한 지출에 대비하여 얼마만큼의 화폐를 보유하려 한다는 것이다.

케인즈는 예비적 화폐수요 역시 대체로 소득수준에 비례한다고 보았다. 따라

[그림 17-1] 거래적 · 예비적 화폐수요 곡선

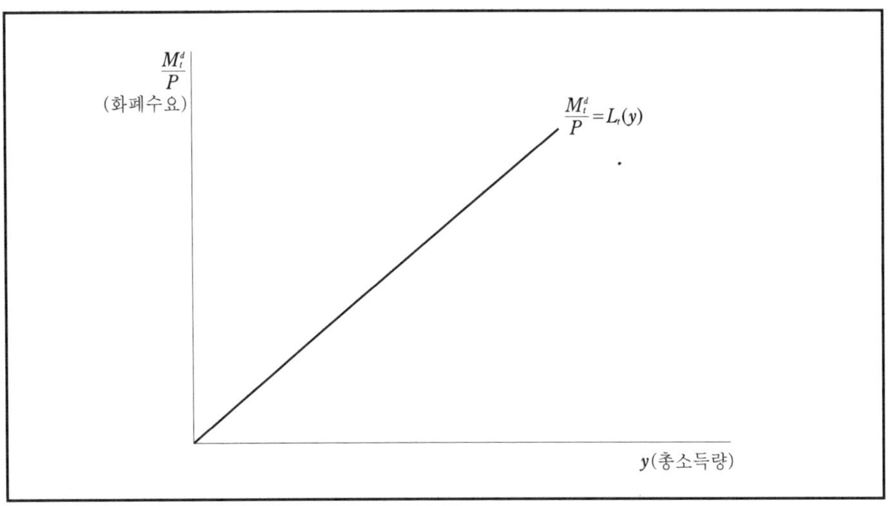

서 거래적 동기에 의한 화폐수요와 예비적 동기에 의한 화폐수요를 함께 나타내면 [그림 17-1]과 같이 나타낼 수 있다. 이를 식으로 표현하면 다음과 같다.

$$\frac{M_t^d}{P} = L_t(y),\ L_t'(y) > 0$$

단, $\frac{M_t^d}{P}$ = 실질 거래적 · 예비적 화폐수요

y = 실질소득

2) 투기적 화폐수요

케인즈가 특히 중시한 것은 투기적 동기에 의한 화폐수요이며 투기적 화폐수요는 이자율에 결정적인 영향을 받는다고 설명함으로써 고전학파의 화폐수요이론과 근본적으로 다른 점을 갖는다. 케인즈는 케임브리지학파가 주장한 화폐의 가치저장기능에 동의하면서 이러한 동기로 화폐를 보유하려는 것을 투기적 동기라고 불렀다. 그는 투기적 화폐수요가 소득과는 상호관계가 있다는 케임브리지학파의 견해에 동의했으나, 이자율의 변화에 따라 투기적 화폐수요가 크게 달라짐을 보였다.

특정시점에서 개인이 보유할 수 있는 가치저장수단으로서의 자산은 화폐 이외에도 채권과 같은 금융자산이나 부동산 등의 실물자산이 있다. 하지만 케인즈는 특히 금융자산(대표적으로 채권)이 화폐자산과 밀접한 대체관계에 있다고 보고 자산선택 문제의 측면에서 투기적 화폐수요에 접근하였다.

경제 내에 화폐와 채권 단 두 가지의 자산만 존재한다고 가정하자. 화폐를 보유할 경우 이자수입이 있는 반면 채권은 화폐만큼 유동성이 크지는 않지만 보유기간동안 이자수익을 가져다 주고 이자율의 변동에 따라 자본이득도 얻을 수 있다. 사람들은 자신이 보유한 총 부(wealth) 중 거래적 및 예비적 동기로 보유한 화폐를 제외하고 남은 부를 화폐로 보유할 것인가 아니면 채권으로 보유할 것인가에 대한 선택의 문제에 직면한다. 이 경우 자산선택의 중요한 결정요인으로 이자율을 들 수 있다. 다른 조건이 동일하다면 이자율이 높은 수준이라면 이자소득 포기에 따른 화폐보유의 기회비용이 커지기 때문에 화폐수요는 감소할 것이다. 또 사람들의 미래 이자율의 움직임에 대한 기대에 따라서도 채권과 화폐수요는 달라질 수 있다. 채권가격과 이자율은 역의 관계에 있기 때문에 미래에 이자율이 오르리라 예상한다면 채권가격 하락으로 채권보유에 따른 자본손실이 우려되므로 사람들은

채권을 팔고 화폐를 보유하려 할 것이다. 반대로 이자율이 내릴 것이라 예상한다면 화폐 대신 채권을 팔고 화폐를 보유하려 할 것이다.

케인즈는 사람들이 모두 주관적인 기준에 의해 자신이 정상적인 수준이라고 믿는 정상이자율(normal rate of interest)의 개념을 갖고 있다고 생각하였다. 만약 사람들이 현재 이자율이 정상이자율 이하에 있다고 믿는다면 미래에 이자율이 상승하여 정상이자율 수준에 도달할 거라고 예상한다는 것이다. 따라서 이 경우 채권보유를 줄이고 화폐수요를 늘리려 한다. 반대로 현재 이자율이 정상이자율 이상에 존재한다고 믿는다면 향후에 이자율 하락을 예상하여 화폐수요를 줄이고 채권 보유량을 증가시킬 것이다. 따라서 현재 이자율에 대한 투기적 화폐수요를 식으로 나타내면 다음과 같다.

$$\frac{M_s^d}{P} = L_s(r),\ L_s'(r) < 0$$

단, $\frac{M_s^d}{P}$ = 실질 투기적 화폐수요

r = 이자율

[그림 17-2]는 투기적 화폐수요와 이자율의 관계를 나타낸 그림이다.

가로축은 투기적 화폐수요를 나타내고 세로축은 이자율을 나타낸다. r_L은 사람들이 더 이상 떨어지지 않을 것이라고 생각하는 이자율수준, r_H는 사람들이 더 이상 오르지 않을 것이라고 생각하는 이자율 수준이다. 이자율이 r_0일 때 사람들은 OL_0만큼의 통화를 투기목적으로 수요한다. 한편, 이자율수준이 사람들이 더 이상 오르지 않을 것이라고 생각하는 r_H 수준에서는 모든 사람이 가까운 미래에 이자율이 하락할 것으로 기대한다. 이자율이 하락하게 되면 채권의 가격은 상승하게 되므로 사람들은 동원가능한 모든 유휴잔고를 동원하여 채권을 매입하게 된다. 따라서 투기적 목적으로 보유하고 있는 투기적 화폐수요는 없어지게 되어서 화폐잔고는 남아 있지 않게 된다. 반대로 이자율이 최저수준인 r_L이 되면 투기적 화폐수요는 최대가 된다. 케인즈는 최저이자율수준에서는 투기적 화폐수요가 수평이 된다고 주장하였다. 이는 이자율이 r_L일 때는 투기적 화폐수요가 이자율에 대하여 무한탄력적이 된다는 의미이다. 즉 모든 사람들이 이자율이 r_L 수준에 이르면 미래 이자율의 상승으로 인한 자본손실이 매우 크다고 판단하므로 채권은 전혀 보유하려하지 않고 화폐만 보유하려 한다는 것이다. 이러한 구간을 케인즈는 유동성함정

[그림 17-2] 투기적 화폐수요곡선

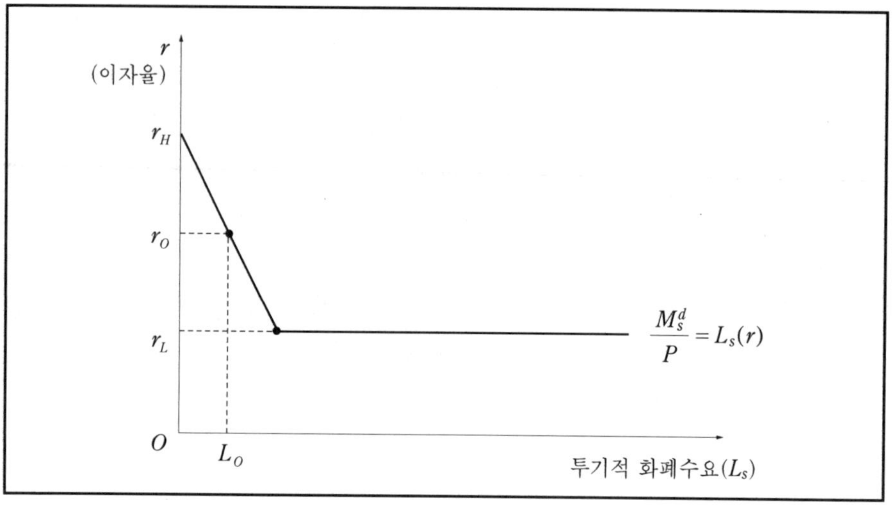

(liquidity trap)이라고 불렀다.

유동성함정 가설은 통화정책에 의한 이자율 조정가능성에 대해 회의적 시각을 제공한다. 만일 현재 이자율이 r_L 수준까지 하락해 있는 상태이지만 경제는 불황에 처해 있다고 하자. 이 때 정부가 현재 이자율수준이 경기회복을 위해서는 높은 수준이라고 판단하고 통화공급을 늘려 이자율을 하락시키려는 통화정책을 취한다고 해도 증가된 통화가 화폐수요로 모두 흡수되기 때문에 이자율에는 변동을 줄 수 없게 된다. 결국 이자율은 r_L 이하로 떨어질 수 없고 따라서 민간부문의 소비나 투자지출로 연결되지 않아 고용과 산출량을 증가시키지 못하는 함정에 빠지게 된다는 것이다.

(2) 케인즈의 화폐수요함수

위에서 살펴 본 세 가지 화폐보유 동기를 모두 함께 고려하여 케인즈의 화폐수요함수를 유도해 보자. 케인즈는 화폐잔고를 명목가치와 실질가치로 구분한 후, 화폐란 그것으로 물건을 살 수 있는 능력을 의미한다는 점에서 사람들이 실질잔고(real balance)로 화폐를 보유하려 할 것이라고 주장하였다. 그러므로 실질화폐잔고(real money balance)는 소득과 이자율에 의해 영향을 받는다고 주장하였다. 케인즈는 이 점을 고려하여 실질화폐수요$\left(\frac{M^d}{P}\right)$가 이자율($r$)과 소득($y$)의 함수임을 나타내는 유동성선호함수(liquidity preference function)를 다음 같이 제시하였다.

$$\frac{M^d}{P} = f(r, y)$$

여기서 실질화폐잔고에 대한 수요는 이자율과는 (−)관계, 소득과는 (+)관계에 있다. 앞에서도 살펴보았듯이 실질화폐잔고에 대한 수요는 거래적 동기 및 예비적 동기에 의한 수요와 투기적 동기에 의한 수요로 나눌 수 있다. 거래적 동기 및 예비적 동기에 의한 화폐수요는 소득의 증가함수이며, 투기적 동기에 의한 수요는 이자율의 감소함수로 표시할 수 있다. 이러한 사실을 고려한 실질화폐수요(m^d)를 다음과 같이 고쳐 쓸 수 있다.

$$m^d = \frac{M^d}{P} = L_t(y) + L_s(r), \quad \frac{\partial L_t}{\partial y} > 0, \quad \frac{\partial L_s}{\partial r} < 0$$

단, $L_t(y)$: 거래적 및 예비적 동기에 의한 실질화폐잔고 수요
$L_s(r)$: 투기적 동기에 의한 실질화폐잔고 수요

화폐수요가 소득뿐만 아니라 이자율에 의해서도 영향을 받는다는 케인즈의 주장은 피셔의 이론과는 상반되는 것이며, 이자율의 화폐수요에 대한 영향을 무시하지는 않았지만 이를 명시적으로 고려하지 못한 케임브리지학파와의 주장과도 차이가 있다고 할 수 있다.

유동성선호이론은 화폐의 유통속도$\left(V = \frac{Py}{M}\right)$로 나타내면, 케인즈의 화폐수요함수는 이자율의 변동에 따라 화폐의 유통속도가 변화한다는 것을 의미한다. 화폐시장이 균형상태($M^d = M^s$)에 있을 때 케인즈의 유동성선호함수$\left(\frac{M^d}{P} = f(r, y)\right)$를 변형하면 다음과 같은 화폐의 유통속도로 나타낼 수 있다.

$$V = \frac{Py}{M} = \frac{y}{f(r, y)}$$

이자율(r)과 유동성선호함수 $f(r, y)$가 (−)관계에 있음을 알고 있으므로 이자율이 오르면 $f(r, y)$값은 감소하고 V가 증가하게 될 것이다. 케인즈는 이자율이 실질적으로 변동한다고 믿고 있었다. 그러므로 그의 주장에 따르면 화폐의 유통속도 역시 이자율의 변동에 따라 실질적으로 변동하게 된다.

3. 케인즈학파의 화폐수요이론

세계 2차대전 이후 케인즈학파들은 케인즈의 세 가지 화폐보유 동기를 더욱 깊이 있게 연구하여 케인즈의 화폐수요함수를 현실적으로 발전시켰는 데 케인즈학파의 화폐수요이론 역시 화폐수요에 대한 이자율의 영향을 중시하고 있다.

(1) 거래적 화폐수요(재고관리이론)

보몰(W. Baumol)과 토빈(J. Tobin)은 재고관리이론을 이용하여 거래적 화폐수요가 소득뿐만 아니라 케인즈이론의 투기적 화폐수요와 같이 이자율의 함수임을 보였다. 케인즈학파는 거래적 · 예비적 화폐수요가 소득의 함수이고 투기적 화폐수요는 주로 이자율의 함수라고 주장하였다. 거래적 목적으로 화폐를 보유하는 것은 소득과 지출의 시간적 격차 때문이라는 것이다. 이것은 기업이 제품의 입고와 출고의 불일치로 인하여 얼마간의 재고를 보유하는 것과 유사하다. 이러한 점에 착안하여 보몰과 토빈은 화폐를 일종의 재고(inventory)로 간주하고 화폐보유의

[그림 17-3] 소비지출과 현금보유

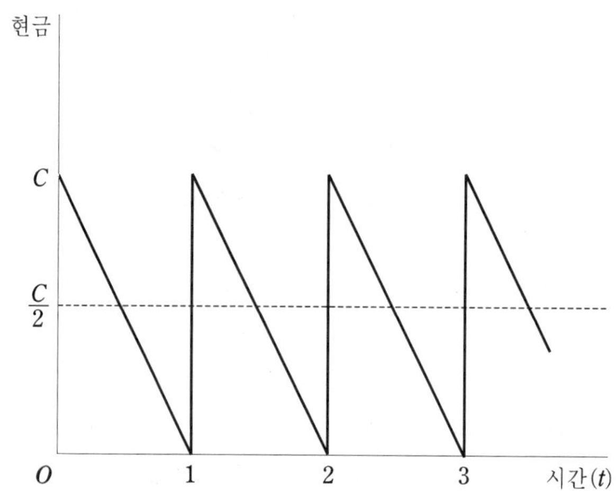

이익(즉 유동성 확보 또는 거래비용의 절감)과 그로 인한 기회비용(즉 이자수입의 상실)을 서로 비교하여 적정 화폐보유수준을 결정한다는 화폐수요에 관한 재고이론을 발전시켰다. 여기서 거래비용은 증권을 사고 파는 직접적인 수수료(brokerage fee)나 현금화하는 데 소요되는 시간에 대한 기회비용을 포함하고 있다. 보몰-토빈의 거래적 동기에 대한 화폐수요이론을 단순화된 모형으로 분석해 보자. 일반적으로 가계소비지출의 크기는 소득의 수준에 비례한다고 볼 수 있다. 한편 지출의 크기에 따라 거래적 동기가 많이 발생하므로 화폐에 대한 수요는 지출 크기에 따라 커질 것이다. 이에 따라 거래적 동기에 의한 화폐수요를 T라 하면 이는 소득 Y와 다음과 같은 관계를 갖는다고 가정할 수 있다.

$$T = kY$$

여기서 k는 거래적 동기에 따른 화폐수요의 소득에 대한 비율인데, 이 비율의 크기는 소득흐름의 패턴과 거래관습 및 제도에 따라 $0 \le k \le 1$의 범위를 가질 것이다.

이와 같은 거래적 동기에 의한 화폐수요는 화폐(money)를 대체할 수 있는 금융상품이 존재할 때 크게 달라지게 된다. 만일 지출흐름에 맞춰 적절히 현금화시킬 수 있는 금융상품이 존재한다면, 소비자는 필요한 화폐보유액 중 일부를 이와 같은 금융자산에 투자함으로써 이자소득을 얻을 것이다. 이러한 소비자행동에 따라 총수요 T를 현금보유분 T_c와 금융자산투자분 T_r로 나누어 보자.

$$T = T_c + T_r$$

T_c 및 T_r 역시 소득의 수준에 비례한다고 가정하여 Y의 함수로 나타내면

$$T_c = k_c Y \cdot T_r = k_r Y$$

가 된다. 그런데 $T = T_c + T_r$의 관계식이 성립하므로 다음 관계식이 성립한다.

$$T = (k_c + k_r)Y, \quad k = k_c + k_r$$

k가 안정적이라고 가정하여 소비에 대한 총지출 kY가 주어진 상태라면 이 소비자는 어떻게 kY를 T_c와 T_r로 나눌 것인가? 이는 소득을 효율적으로 운용하고 나아가서 경제효율을 높이는 데 매우 중요한 결정이라고 볼 수 있다.

현금보유량($k_c Y$)에 대한 최적수준의 결정은 재고관리(inventory management)

에서 흔히 이용되는 경제적 주문량(EOQ: economic order quantity) 모형에 의해 쉽게 설명될 수 있다.

지금 어느 소비자가 소득 Y를 받아 이 중 소비를 위한 금액 $T(=kY)$를 전액 금융자산에 투자한 상태에서 다음 번에 소득을 받을 때까지 금액 C만큼 n번 현금화한다고 하자. 분석의 편의를 위하여 소비에 대한 지출이 일정한 속도를 가진다고 가정하면 현금보유량수준은 처음에서 시작하여 점차 선형적으로 감소하여 '0'의 수준까지 떨어지게 된다. 이와 같은 현상이 일정기간 동안 n번 동일하게 반복한다고 하자. 그러면 평균적 현금보유량은 물론 $\frac{C}{2}$가 될 것이다.

금융자산을 처분하여 현금화하는 데 드는 거래비용(transaction cost)을 F, 단기금융상품에 대한 평균이자율을 r이라 하면 현금보유에 따른 총비용 TC는 다음과 같이 나타낼 수 있다.

$$TC = \frac{T}{C}F + \frac{C}{2}r$$

앞 식에서 $\frac{T}{C}$는 일정기간 동안의 현금화하는 횟수(n)이므로 $\frac{T}{C}F$는 n번 현금화하는 데 드는 거래비용이 된다. 한편, 평균현금보유액이 $\frac{C}{2}$임으로 $\frac{C}{2}r$는 현금보유에 따라 잃게 되는 이자소득, 즉 금융자산에 투자를 하지 않음에 따른 기회비용이라 할 수 있다. 따라서 가장 효율적인 현금운용에 관한 문제는 총비용 TC가 극소화되게끔 하는 C를 결정하는 문제가 된다. 최적 C의 수준을 구하기 위하여 TC를 C에 관하여 일차 미분하여 '0' 으로 놓으면 다음과 같다.

$$-\frac{TF}{C^2} + \frac{r}{2} = 0$$

위 식을 만족하는 최적 $C^* = \sqrt{\frac{2TF}{r}}$가 된다. 다음과 같은 예를 들어보자. 어떤 사람이 1년에 1,000만원의 자금을 사용하고, 은행에서 1회 인출하는 데 드는 비용이 1,000원, 연간 금리가 5%라고 하자. 이러한 조건하에서 최적현금보유량 C^*는 다음과 같다.

$$C^* = \sqrt{\frac{2TF}{r}} = \sqrt{\frac{2 \times 1{,}000\text{만원} \times 1{,}000\text{원}}{0.05}} = 632{,}456$$

위 식에 의해 결정되는 최적현금의 보유는 이자율 r 및 소득수준 Y가 변할 때 어떻게 변화하는가를 살펴보자. $T=T_c+T_r=k_cY+k_rY$에서 거래적 화폐수요 $T_c=k_cY$(현금보유)는 위에서 결정된 $C^*\left(\text{평균}\ \frac{C^*}{2}\right)$와 같다고 할 수 있다. 결국 토빈-보몰은 최적현금의 보유, 즉 거래적 화폐수요를 소득(Y)과 화폐를 보유하는 데 드는 거래비용(F) 및 이자율(r)의 함수로 보았다는 것을 의미한다. 결국 거래적 화폐수요 M_t^d는 다음과 같은 함수로 나타낼 수 있다.

$$M_t^d=\frac{1}{2}\sqrt{\frac{2TF}{r}}=f(Y, F, r)$$

(2) 예비적 화폐수요

보몰-토빈의 모형과 마찬가지로 예비적 화폐수요는 화폐보유의 이익(예: 질병, 화재 또는 기대치 못한 투자기회 등에 대비)과 화폐보유의 손실(예: 이자수입의 상실)이 일치하는 점에서 결정될 것이다. 따라서 보몰-토빈의 모형과 마찬가지로 예비적 화폐수요는 소득과는 양의 관계, 이자율과는 음의 관계가 있음을 알 수 있다. 밀러와 오어[4]는 미래의 거래수준에 대한 불확실성이 증가할 때 예비적 화폐수요가 증가함을 보였다. 즉, 거래에 대한 불확실성의 증가는 예비적 화폐수요가 증가하게 됨을 의미한다. 따라서 이 경우 예비적 화폐보유의 이익은 기회비용보다 높게 될 것이다. 이것은 미래에 대한 불확실성이 커질수록 예비적 동기의 화폐수요는 늘어날 것임을 의미한다. 또한 밀러와 오어는 유사한 논리로 예비적 화폐수요가 이자율의 감소함수임을 보였다.

(3) 투기적 화폐수요(자산선택이론)

케인즈는 불확실성하에서 화폐의 가치저장기능을 강조하는 투기적 화폐수요 이론을 전개함으로써 화폐이론의 발전에 획기적인 기여를 하였다. 그러나 가치저장수단으로서의 화폐를 선택할 경우 기대수익만이 고려된다고 주장하여 많은 반론을 받았다. 케인즈의 주장에 따르면 채권과 화폐를 동시에 보유하는 것은 매우 드문 일일 것이다. 왜냐하면 채권과 화폐의 기대수익이 같은 경우는 예상하기 힘

---

4) M. H. Miller and D. Orr, "A Demand Model for Money by Firma," *Quarterly Joural of Economics*(1960).

들기 때문이다. 결국, 케인즈의 투기적 화폐수요이론은 위험을 감안하지 않은 것이 주요 단점이다. 즉, 채권은 수익률은 높으나 위험이 따른다. 반면 화폐는 수익률은 '0'이나 위험이 없다. 따라서 사람들이 위험을 어느 정도 부담하느냐에 따라 최적화폐 및 채권보유량을 결정하게 된다.

토빈(James Tobin)은 투기적으로 화폐수요에 대한 자산선택이론적 접근을 시도하여 케인즈이론의 단점을 극복하려고 하였다. 토빈의 기본생각은 사람들이 기대수익(expected return)뿐만 아니라 위험(risk)을 모두 고려하여 자산을 선택한다는 것이다. 케인즈의 경우처럼 경제에 두 가지 종류의 자산(화폐와 채권)만 존재한다고 가정하자. 이 중 화폐는 기대수익이 확실하므로 토빈은 화폐의 기대수익을 '0'이라고 보았다. 반면에 채권은 가격변동이 있을 수 있기 때문에 수익률과 위험을 모두 내포하고 있다. 사람들이 위험회피형 투자가일 경우, 비록 채권의 기대수익이 화폐의 기대수익을 초과할지라도 사람들은 화폐를 보유하려 하거나 채권이나 화폐를 동시에 보유하려 할 것이다. 이것은 토빈이 화폐에 대한 수요가 위험(risk)과 수익률(return)의 상치관계(trade-off)에 의해 결정된다고 보았음을 의미한다.

채권에 대한 수익률이 r로, 예상수익률의 표준편차가 σ로 주어졌을 경우, 개인이 어떻게 채권과 화폐의 투자결합을 선택하는가에 대해 살펴보자(예상수익률의 표준편차는 위험을 측정하는 척도이다). 어느 투자자가 W_0만큼의 기초 부(initial endowment)를 가지고 있다고 하자, 그는 W_0,를 현금으로 보유하느냐, 아니면 수익이 r인 채권에 투자할 것인가를 결정하여야 한다. 이러한 경우 현금보유-채권투자 조합가능성(cash-investment combination possibility line)을 위험과 수익률을 좌표축으로 하는 좌표평면에 나타내면 [그림 17-4]의 W_0TA선이 된다.

기초의 부를 모두 현금으로 보유했을 때 기말의 부는 W_0이며, r의 수익률로 모두 채권에 투자하였을 경우 기말의 부는 $W_0(1+r)$가 된다. 그러나 채권에 모두 투자하였을 경우는 위험이 커지므로 각 개인의 선호구조에 따라 [그림 17-4] W_0TA선상에서 얼마나 현금으로 보유하고 얼마만큼을 채권에 투자할 것인가를 결정하게 된다.

가령 IC_1의 효용함수를 가진 사람은 T에서 현금보유-채권투자의 의사결정을 하게 된다. 이때 수익률이 r'으로 증가하면 현금보유-채권투자 조합가능선은 $W_0T'B$로 변하게 되는데 동일한 효용함수를 가진 사람이라면 현금보유-채권투자

[그림 17-4] 현금보유-채권투자 의사결정

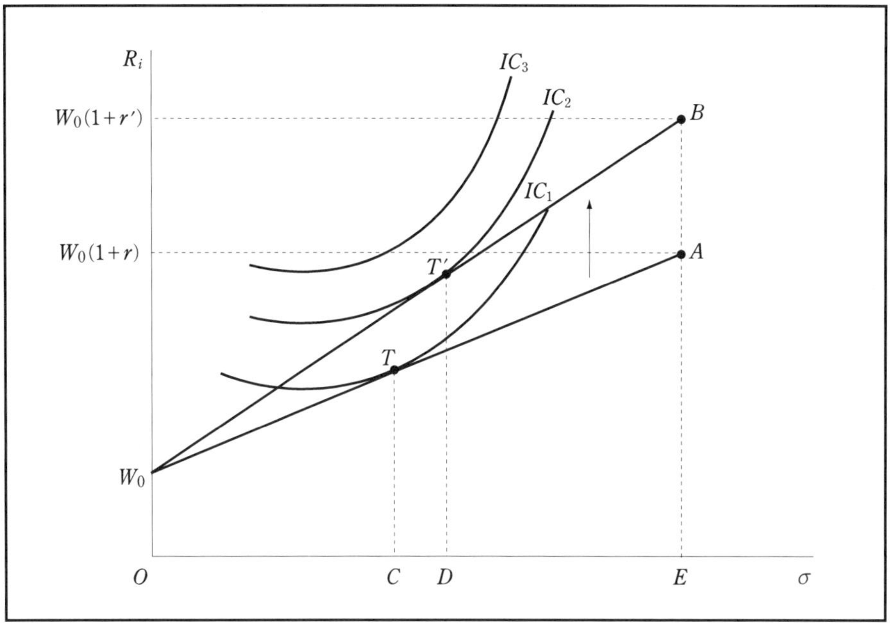

의사결정을 T'에서 하게 된다. 투자수익률이 상승함에 따라 투자결정은 T점에서 T'으로 변하게 되는데, T보다 T'은 전체 부 중에서 현금으로 보유하는 양이 줄어들게 되므로 화폐수요는 줄어들게 된다. 결국 이 이론은 현금보유-채권투자 조합 가능성이 주어졌을 때 위험과 수익률의 상치관계(trade–off)에 의해 화폐의 수요가 결정된다는 것을 의미한다. 결국, 토빈의 투기적 화폐수요는 이자율과 (−)관계, 위험과는 (+)관계에 있다.

토빈의 분석에 의하면 사람들이 채권과 화폐를 동시에 보유함으로써, 즉 분산투자를 하게 되면 포트폴리오의 위험을 줄일 수 있었다. 이것은 사람들이 가치저장수단으로 화폐와 채권을 동시에 보유할 수 있음을 보인 것으로 케인즈의 투기적 화폐수요이론보다 더 진일보한 것이라 할 수 있다.

그러나 토빈의 화폐수요함수는 "과연 투기적 목적을 위하여 화폐를 보유하려 할 것인가"라는 질문을 고려하지 않고 있다. 즉, 위험은 없고 수익률이 화폐보다 높은 자산(예: 국채, CD 등)이 존재할 경우 이때에도 화폐를 가치저장수단으로 보유하려 할 것인가? 비록 토빈이 왜 화폐가 가치저장수단으로 보유되는가에 대한 설명은 없지만, 그의 이론은 사람들이 어떻게 자산을 선택하는가를 이해하는 데 중요한 기여를 하였다. 실제로 그의 분석은 자산의 가격결정과 포트폴리오 선택이라는 재무론의 학술적 발전에 지대한 공헌을 하였다.

4. 프리드만의 신화폐수량설

1956년에 프리드만은 그의 유명한 논문[5]에서 화폐수요에 대한 새로운 이론을 제시하였다. 비록 그가 피셔의 화폐수량설을 자주 언급하여 그의 이론이 신화폐수량설로 불리고 있으나, 실제로 그의 이론은 케인즈나 케임브리지학파의 이론과 더 밀접하게 연관되어 있다.

프리드만은 그보다 앞선 학자들처럼 사람들이 왜 화폐를 보유하려 하는가에 대한 해답을 구하려 하였다. 그러나 그는 케인즈처럼 화폐보유에 대한 특별한 동기를 분석하지 않고, 단순히 화폐에 대한 수요는 다른 자산들의 수요에 영향을 주는 동일한 요인에 의해 영향을 받을 것이라고 보았다. 이와 같은 관점에서 프리드만은 자산수요이론(theory of asset demand)을 화폐수요에 적용시켜서 그의 이론을 전개한 것이라고 볼 수 있다.

자산수요이론에 따르면 화폐에 대한 수요는 개인의 부(wealth)와 화폐보유에 따른 기회비용의 함수이다. 프리드만은 자산수요이론의 맥락에서 사람들이 화폐를 보유하려 한다는 점을 고려하여 다음과 같은 화폐수요함수를 제시하였다.

$$M^d = f(Y_p, P, r_m, r_b, r_e, i^e, h, u)$$

단, M^d = 명목화폐소득
Y_p = 항상소득(permanent income)
P = 물가수준
r_m = 화폐에 대한 기대수익률
r_b = 채권에 대한 기대수익률
r_e = 주식에 대한 기대수익률
i^e = 기대인플레이션율
h = 인적부/비인적부(human wealth/physical wealth)
u = 개인의 취향이나 선호(taste and preference)

5) Milton Friedman, "The Quantity Theory of Money: A Restatement," in Milton Friedman, ed., Studies in the Quantity Theory of Money(Chicago: University of Chicago Press, 1956).

위의 식은 명목화폐수요함수를 나타내고 있다. 화폐수요함수가 물가수준과 소득에 대한 1차 동차함수[6]라는 가정하에 아래와 같은 실질화폐수요함수를 구할 수 있다.

$$\frac{M^d}{P} = f(\underset{+}{y_p}, \underset{+}{r_m}, \underset{-}{r_b}, \underset{-}{r_e}, \underset{-}{i^e}, h, \underset{+}{u})$$

위의 식 아래에 표시된 부호는 화폐수요가 부호 위의 항목들과 (+)관계 혹은 (−)관계가 있음을 의미한다. 그러면 프리드만의 화폐수요함수에 포함되어 있는 변수들의 의미를 자세히 알아보자.

자산에 대한 수요는 일반적으로 부와 (+)의 관계에 있으므로 화폐에 대한 수요 역시 부의 수준과 (+)관계에 있을 것이다. 한 가지 주의할 점은 프리드만은 부의 개념을 통상적인 소득이 아닌 항상소득(permanant income)으로 보았다는 점이다. 프리드만에 의하면 실제소득은 소득의 장기적인 추세를 반영하는 항상소득과 단기적인 경기변동에 의한 변동소득으로 구분된다고 하였다. 장기적으로 변동소득의 평균은 영이 되기 때문에 이는 화폐수요의 변화에 큰 영향을 주지 못하고 항상소득만이 고려 대상이 되어야 한다는 것이 프리드만의 주장이다.

개인의 부에는 인적 부와 비인적 부가 포함되어 있다. 인적 부보다는 비인적 부가 더 쉽게 화폐의 형태로 전환될 수 있을 것이므로 총 부 중에서 인적부가 차지하는 비율이 높을수록 화폐수요는 증가할 것이다. 하지만 프리드만은 h(인적부/비인적부)가 화폐수요에 미치는 영향은 그다지 크지 않을 것으로 보았다.

r_m은 화폐보유에 따른 기대수익률이라 정의하였다. 여기서 r_m은 현금과 동일한 의미인 당좌예금에 대한 이자율로 볼 수도 있고 화폐보유에 따른 편리함 등의 편익을 나타낸 개념으로도 해석가능하다. 따라서 r_m이 높을수록 화폐수요는 증가한다고 보았다.

개인이 화폐가 아닌 주식이나 채권을 보유할 경우에는 r_e나 r_b만큼의 기대수익을 얻을 수 있기 때문에 이는 화폐보유에 따른 기회비용이 된다. 만약 주식이나 채권을 보유했을 때의 기대수익률이 높아진다면 사람들은 당연히 화폐수요를 줄이려 할 것이다.

---

6) $y=f(x)$에서 y가 x와 1차 동차관계가 성립한다고 하면 $f(\lambda x)=\lambda f(x)$가 성립함을 의미한다. 따라서 위 명목화폐수요함수의 P와 Y에 $1/P$을 곱하여 풀면 된다.

기대인플레이션율 i^e는 두 가지 의미로 해석이 가능하다. 인플레이션이 높다면 미래에 화폐의 구매력 상실분이 크기 때문에 이는 화폐를 보유하는 데 불리하게 작용한다. 따라서 인플레이션율 역시 화폐보유에 따른 기회비용으로 인식된다. 인플레이션율은 또 실물자산에 대한 기대수익률이 될 수 있다. 물가가 상승하게 되면 실물자산의 가치도 함께 증가하기 때문에 기대인플레이션율이 높다면 화폐 대신 실물자산을 더 선호할 것이다. 그러나 프리드만은 실증적으로 장기적인 고인플레이션 상태가 아닌 한 인플레이션율이 화폐수요에 큰 영향을 미치지는 않는다고 하였다.

프리드만은 여기에 개인의 취향이나 선호(u)가 반영된 효용에 의해 화폐수요가 달라질 수 있다고 하였지만 일반적으로 개인의 선호는 제도적이고 안정적인 변수라고 설명하였다.

프리드만의 화폐수요이론은 케인즈의 이론과 몇 가지 점에서 상이한 성격을 갖는다. 금융산업이 경쟁적 이라면 이자율의 변동에 비해 화폐 대신 채권을 보유할 경우의 순기대수익을 나타내는 $(r_b - r_m)$은 상대적으로 안정을 유지하게 될 것이다. 프리드만은 이와 같은 이유로 $(r_e - r_m)$도 비교적 안정적인 것으로 보았다. 결국 프리드만은 케인즈가 이자율을 화폐수요의 중요한 결정변수로 본 것과는 달리 이자율은 화폐수요에 별다른 영향을 미치지 못한다고 주장하였다. 결국 프리드만의 주장에 따르면 항상소득이 화폐수요의 기본적인 결정요인이다. 따라서 프리드만의 화폐수요함수는 다음과 같이 고쳐쓸 수 있다.

$$\frac{M^d}{P} = f(y_p)$$

프리드만의 주장에 따르면 화폐수요함수가 이자율 변동에 큰 영향을 받지 않은 것은 화폐수요가 기회비용에 영향을 받지 않는다는 것이 아니라 이자율의 변동이 기회비용에 미치는 영향이 적기 때문이다. 즉 다른 자산의 이자율이 오를 경우 예금의 이자율도 상승하여 결국 기회비용은 거의 일정하다는 것이다. 프리드만의 또 다른 주장으로는 화폐수요함수의 안정성(stability)을 들 수 있다. 케인즈와는 달리 프리드만은 화폐수요함수가 장기적인 소득의 변동을 나타내는 항상소득의 함수이며 이자율의 변동에 별다른 영향을 받지 않으므로 화폐수요에 있어서 무작위 변동(random fluctuation)은 매우 적다고 하였다. 따라서 화폐에 대한 수요는 안정적인 화폐수요함수에 의해 예측될 수 있다고 주장하였다. 화폐수요함수가 안정적이며 이자율의 변동과는 큰 관계가 없다는 사실은 화폐유통 속도에 대한 예측이 쉽다는 것을 의미한다. $\frac{M^d}{P}=f(y_p)$식은 화폐의 유통속도 $V=\frac{P \cdot y}{M}=\frac{y}{f(y_p)}$로 바꿀 수 있다. 이 식에서 y와 y_p의 관계는 보통 쉽사리 예측할 수 있으므로 화폐의 유통속도의 예측도 가능하다. 결국, 프리드만의 화폐수요이론은 화폐수량설을 재조명한 것이며, 통화정책이 총수요에 중요한 영향을 준다고 결론짓고 있다. 그러나 과연 화폐수요함수가 이자율의 영향을 크게 받지 않는 안정적인 함수인가에 대해서는 현재까지 끊임없는 논란이 계속 되고 있다.

이상의 고전학파의 화폐수요이론, 케인즈의 화폐수요이론, 프리드만의 화폐수요이론을 정리 요약하면 다음 [표 17-1]과 같다.

[표 17-1] 화폐수요이론과 화폐수요의 관계

	자산수요 결정요인	자산수요의 변화
화폐수량설	화폐의 교환기능	이자율과 무관 (명목소득과 비례)
화폐잔고 수량설	화폐의 교환기능/가치저장 기능	이자율과 무관 (명목소득과 비례)
유동성선호설	거래적 동기, 예비적 동기, 투기적 동기	이자율의 함수 (명목소득과 이자율 수준에 의해 결정)
신화폐수량설	자산의 한 형태	이자율과 관련 (항상소득수준에 의해 결정)

제18장

통 화 정 책

우리는 앞에서 화폐수요에 대해 살펴보았다. 여기서는 통화정책이 경제에 어떤 영향을 미치는지를 자세히 분석하기 위해 *IS-LM*형과 *AD-AS*모형을 사용한다. 여기서 통화정책의 효과와 비교하여 재정정책의 효과도 함께 알아본다.

1. *IS-LM*모형

경제는 크게 실물부문(real sector)과 금융부문(financial sector 또는 monetary sector)으로 나뉜다. *IS-LM*모형은 경제의 두 부문을 연결하여 분석하며 경제정책이 행해지는 경우 그 효과를 균형점의 이동에 의해 파악한다. 따라서 이 모형은 경제예측뿐만이 아니라 당국의 정책이 실질경제에 어떤 영향을 미치는가를 아는 데 유용하다고 할 수 있다.

먼저 실물부문과 금융부문에서의 균형을 각각 살펴본 뒤 이 두 부문을 연결시켜 경제의 균형생산과 이자율이 어떻게 결정되는지를 *IS-LM*모형을 통해 살펴본다.[1] 다음에 정부정책의 경제활동에 대한 영향과 적절한 선택에 대해 알아본다. 그리고 나서 *AD-AS*모형을 이용하여 가격이 변동할 경우 총 산출량이 어떻게 달라지는지에 대한 분석과 재정정책이나 통화정책에 대해 설명한다.

1) *IS-LM*은 원래 힉스(Sir John Hicks)가 명명한 것으로, 실물부분에서는 정부를 배제할 경우 투자(investment spending)가 저축과 같아야 하며 금융부문에서는 화폐수요(liquidity preference)가 화폐공급(money supply)과 같아야 한다는 것에 기인하여 각각의 첫글자를 딴 것이다.

(1) 실물부문에서의 균형

먼저 국민소득을 Y라고 하고 소비를 C, 투자를 I라고 하자. 여기서 국민소득은 경제 내의 최종생산물에 대한 모든 지출의 합으로 볼 수 있으며, 이 지출은 소비와 투자로 대별될 수 있다. 따라서

$$Y=C+I$$

이다.

한편 소득이 생겼을 때 가계는 재화 및 용역을 소비하거나 저축한다. 이러한 관점에서 국민소득은 다음과 같이 표현될 수 있다.

$$Y=C+S$$

여기서 S는 저축을 나타낸다. 이 두 식을 연립하면

$$C+I=C+S$$
$$I=S$$

로 된다. 이 등식이 실물부문에서의 균형조건이다.

만약, 위에서 정부부문이 추가된다면 국민소득의 지출에 정부지출(G)이 포함되며, 가계는 정부에 세금(T)을 지불하여야 할 것이다. 따라서 위의 두 식은

$$Y^{ad}=C+I+G$$
$$Y=C+S+T$$

로 된다. 이때의 균형조건은

$$I+G=S+T$$

로 된다. 정부부문을 제외한다면(또는 정부수지가 균형을 이룬다면, 즉 $G=T$) 투자와 저축이 동일해야만 실물부문에서의 균형이 이루어질 것이다.

1) 소비함수와 저축함수

한편 가계는 주어진 소득에 따라 그들의 소비를 달리할 것이다. 따라서 소비

는 소득의 함수,[2] 즉

$$C = c(Y)$$

로 표시된다.

이 함수를 소비함수라고 하며 $0 < \frac{\Delta C}{\Delta Y} < 1$을 가정한다. 즉 이것은 함수가 소득이 증가할 때 소비도 증가하지만 그 폭이 소득보다는 적다는 것을 의미한다. 여기서 $\frac{\Delta C}{\Delta Y}$(소비함수의 기울기)는 한계소비성향(MPC: marginal propensity to consumption)이라 하며 소득이 한 단위 증가했을 때 늘어나는 소비의 변화된 양을 의미한다.

그러면 저축은 소득에 따라 어떻게 변하는가? 저축은 소득에서 소비를 하고 남은 부분이므로, 저축 S는 다음과 같이 소득 Y의 함수로 표시할 수 있다.

$$S(Y) = Y - C = Y - c(Y)$$

이 때 소비 $C = c(Y)$는 소득 Y보다 적은 폭으로 증가하므로 $S(Y)$는 Y의 증가함수가 된다. 즉 소득이 늘면 저축도 늘어난다.

2) 투자함수

이제 IS곡선을 유도하기 위하여 기업이나 개인의 투자행위를 분석해보자. 기업이나 투자가들은 이익을 기대하고 투자를 하게 된다. 그들은 투자로부터의 수익을 계산하고 투자에 대한 비용, 즉 이자를 뺀 이익을 계산하게 된다. 투자를 하기 위해 차입을 한 기업은 차입금에 대해 명시적으로 이자를 지불하여야 하며, 유보이익으로 투자를 한 기업일지라도 그 자금에 대한 기회비용을 암묵적으로 계산하여야 한다. 유보이익이 있을 경우 기업은 투자를 할 수도 있고 현재의 이자율로 대부를 할 수도 있는데, 투자를 택하였다면 투자로부터의 이익이 이자율을 능가하여야 할 것이며, 이때의 이자율이 기회비용이 되는 것이다.

투자액과 이자율의 역관계는 다음과 같이 설명될 수 있다. 어떤 시점에서 수익성 있는 투자안들이 다수 존재한다고 하자. 어떤 투자안들은 위험을 수정한 후에도 100% 이상의 높은 이익률을 얻을 수 있으며, 또 다른 투자안들은 몇 % 안 되는 낮은 이익률을 얻을 수도 있을 것이다. 여기서 만약 모든 사람들이 투자안들에

2) 정확히 말하자면 소비는 소득에서 세금을 뺀 가처분소득(disposal income)의 함수다.

대하여 적절한 정보를 갖고 있다면, 높은 이익률을 갖는 투자안이 우선 채택되고 난 다음 낮은 이익률을 갖는 투자안이 고려될 것이다. 일반적으로 투자의사결정을 할 때 투자가들은 이와 같이 이익률이 높은 투자안의 순으로 투자를 결정한다.

한편 금융시장에서 자금조달이 자유로이 가능할 때 투자수익률이 시장이자율보다 높은 투자안은 모두 채택하게 된다. 예를 들어 자금을 차입할 수 있는 시장차입이자율이 10%라 할 경우, 10% 이상의 이익률을 가지는 투자안은 어느 투자안이든지 모두 투자를 하게 될 것이며, 이익률이 10% 미만인 투자안에는 투자를 하지 않을 것이다. 따라서 투자를 하느냐 않느냐의 절삭점(cut-off point)은 시장이자율이 된다.

이렇게 볼 때 시장이자율이 높을수록 적은 수의 투자안들이 채택될 것이며, 시장이자율이 낮을수록 많은 투자안들이 채택될 것이다. 이를 그림으로 나타낸 것이 [그림 18-1]이다. [그림 18-1]은 투자의 총액이 시장이자율의 감소함수임을 보이고 있다.

[그림 18-1] 시장이자율과 투자액

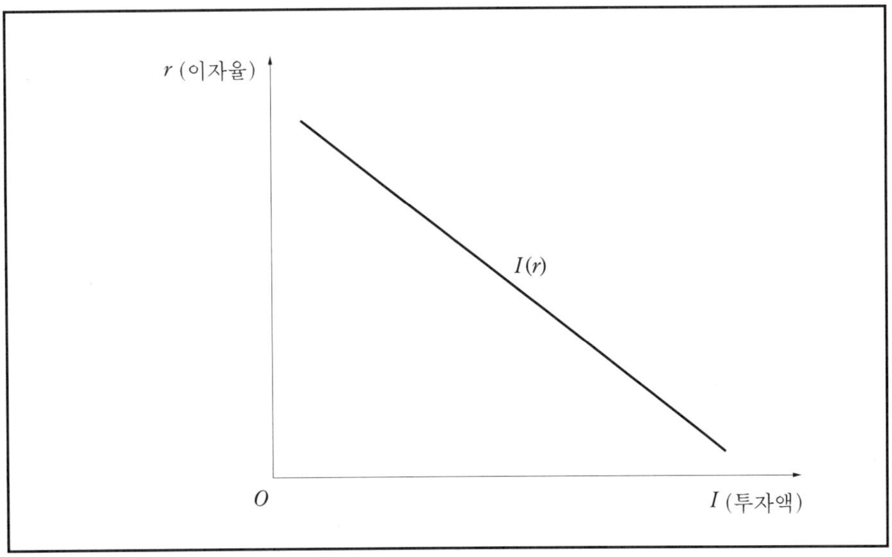

3) *IS*곡선

이제 이와 같은 저축과 투자의 성질을 이용하여 *IS*곡선을 도출하여 보기로 하자. *IS*곡선은 투자(I)와 저축(S)의 등식을 성립시키는 이자율(r)과 소득(Y)의 모

[그림 18-2] *IS* 곡선의 도출

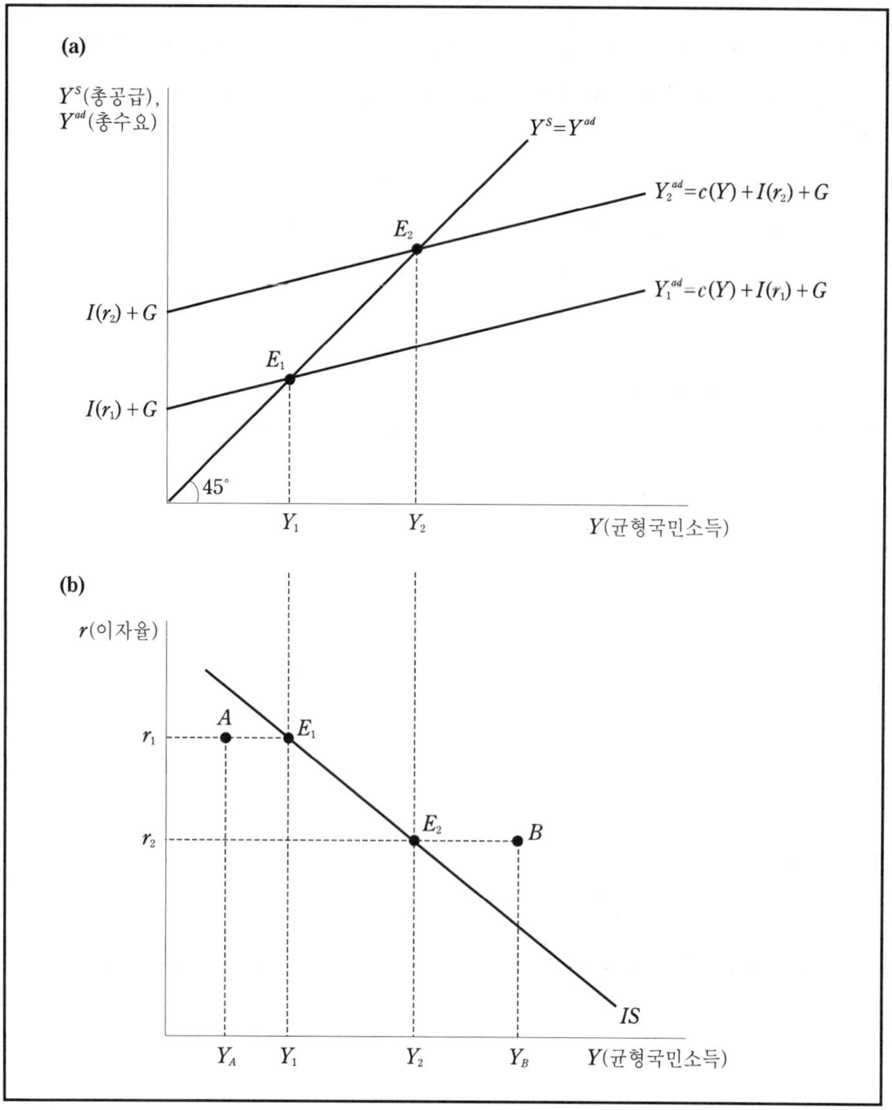

든 결합을 나타내는 곡선이다. 즉 실물부문이 균형상태를 이루었을 때 가능한 이자율과 소득의 집합을 말한다.

실물시장의 균형에서 결정되는 균형국민소득은 총지출(Y^{ad})이 총공급(Y^{S})과 일치하는 점에서 이루어진다. 즉 일정한 이자율수준을 만족하는 균형총생산과 국민소득이 존재하게 되는데, 이자율이 변화함에 따라 이러한 균형국민소득도 변하게 될 것이다. 이를 도식화하면 [그림 18-2]와 같다.

먼저 [그림 18-2] (a)에서 이자율이 r_1수준이라고 할 때 투자수요는 $I(r_1)$이 되고 이 때의 총수요함수는 Y_1^{ad}로 이것이 총공급과 일치하는 균형점 E_1에서의 균형국민소득은 Y_1이다. 만일 이자율이 이보다 낮은 r_2라고 한다면 투자는 이자율과 역관계에 있으므로 $I(r_1)$보다 큰 $I(r_2)$가 될 것이다. 이 때의 총수요를 Y_2^{ad}라고 하면 이 역시 Y_1^{ad}보다 크다. 이 경우 균형점은 E_2이고 이 때의 균형국민소득은 Y_2에서 결정된다. 이렇듯 r과 Y의 평면상에서 실물시장의 균형점에 대응하는 균형이자율에 대한 균형국민소득을 나타내는 점들을 연결하면 [그림 18-2] (b)와 같이 우하향하는 *IS*곡선을 도출할 수 있다. 즉 이자율이 높을 경우 투자수요는 위축되고 이는 균형소득이 낮게 나타나는 결과를 보인다는 것이다.

*IS*곡선의 의미를 좀더 살펴보자. *IS*곡선은 실물시장의 균형을 만족시키는 점들, 즉 총수요와 총공급이 일치하는 점들을 연결한 선이라고 하였다. 따라서 이자율이 일정한 수준으로 주어지면 *IS*곡선은 실물시장이 균형을 이루기 위해서 총생산(aggregate output)이 어느 정도여야 하는가를 알려준다. 이자율이 오를 경우 투자는 하락할 것이며 이것은 총수요(aggregate demand)를 떨어뜨릴 것이다. 이 경우 실물부문이 균형을 이루기 위해서는 총생산(=총공급)이 낮아져야 한다.

또 *IS*곡선은 실물시장의 균형을 나타내 주는 점들이므로 실물경제는 *IS*곡선을 향해 움직이거나 *IS*곡선상에서 벗어나려 하지 않을 것이다. 만약 실제 경제가 *IS*곡선의 오른쪽에 위치한다면, 이 때는 실물의 초과공급 상태를 의미한다. 그 예로 [그림 18-2] (b)의 *B*점의 경우 총생산량 Y_B는 *IS*곡선상의 균형생산량 Y_2보다 더 많다. 실물시장의 이러한 초과공급은 불필요한 투자(케인즈는 이것을 예측치 못한 재고(unplanned inventory)라 불렀다)를 증대시키며 따라서 경제는 재고를 줄이기 위해 생산을 줄일 것이다. 이러한 현상은 총생산이 *IS*곡선상에 위치할 때까지, 즉 이자율이 r_2로 주어지면 이자율과 생산의 조합이 (r_2, Y_2)일 때까지 계속될 것이다. 한편 *A*점은 초과수요를 나타내 주는 점이므로 유사한 논리로 실물경제는

E_1점을 향해 이동할 것이다.

그러면 여기서 정부가 경제정책의 일환으로 재정지출을 증가시켰을 경우(혹은 세금을 감소시켰을 경우)에 *IS*곡선은 어떻게 변하는가 보기로 하자. [그림 18-3]에서 보듯이 주어진 이자율(r_1)수준에서 투자가 $I(r_1)$로 결정되어 있을 때 정부가 정

[그림 18-3] *IS* 곡선의 이동

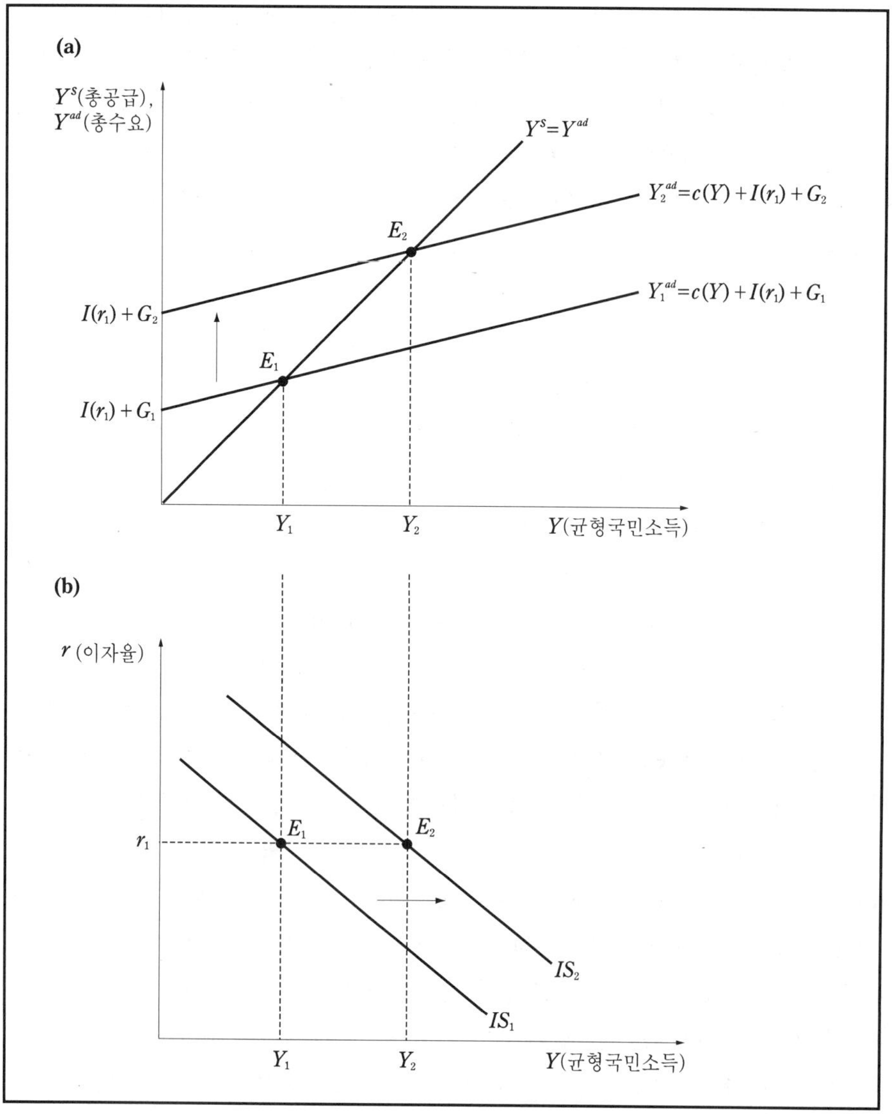

부지출을 G_1에서 G_2로 증가시켰다고 하자. 이는 총수요의 증가를 의미하므로 총수요곡선은 Y_1^{ad}에서 Y_2^{ad}로 상향이동할 것이다. 그러면 균형점은 E_1에서 E_2로 바뀌게 되고 같은 이자율 수준에서 균형국민소득은 Y_1에서 Y_2로 증가한다. 즉 외생적으로 주어진 재정지출의 증가는 주어진 이자율수준에서 원래의 IS_1곡선을 우측으로 이동시켜 새로운 균형집합인 IS_2를 얻게 한다. 만일 반대로 재정지출을 감소시키면 *IS*곡선은 좌측으로 이동할 것이다.

한편 정부가 세금을 감소시키거나 증가시켜도 *IS*곡선은 이동한다. 정부가 세금을 감소시키면 이는 국민들의 소비를 증가시킨다. 그러면 정부지출(G)가 증가할 때 Y^{ad}가 이동하는 것과 마찬가지로 총수요곡선이 위로 이동한다. 이에 따라 IS곡선은 우측으로 이동한다. 정부가 세금을 증가시키면 반대로 *IS*곡선은 좌측으로 이동한다. 그러므로 *IS*곡선은 정부지출과 세금 등 재정정책이 국민경제에 미치는 영향을 분석하는데 유용한 도구로 쓰일 수 있다.

(2) 금융부문에서의 균형

경제에 있어 금융부문은 화폐의 수요와 공급이 일치할 때 균형에 도달하게 된다. 중앙은행으로부터 화폐의 공급은 주어졌다고 가정하고(제16장에서 상술) 화폐의 수요에 중점을 두어 금융부문의 균형을 설명하고, 금융부문의 균형에서 이자율과 소득의 집합인 *LM*곡선을 유도한다.

1) 화폐수요와 공급

*IS*곡선이 실물시장의 균형에서 도출되듯이 *LM*곡선은 화폐시장의 균형에서 구할 수 있다. 화폐시장 균형을 분석하기 위해 앞 장에서 설명한 바 있는 케인즈의 화폐수요이론은 간략히 재정리하기로 한다.

케인즈는 화폐보유의 동기를 거래적 · 예비적 · 투기적 동기의 세 가지로 구분하여 실질화폐수요$\left(\frac{M^d}{P}\right)$가 이자율($r$)과 실질소득($Y$)의 함수로 표시할 수 있다고 하였다. 케인즈의 유동성선호설에 의하면 투기적 동기에 의한 화폐수요는 이자율의 감소함수이며, 거래적 화폐수요와 예비적 화폐수요의 합인 활동적 화폐수요는 소득의 증가함수이다. 이를 식으로 나타내면 다음과 같다.

$$\left(\frac{M^d}{P}\right) = L(r,\ Y), \quad \frac{\partial L}{\partial r} < 0, \ \frac{\partial L}{\partial Y} > 0$$

한 경제의 소득수준이 증가하면 이에 따라 전체 거래금액과 빈도도 증가하게 된다. 따라서 증가된 거래를 수행하기 위해 사람들은 화폐보유량을 늘리려 할 것이다. 또 총소득의 증가는 경제개별 주체들의 부가 평균적으로 증가했음을 의미하므로 사람들은 보다 많은 자산을 보유하길 원하고 이러한 자산의 한 형태로써 화폐의 보유도 늘리려 한다. 이렇듯 소득과 화폐수요는 양(+)의 관계를 보인다. 반면 화폐보유에 따른 기회비용은 이자율로 측정할 수 있다고 하였다. 이자율이 높을수록 화폐보유에 따른 기회비용이 증가하기 때문에 화폐수요는 줄어들 것이므로 화폐수요와 이자율은 음(−)의 관계를 갖게 된다.

한편 전통적인 케인즈학파의 모형에서 화폐의 공급은 통화당국(중앙은행)에 의한 외생적 변수(exogenous variable)로 가정한다. 화폐공급의 외생적 특성은 이자율이나 소득수준에 따라 변하는 것이 아니라는 것이다. 즉 중앙은행에 의해 결정되는 명목통화량(M^S)과 경제의 물가수준(P)이 고정되어 있다고 가정하는 것이다.

이러한 화폐수요와 공급의 균형을 그림으로 나타낸 것이 [그림 18-4]이다.

[그림 18-4] 화폐시장의 균형

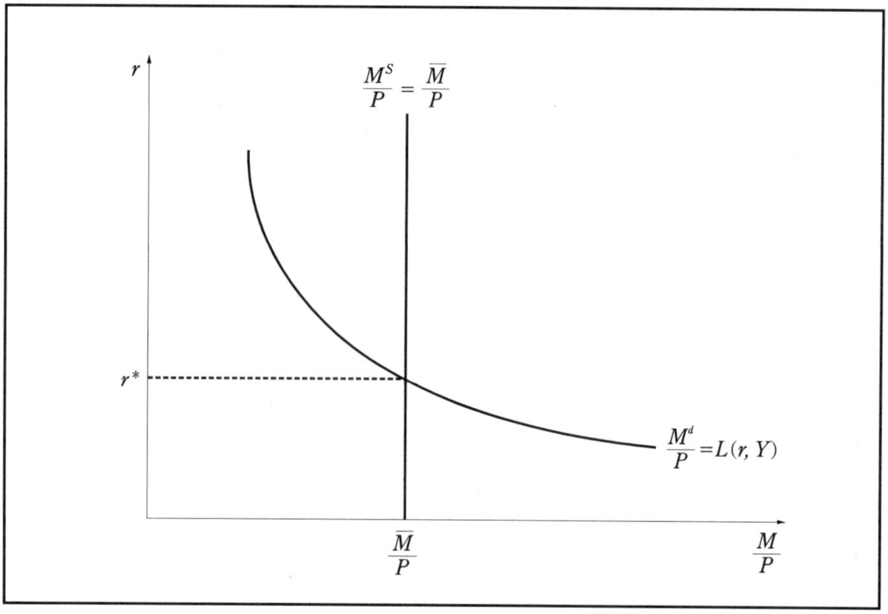

[그림 18-5] *LM*곡선의 도출

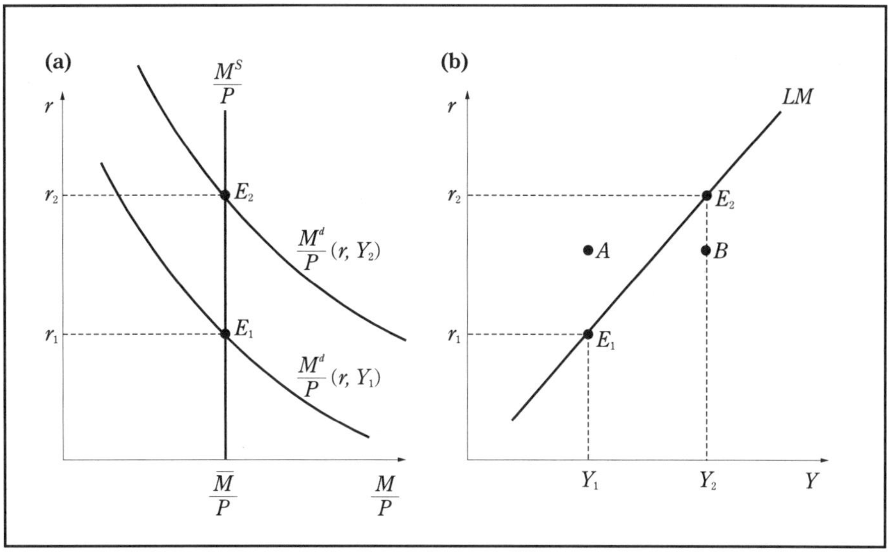

2) *LM*곡선

이제 앞서 설명한 화폐시장의 균형으로부터 *LM*곡선을 도출해 보자. [그림 18-5](a)에서 현재 총소득이 Y_1이라면 화폐수요함수는 $\frac{M^d}{P}(r,\ Y_1)$으로 나타나고 화폐시장의 균형은 점 E_1에서 형성된다. 이 때의 균형이자율은 r_1이 될 것이다. 만일 소득수준이 Y_1보다 높은 Y_2가 되면 주어진 이자율수준에서 소득의 증가는 화폐수요의 증가로 이어져 화폐수요함수가 우측으로 이동하여 $\frac{M^d}{P}(r,\ Y_2)$가 된다. 이 경우 화폐시장의 균형은 E_2점에서 형성되고 균형이자율은 r_1보다 높은 수준의 r_2로 나타난다. 이와 같은 과정을 반복하여 모든 소득수준에 대해 화폐시장 균형이자율을 구하여 그 균형점들을 소득과 이자율을 축으로 한 좌표평면상에 연결하면 [그림 18-5](b)와 같이 우상향하는 *LM*곡선을 얻을 수 있다. 즉 실물시장의 균형을 통해 결정된 총소득이 화폐수요에 영향을 미쳐 균형이자율을 변화시킨다는 것이다. 높은 수준의 소득은 화폐수요를 늘리고 이는 화폐수요에서 균형이자율이 높은 수준에서 결정되게 하므로 서로 양의 관계를 갖게 된다.

*LM*곡선의 의미를 좀더 살펴보자. *LM*곡선은 화폐수요와 화폐공급의 일치라는 화폐시장의 균형조건을 만족시키는 점들의 집합을 말한다. 즉 화폐시장의 균형을 가능케 하는 모든 이자율과 소득의 집합을 말한다. 실물부문의 총생산이 주어

졌을 경우, *LM*곡선은 화폐시장이 균형을 이루기 위해서는 이자율이 어떻게 결정되어야 하는가를 나타내 준다. 총생산이 증가할 경우 화폐수요는 증가하며 따라서 이자율도 상승할 것이다. 또한 *IS*곡선과 마찬가지로 경제는 *LM*곡선을 향해 움직일 것이다. 만약 경제가 *LM*곡선의 왼쪽에 위치하면 화폐의 초과공급 상태가 된다. 예를 들어 *A*점의 경우 이자율이 균형이자율보다 높으며 따라서 사람들은 그들이 원하는 수준보다 더 많은 화폐를 보유하게 된다. 사람들은 그들의 초과된 현금보유수준을 줄이기 위해 채권 등을 구입할 것이며 이것은 이자율을 하락시킬(채권가격 상승) 것이다. 이러한 현상은 이자율이 *LM*곡선상에 있을 때까지 계속될 것이다. *LM*곡선의 우측에 있는 점(*B*점)은 화폐의 초과수요를 의미하며 역시 경제는 *LM*곡선을 향해 조정과정을 거치게 될 것이다. 따라서 *LM*곡선은 화폐시장의 균형, 즉 사람들이 그 선상에서 벗어나려 하지 않을 것임을 의미한다.

*LM*곡선은 통화정책의 효과를 직접적으로 관찰할 수 있는 도구가 된다. 통화정책은 중앙은행이 통화량을 조절하는 것으로서 국채를 매입한다거나 지불준비율을 줄임으로써 통화량을 증가시킬 수 있다. 이 때의 통화정책의 효과는 [그림 18-6]에 나타나 있다. 중앙은행이 통화의 공급을 M_1^S에서 M_2^S로 증가시키면 *LM*곡선은 LM_1에서 LM_2로 이동한다. 통화공급을 줄이면 이와 반대로 움직이게 될 것이

[그림 18-6] *LM*곡선의 이동

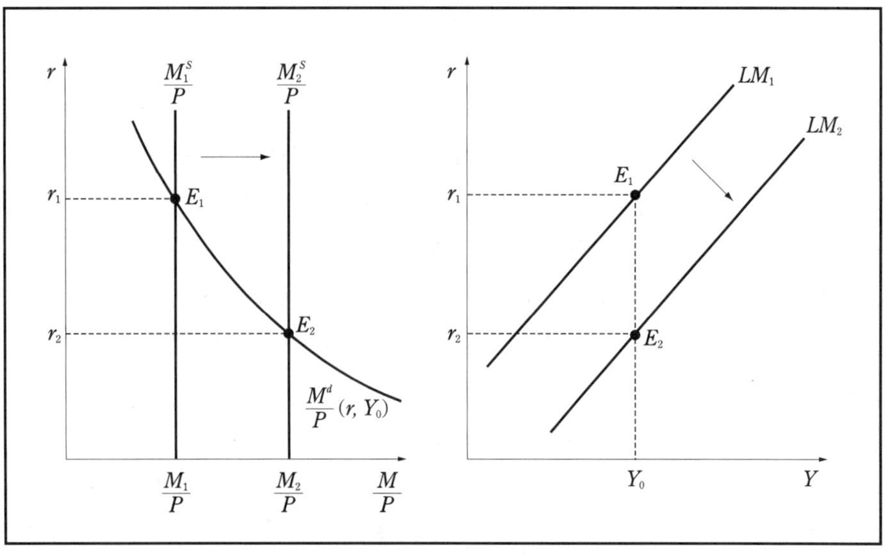

다. 이러한 통화정책의 효과에 대해서는 뒤에서 자세히 알아보기로 하겠다.

3) *IS-LM* 균형 모형

이제까지 실물경제와 금융경제의 두 부문에서의 균형을 살펴보았다. 그리고 이러한 균형으로부터 *IS*곡선과 *LM*곡선을 도출하였다. 지금부터는 이 두 부문을 동시에 균형을 이루게 하는 조건을 살펴보기로 한다.

경제의 실물부문과 금융부문을 동시에 만족시키는 경제의 일반적인 균형은 *IS*곡선과 *LM*곡선을 하나의 좌표평면에 표시함으로써 가능해진다. [그림 18-2]의 *IS*곡선과 [그림 18-5]의 *LM*곡선은 모두 r과 Y를 축으로 하는 좌표평면 위에 있으므로 동시에 표시하는 것도 가능하다. 이를 도시한 것이 [그림 18-7]이다.

[그림 18-7]에서 *IS*곡선은 투자와 저축이 같도록 하는, 즉 실물부문이 균형을 이루도록 하는 이자율-소득의 조합을 나타낸 것이며, *LM*곡선은 화폐에 대한 수요와 공급을 일치하게 하는, 즉 금융부문이 균형을 이루는 이자율-소득의 조합을 나타낸다. 그러면 그림에서 *IS*와 *LM*이 교차하는 점 E는 경제의 두 부문, 즉 실물부문과 금융부문을 동시에 만족시키는 균형점이다. 이때 균형이자율이 r_e이고 균형국민소득은 Y_e가 된다. 이러한 균형국민소득이 반드시 완전고용상태의 국민소득은 아니며, 완전고용상태하의 국민소득은 Y_e보다 크거나 작을 수도 있다. 만약,

[그림 18-7] 경제의 전체균형

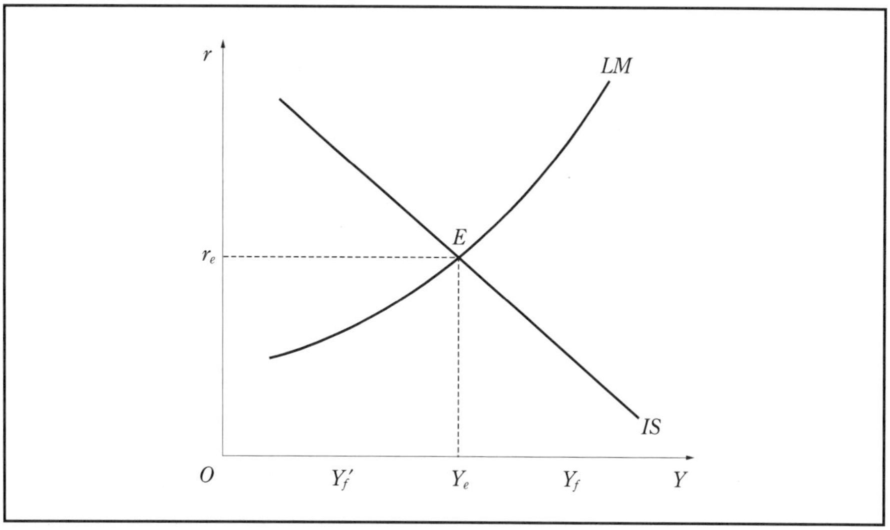

완전고용국민소득이 Y_e보다 큰 Y_f라면 경제는 침체되어 있는 것이며, Y_f'가 완전고용국민소득이라면 경제는 인플레이션하에 있는 것으로 생각할 수 있다.

*IS-LM*모형은 경제를 예측하고 정부정책의 효과를 이해하는 데 있어 매우 유용하지만 현실경제를 직접 분석하고 예측하는 데는 많은 약점을 지니고 있으므로, 이 모형을 적용시킬 때는 여러 가지 한계점에 유의해야 할 것이다. 우선 *IS-LM*모형은 기본적으로 총수요 측면을 강조한 부분균형모형으로 물가 및 실업문제 등을 명확하게 설명하지 못하고 있다. 따라서 물가변화에 따른 총수요의 변화와 노동시장을 고려한 총공급곡선을 함께 분석해야 할 것이다. 또한 *IS-LM*모형은 기본적으로 정태모형이며, 인플레이션이나 실업과 같은 동태적 현상을 설명하기에는 역부족이다. 이외에도 *IS-LM*모형은 폐쇄경제를 가정한 모형이라는 점과, 경제주체의 심리적 요소——예를 들어 한계소비성향 · 유동성선호 등——를 지나치게 강조한 점 등도 약점으로 들 수 있다.

(3) *IS-LM*모형과 통화 · 재정정책

만일 경제가 투자의 하락과 이에 따른 불황국면이 지속될 경우 정책당국자가 총체적인 경제활동의 활성화를 위해 사용할 수 있는 정책은 크게 통화정책(monetary policy)과 재정정책(fiscal policy)으로 나뉜다. 통화정책은 이자율이나 통화량의 관리를 통하여, 재정정책은 정부지출이나 세금의 변화를 통하여 경제활동에 영향을 주려는 정책을 말한다. 그렇다면 불안한 경제상황에서 벗어나기 위해 이 두 정책 중 어떤 방법을 사용해야 하는가? 어떤 상황에서 어떤 정책이 우월한가? 재정정책을 사용할 경우 정부지출을 늘릴 것인가, 세금을 줄일 것인가? 통화정책을 사용할 경우 통화량의 안정을 목표로 할 것인가, 이자율의 안정을 목표로 할 것인가?

앞에서 살펴본 *IS-LM*모형을 이용하여 이러한 문제에 대한 해답을 찾아본다.

1) 통화정책과 재정정책의 효과

이제 우리는 통화정책(monetary policy)과 재정정책(fiscal policy)이 균형이자율과 균형총생산(국민소득)에 미치는 영향을 분석할 수 있다. 이자율과 국민총생산은 *IS-LM*곡선이 교차하는 점에서 균형이 이루어지며, 통화정책은 통화량의 조절(이자율의 조절)을 통해, 재정정책은 정부지출이나 세금의 증감을 통해 이루어진다. 그러므로 우리는 통화정책과 재정정책이 *IS-LM*곡선을 어떻게 이동시키는가를 살펴봄으로써 이 두 정책이 이자율과 총생산에 미치는 효과를 쉽게 분석할 수 있다.

먼저 통화정책의 효과를 분석해보자. 중앙은행이 생산량을 늘리고 고용을 안정시키기 위해 화폐공급을 늘렸다고 가정하자. 통화량의 증가는 *LM*곡선을 우측으로 이동시킬 것이므로 실물시장과 화폐시장의 균형은 E_1에서 E_2로 이동할 것이다([그림 18-8] 참조). 이 과정을 좀더 자세히 살펴보자. 통화량이 증가할 경우 화폐시장에는 화폐의 초과공급현상이 발생할 것이며 이에 따라 이자율이 하락할 것이다. 이자율의 하락은 투자지출의 증가를 가져오며 이것은 곧바로 총수요와 총생산을 증가시킬 것이다($M^S\uparrow \rightarrow r\downarrow \rightarrow I\uparrow \rightarrow Y\uparrow$). 이러한 현상은 경제가 E_2점에 도달할 때까지 계속될 것이다. 왜냐하면 소득의 증가나 이자율의 하락은 화폐의 수요를 증가시킬 것이며 경제가 E_2점에 도달할 때에 화폐시장의 균형(초과공급=0)이 이루어지기 때문이다. 결국 통화량의 증가는 이자율의 하락($r_1 \rightarrow r_2$)과 총생산의 증가($Y_1 \rightarrow Y_2$)를 가져오며 통화량의 감소는 그 반대현상이 나타날 것이다. 따라서 통화량과 총생산은 (+)관계에 있고 이것은 어느 정도 고용을 증대시킬 수 있음을 알 수 있다.

실업률을 낮추기 위해 중앙은행이 통화공급을 늘리는 대신 정부가 정부지출을

[그림 18-8] 확대통화정책($M^S\uparrow$)의 효과

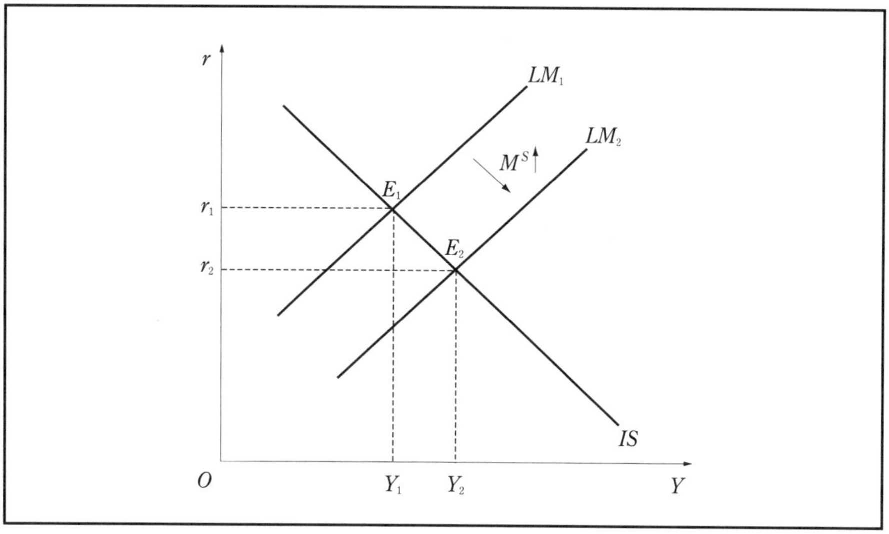

[그림 18-9] 확대재정정책($G\uparrow$)의 효과

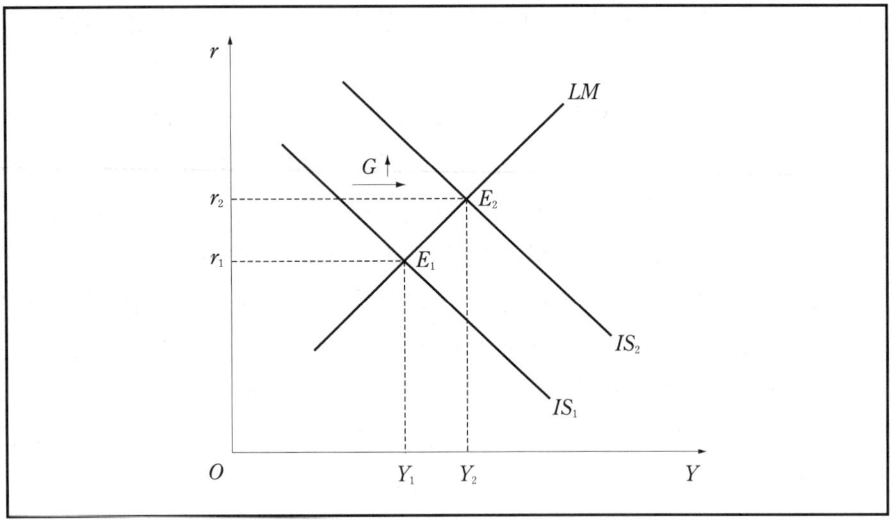

늘리거나 세금을 줄였다고 가정하자. 이러한 재정정책의 효과 역시 *IS-LM*모형을 이용해 쉽게 분석할 수 있다. 정부지출의 증가는 *IS*곡선을 우측으로 이동($IS_1 \rightarrow IS_2$)시킬 것이며 따라서 실물 및 화폐시장의 균형은 E_2에서 이루어질 것이다([그림 18-9] 참조). 이 과정을 좀더 자세히 살펴보자. 정부지출의 증가는 직접적으로 총수요와 총생산을 증가시킬 것이다. 총생산의 증가는 화폐에 대한 수요를 증가시킬 것이며, 이러한 화폐시장의 초과수요는 이자율을 상승시킬 것이다($G\uparrow \rightarrow Y\uparrow \rightarrow M^d \uparrow \rightarrow r\uparrow$). 이러한 현상은 경제가 E_2점에 도달했을 때 멈출 것이다. 결국 정부지출의 증가는 이자율의 증가($r_1 \rightarrow r_2$)와 총생산(소득)의 증가($Y_1 \rightarrow Y_2$)를 가져오게 되며 정부지출의 감소는 그 반대현상이 나타날 것이다. 따라서 우리는 정부지출과 총생산은 (+)관계에 있고, 이것은 실업률을 줄일 수 있음을 알 수 있다. 여기서 한 가지 유의할 점은 통화정책($M^S\uparrow$)과 재정정책($G\uparrow$)은 총생산에는 동일한 효과를 가져오나 이자율에는 상이한 영향을 미친다는 점이다($M^S\uparrow \rightarrow r\downarrow$, $G\uparrow \rightarrow r\uparrow$).

2) 통화정책과 재정정책의 선택

그렇다면 실업을 줄이기 위해 통화정책과 재정정책 중 어떤 방법을 사용해야 하는가? 어떤 상황에서 어떤 정책이 우월한가? *IS-LM*모형은 이 문제에 대한 해답을 제시해 준다. 먼저 화폐수요가 고정상태를 유지하며 이자율의 영향을 전혀

받지 않는다고 가정하자. 화폐수요함수가 이자율의 영향을 받지 않는다면, 즉 화폐수요함수가 안정적이라면 [그림 18-10]에서와 같이 LM곡선은 수직이 될 것이다. [그림 18-5]에서 화폐수요가 이자율의 영향을 받지 않는다면 M^d는 수직이 될 것이며 화폐시장의 균형($M^d = M^S$)에서 LM곡선은 M^d선과 M^S선의 일치에서 결정되는 수직선이 된다.

만약 정부가 실업을 줄이기 위해 확장적 재정정책(expansionary fiscal policy)을 시행했다면 IS곡선은 $IS_1 \rightarrow IS_2$로 이동할 것이다. 그러나 이 경우 확장적 재정정책은 이자율만 상승시킬 뿐($r_1 \rightarrow r_2 \uparrow$) 총생산에는 전혀 영향을 주지 못하게 된다. 이러한 현상에 대한 이유는 만약 LM곡선이 수직이라면 정부지출의 증가는 이자율을 상승시키며 이것은 곧바로 투자를 감소시켜 정부지출의 증가에 따른 총수요의 증가를 완전하게 상쇄시키기 때문이다. 다시 말하면 확장적 재정정책으로 증가된 총수요는 이자율의 상승으로 인한 투자의 감소로 인해 완전하게 구축(crowding)된다. 이것을 완전한 구축효과(complete crowding effect)라고 부른다.

이때 만약 중앙은행이 확장적 통화정책(expansionary monetary policy: $M^S \uparrow$)을 실시할 경우 LM곡선은 $LM_1 \rightarrow LM_2$로 변하며, 이 경우 총생산은 $Y_1 \rightarrow Y_2$로 증가하게 된다. 따라서 우리는 화폐수요가 이자율의 영향을 받지 않을 경우 재정정책

[그림 18-10] 화폐수요가 이자율의 영향을 받지 않을 경우 통화정책과 재정정책의 효과

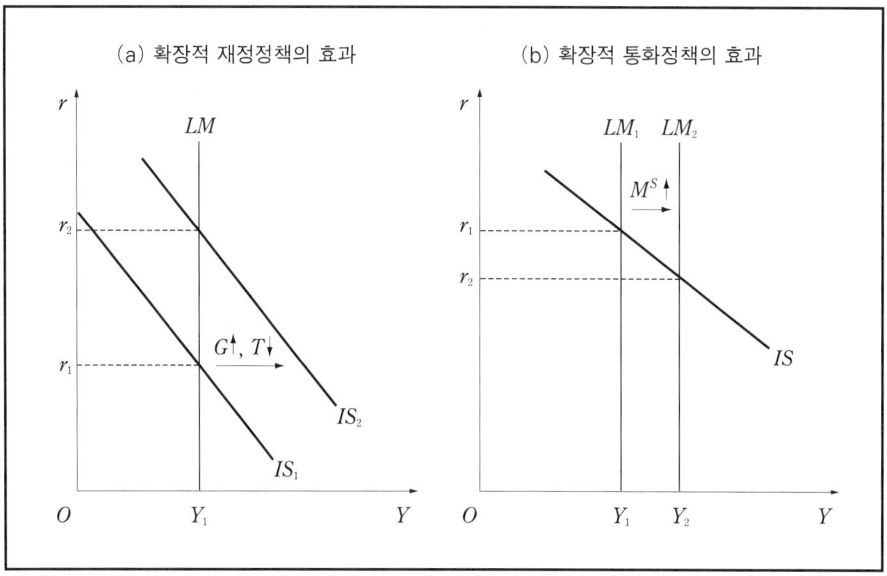

보다 통화정책이 더 효과적임을 알 수 있다. 비록 이자율이 화폐수요에 미치는 영향을 무시할 수 없다고 하더라도 *LM*곡선이 수직에 가까우면 항상 구축효과는 발생하며 이 경우 통화정책은 효과적인 정책수단이 된다. 이와 같이 재정정책보다는 통화정책의 유용성을 강조하는 거시경제의 조류를 통화주의(monetarist)라고 부른다.

다음, 재정정책의 유용성을 살펴보기 위해 화폐수요가 이자율의 변화에 매우 민감할 경우를 가정해보자. 화폐수요가 이자율의 변화에 완전탄력적일 경우 [그림 18-5]에서 화폐수요함수 M^d는 수평이 되며 이때 통화공급 M^S가 변해도 이자율은 변하지 않을 것이다. 이러한 화폐시장의 균형($M^d=M^S$)은 *LM*곡선이 수평임을 의미한다. 화폐수요의 이러한 현상은 경제의 이자율수준이 매우 낮을 경우에 발생할 가능성이 높다. 만약 사람들이 현재의 이자율이 매우 낮다고 인식할 경우 아무리 통화공급을 늘려도 이자율은 더 이상 하락하지 않을 것이다. 이것을 유동성함정(liquidity trap)이라 부른다.[3)]

이러한 상황에서 중앙은행이 확장적 통화정책($M^S\uparrow$)을 실시했다면 *LM*곡선은 $LM_1 \rightarrow LM_2$로 이동할 것이므로 이자율과 총생산은 전혀 변하지 않을 것이다. 만

[그림 18-11] 유동성 함정에서 통화정책과 재정정책의 효과

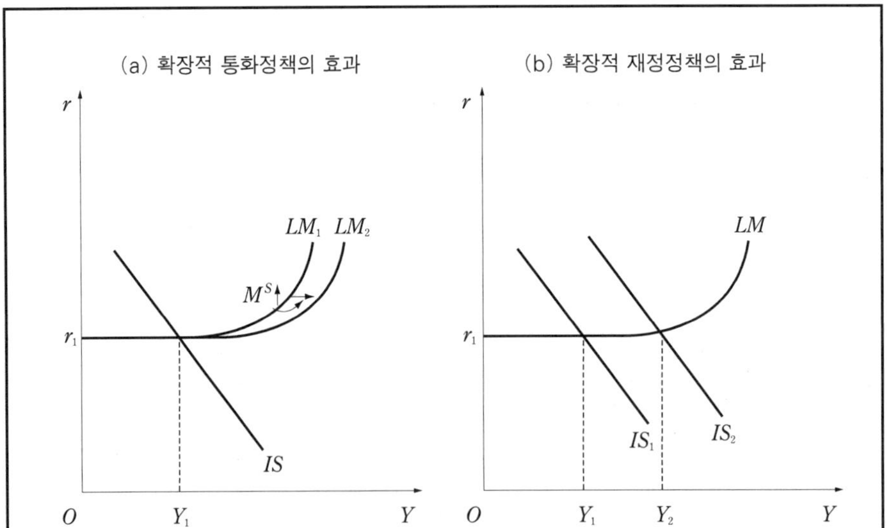

3) 유동성함정은 정상이자율이 매우 낮을 경우 사람들은 이자율이 곧 상승할 것으로 예상하며 이것은 자본손실을 가져오게 되므로 화폐수요를 증가시킨다는 것으로도 설명될 수 있다. 이것은 케인즈의 유동성선호이론이 의미하는 것이며, 자세한 내용은 제17장을 참고하기 바란다.

약 정부가 확장적 재정정책($G\uparrow$, 또는 $T\downarrow$)을 시행했을 경우 *IS*곡선은 $IS_1 \rightarrow IS_2$로 이동할 것이며 이 경우 이자율은 변하지 않으나 총생산은 $Y_1 \rightarrow Y_2$로 증가하여 소기의 정책적 목표를 달성할 수 있게 된다([그림 18-11] 참조). 따라서 경제가 유동성 함정에 빠졌을 경우 통화정책보다 재정정책이 더 효과적임을 알 수 있다.

이처럼 통화정책보다는 재정정책의 유용성을 강조하는 경제학의 조류를 케인즈주의 (Keynesian)라 부른다.

지금까지 살펴본 것을 요약하면, 화폐수요가 이자율의 영향을 거의 받지 않는다면—*LM*곡선의 기울기가 가파르다면—통화정책의 효과가 크며, 통화량을 늘려도 이자율이 낮아지지 않는다면—*LM*곡선의 기울기가 완만하다면—재정정책의 효과가 크다는 것이다.

재정정책과 통화정책의 효과에 대해서는 통화주의와 케인즈학파 사이에 많은 논란이 있었다. 그러나 그들이 각각 예로 든 위의 상황은 매우 특수한 경우에만 타당하며 현실적으로 완전한 구축효과나 유동성함정은 발생하기 어렵다. 이러한 점을 감안하여 오늘날의 거시경제학의 조류는 다음과 같은 합의가 이루어지고 있다. [그림 18-12]에서 보듯이 이자율이 매우 낮은 수준의 *A*구간에서는 *LM*곡선이 수평선에 가깝고—이 구간을 케인즈영역이라 부른다—완전고용수준의 *C*구간에서

[그림 18-12] 통화주의와 케인즈학파의 결합

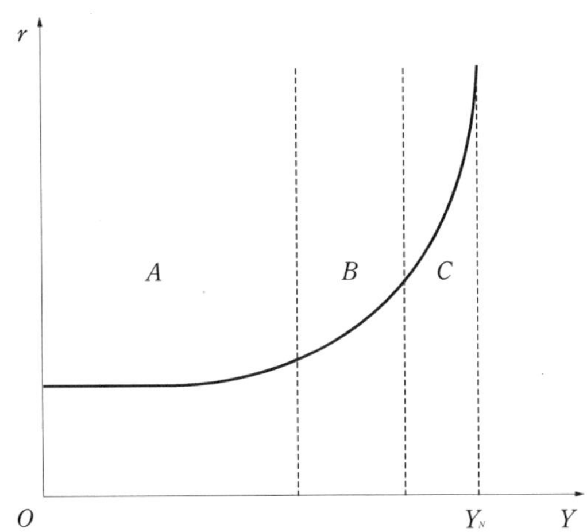

는 *LM*곡선이 수직선에 가깝다—이 구간을 통화주의 또는 고전학파의 영역이라 부른다—는 것이다. 이때 *B*구간은 중간영역이라 부른다. 따라서 이자율수준이 매우 낮은 상황에서는 재정정책이 통화정책보다 유용할 수 있으며 완전고용에 가까운 상황에서는 반대로 통화정책이 재정정책보다 더 유용할 수도 있다는 것이다.

지금까지 우리는 *LM*곡선의 이자율탄력도에 따른 통화정책과 재정정책의 효과를 분석하였다. 그러나 한편으로 *IS*곡선의 이자율 탄력도에 따라 통화정책과 재정정책의 효과가 달라질 수 있다는 것에 유념해야 한다. 만약 투자가 이자율에 비탄력적일 경우 *IS*곡선은 수직이 될 것이며 이런 경우에는 재정정책이 매우 유용할 것이다. 반대로 투자의 이자율탄력도가 무한대일 경우 *IS*곡선은 수평선이 될 것이며 이 경우에는 통화정책이 매우 유용할 것이다. 전자는 초기의 케인즈주의, 후자는 고전학파의 투자관을 나타낸다.

3) 통화정책변수의 선택

지금까지 통화정책과 재정정책이 어떤 상황에서 더 유용한가를 살펴보았으므로, 이제는 통화정책의 대안—통화량 안정과 이자율의 안정—과 재정정책의 대안—세금과 정부지출—중에 어떤 대안을 사용해야 하는가를 살펴보자.

재정정책 중 세금과 정부지출의 효과에 관해서는 큰 논란이 없는 것 같다. 다만 정부지출은 직접적으로 총수요에 영향을 주어 *IS*곡선을 단기간에 이동시키지만, 세금은 소비함수에 영향을 주고 이 소비함수가 총수요에 영향을 주어 *IS*곡선을 이동시키므로 그 효과가 정부지출보다는 늦게 나타난다.[4)]

그러나 통화정책의 경우 이자율의 안정을 목표로 할 것인가 통화량의 안정을 목표로 할 것인가에 대해서는 상당한 논란이 일고 있다. 세금이나 정부지출과는 달리 통화량과 이자율의 안정정책은 상호배타적이므로 중앙은행은 이 두 정책대안 중 어느 것이 좀더 정확히 총생산을 통제할 수 있는가를 알 필요가 있다. 현실적으로 *IS-LM*곡선은 안정적이 아니며 확실하게 알 수 없다. 여기서 우리는 *IS*곡선이 *LM*곡선보다 더 불확실한 경우와, 반대로 *LM*곡선이 *IS*곡선보다 더 불확실한 경우로 나누어 통화량과 이자율정책의 효과를 살펴볼 필요가 있다.

4) 재정정책으로 정부지출의 증대를 많이 이용하는 이유는 그 효과가 빠를 뿐만 아니라 세금의 변화는 법률적 · 정치적으로 많은 제약이 따르기 때문이다. 균형예산($G=T$)인 경우에 세금은 G(1−한계소비성향)만큼의 효과를 끼친다.

[그림 18-13] 통화량안정정책과 이자율안정정책의 효과

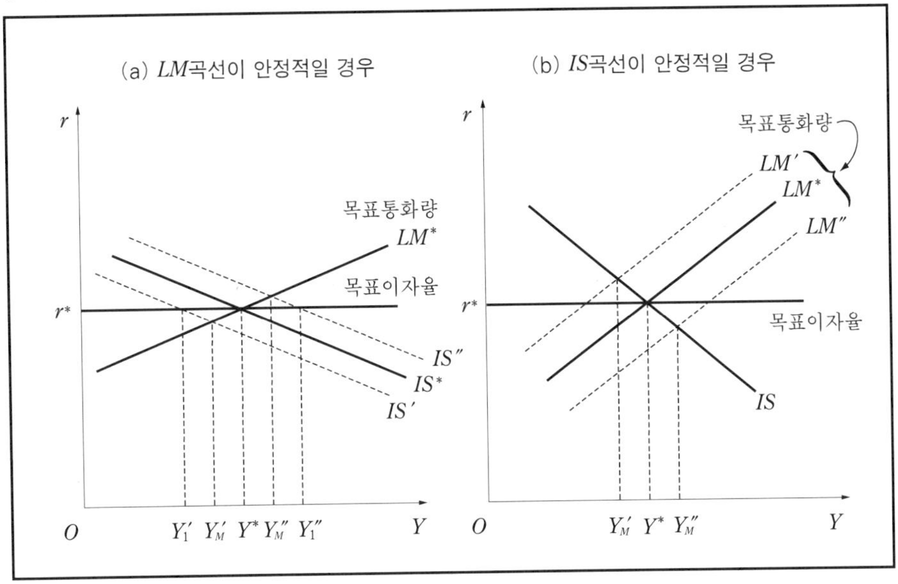

먼저 *IS*곡선은 불안정하고 불확실한 반면에 *LM*곡선은 확실하고 안정적인 것으로 알려졌을 경우를 고려해보자([그림 18-13] (a) 참조). 이때 중앙은행이 *IS*곡선이 IS^*일 것이라고 보고 있으며 총생산을 Y^*로 유지하려 한다고 가정하자. 만약, 중앙은행이 이자율 목표정책(interest rate target)을 시행할 경우 총생산 Y^*를 유지하도록 이자율을 r^*로 정할 것이며, 통화량목표정책(money supply target)을 시행할 경우 *LM*곡선이 LM^*가 되도록 통화량을 조절해 *Y*가 Y^*에 머무르도록 할 것이다. 그러나 여기서 *IS*곡선이 IS'와 IS'' 사이에서 변동할 경우 이자율안정정책(이자율을 일정수준유지)하에서는 *Y*가 Y_1'와 Y_1'' 사이에서, 통화량안정정책(통화량을 일정수준유지)하에서는 Y_M'와 Y_M'' 사이에서 변동하게 되는데, 여기서 통화량안정정책이 산출물의 변동을 적게 가져옴을 알 수 있다. 따라서 *IS*곡선이 *LM*곡선보다 더 불안정할 경우를 통화량안정정책이 더 효과적임을 알 수 있다.

다음, *LM*곡선이 불안정하고 불확실한 경우를 고려해보자([그림 18-13] (b) 참조). 이제는 *LM*곡선이 불안정하므로 *LM*곡선은 LM'와 LM''로 변하고 따라서 *Y*는 Y_M'와 Y_M'' 사이에서 변하게 된다. 이때 만약 중앙은행이 이자율안정정책을 시행할 경우 *Y*는 Y^*에서 항상 머무르나, 통화량안정정책을 시행할 경우 *LM*곡선이 이동해 *Y*가 일정하지 않고 변동하게 된다. 따라서 *LM*곡선이 *IS*곡선보다 더 불안정

할 경우 이자율안정정책이 더 효과적임을 알 수 있다.

통화주의자들은 화폐수요함수가 안정적이므로 *LM*곡선 역시 안정적이어서 통화량안정정책이 우월하다고 주장한 반면에 케인즈주의는 화폐수요함수가 상당히 불안정하므로 *LM*곡선 역시 불안정해 이자율안정정책의 효과가 더 크다고 주장하였다. 그렇다면 현실적으로 *LM*곡선은 안정적인가? 최근에는 화폐수요함수가 매우 불완전하다는 의견이 강하게 일고 있으며 따라서 *LM*곡선 역시 불안정해 이자율안정정책이 더 우월한 것처럼 보인다. 그러나 이 두 정책의 우위성을 평가하는 데 있어서 기준이 되는 것은 *IS*곡선과 *LM*곡선의 상대적인 안정성이다. 아직 *IS*곡선이 안정적이라는 결론이 내려져 있지 않으므로 *LM*곡선이 불안정하다고 해서 통화량정책의 무용성을 주장하는 것은 매우 성급한 결론이다. 오히려 가격효과 때문에 기대인플레이션에 대한 불확실성이 존재할 경우 *LM*곡선이 불안정해도 통화량정책의 효과가 더 우월하게 나타날 수 있다.

2. *AD-AS* 모형

지금까지의 *IS-LM*모형에서는 재화나 서비스에 대한 가격이 고정되어 있는 것으로 가정하였다. 그러나 현실 세계에서는 가격이 매우 불안정하므로, 가격이 변동할 경우 *IS-LM*분석이 어떻게 달라지는가를 살펴볼 필요가 있다. 즉 화폐가 산출물과 가격에 미치는 영향을 분석할 수 있는 기본적인 도구(tools)—총수요와 총공급의 분석—를 찾아내야 한다.

(1) *AD* 곡선

AD(총수요; aggregate demand)곡선은 화폐시장과 실물시장이 균형을 이루도록 하는 가격과 총생산(aggregate output)의 조합을 나타내는 곡선—서로 다른 가격수준에서 국민들이 사고자하는 최종재화와 서비스의 양을 나타내는 곡선—을 말한다. 이제 이러한 가격과 생산량의 관계를 표시하는 총수요곡선을 유도하여 보자.

*IS*곡선에 영향을 주는 요인들—소비지출 · 투자지출 · 정부지출 · 세금—은 상

[그림 18-14] 총수요곡선의 유도

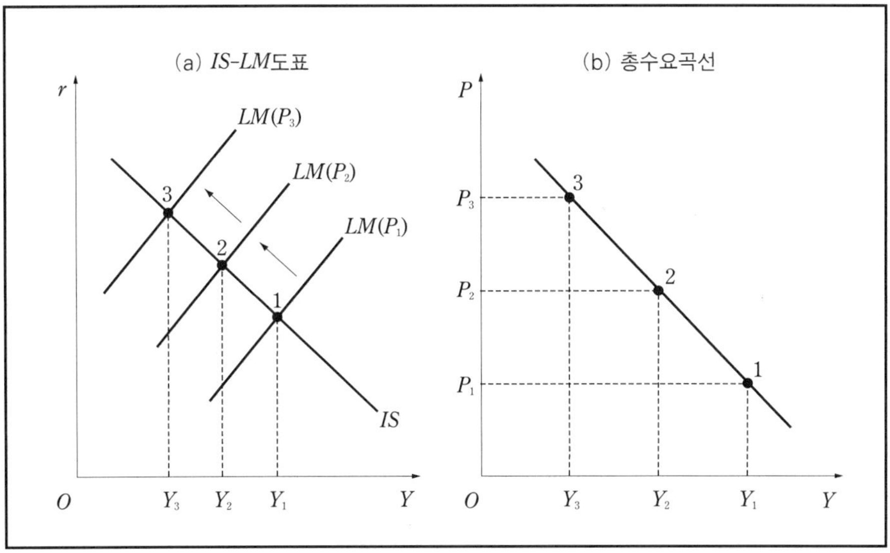

품과 서비스에 대한 실질개념(real terms)으로의 수요, 즉 사람들이 실제로 사려고 하는 상품의 수량을 나타낸다. 이 수량은 가격이 변동하더라도 변하지 않으므로 가격의 변화는 *IS*곡선에 전혀 영향을 주지 못한다.[5] 반면에 *LM*곡선은 가격의 변화에 영향을 받게 된다. 그 이유는 실질 잔고(M/P)로의 화폐수요가 이자율과 소득의 함수이기 때문이다. 만약, 화폐량은 일정한데 가격이 하락할 경우 현재의 가격수준에서 더 많은 상품과 서비스를 구입할 수 있기 때문에 화폐의 실질잔고는 늘어날 것이다. 가격이 상승하면 반대현상이 나타난다. 따라서 가격의 변화는 구매력의 변화 측면에서 통화량의 변화와 동일한 효과를 가져오게 된다. 실질화폐공급의 감소($M\downarrow$ 또는 $P\uparrow$)는 화폐에 대한 초과수요를 발생시키며 이는 이자율을 상승시켜 *LM*곡선을 왼쪽으로 이동시키게 된다([그림 18-14] 참조).

지금까지 우리는 가격의 변화가 *IS*곡선과 *LM*곡선에 미치는 영향을 살펴보았다. 그러면 이제 가격의 변화가 *IS-LM*모형을 어떻게 변화시키는지 살펴보기로 하자. 가격의 변동에 따른 *IS-LM*모형의 변화를 나타낸 것이 [그림 18-14]이다. 여

5) *IS*곡선은 실질개념으로 실물시장의 균형을 나타내는 이자율과 총생산의 조합을 말한다. 즉

$$i(r)+g=s(y)+t$$

가 되며, 여기서 소문자는 실질가치를 표현한다. g와 t는 정부에 의해 결정되며, i와 s는 가격의 직접적인 영향을 받지 않는다고 가정하고 있다.

기서 화폐의 공급(통화량)은 주어진 것으로 가정한다. 먼저 가격이 P_1인 경우를 고려해보자. 가격이 P_1인 경우의 LM곡선은 $LM(P_1)$으로 표시돼 있고 이 $LM(P_1)$은 IS곡선과 Y_1에서 교차한다. 이 $(Y_1,\ P_1)$조합은 [그림 18-14] (b)의 점 1로 표시돼 있다. 만약 가격이 P_2로 상승했다면 어떤 일이 일어나겠는가? 가격이 P_2로 오르면 실질잔고로의 화폐공급은 줄어들 것이며 이것은 명목통화량이 줄어든 것과 같으므로 $LM(P_1)$은 $LM(P_2)$로 이동하게 될 것이다. 이 때의 새로운 균형점은 Y_2가 될 것이며, $(Y_2,\ P_2)$의 조합은 (b)의 점 2로 표시되어 있다. 동일한 방법으로 가격이 P_3으로 상승할 경우, 생산량과 가격의 조합은 $(Y_3,\ P_3)$이 될 것이다((b)의 점 3). 이 세 점을 연결한 선이 각 가격수준에서 화폐시장과 실물시장이 균형을 이루도록 하는 총생산을 나타내는 총수요곡선이다. 이 총수요곡선은 우하향—기울기가 (−)—하게 되는데 가격이 상승할 경우 실질화폐잔고는 감소하고 이것은 이자율을 상승시켜 총수요를 감소시키기 때문이다.

(2) *AS* 곡선

다음 단계로 *AS*(총공급: aggregate supply)곡선을 유도해보자. 총공급곡선(*AS*)은 자원시장의 균형을 나타내는데, 즉 서로 다른 가격수준에서 공급되는 최종재화와 서비스의 양을 나타내는 곡선이다. 총공급곡선의 핵심적인 내용은 가격이 상승할 경우 단기간에 있어서 총공급은 증가한다는 것이다. 총공급곡선은 필립스곡선을 통해서 쉽게 유도할 수 있다.

1958년 A.W. Phillips가 영국의 실제자료를 이용하여 도출한 필립스곡선은 명목임금상승률과 실업률 사이에 반비례관계가 있음을 보여준다. 즉 [그림 18-15]의 (a)에서 보는 바와 같이 실업률이 높으면 높을수록 임금인상률은 낮아진다. 한편 가격은 생산비용 특히 임금수준에 의해 결정되는데 대체로 임금인상률이 높아질수록 가격도 높아지게 된다. 따라서 가격수준과 실업률 사이에는 (−)관계를 나타낸다.

한편 총공급은 고용수준에 따라 변하게 된다. 고용수준이 높으면(즉 실업률이 낮으면) 총공급은 증가하며, 반대로 고용수준이 낮으면(즉 실업률이 높으면) 총공급은 감소한다. 실업률과 임금인상률 사이의 (−)관계를 나타내는 필립스곡선은 고용수준과 가격수준 사이에는 (+)의 관계가 있음을 암시한다. 그런데 고용수준

[그림 18-15] 총공급곡선의 유도

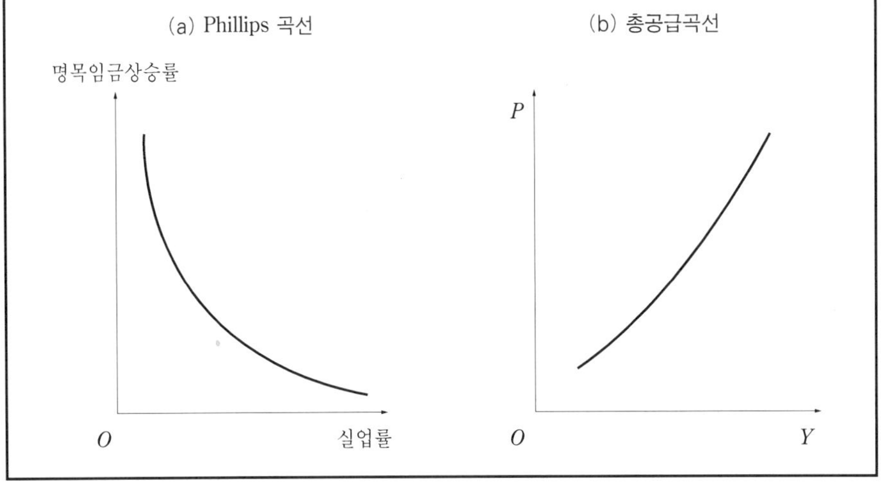

은 총공급과 같은 방향으로 움직이므로 결국 총공급과 가격은 (+)의 관계를 가짐을 알 수 있다. [그림 18-15]의 (b)는 *AS*곡선으로 단기에 총공급과 가격 사이의 관계를 나타내고 있는데, 위에서 살펴본대로 그 기울기는 (+)이다.

(3) *AD-AS* 균형모형

지금까지 우리는 거시경제의 전체 균형을 분석하기 위해서 총수요곡선과 총공급곡선을 유도해보았다. 이제 거시경제균형이 어떻게 이루어지는가를 살펴보자.

거시경제의 전체 균형은 단기(short-run)와 장기(long-run)균형으로 나누어 살펴볼 수 있다. 단기균형은 [그림 18-16]에 표시되어 있다. 단기균형을 나타내는 *E*점은 단기에 있어서 총산출물의 공급과 수요가 일치하는 점, 즉 총수요곡선(aggregate demand)과 총공급곡선(aggregate supply)이 일치하는 점이며, 이때 균형국민총생산과 균형가격의 조합은 (Y^*, P^*)가 된다. *E*점이 균형이라면, 과연 경제는 *E*점에서 머무르려 하는가? 만약 가격이 균형가격수준 P^*보다 높은 P''일 경우 공급된 상품의 총량(*D*)은 사고자 하는 상품의 총량(*A*)보다 크므로 초과공급이 발생하게 된다. 이 경우 가격은 하락할 것이고 이에 따라 공급량은 감소할 것이다. 이러한 현상은 *E*점—초과공급이 영—에서 멈출 것이다. 같은 논리로 가격이 P'일 경우에는 초과 수요가 존재할 것이며, 이 경우 역시 경제는 *E*점을 향해 움직일

[그림 18-16] 단기균형

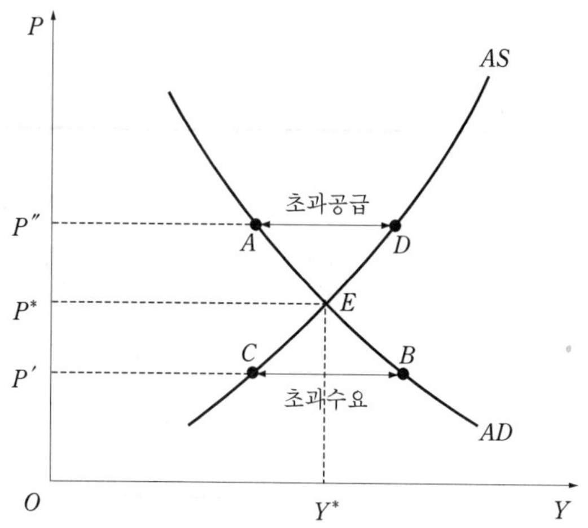

것이다.

일반적인 공급과 수요의 분석과는 달리 총수요와 총공급의 분석에서 단기균형과 장기균형의 성격은 서로 다르다. 비록 수요와 공급이 단기적으로 일치하더라도 시간이 흐름에 따라 균형을 변동시키는 요인이 상존한다. 그 대표적인 예로 생산비가 변할 때 총공급곡선이 변동하는 것을 들 수 있다. 만약 경제가 활황이라면 고용주들은 노동자들을 채용하거나 유지하는 데 상당한 애로를 겪을 것이며, 이 경우 노동시장에는 초과수요가 발생하고 따라서 임금은 오를 것이다. 반대로 경기가 불황이라면 노동시장에는 초과공급이 발생하고 임금은 하락할 것이다. 이는 노동시장이 초과수요 상태인가 초과공급 상태인가에 따라서 총공급곡선이 달라질 수 있다는 것을 말한다. 그렇다면 노동시장의 초과수요와 초과공급의 기준은 무엇인가? 우리가 이 기준으로 주로 사용하는 것이 자연실업률—노동시장의 수요와 공급이 일치할 때 발생하는 실업률—이다. 실제실업률이 자연실업률보다 낮을 경우 노동시장에는 초과수요가 존재하며 이 경우 임금은 상승하고 전반적인 생산활동이 위축되어 총공급곡선은 좌측으로 이동할 것이다. 실제실업률이 자연실업률보다 높을 경우 그 반대현상이 나타날 것이다. 그러므로 자연실업률이 실제실업률과 같은 경우에 한해서 노동시장의 임금상승이나 하락압력은 사라질 것이며 총공급곡선은 변동하지 않을 것이다. 이 때의 생산량을 자연실업률하에서의 총생산량이라고 부른다.

이제 앞에서 살펴본 단기균형에 의해서 결정된 총생산량(Y_1)이 자연실업률하의 총생산(Y_n)과 다를 경우 어떤 현상이 발생하는가를 살펴보자. 먼저 Y_1이 Y_n보다 클 경우를 살펴보자([그림 18-17] 참조). 단기균형점 Y_1은 총수요곡선 AD와 총공급곡선 AS_1이 교차하는 점에서 이루어지며, Y_1은 Y_n보다 크다. 따라서 실업률은 자연실업률보다 낮게 되며 이것은 노동시장이 초과수요 상태임을 의미한다. 이 경우 임금은 상승하고 이에 따라 총공급곡선은 좌측으로 이동하여($AS_1 \to AS_2$) E_2에서 새로운 균형이 형성된다. 그러나 E_2 역시 $Y_2 > Y_n$이므로 총공급곡선은 AS_3이 될 때까지 계속 위로 이동할 것이다. AD와 AS_3의 교점 즉, 수직인 Y_n선상에서 장기균형이 이루어지며, E_3에서는 임금이나 총공급곡선이 더 이상 이동하지 않을 것이다. 지금까지 살펴본 것을 요약하면

$$Y > Y_n \to \text{임금}\uparrow \to AS\text{곡선의 좌측이동} \to P\uparrow \to Y\downarrow$$

이며 $Y = Y_n$일 때 이러한 현상은 멈출 것이다. 어떠한 가격수준에서도 장기에 있어서의 총공급 Y는 Y_n이 될 것이며, $Y = Y_n$(수직선)을 장기 총공급곡선이라 부른다.

[그림 18-17] 장기균형

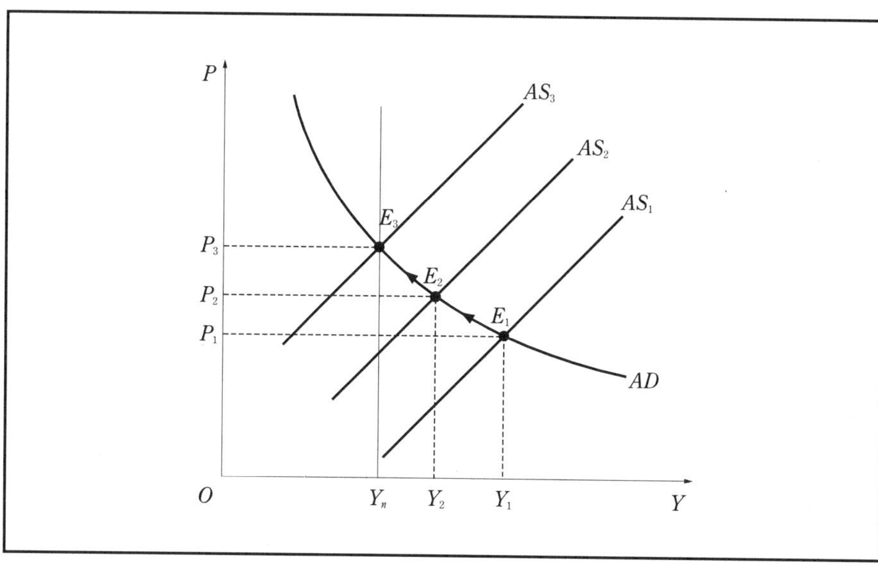

한편 단기균형에서의 총생산량 Y가 Y_n보다 적을 경우에는 위에서 살펴본 반대의 현상이 나타나면서 Y_n 선상에서 AD와 AS가 일치하여 장기균형이 이루어진다. 즉

$$Y < Y_n \rightarrow \text{임금}\downarrow \rightarrow AS\text{곡선의 우측이동} \rightarrow P\downarrow \rightarrow Y\uparrow$$

의 과정을 거쳐 $Y=Y_n$이 된다.

이상의 과정에서 우리가 알 수 있는 사실은 단기균형이 어떻든간에 경제는 자연실업률하의 총생산량(장기균형)으로 점차 이동한다는 것이다. 이러한 현상을 가리켜 경제가 자기조정메커니즘(self-correcting mechanism)을 가지고 있다고 말한다.

(4) AD-AS 모형과 통화 · 재정정책

앞에서 우리는 IS-LM모형을 이용하여 통화 · 재정정책의 효과를 부분적으로 살펴보았다. IS-LM모형은 이러한 정책의 효과를 분석하는 데 매우 유용한 도구이기는 하나, 가격변화 즉 물가의 효과를 보이지 않아 분석상 한계가 따른다. 여기서 가격과 총생산의 관계를 나타내는 총수요곡선과 총공급곡선을 이용하여 통화정책이나 재정정책이 균형점을 어떻게 변동시키는가를 살펴본다.

통화주의는 화폐공급의 변동을 가격과 총생산량변동의 기본적인 요인으로 보았으며, 경제를 외부요인에 의해 충격을 받았을 경우 자동적으로 완전고용을 회복하는 하나의 메커니즘으로 보았다. 따라서 통화주의자들은 경제안정을 위한 정부의 간섭을 불필요한 것으로 보았다. 반면에 케인즈주의는 가격과 생산의 변화는 화폐공급의 변화뿐만 아니라 정부지출, 소비자와 기업인의 미래 경제에 대한 기대의 변화에서도 기인한다고 보았다. 또한 케인즈주의는 임금이나 가격이 자동적으로 변화하는 것이 아니라고 전제하고 완전고용을 유지하기 위한 정부의 개입을 매우 중요한 것으로 보았다.

이제 총수요곡선이 변동했을 때 어떤 일이 일어나는가를 살펴보자.

[그림 18-18]의 E_1은 최초의 총수요곡선(AD_1)과 총공급곡선(AS_1)이 Y_n에서 만나고 있으므로 E_1은 최초의 장기균형을 나타낸다. 여기서 만약 정부지출을 늘리거나 통화량을 증가시켜 총수요곡선이 $AD_1 \rightarrow AD_2$로 이동했다고 하자. 그러면 경제는 E_1'에서 균형을 이룰 것이며 Y와 P는 Y_1'와 P_1'로 증가할 것이다. 그러나

[그림 18-18] 총수요의 변화

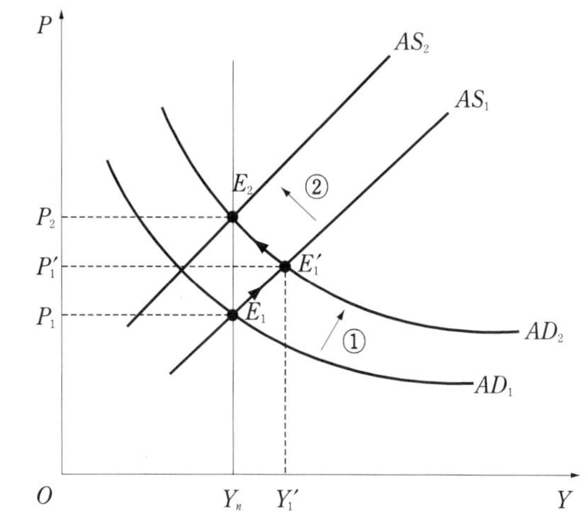

$Y_n < Y_1'$이므로 경제는 E_1'에서 오래 머무를 수 없다. $Y_n < Y_1'$이므로 임금이 상승하고 이에 따라 총공급곡선은 $AS_1 \rightarrow AS_2$로 이동할 것이다. 따라서 경제의 균형은 E_1'에서 점 E_2로 이동할 것이며 이때의 균형은 (Y_n, P_2)에서 이루어진다. 즉 경제의 장기균형은 항상 총수요곡선과 수직인 Y_n이 교차하는 점에서 이루어진다. 결론적으로 총수요곡선의 우측이동은 단기적으로는 가격과 산출물(소득)을 증가시키나, 궁극적으로는 가격만 상승시킬 뿐 총생산에는 전혀 영향을 주지 못한다.

그러면 총공급곡선이 변할 경우 경제균형은 어떻게 변하는가? 경기가 과열상태($Y > Y_n$)이면 일자리가 많아 임금은 상승하며 총공급곡선은 좌측으로 이동한다. 경기가 침체상태($Y < Y_n$)일 때는 일자리가 부족해 임금은 하락하고 총공급곡선은 우측으로 이동한다. 노동자들이 노동쟁의를 벌일 경우나 노동자들의 기대인플레이션이 증가할 경우 임금이 인상되어 총공급곡선이 좌측으로 이동한다. 기술혁신이나 원재료가격의 변화 역시 생산비를 변동시켜 총공급곡선에 변화를 일으키게 된다.

[그림 18-19]에서 E_1은 초기의 장기균형($Y = Y_n$)을 나타낸다. 만약 총공급곡선이 $AS_1 \rightarrow AS_2$로 이동하게 된다면, 경제는 E_1에서 E_2로 이동하게 될 것이다. 이 경우 가격은 상승하지만 총생산은 줄어들게 되는데, 이것을 스태그플레이션

[그림 18-19] 총공급의 변화

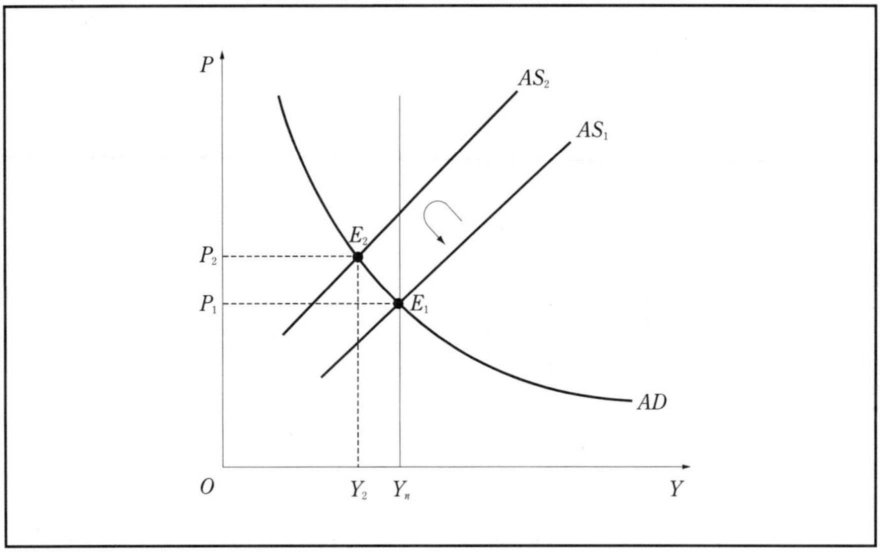

(stagflation)이라 부른다. 점 E_2에서 $Y_n > Y_2$이므로 임금은 하락할 것이며 AS_2곡선은 다시 AS_1로 이동할 것이다. 따라서 경제의 장기균형은 AD곡선과 AS_1이 만나는 E_1에서 항상 이루어질 것이다. 이를 요약하면 총공급곡선의 좌측이동은 단기적으로는 가격을 상승시키며 총생산을 감소시키나 궁극적으로 가격과 총생산에 영향을 미치지 않게 된다.

지금까지 우리는 Y_n은 고정되어 있는 것으로 보았으나 실제로 장기공급곡선 역시 시간에 따라 천천히 이동한다. 시간이 흐름에 따라 완전고용수준에서의 총생산량, 즉 장기공급곡선은 경제성장에 따라 증가하거나 감소한다. 예를 들어 경제의 총생산성(GDP)이 매년 3%씩 증가한다면 장기공급곡선 역시 오른쪽으로 3%씩 이동할 것이다. 분석의 편의상 Y_n은 고정되어 있는 것으로 가정하고 있으나 Y_n이 경제성장속도에 따라서 변한다는 사실을 염두에 둘 필요가 있다.

(5) 통화주의와 케인즈주의

통화주의나 케인즈주의 모두 고용증대와 물가안정이라는 공통목표를 추구하고 있다. 그러나 이들은 앞서 살펴본 바와 같이 정책을 어떻게 수행해야 하는가에 관해서는 상당한 견해 차이가 존재한다. 통화주의는 정부의 개입은 불필요하다고 보고 있으나 케인즈주의는 그렇지 않다. 이제 경제가 불황일 경우—실업률이 높을 경우—통화주의와 케인즈주의의 정책시행방법의 의미를 좀더 깊게 살펴보자.

경제가 [그림 18-20]의 E_1에서 일단 균형을 이루고 있다고 가정하자. 이 점에서 총생산량(Y_1)은 완전고용수준하의 생산량(Y_n)보다 작아 경제는 매우 높은 실업에 직면해 있다. 이 경우 정부가 취할 수 있는 대안은 두 가지가 있다. 첫째, 정부가 아무것도 하지 않는 것이다(nonactivist). 이 경우 총공급곡선은 시간이 흐름에 따라 $AS_1 \rightarrow AS_2$로 이동할 것이며 경제의 균형은 완전고용수준인 E_1'에서 이루어질 것이다. 이 과정에서 겪어야 하는 경제적 비용은 경제가 완전고용을 회복해 가는 동안 발생하는 산출물의 부족과 실업에 따른 고통을 들 수 있다.

둘째, 정부가 실업을 줄이기 위해 확장적 정책(expansionary policy; $G\uparrow$, $T\downarrow$ 또는 $M\uparrow$)을 시행하는 등 경제에 적극 개입하는 것이다(activist).[6] 이 경우 총수요곡선은 $AD_1 \rightarrow AD_2$로 이동하며 총생산이 증가(실업이 감소)하나, 가격이 P_n에서 P_2로 증가하여 가격상승이라는 비용을 부담해야 한다. 정부가 확장적 재정정책을 이용하여 즉각적으로 총수요곡선을 AD_2로 이동시킬 수 있다면 이 정책은 효과가

[그림 18-20] 정부의 의사결정문제

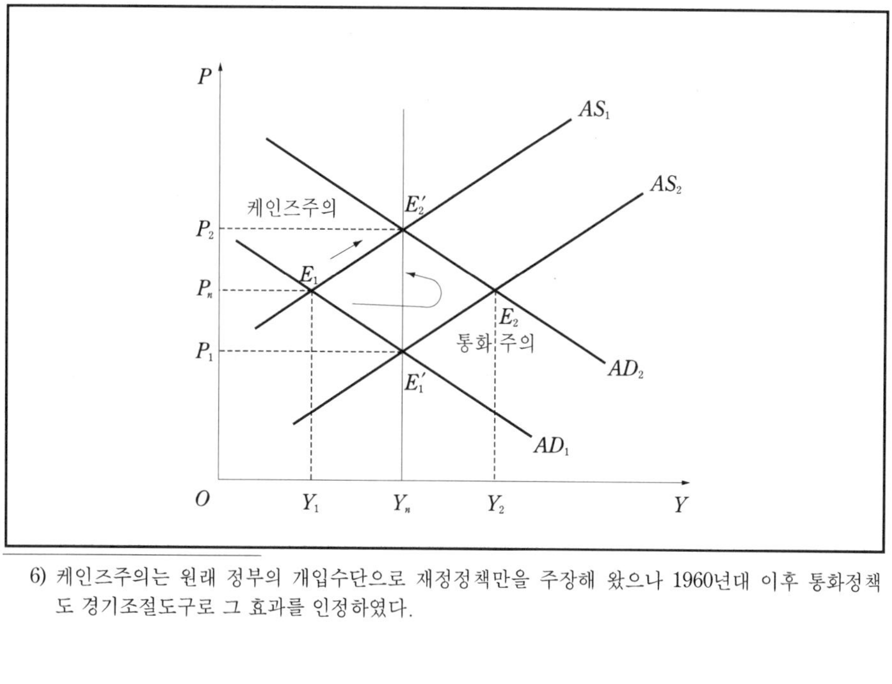

6) 케인즈주의는 원래 정부의 개입수단으로 재정정책만을 주장해 왔으나 1960년대 이후 통화정책도 경기조절도구로 그 효과를 인정하였다.

클 것이다. 그러나 총수요곡선의 즉각적인 이동을 지연시키는 시차(lags)가 존재하므로 이러한 결론을 내리기는 쉽지 않다. 이러한 시차에는 정책의 결과를 나타내는 지표나 통계치를 얻는 데 걸리는 시간(data lag), 지표를 분석하는 데 걸리는 시간(recognition lag), 법률적인 문제(legislative lag), 시행하는 데 걸리는 시간(implementation lag), 이 정책이 실제로 경제에 효과를 미치는 데 걸리는 시간(effectiveness lag) 등이 있다.

그렇다면 정부는 모든 것을 시장에 맡겨야 하는가(nonactivist), 적극적으로 개입해야 하는가(activist)? 케인즈주의에 따르면 경제가 완전고용을 회복해 가는 과정이 매우 느리므로—가격과 임금의 조정과정이 매우 느리다—이 과정에 발생하는 비용—산출물의 부족과 실업—이 매우 크게 된다. 한편 이들은 비록 시차가 존재하여 총수요곡선이 AD_2로 이동하는 데 시간이 걸릴지라도 총공급곡선의 이동보다는 신속하다고 보았다. 따라서 케인즈주의는 정부가 경제를 E_2'로 이동시킬 수 있도록 적극적으로 개입해야 한다고 주장하였다.

반면에 통화주의들은 임금과 가격의 조정과정이 매우 빠르며 따라서 경제가 쉽게 완전고용을 회복할 수 있으므로 정부의 불개입에 따르는 비용은 적을 것으로 보았다. 우선 $Y_1 < Y_n$일 때 임금과 가격이 완전고용수준을 향해 매우 빠른 속도로 조정되어 $AS_1 \rightarrow AS_2$가 된다. 따라서 E_1'에서 완전고용을 이룰 수 있다. 그런데 여기서 확장적 정책을 편다면 곧바로 총수요가 증가하여 AD곡선이 AD_2로 이동하고 균형은 점 E_2가 된다. 다음 $Y_n < Y_2$이므로 총공급곡선이 다시 AS_1로 이동하여 경제의 균형은 E_2'가 될 것이다. 이렇게 되면 산출물은 정부의 개입이 없을 경우와 동일하거나 가격은 $P_n \rightarrow P_1 \rightarrow P_2$로 급속하게 변동하게 된다. 따라서 통화주의에 따르면 정부는 가급적 경제에 개입하지 말아야 한다.

요약하여 말하면 통화주의는 경제가 안정(stable)된 것으로 보았으므로 중앙은행이 통화증가율을 일정하게 유지(k% rule)하여 경기변동을 경제의 자기조정과정에 맡겨야 한다는 것이다. 반면에 케인즈주의는 경제는 근본적으로 불안정(unstable)한 것이므로, 경제가 불황시에 정부가 적극 개입해야 한다고 주장하였다.

연 습 문 제

1. *IS-LM*모형을 이용하여 통화량안정정책과 이자율안정정책의 상황에 따른 비교우위를 설명하시오.

2. 화폐수요의 동기에 대해 설명하라.

3. 화폐수요가 이자율의 영향을 받지 않을 경우와 유동성함정이 있는 경우의 통화정책과 재정정책의 효과에 대해 논하시오.

4. 통화공급이 본원통화, 지급준비율, 현금누수비율, 초과지급준비율의 함수임을 보이시오. 원화가 외화에 비해 평가절하된다면 국내에서의 통화공급과 자금흐름에 어떤 영향을 미치겠는가?

5. 화폐수량설과 케인즈이론을 사용하여 화폐의 유통속도가 이자율의 증가함수임을 보이시오.

6. *IS-LM*모형을 사용하여 통화공급을 증가시키면 시장이자율이 하락하고 투자는 증가함을 보이시오. 또한 경제가 유동성함정에 빠져있을 때 통화공급은 어떤 영향을 가져오는가?

7. *IS-LM*모형을 사용하여 화폐수요가 이자율변화에 민감하게 변할 때 통화정책의 유효함을 보이시오.

8. 통화공급을 조절하는 수단으로 중앙은행이 정부채권을 구입하는 방법이 있다. 현금누수비율이 $\frac{\Delta C}{\Delta DD}=k$, 초과지급준비율이 $\frac{\Delta E}{\Delta DD}=x$라고 하자

(1) 지급준비율이 r이라고 할때, 총 ΔDD와 ΔM_1을 유도하시오.

(2) $\frac{\partial M_1}{\partial r}$, $\frac{\partial M_1}{\partial k}$을 구하고 이를 해석하시오.

(3) 신용카드의 사용이 증가될 때 통화공급에는 어떤 영향을 미치겠는가?

9. 통화공급을 줄일 목적으로 중앙은행이 1억원의 통화안정증권을 발행하여 공개시장에 매각하였다고 하자.

(1) 현금누수율이 5%, 초과지급준비율이 2%, 지급준비율이 5%라고 할때. M_1의 총변화를 구하시오.

(2) 중앙은행이 통화안정증권의 소유자에게 연간 10%의 이자율을 지급할때 M_1의 총변화를 구하시오.

10. 본원통화가 10,000이라고 가정하자. 중앙은행이 요구지급준비율을 현재 20%에서 30%로 증가시킨다면 M_1의 총변화는 무엇인가?

11. 본원통화의 신용창출기능은 무엇인가? 그리고 그 신용창출과정에 대하여 설명하시오.

12. 무차별곡선지도를 사용하여 저축이 이자율의 증가함수이며 차입이 이자율의 감소함수임을 보이시오. 만약 경제후퇴가 예상될 때 시장이자율에는 어떤 변화가 있을 것인지 논하시오.

13. 유동성선호이론은 화폐공급은 중앙은행에 의해 결정되고 화폐수요는 이자율의 역함수라고 설명하고 있다. 만약 경제가 스테그플레이션에 직면했을 때 화폐수요와 시장이자율에는 어떤 영향을 미칠 것인지 설명하시오. 또한 스테그플레이션의 상황하에서 통화공급이 증가할 때 유동성효과, 소득효과, 가격효과 그리고 이자율을 변화들을 각각 분석하시오.

14. 원화가치를 안정화시키기 위해서 중앙은행이 시장으로부터 50억원의 가치의 미국달러를 구매한다고 가정하자. 이 경우 한국에서의 원-달러 환율과 이자율에 어떤 영향을 미치겠는가? $r=5\%$, $k=10\%$, $x=15\%$라고 할 때 총통화공급의 변화를 계산하시오. 이 때 인플레이션압력을 안정화시키기 위해 어떤 방법을 써야 하는지 논의하시오.

15. 중앙은행이 확대통화정책을 실시할 때, 유동성효과, 소득효과 그리고 가격효과를 유동성선호이론을 사용하여 구별하시오. 현재 한국 경제에 대해서 어떤 종류의 통화정책이 유효한지 서술하시오.

16. 유가상승 등 공급측 원인으로 인해 물가가 상승하였다. 통화정책으로 물가를 안정화시킬 수 있는가? 그렇지 않다면 어떤 정책을 써야 하는지 *IS-LM*모형 혹은 *AS-AD*모형으로 분석하시오.

해 답

9. (1) −875,000,000　　(2) 87,500,000

10. −16,667

14. 183.33억원

참고문헌

■ 국내 문헌 ■

이필상, 「금융경제론」, 박영사, 1992.

______, 「재무론」, 박영사, 1984.

______, 「금융경제학」, 박영사, 1999.

______, 「재무관리」, 박영사, 2002.

______, 「경제정책과 기업활동」, 고려대학교 출판부, 1995.

이필상, 강호진, 「관리경제학」, 법문사, 1999.

이필상, 최승빈, 「투자론」, 법문사, 1999.

이필상, 허미정, 조한용, 「신국제금융」, 1995.

이필상, 허미정, 조한용, 「국제재무관리」, 박영사, 2001.

■ 외국 문헌 ■

Ackley, Gardner, "Liquidity Preference and Loanable Funds Theories of Interest: Comment", *American Economic Review*, 47(September 1957), pp. 662-673.

al-Nowaihi, A., and P. Levine, "Can Reputatation Resolve the Monetary Policy Credibility Problem?", *Journal of Economics*, 102, no. 3(August 1994), pp. 651-678.

Alesina, A., and I. Summers, "Central Bank Independence and Macroeconomic Perfomance", *Journal of Money, Credit and Banking*, 25, no. 2 (May 1993), pp. 157-162.

Alhadeff, David A., *Monopoly and Competition in Banking*(Berkely, Calif.: University of California Press, 1954).

Amano, R., D. Coletti, and T. Macklem, "Monetary Policy Rule When Economic Behavior Changes", *Research Department, Bank of Canada*, (February 1998).

Andersen, Leonali C., "Selection of a Monetary Aggregate for Economic Stabilization", *Review: Federal Reserve Bank of St. Louis*, 57(October 1975), pp. 9-15.

Anthony W. Lynch, "Portfolio choice and equity characteristics: characterizing the hedging demands induced by return predictability", Vol 62, Issue 1(October 2001), pp. 67-130.

Antonio E. Bernardo, Hongbin Cai and Jiang Luo, "Capital budgeting and compensation with asymmetric information and moral hazard", Vol 61, Issue 3(September 2001), pp. 311-344.

Arrow, Kenneth J., "Insurance, Risk and Resource Allocation", in Kenneth J. Arrow (ed.), *Essays in the Theory of Risk-Bearing*(Markhan Publishing Company, New York, 1971), pp. 134-143.

Barnett, William, Edward Offenbacher, and Paul Spindt, "New Concepts of Aggregate Money", *Journal of Finance*, vol. 36(May 1981), pp. 487-505.

Bates, Timothy and william Bradford, "An Analysis of the Portfolio Behavior of Black-Owned Commercial Banks", *Journal of Finance*, vol. 35 (June 1980), pp. 735-768.

Baumol, William, "The Transactions Demand for Cash: An Inventory Theoretic Approach", *Quarterly Journal of Economics*, 66(November 1952), pp. 545-556.

Bell, W. F. and Murphy B. N., "Economies of Scale in Commercial Banking, Part I: The Measurement and Impact", *New England Business Review*(March 1967).

Belongia, M. T., "Hedging Interest Rate Risk with Financial Futures: Some Basic Principles", Federal Reserve Bank of St. Louis, *Review*, 66(October 1984), pp. 15-25.

Benassy, Jean-Pascal", Money and Wage Contracts in an Optimizing Model of Business Cycle", *Journal of Monetary Economics*, 35, no. 2 (April 1995), pp. 303-315.

Benston, Ceorge J., "An Analysis and Evaluation of Alternative Reserve Requirement Plans", *Journal of Finance*(December 1969).

Bernake, B. S., M. Gertler, and S. Gilchrist, "The Financial Accelerator and the Flight to Quality", *Review fo Economics and Statistics*, 78, no. 1 (February 1996), pp. 1-15.

Binder, B. F., "Asset and Liability Management, Part I", *The Magazine of Bank Administration*(Novermver 1980), pp. 42-48.

Blume, Marshall E., "Portfolio Theory: A Step Toward Its Practical Application", *Journal of Business*, 43(April 1970), pp. 152-173.

Board of Governors of the Federal Reserve System, "Monetary Aggregate and Money Market Conditions in Open Market Policy", *Federal Reserve* Bulletin, 57(February 1971), pp. 79-104.

______, *The Federal Funds Market*(Washington, D.C., 1959).

______, *Open Market Policies and Operating Procedures—Staff Studies*(Washington, D.C., 1971).

Bordo, D.M., "The Classical Gold Standard: Some Lessons for Today", *Federal Reserve Bank of St. Louis, Review*(May 1981).

Brealey, Richard and Stewart Myers, *Principles of Corporate Finance*(New York:

McGraw-Hill, 1984).

Cagan, Phillip, *Determinants and Effects of Changes in The Stock of Money*, 1875-1960(New York, Columbia University Press, 1965).

Cagan, Phillip, and Anna J. Schwartz, "Has the Growth of Money Substitus Hindered Monetary Policy", *Journal of Money, Credit and Banking*, 7(May 1975), pp. 139-159.

Campbell, Tim S., "Optimal Investment Financing Decisions and the Value of Confidentiality", *Journal of Financial and Quantiative Analysis*, 14(December 1979), pp. 913-924.

Campbell, Tim S. and William A. Kracaw, "Information Procuction, Market Signalling, and the Theory of Financial Intermediation", *Journal of Finance*, 35(September 1980), pp. 863-882.

Cohen, K.J. and Frederick S. Hammer, eds., *Analytical Methods in Banking*(Homewood, Ill.: Richard D. Irwin, Inc., 1966).

Cootner, P. H., ed., *The Random Character of Stock Prices*(Cambridge, Mass.: M.I.T. Press, 1964).

Correia, I., P. Teles, "Is the Friedman Rule Optimal When Money Is an Intermediate Good?" *Journal of Monetary Economics*, 38, no. 2(October 1996), pp. 223-244.

Culbertson, John M., "The Term Structure of Interest Rates", *Quarterly Journal of Economics*(November 1957), pp. 485-517.

Derick Boyd, Gugielmo Maria Caporale, Ron Smith, "Real exchange rate effects on the balance of trade: cointegration and the Marshall-Lerner condition", *International Journal of Finance & Economics*, Vol 6, Issue 3(2001), pp. 187-200.

Donbusch, Rudiger and Fischer, Stanley, *Macroeconomics*(McGraw-Hill Book Co., 1990).

Duesenberry, James S., "A Process Approach to Flow-of-fund Analysis", *Flow of Funds Approach to Social Accounting*(New York: National Bureau of Economic Research, 1962), pp. 173-193.

Edwards, Franklin R., "Managerial Objectives in Regulated Industries: Expense-Preference Behavior in Banking", *Journal of Political Economy*, 85(January 1977), pp. 147-162.

Fama, Eugene F., "Forward Rates as Predictors of Future Spot Rates", *Journal of Financial Economics*, 3(1976), pp. 361-377.

______, Foundations of Finance(New York: Basic Books, 1976).

______, "Efficient Capital Markets: A Review of Theory and Empirical Work", *Journal of Finance*(May 1970).

______, "The Behavior of Stock Market Prices", *Journal of Business*, 37(January 1965).

______, "The Effects of a Firm's Investment and Financing Decision of the Welfare of its Security Holders", *American Economic Review*, 68(June 1978), pp. 272-284.

______, "Agency Problems and the Theory of the Firm", *Journal fo Political Economy*, 88(April 1980), pp. 288-307.

______, "Banking in the Thory of Finance", *Journal of Monetary Economics*, 6(June 1980), pp. 39-59.

Fama, Eugene F. and Merton H. Miller, *The Theory of Finance*(New York, Holt, Rinehart, and Winston, 1972).

Federal Reserve Bank of New York, *U.S. Monetary Policy and Financial Markets*(1982).

Fisher, Irving, *The Theory of Interest*(New York: The Macmillan Company, 1930).

______, *The Theory of Interest*(New York: Augustus M. Kelly, 1965). Reprinted from 1930 edition.

______, *The Purchasing Power of Money*(New York: Macmillan, 1911), Fischer, Stanley and Rudiger Dornbusch, *Macroeconomics* 3rd edition(New York: McGraw-Hill, 1984).

Fisher, Stanley and Franco Modigliani, "Towards an Understanding of the Real Effects and Cost of Inflation", *Weltwirtschaftliches* Archiv (1978), pp. 810-833.

Fortune, Peter, "The Effectiveness of Recent Policies to Maintain Thrift-Deposit Flows", *Journal of Money, Credit and Banking*, 7(August 1975), pp. 297-315.

Francis A. Longstaff, Pedro Santa-Clara, Eduardo S. Schwartz, "The Relative Valuation of Caps and Swaptions: Theory and Empirical Evidence", *Journal of Finance*, Vol 56, no 6(December 2001), pp. 2067-2109.

Francis, Jack Clard, *Investments: Analysis and Management*, 3rd ed.(New York: McGraw-Hill, 1980).

Frankel, J.A. and Jovanovic, B., "On Transaction and Precautionary Demand for Money", *The Quarterly Journal of Economics*(August 1980).

Friedman, Benjamin M., "Regulation Q and the Commercial Loan Market in the 1960's" *Journal of Money, Credit and Banking*, 7(August 1975), pp. 277-296.

Friedman, Milton, *A program for Monetary Stabilituy*(Fordnam University Press, New York, 1960).

______, "The Quantity Theory of Money: A Restatement", in Milton Friedman, ed., *Studies in the Quantity theory of Money*(Chicago: University of Chicago Press, 1956).

______, "The Role of Monetary Policy", *American Economic Review*, 58(March 1968), pp. 1-17.

______, "Factors Affecting the Level of Interest Rates", in Thomas M, Havrilesky and John T. Boorman, *Current Issues in Monetary Theory and Policy* 2nd ed.(Arlington Heights, Ill.: Harlan Davidson, 1980), pp. 377-394.

Friedman, Milton and D. Meiselman, "The Relative Stability of Monetary Velocity and the Investment Multiplier", ed., *Commission on Money and Credit, in Stabilizaton Policies*(1963), pp. 165-268.

Friedman, Milton and Schwartz, Anna, *Monetary Statistics of the United States*(New York: National Bureau of Economic Research, 1970).

Friedman, Milton and A. Schwartz, "A Monetary History of the United States: 1867-1960"(Princeton University Press, 1963).

Friedman, Milton and L. J. Savage, "Utility Analysis of Choices Involving Risk", *Journal of Political Economy*, LIV(August 1949).

Friend I., *et al, Investment Banking and the New Issues Market*(Cleveland and New York: World Publishing Co., 1967).

Frost, Peter A., "Short-Run Fluctuations in the Money Multiplier and Monetary Control", *Journal of Money, Credit and Banking*(February 1977), pp. 165-181.

Fuher, J. C., "Monetary Policy Shift and Long-Term Interrest Rate", *Quaterly Journal of Economics*, 111, no. 4(November 1996), pp. 1183-1209.

Galbraith, John Kenneth, *Money, Whence it Came, Where it Went*(Boston: Houghton Mifflin Co., 1975).

Gardner, Mona J. and Mills, Dixie L., *Managing Financial Institutions, An Asset/Liability Approach* (The Dryden Press, 1988).

Georgios Chortareas, David Stasavage, Gabriel Sterne, "Monetary policy transparency, inflation and the sacrifice ratio", *International Journal of Finance & Economics*, Vol 7, Issue 2(2002), pp. 141-150.

Goldfeld, S. M., *Commercial Bank Behavior and Economic Activity*(Amsterdam: North-Holland Publishing Co., 1966).

Goldsmith, Raymond W., *Financial Intermediaries in the American Economy Since 1900*(Princeton, N. J.: Princeton University Press, 1958).

Goodfriend, Marvin, James Parthemos, and Bruce Summers, "Financial Innovations: Causes, Consequences for the Payments System and Implications for Monetary Control", Federal Reserve Bank of Richmond, *Economic Review*, 66(March/April 1980), pp. 14-27.

Gordon, Bobert J. Macroeconomics, 3rd ed.(Boston: Little, Brown, 1984).

Gup, Benton E., *Financial Intermediaries:An Introduction*(Boston:Horghton Mifflin

Company, 1976).

Guttentag, Jack M. and Edward S. Harman, *Banking structure and performance*(New York: New York Universtiy, Graduate School of Business Administration, 1967).

Gurley, John G. and Edward S. Shaw, *Money in a Theory of Finance*(The Brookings Institution, 1960).

Hayes III. S. L. "The Transformation of Investment Banking", *Harvard Business Review*(January/February 1979), pp. 153-171. Discusses the state of the investment banking industry.

Hicks, J. R., "Mr. Keynes and the 'Classics': A suggested Interpretation", *Econometrica*(April 1937).

Hirshleifer, Jack, "On the Theory of Optimal Investment Decision," *Journal of Political Economy*, 66(August 1958), pp. 329-352.

Hodgman, Donald R., "Selective Credit Controls", *Journal of Money, Credit and Banking*, 4(May 1972), pp. 342-359.

Hopewell, M. H. and G. C. Kaufman, "Bond-Price Volatility and Term to Maturity: A Generalized Respecification", *American Economic Review*(September 1973), pp. 749-753.

Horvitz, Paul M. and Ward, Richard A., *Monetary Policy and the Financial System* (Prentice-Hall, 1987).

Hosek, William R., "Determinants of the Money Multiplier", *The Quarterly Review of Economics and Business*(Summer 1970).

Jacobs, Donald P., Farwell, Loring C., and Neave, Edwin., *Financial Institutions*, 5th ed.(Homewood Ill., Richard D. Irwin, 1972).

Kaminow, Ira and James M. O' Brien, eds., *Studies in Selective Credit Policies* (Philadelphia, Pa.: Federal Reserve Banks of Philadephia, 1975).

Kane, Edward and Stephen A. Buser, "Portfolio Diversification at Commercial Bank", *Journal of Finance*, vol. 34(March 1979), pp. 19-34.

Kaufman, Geoge G., *The U.S. Financial System; Money, Markets, and Institutions* (Prentice-Hall, 1989).

Keynes, J. M., *The General Theory of Employment, Interest and Money*(New York: Harcourt, Brace and Co., 1955).

______, *The General Theory of Employment, Interest and Money*(New York: Harcourt, 1936).

______, *The General Theory of Emploment, Interest and Prices*(1936).

King, R. G., and M. W. Watson, "Money, Prices, Interest Rates and the Business Cycle",

Review fo Economics and Statistics, 78, no. 1(February 1996), pp. 35-53.

Krugman, Paul R. and Obstfeld, Maurice, *International Economics—Theory and Policy*(Scott, Foresman and Company, 1988).

Land, R.F. "Evolution and Overview of Asset-Liability Management", in *The Bankers Handbook*, ed., by W. H. Baughn et al. (Homewood, Dow Jones Irwin, 1978), p. 434.

Laidler, David E. W., *The Demand for Money: Theories and Evidence* (Scranton, Penn.: International Texbook Company, 1969).

______, "The Definition of Money, Theoretical and Empirical Problems", *Journal of Money, Credit and Banking*(August 1969).

Leland, Hayne E. and David H. Pyle, "Informational Asymmetries, Financial Structure and Financial Intermediation", *Journal of Finance*, 32(May 1977), pp. 371-387.

Lindow, W., *Inside the Money Market*(New York: Random House, 1972).

Lindsay, Robert, *The Economics of Interest Rate Ceilings*(New York: Institute of Finance, New York Universtiy, 1970).

Loll, L. M. and Buckley, J. G., *The Over-the-Counter Market*, 3rd ed.(Englewood Cliffs, N.J.: Prentice-Hall, 1973).

Lucas, Jr. Robert, "Econometric Policy Evaluation: A critique", in Karl Bruner and Allan H. Meltzer(eds.), *The Phillips curve and Labormarkets*, Carnegie-Rochester Conference on Public Policy 1(1976), pp. 19-46.

Lucas, R. E. Jr., "The Welfare Costs of Inflatio", *CEPR Publication* No. 394, (Stanford University, Stanford, CA, February 1994).

Lucket, Duley G., *Money and Banking*, 2nd ed.(McGraw-Hill, 1976).

Lutz, F. A., "The Structure of Interest Rates", *Quarterly Journal of Economics* (November 1940), pp. 36-63.

Mankiw, N. G., J. A. Miron, and D. N. Weil, "The Founding of the Fed and the Behavior of Interest Rates: When Can Be Learned from Small Samples?" *Journal of Monetary Economics*, 34, no. 3(December 1994), pp. 555-559.

Markowitz, Harry M., *Portfolio Selection*(New York: John Wiley and Sons, 1959).

______, *Portfolio Selection, Efficient Diversification of Investments*, Cowles Foundation, Monograph, no. 16(New York: John Wiley and Sons, 1959).

Mayer, Thomas, "Financial Guidelines and Credit Controls", *Journal of Money, Credit and Banking*, 4(May 1972), pp. 360-374.

Meek, Paul, *Open Market Operations*(Federal Reserve Bank of New York, 1978).

______, *U.S. Moneary Policy and Financial Markets*(Federal Reserve Bank of New York, 1982).

Meiselman, David, *The Term Structure of Interest Rates*(Prentice-Hall, Inc., Englewood Cliffs, N. J., 1962).

Meyer, John R. and Robert R. Glaubner, *Investment Decisions, Economic Forecasting and Public Policy*(Boston: Harvard University Press, 1964).

Miller, M. H. and D. Orr, "Model of the Demand for Money by Firms", *Quarterly Journal of Economics*, LXXX(August 1966), pp. 413-435.

______, "Mathematical Models for Financial Management", *Frontiers of Financial Management*, eds., Serraino, Singhvi and Soldofsky(Cincinati, Ohio: South-Western Publishing Co., 1971).

Mishkin. F. S., *The Economic of Money, Banking, and Financial Markets*(Harper Collins, 4th ed., Mon, 1995).

______, Financial Markets, Institution and Money(Harper Collins, 1995).

Mitchell, Karilyn, "Capital Adequacy at Commercial Banks", *Economic Review*, Federal Reserve Bank of Kansas City(September/October 1984), pp. 17-30.

Modigliani, Franco and Ando A. K., "Tests of Life Cycle Hypothesis of Savings", *Bulletin of the Oxford Institute of Statistics*, 19(May 1957).

Modigliani, Franco and Richard Sutch, "Innovations in Interest Rate Policy", *American Economic Review*(May 1966).

Modigliani, Franco "Monetary Policy and Consumption", in *Consumer spending and Monetary policy*(Federal Reserve Bank of Boston, 1971), pp. 9-92. An outline of the transmission mechanism of monetary policy in the MPS model.

Modler, P. S., "Asset/Liability Management Today", *Bankers Monthly*(November 1979).

Mossin, Jan, *Theory of Financial Markets*(Englewood Cliffs, N. J.: Prentice-Hall, 1973).

Muscatelli, A., "Inflation Contracts and inflation Targets under University: Why We Might Need Conservative Cental Bankers", *University of Glasgow Discussion Paper* no. 9802, (January 1998).

Muth, John, "Rational Expectations and the Theory of Price Movement", *Econometrica*, 29(1961), pp. 315-335.

Nelson, Charles R., *The Term Structure of Interest Rates*(Basic Books, Inc., New York, 1972).

Phoebus J. Dhrymes and Mordecai Kurz, "Investment, Dividends and External Finance Behavior of Firms", *Determinants of Investment Behavior*(New York: Columbia University Press, 1967), pp. 427-467.

Pierre Collin-Dufresne, Bruno Solnik, "On the Term Structure of Default Premia in the Swap and LIBOR Markets", *Journal of Finance*, Vol 56, no 3(June 2001), pp. 1095-

1115.

Porter, Richard C., "A Model of Bank Portfolio Selection", *Financial Markets and Economic Activity* eds., Donald D. Hester and James Tobin(New York: John Wiley and Sons, 1967).

Pyle, David H., "Descriptive Theories of Financial Institutions Under Uncertainty", *Journal of Financial and Quantitative Analysis*, 7(December 1972), pp. 2009-2029.

Randall S. Kroszner and Philip E. Strahan, "Bankers on boards; monitoring, conflicts of interest, and lender liability", Vol 62, Issue 3(December 2001), pp. 415-452.

Reifler, Winfield W., "Open Market Operations in Long-Term Securities", *Federal Reserve Bulletin*, 44(November 1958), pp. 1260-1274.

Renshaw, Edward F., "A Note on Economic Activity and Alternative Definitions of the Money Supply", *Journal of Money, Credit and Banking*(August 1975).

Resenblum, Harvey, "Bank Capital Adequacy", *Bank of chicago Business Conditions, Federal Resrve*(September 1976).

Ritter, J. A., "The Transition from Bater to Fiat Money", *American Economic Review*, 85, no. 1(March 1995), pp. 134-149.

Robbins, S. M., *The Securities Markets*(New York: Free Press, 1966).

Robert, J., "New Keynesian Economics and the Phillips Curve", *Journal of Money, Credit and Banking*, 27, no. 4, part 1(November 1995), pp. 975-984.

Roosa, Robert V., *Federal Reserve Operations in the Money and Government Securities Markets*(Federal Reserve Bank of New York, 1956), pp. 2-3.

______, *Federal Reserve Operations in the Money and Goverment Securities Market*(New York: Federal Reserve Bank of New York, 1956).

Rozen, Marvin E., "The Changing Structure of Financial Institutions", *Quarterly Review of Economics and Business*, vol. 11., no.4(November 1962), pp. 69-80.

Samuelson, Paul A, "Proof that Properly Anticipated Price Fluctuate Randomly", *Industrial Management Review*, vol. 6(Spring 1965).

Sargent, Thomas, "The Ends of Four Big Inflations", in Robert E. Hall(ed), *Inflation; causes and consequences*(Chicago, University of Chicago Professor for the NBER, 1982), pp. 41-98.

Sharpe, William F., *Portfolio Theory and Capital Markets*(New York: McGraw-Hill, 1970).

______, *Investments* 3rd ed.(Englewood Cliffs. N. J.: Prentice-Hall, 1985).

Sinkey, Joshph, *Commercial Bank Financial Management*(New York: Macmillan, 1986).

Smith, Paul F., *Money and Financial Interimediation*(Prentice-Hall, Englewood Cliffs,

N. J., 1978).

Smith, Clifford W. and Jerold B. Warner, "On Financial Contracting:An Analysis of Bond Covenants", *Journal of Financial Economics*, 7(1979), pp. 117-161.

Solomon Robert, *The International Monetary System*, 1945-1981(New York: Harper and Row, 1982).

Steven Sheffrin, *Ratianal Expectaions*(New York: Camgbridge University Press, 1983).

Strongin, S., "The Identification of Monetary Policy Disturbances: Explaning Liquidity Puzzle", *Journal of Monetary Economics*, 35, no. 3(Augus 1995), pp. 463-497.

Taylor, John, "The Role of Expectations in the Choice of Monetary Policy", in *Monetary Policy Issues in the 1980s*(Federal Reserve Bank of Kansas City, 1982), pp. 47-76.

Teigen, R., "Demand and Supply Function for Money in the United States", *Econometrica*, vol. 32, no. 4(October 1964), pp. 476-509.

Tobin, James, "Monetary Restrictions and Direct Controls", *Review of Economics and Statistics*, 33(November 1953), pp. 196-198.

______, "Liquidity Preference as Behavior Towards Risks", *Review of Economics Studies*, 25(February 1958), pp. 65-86.

______, "The Interest Elasticity of Transactions Demand for Cash", *Review of Economis and Statistics*, XXXVIII(August 1956), pp. 241-247.

______, "Liquidity Preferences as Behavior Toward Risk", *Review of Economic Studies*, 25(February 1958), pp. 65-86.

Todd Mitton, "A cross-firm analysis of the impact of corporate governance on the East Asian financial crisis", *Journal of Financial Economics*, Vol 64, Issue 2(May 2002), pp. 215-241.

Tsiang, S. C., "Liquidity Preference and Loanable Funds Theories, Multiplier and Velocity Analysis: A Synthesis", *American Economic Review*, 46(September 1956), pp. 539-564.

Van Horne, James C., *Function and Analysis of Capital Market Rates*, chapter V.(Englewood Cliffs, N. J.: Prentice-Hall, Inc., 1970).

______, *Financial Market Rates and Flows*(Englewood Cliffs, N. J.: Prentice-Hall, 1984).

______, "The Term Structure: A Test of the Segmented Markets Hypothesis", *Southern Economics Journal*, vol. 46(April 1980), pp. 1129-1140.

Von Neumann, John and Oskar Morgenstern, *Theory of Games and Economic Behavior*(Princeton, N. J.: Princeton University Press, 1953).

사 항 색 인

영 문 색 인